増補 20世紀メディア年表 ＋21世紀

江藤茂博 編著

言視舎

はじめに

Ⅰ ― 内 容

本書は、20世紀（1901～2000年）のメディア文化の変遷を中心とした出来事の記録を編纂したものである。デジタルメディアに一元化される直前のメディア文化史として、この20世紀は重要であった。20世紀前半に映画やラジオやテレビそして電話が日常化し、その後半にはコンピュータが発明されて、やがて今日のデジタル社会が誕生したのである。こうした100年間のメディア文化の大きな変化を、年月日に示された各出来事データで編纂した年表というスタイルで表現した。なお、2010年代を増補した。

Ⅱ ― 構 成

本書の年表構成は見開きで1年間を表示した（2001年からは1年＝1頁）。

年表採録事項データとしては、メディア文化や表現文化に関する事項を系統別に取り上げることを原則として、それらと対比できるように一般的な社会文化に関する事項も選択した。

年表は、
- ❶写真・映画・アニメーション
- ❷通信機器・ラジオ・テレビ・コンピュータ・ゲーム
- ❸文芸・図書・出版
- ❹漫画・芸能・サブカルチャー
- ❺社会・文化・世相

のジャンルに区分した。

ジャンル区分は、光学系統の❶、電気・電子メディア系統の❷、出版系統の❸に分け、それぞれのジャンルの具体的な作品名を組み込んだ。また、流行現象や漫画そして娯楽なども含めた出来事を❹として、これも同じく必要に応じて具体的な作品名や商品名などを組み込んだ。さらに時代背景、社会の流れを理解するための一般的項目❺で構成した。
2001年以降は❶メディアおよびポップカルチャー、❷社会・文化・世相の2ジャンルとした。

Ⅲ ― 表記

企業名では、現在の名称と大きく異なる場合には、現在の名称を( )の中に示した。
商品名では、現在ではその内容や意味がわかりにくい場合でも、そのまま表記して、なるべく文脈で判別できるように心がけた。
20世紀の人名索引は、(当該年ジャンル略記)と表示した。

この年表データ本が、読者にとってさまざまな機器の発明工夫衰退と共に、興亡再編しつづけているメディア文化と表現の歴史を知る一助になることを、編著者は望みたい。

追記　この本は双文社出版刊『20世紀メディア年表』(2009)を修正・増補したものである。また、2001年以降の年表は、戎光祥出版刊『オタク文化と蔓延する「ニセモノ」ビジネス』(2008)に付したものを修正・増補した。

1901年

写真・映画・アニメーション

注　**映画の誕生**：エジソンは、1891年にキネトグラフという撮影機を、そして93年にはキネトスコープというのぞき眼鏡式の映写機を発表した。しかし、1895年12月28日に、一般公開として有料上映をパリで開催したリュミエール兄弟の方式が、現在の映画上映システムとほぼ同じであったために、この日を映画の誕生とする場合が多い。

注　**日本での映画上映**：1896年の末には日本に上映機器が輸入され、翌97年に各地でキネトスコープやヴァイタスコープの一般上映が行なわれた。

注　**日本での映画撮影**：1897年の9月の末、小西本店に注文していたバクスター社の撮影機と映写機が届き、浅野四郎が会社の命で撮影現象し、同年末の12月31日「日本橋の鉄道馬車」が完成。日本最初の映画と言われている。

6・22　大阪博物場で素人写真展開催。

注　**写真機の到来**：1848年に上野俊之丞(上野彦馬の父親)がダゲレオタイプ写真機一式を来日したオランダ船より購入したという。

10・19　東洋写真会発会式開催。

11・21　北清事変の記録映画が横浜の雲井座で上映。擬音の導入で大評判。

12・10　東京写真研究会が設立。

通信機器・ラジオ・テレビ・コンピュータ・ゲーム

1・1　黒澤貞次郎がカナ文字タイプライターを完成。

注　タイプライターの実用化⇒

3・20　北京に日本郵便局が開設。

5・10　東京電話局が夜勤男子交換手を女子に替え、交換手は全て女性となる。

注　**電話通話の開始**：1876年にベルによって発明された電話機は、翌年にＡＴ＆Ｔの前身であるベル電話会社が設立された。日本では1890年12月16日に東京と横浜の市内で利用できるようになった。1892年に女子交換手採用を開始し、1899年に東京と大阪神戸間の長距離電話開通、1900年に新橋駅と上野駅の構内に、そして東京京橋の街頭に公衆電話が登場した。

10・21　東京日本橋で最初の鉄製の赤い郵便柱函(ポスト)が試用される。

注　**郵便制度の歴史**：1871年3月に郵便制度が開始され、同年6月に日本最初の切手が発売された。1873年12月に一枚五厘で郵便ハガキが発行された。この年の太政官布告により、郵便事業は国営事業となったのである。ただし、郵便事業の基本的な事業内容は、1882年12月16日の郵便条例公布を待つことになる。1883年2月15日の駅逓区編制法で各地に郵便局を設置。さらに、1900年10月1日の郵便法と鉄道船舶郵便法の公布で中央主権的な近代国営郵便事業が確立した。

11・7　電報通信社が(後の電通)上野精養軒で開業パーティー開催。

12・12　マルコーニが大西洋横断無線電信の実験成功。

社会・文化・世相

1〜6月

1・4　カーネギーが自社製鋼会社の株を売却しカーネギー財団設立。
2・3　福沢諭吉脳出血で死去(66歳)。
2・5　八幡製鉄所操業開始。
2・24　近衛篤麿や軍部の協力で奥村五百子らが「愛国婦人会」創立。
2・25　恵比寿駅がビール出荷専用貨物駅として設置。
4・18　東京市街鉄道株式会社設立。
4・29　裕仁親王(後の昭和天皇)誕生。
5・2　第4次伊藤内閣、閣内不統一で崩壊。
5・18　安倍磯雄、片山潜らが社会民主党を結成。20日には解散。
6・2　第1次桂太郎内閣成立。

明治34年

文芸・図書・出版

- 1・1　福沢諭吉「痩我慢の説」を時事新報に発表。
- 1・5　博文館より「女学世界」創刊。
- 1・16　正岡子規「墨汁一滴」を「日本」に連載開始。
- 1・31　女性向け通信教育事業の大日本女学会から機関誌「をんな」創刊。
- 2・3　黒竜会結成。
- 2・28　東京帝大史料編纂掛が「大日本史料」刊行開始。
- 3・11　国木田独歩「武蔵野」刊行。
- 3・19　デュマ作、黒岩涙香訳「巌窟王」が万朝報で連載開始。
- 3・30　東京音楽学校から「中学唱歌」発行、「荒城の月」などが含まれていた。
- 4・22　石川倉次により日本点字の完成。
- 7・1　光永星郎により日本広告株式会社設立、後に電通として発展。
- 8・15　与謝野晶子「みだれ髪」刊行。
- 8・25　島崎藤村「落梅集」刊行。
- 8・29　有斐閣から「帝国六法全書」刊行。
- 9・3　中江兆民「一年有半」刊行。
- 10・5　薄田泣菫「ゆく春」刊行。
- 12・3　上田敏「最近海外文学」刊行。

漫画・芸能・サブカルチャー

- 1・1　慶応義塾で午前0時に「19・20世紀送迎会」開催、20世紀という言葉が流行。
- 4・6　川上音二郎ら欧州へ。
- 5・26　ウィーンで第2回国際自動車ショー開催。
- 6・24　パリでパブロ・ピカソが初めての個展を開く。
- 7・25　東京市が路上見世物を禁止。
- 10・10　白馬会第6回展での黒田清輝らの裸婦画が一部布で覆われて展示。
- 10・12　ジボーニー座の自転車曲乗りが春木座で興行。
- 10・19　深川座で河竹黙阿弥「弁天小僧」の無断上演で版権問題が生じる。
- 11・7　「日本図案会」創立。
- 11・21　吉田博らが太平洋画会結成。
- 12・10　第1回ノーベル賞授賞式が開催。
- 12・30　相馬愛蔵が中村屋を本郷の東京帝大正門前で創業。

7〜12月

- 8・14　ライト兄弟のエンジン付無人機が飛行に成功。
- 8・22　「時事新報」に50万円以上の資産家441名が公表。
- 9・6　マッキンレー米大統領が無政府主義者により狙撃され14日に死亡。
- 10・22　第2回パン・アメリカン会議が開催。
- 11・21　岡倉天心がインドに出発。
- 12・10　田中正造、足尾鉱毒問題につき直訴決行。

1902年

写真・映画・アニメーション

2・17　スティーグリッツがニューヨークのナショナル・アーツ・クラブで写真展開催。

2・23　小石川伝通院で八甲田山遭難軍人法会式が行なわれ、夜の境内で幻灯映写会開催。

4・2　ロサンゼルスにアメリカ初の映画館が開場。

4・20　神田淡路町芳梅軒で東京写友会1周年祝賀大会開催。

6・1　上野公園で東洋写真会第1回写真展開催。

注　発声活動写真：映写前の弁士の説明の部分をレコードに記録し、映写と同時にその録音された弁士の口上を再生したもの。

9・1　吉沢商店が輸入映画の公開に際してレコードによる発声活動写真興行を試みる。

11・10　浅沼藤吉らが熊本県の陸軍特別大演習を活動写真機で撮影。

11・24　パリで初の職業写真家の展覧会。

注　蓄音機の発明：1877年にエジソンが蓄音機を発明した。1878年には、日本にも紹介される。1891年に国産化に成功、1899年に蓄音機専門店三光堂が浅草で開業。1902年に米国コロンビア・フォノグラフ社より円盤型レコードが発売された。

注　日本の職業写真家：化学や写真術を研究した25歳の上野彦馬が写真館を長崎で開業したのが1862年で、職業写真家が誕生した。その写真館では貿易商グラバーなどが客となる。同年、横浜野毛で下岡蓮杖も写真館を開業した。以降、各地で写真館の開業が始まる。

通信機器・ラジオ・テレビ・コンピュータ・ゲーム

1・29　鉄鋼王カーネギーが科学研究奨励目的にワシントン・カーネギー研究所設立。

3・1　長崎と福岡と門司を結ぶ九州初の長距離市外通話開始。

3・18　グラモフォンがミラノでエリンコ・カルーゾのオペラをレコーディング。

4・3　逓信省が三等郵便局1000カ所設置開始。

5・29　静岡市内に電話開通。

6・18　万国郵便連合25周年記念として初の官製色刷絵はがき発売。

注　万国郵便連合：1874年にスイスのベルンで第1回万国郵便会議が開催され、万国郵便連合条約を結ぶ。日本が同連合に加入したのは1877年2月19日。

6・21　郵便博物館が開設。

12・14　アメリカでサンフランシスコからホノルルまでの海底電線を敷設開始。

12・23　イギリスとカナダ間で大西洋無線電信が開通。

注　逓信省：1885年12月22日、内閣創設期に、農商務省と工部省の幾つかの部署を統合して発定。1949年6月1日に、郵政省と電気通信省に分離し、逓信省は廃止された。

社会・文化・世相

1～6月

1・23　青森の第8師団第5連隊第2大隊が八甲田山での耐寒雪中行軍中に遭難。

1・30　日英同盟調印。

2・4　木村栄、緯度変化に関するZ項を発見。

3・27　日本興業銀行設立。

4・11　警視庁が清潔令を発令。

5・8　台湾島民を日本国籍に編入。

5・29　皇室誕生令公布。

6・15　特急二十世紀号がニューヨークとシカゴ間を運行開始。

明治35年

文芸・図書・出版

- 1・1 朝日新聞で松田幾之助考案のルビ付活字の採用。
- 1・2 日本最初の色刷り新聞を報知新聞が発行。
- 4・11 金港堂書籍株式会社からわが国初の少女専門誌「少女界」創刊。
- 4・12 紀州徳川の蔵書による南葵文庫が開設。
- 5・5 正岡子規「病牀六尺」を「日本」に掲載。
- 5・9 文部省調査による全国の図書館数は43館。
- 5・10 田山花袋「重右衛門の最後」刊行。
- 5・27 愛国婦人会の機関紙「愛国婦人」創刊。
- 6・15 博文館の創始者大橋佐平が日本最初の私立図書館の大橋図書館設置。
- 7・4 国語調査委員会が言文一致体の採用を決定。
- 7・17 雑誌初の三色印刷として「文芸倶楽部」で着色女性写真掲載。
- 8・20 宮崎滔天「三十三年の夢」刊行。
- 9・10 永井荷風「地獄の花」刊行。
- 9・19 正岡子規死去(34歳)。
- 10・9 万朝報掲載の「椿姫」が風俗壊乱で掲載禁止。
- 12・16 丸善が「エンサイクロペディア・ブリタニカ」全25巻の月賦販売予約募集。

漫画・芸能・サブカルチャー

- 1・1 興行師白井松次郎と大谷竹次郎兄弟が経営する京都明治座開場。
- 1・12 北沢楽天が時事新報の日曜漫画欄で日本初の連載漫画発表。
- 2・7 京都のカルタ業者がカルタ課税に反対しストライキ。
- 2・18 ティファニーの創業者チャールズ・ティファニーが死去(90歳)。
- 4・11 花房柳外が洋式演劇としてイプセン作「社会の敵」を神田錦輝館で上演。
- 5・4 九段にパノラマ刊「国光館」開館。
- 6・22 東京芝で蛍数万匹を放ちホタル狩り。
- 7・7 資生堂がソーダ水とアイスクリームの販売開始。
- 8・19 四代目吉住小三郎と三代目杵屋六四朗が長唄研精会設立。
- 8・24 江ノ島水族館開館。
- 11・2 新橋と京都の間で紅葉見物用回遊列車初登場。
- 11・18 ニューヨークで「テディベア」が発売。

7～12月

- 8・22 米国キャデラック社設立。
- 9・1 江ノ島電気鉄道開業。
- 9・2 私立東京専門学校を早稲田大学と改称。
- 9・8 片山潜や堺利彦らが社会主義演説会を神田青年会館で開催。
- 9・15 第一生命保険相互会社設立。
- 10・21 奥羽本線の青森と秋田間が開通。
- 12・2 国勢調査に関する法律公布。
- 12・17 小学校教科書採用を巡る贈収賄事件で一斉検挙。

1903年

写真・映画・アニメーション

3・10　絵と写真と読み物の雑誌「東洋画報」が敬業社から創刊。
注　写真印刷：1887年6月に博文館発行の「大家論集」に近衛篤麿の写真が掲載されたのが写真印刷の最初といわれている。

6・13　日本活動写真会主催で東京歌舞伎座での着色活動写真上映会開催。
注　歌舞伎座：1889年11月21日に木挽町に開場した歌舞伎用の劇場。

9・8　ドイツのマインツで国際写真グラフィック美術展覧会開催。

10・1　浅草に初の映画常設館「電気館」が開館。
注　電気館：浅草にできた初の常設映画館である「電気館」は、1950年代末から60年代初めの日本映画黄金期を経て、1976年2月29日に閉館した。

10・11　帝国カメラ倶楽部第1回展開催。

10・17　日本活動写真会主催で東京座での天然色活動写真上映会開催。

12・12　大阪高商写真会が創立。

通信機器・ラジオ・テレビ・コンピュータ・ゲーム

1・19　マルコーニの無線がルーズベルト大統領のメッセージを英国王に送信成功。

3・20　通信官署官制公布。
注　通信官署官制：郵便電信事業の整理統合を目的に公布。従来の一等郵便電信局が一等郵便局と改称、郵便電信業務の他に、電話交換局業務、電話管理業務などもその範囲になった。

4・1　東京と大阪両市にそれぞれ中央郵便局と中央電信局が設置。

7・4　サンフランシスコとフィリピンの間に海底電信開通。

8・4　ベルリンで国際無線電報会議開催。

10・27　天賞堂が円盤のレコードをアメリカから初輸入。
注　天賞堂：1879年に銀座尾張町に印刷業として開店し、現在も銀座に店舗を置く。1949年より鉄道模型の製造販売を開始し、世界中のマニアの間で広く知られている会社。

社会・文化・世相

1～6月

1・4　大阪中之島に大阪発のホテル「大阪ホテル」開業。

3・28　札幌麦酒が東京吾妻橋の旧佐竹庭園にビア・ガーデンをオープン。

4・1　日本鉄道会社池袋・田端感が開通し、新橋・新宿・上野への「山手線」誕生。

4・13　小学校令一部改正。教科書の国定制制定。

4・23　日本初の全国銀行者大会開催。

5・17　普通選挙同盟大会が神田錦輝館で開催。

明治36年

文芸・図書・出版

- 1・1　山路愛山が個人雑誌「独立評論」創刊。
- 1・2　村井弦斎の日本最初のグルメ小説「食道楽」が報知新聞に連載開始。
- 1・25　「神戸今日新聞」創刊。
- 2・25　小杉天外「魔風恋風」が読売新聞で連載開始。
- 4・8　万朝報で内村鑑三や幸徳秋水らの非戦論が展開。
- 5・25　蒲原有明「独絃哀歌」刊行。
- 6・24　東京朝日新聞が戸水寛人ら「七博士」の桂首相に対する対露強硬論を掲載。
- 7・5　幸徳秋水「社会主義神髄」刊行。
- 8・25　有島武郎が森本厚吉と伊予丸で渡米。
- 9・2　日本書籍株式会社設立。
- 9・22　永井荷風が信濃丸で横浜から渡米。
- 10・30　尾崎紅葉が死去(37歳)。
- 11・1　平民社創立。
- 11・23　「電報新聞」創刊。

漫画・芸能・サブカルチャー

- 1・21　ブロードウェイでミュージカル「オズの魔法使い」上演。
- 3・1　第5回内国勧業博覧会が大阪で開催され、各種乗り物と動物園や水族館などが設置。
- 5・22　藤村操が日光の華厳の滝に投身自殺。
- 5・24　日本初のゴルフクラブ「神戸ゴルフ倶楽部」が六甲山で開業。
- 6・1　日比谷公園開園。
- 6・27　東京市が小学校運動場を休校日開放。
- 7・23　東京音楽学校で初の日本語による歌劇をグルック「オルフォス」で上演。
- 8・20　チャネリの大曲馬団が麹町平河天神境内で興行。
- 9・9　山崎愛国堂が浅草でイルミネーション設置。
- 9・30　アメリカの大富豪ジョージ・モルガンが祇園の芸妓加藤雪を4万円で身請け。
- 10・1　改築された日本橋白木屋に子供向けの木馬やシーソーを用意した遊戯室設置。
- 10・3　川上音二郎一座が本郷座で初の子供向けお伽芝居「狐の裁判」上演。
- 11・21　野球の第1回早慶戦開催で慶応義塾大学が勝利。

7～12月

- 7・25　東京恵比寿のビール工場横にビア・ホールがオープン。
- 8・22　東京電車鉄道が新橋と品川間で路面電車を走らせ、11月25日には上野まで延長。
- 9・14　警視庁に騎馬巡査登場。
- 10・19　東郷平八郎が常備艦隊司令長官に就任。
- 11・22　京都の七条と祇園の間で日本初の乗合バスが運行。
- 12・28　司令官東郷平八郎中将による海軍連合艦隊を編成。

1904年

写真・映画・アニメーション

- 1・2　報知新聞に川上貞奴らの肖像が最初の新聞写真として輪転機印刷技術で掲載。
- 1・9　桑田正三郎らが難波写真倶楽部を創設。
- 2・21　近事画報社から「戦時画法」創刊。
- 3・22　ディリー・イラストレーテッド・ミラー紙が世界初のカラー写真を掲載。
- 4・20　横浜・喜楽座で吉沢商店製作の「日露戦争活動大写真」上映。
- 5・10　吉沢商店河浦謙一がアメリカの活動写真界を視察するために出発。
- 5・22　写真家上野彦馬が死去（65歳）。
- 9・6　日露戦争記念絵葉書「日露戦勝記念第一回絵葉書」6種1組が12銭で発売。
- 10・15　博多中洲の真砂座で「日露戦争実地活動写真」上映会。
- 10・29　東京で芸術写真団体ゆうづつ社が創立。
- 12・14　光村利藻ら海軍写真班が二〇三高地からの日本軍の砲撃を撮影。

通信機器・ラジオ・テレビ・コンピュータ・ゲーム

- 1・10　長崎と台湾基隆の間で日本式無線電信に成功。
- 3・3　ドイツ皇帝ウィリアム二世がエジソンのレコードに録音。
- 3・31　第1次電話拡張計画が完了して加入数は全国で3万5013戸に到達。
- 6・30　日米小包郵便条約調印。

注　**無線通信**：イタリア人グリエルモ・マルコーニ（1874～1937）が、1895年に無線通信の実験に成功、さらに1897年にイギリス政府のバックアップでマルコーニ無線通信会社を設立し、世界市場を狙った。1899年にドーバー海峡の無線通信に成功し、1901年に大西洋横断の無線通信に成功した。海難救助と軍用の目的で、この時期に急速な実用化がなされることになったのである。

- 10・24　パリで郵便配達に自動車使用。

注　**電話の加入者**：1890年に電話創業時の加入者は、東京で155名、横浜で42名だった。同年に電話加入者名簿も作成されており、これが日本最初の電話帳ということになる。1899年には、全国での加入者数が1万人を超えた。さらに、1910年には、10万人を超えることになる。

社会・文化・世相

1～6月

- 1・23　堺利彦・木下尚江等社会主義協会主催で第1回社会主義婦人講演会を開催。
- 2・10　日本がロシアに宣戦布告し日露戦争開戦。
- 2・18　東京の市街電車で全面車内禁煙を実施。
- 3・18　東京市街鉄道が浅草まで開通して馬車鉄道が廃止。
- 4・1　井上円了が中野江古田に哲学堂落成式を挙行。
- 4・3　東京の煉瓦工3500人余賃上げ争議。
- 5・31　旅順攻撃のため第3軍が編成されて司令官に乃木希典任命。

明治37年

文芸・図書・出版

- 1・1 木下尚江「火の柱」が毎日新聞で連載開始。
- 2・25 大阪府立図書館が住友吉左衛門の寄付により開館。
- 3・1 吉田熊次「社会的教育学」刊行。
- 3・4 二葉亭四迷が大阪朝日新聞社に入社。
- 4・1 全国の小学校で国定教科書の使用を開始。
- 5・5 佐藤義亮が新潮社を設立。
- 6・23 和田維四郎「日本鉱物誌」刊行。

- 9・3 大阪朝日新聞が天声人語で「君が代」をアイロニカルに論じる。
- 9・4 島崎藤村「藤村詩集」刊行。
- 9・26 小泉八雲が死去（55歳）。
- 10・1 「ハガキ文学」日本絵葉書会による文芸と趣味の雑誌。
- 10・25 福田英子「妾の半生涯」刊行。
- 11・13 平民新聞が幸徳秋水・堺利彦訳「共産党宣言」を掲載し発禁処分。
- 12・31 ニューヨーク・タイムズ社がブロードウェイ42に移転。

漫画・芸能・サブカルチャー

- 1・17 チェーホフ「桜の園」がモスクワ芸術座で初演。
- 2・11 黒岩周六が東京カルタ会を作り第1回競技会開催。
- 4・1 イギリスでロールスロイス1号車完成。
- 4・30 セントルイス万国博が開催。
- 5・3 パーカー・ペン社がパーカーの万年筆インク吸引のレバー装置で特許。
- 6・16 銀座に文具専門店の伊東屋が開業。

- 8・18 本因坊秀栄が東京八重洲に日本囲碁会設立。
- 9・2 東京市街鉄道でイルミネーション電車を運転。
- 10・27 ニューヨークに初めての地下鉄が開通。
- 12・6 株式会社三越呉服店が資本金50万円で設立。
- 注2　三越呉服店⇒
- 12・27 「ピーターパン」がロンドンで初演。

7～12月

- 7・1 敷島が8銭で大和とスターが7銭などで日本最初の専売タバコが販売。

- 10・14 ロシアバルチック艦隊がバルト海リバウを出港。
- 11・3 植村正久らが東京神学社設立。
- 12・5 日本軍が二〇三高地を占領。

011

1905年

写真・映画・アニメーション

1・17　大阪毎日新聞が初めてニュース写真を掲載。

3・5　信濃写真会が長野市で設立。

4・1　小川一真が戦争写真展を開催。

6・27　ロシア戦艦ポチョムキン号で水兵の反乱が起こる。
6・29　明治座で従軍写真班による日露戦争記録映画「日露戦争活動写真」上映会。

8・17　新潟県長岡市(当時長岡町)で北越写真会展開催。

11・25　ニューヨークでスティーグリッツが写真・絵画の291ギャラリー開設。
注　アルフレッド・スティーグリッツ(1864−1946)：ドイツ留学中に写真を撮り始め、写真を近代アートとして確立。ニューヨークで1905年から1917年まで291ギャラリーで写真や絵画を紹介し、アメリカの美術界に影響を与えた。

12・12　東京写真師同盟組合総会。

通信機器・ラジオ・テレビ・コンピュータ・ゲーム

2・16　郵便貯金条例を廃し郵便貯金法が公布。

3・14　築地本願寺で軍人遺族慰安の蓄音機会が開催。

4・1　パリとベルリンの間に電話開通。

5・27　仮装巡洋艦信濃丸がバルチック艦隊発見を無線電信で報告。

注　築地本願寺：築地本願寺の正式名称は「浄土真宗本願寺派本願寺築地別院」で、1617(元和3)年に京都西本願寺の別院として第十二代宗主准如上人によって建立された。1657(明暦3)年に振袖火事で焼失するが、大火後の区画整理で旧地への再建が許可されず、替え地として下付されたのは八丁堀の海上だった。そのため、信徒たちが本堂再建のために海を埋め立てて土地を築き、1679(延宝7)年に再建し「築地御坊」と呼ばれるようになった。現在の本堂は、その後の関東大震災で崩壊したために、1934年に再建されたもので、東京帝国大学工学部教授伊東忠太博士の設計による古代インド様式となっている。

社会・文化・世相

1〜6月

1・7　日比谷公園で旅順陥落記念東京市大祝勝会。
1・22　神父ガポンに率いられた労働者デモ隊が護衛兵の銃撃にあう血の日曜日事件。

5・1　東京の平民社で初のメーデー。
5・27　日本海海戦。
5・29　海軍省が日本海海戦を詳報。

明治38年

文芸・図書・出版

- 1・1　朝永三十郎編「哲学辞典」刊行。
- 5・3　石川啄木「あこがれ」刊行。
- 5・5　黒人向け新聞「シカゴ・ディフェンダー」創刊。
- 6・20　竹久夢二の作品が「中学世界」懸賞募集で1等入選。
- 7・1　大下藤次郎が美術雑誌「みづゑ」創刊。
- 7・3　近事画報社より「婦人画報」創刊。
- 7・26　国木田独歩「独歩集」刊行。
- 10・1　藤岡作太郎「国文学全史　平安朝篇」刊行。
- 10・13　上田敏訳詩集「海潮音」刊行。
- 11・10　日米著作権保護条約調印。
- 11・20　「国書刊行会叢書」第1期刊行開始。

漫画・芸能・サブカルチャー

- 1・3　三越呉服店がデパートメントストア化宣言広告。
- 1・6　白木屋が旅順陥落祝賀福引き大売出し開催。
- 1・15　吾妻橋で旅順陥落記念の軽気球が上がる。
- 2・11　森下博菜房が仁丹を発売。
- 4・15　北沢楽天主宰の漫画雑誌「東京パック」創刊。
- 5・9　現在の森永製菓である森永商店がエンゼルマークを使用開始。
- 6・24　三越呉服店が巌谷小波らを招き流行研究会を開催。
- 8・1　日比谷公園音楽堂が開堂。
- 9・2　奇術師松旭斎天一が歌舞伎座で欧米帰朝公演。
- 9・5　東京日比谷で日露講和条約反対国民大会から焼討ち事件が起こる。
- 10・6　スイス中央銀行が設立。
- 12・10　ロベルト・コッホが結核研究でノーベル賞受賞。

7〜12月

- 8・20　孫文が東京で中国革命同盟会を結成。
- 9・1　大阪朝日新聞の当日社説を最初に、有力新聞がこぞって日露の講和条約反対に傾く。
- 9・5　ポーツマス条約調印。
- 9・6　政府が治安妨害の新聞雑誌の発行停止権を内務大臣に勅令で付与。
- 9・11　軍艦三笠が佐世保港内で火災により沈没。
- 10・17　日本基督教女子青年会（YWCA）創立。
- 12・4　中国人留学生が日本政府の中国人留学生取締り強化に抗議。
- 12・21　韓国統監府を京城におき、伊藤博文が統監就任。

1906年

写真・映画・アニメーション

3・20　東京写真材料商組合が浅沼藤吉を組合長に創立。

4・26　横浜写真会主催凶作地義捐写真展開催。

注　梅屋庄吉：1868年に長崎市に生まれる。15歳の時に単身上海に渡る。その後各地を経て香港に渡り、写真館を経営。孫文と知り合い、財政的な援助を行なうことになる。映写機とフィルムを手に入れてアジア各地を巡業した後、1906年にフィルムを持って帰国した。麹町に事務所を開き、そこに弁士養成所も開いたという。のちに、大久保にM・パテー大久保撮影所を自宅の横に開いた。

7・4　梅屋庄吉がM・パテー活動写真会を創立し、新富座で第1回興行。

7・30　リップマンがフランス科学アカデミーに写真の色彩再現法を提出。

8・11　フランスのローストが音の出る映画「サウンド・オン・フィルム」で特許取得。

10・26　日本写真会創立発起人相談会が神田錦町学士会事務所で開催。

11・12　九州写真師同志研究会開催。

12・12　神田三崎町の東京座で天然色活動写真上演。

通信機器・ラジオ・テレビ・コンピュータ・ゲーム

1・8　郵便振替貯金規則公布。

注　国際無線電信会議：1906年10月にベルリンで第1回会議開催。各国が相互に通信できるようにするべきだということで、国際無線電信条約が結ばれて交信可能になった。

7・19　富士山頂に郵便局開局。

8・1　小笠原の父島でアメリカからの海底ケーブルと接続されて日米海底電線竣工。

10・11　日本電報通信社が設立、後の電通。

10・17　ドイツミュンヘン大学のコルン博士が1800kmの写真電送実験に成功。

11・3　ベルリンで国際無線電信条約に調印。

12・12　テレフンケンが初めての無線電話実験に成功。

12・15　年賀郵便制度が始まり受付開始。

12・24　マサチューセッツ州でレジナルド・フェッセンデンがラジオ放送を試みる。

社会・文化・世相

1〜6月

1・7　第1次西園寺公望内閣成立。

2・21　韓国統監府および理事庁開庁。

2・24　堺利彦・片山潜らが日本社会党第1回大会開催。

3・11　東京市電値上げ反対市民大会開催。

3・17　台湾嘉義地方で大地震、死者1100人余。

3・31　鉄道国有法公布。

4・1　長岡半太郎「ラヂウムと電気物質観」を発表。

6・5　京都帝国大学に文科大学設置。

明治39年

文芸・図書・出版

- 1・19　芝公園で新聞同盟大会を開催して新聞弾圧を批判。
- 2・3　高村光太郎が欧州留学に立つ。
- 2・17　坪内逍遥や島村抱月らが文芸協会を設立。
- 3・3　関西美術院設立。
- 3・20　上野に帝国図書館設立。
- 3・25　島崎藤村「破戒」自費出版。
- 4・25　桜井忠温「肉弾」刊行。
- 5・11　日米著作権保護条約公布。
- 9・5　宮崎滔天「革命評論」創刊。
- 10・10　二葉亭四迷「其面影」が東京朝日新聞で連載開始。
- 10・11　夏目漱石が木曜会を開始。
- 12・14　「図書館に関する規定」制定。

漫画・芸能・サブカルチャー

- 2・9　コーンフレークのケロッグ社創業。
- 3・14　クリーニング業の白洋舎開業。
- 3・26　大日本麦酒株式会社設立。
- 4・1　大阪で美津濃運動用品創業。
- 6・26　ル・マン第1回自動車グランプリでルノーが優勝。
- 9・1　煙草ゴールデンバッド発売。
- 9・30　ニューヨーク・セントラル鉄道で電気機関車導入。
- 10・18　帝国劇場発起人総会が開催されて創立委員長に渋沢栄一が着任。
- 10・21　有楽町にシンガーミシン裁縫女学院開校。
- 11・3　大阪で漫画雑誌「大阪パック」が大阪パック社より創刊。
- 11・25　東京競馬会の第1回競馬会が開催。
- 12・7　帝国劇場会社が設立。

7～12月

- 7・24　逓信省で貯金管理所雇員和久井みねほか婦人16人を判任官待遇に初任命。
- 9・22　ジョージア州アトランタで反黒人暴動が起こり黒人12人が殺害。
- 10・1　吉岡弥生等が東京で大日本実業婦人会を結成。
- 11・26　南満州鉄道株式会社設立。
- 12・14　ドイツ海軍の初の潜水艦U1号がキール港で進水。

1907年

写真・映画・アニメーション

5・10　日本写真会発会式が東京高等工業学校で開催。

注　**東京高等工業学校**：明治14年5月5日に東京職工学校設立、明治23年3月24日に東京工業学校と改称、さらに明治34年5月10日東京高等工業学校と改称、昭和4年4月1日に東京工業大学に昇格。

5・15　東京向島サッポロビール園で「日露戦勝記念大日本写真大会」開催。

6・10　リュミエール兄弟がオートクローム乾板カラー写真の新方式を発表。

7・7　大阪寄席の当栄座を改築し横田商会経営活動写真常設館「千日前電気館」開場。

10・31　写真技術の研究誌として日本写真会の機関誌日本写真会会報が発行。

12・7　本郷座で吉沢商店製作片岡仁左衛門出演「忠臣蔵五段目」公開。

注　**活動写真常設館**：映画史家の田中純一郎は「フィルムの供給、観客からの需要からいって、戦後の好景気とともに、大衆娯楽要望の波に乗り、40年(1907)頃から、ようやく活動写真の常設興業が可能になった」と考え、その常設館開業として神田の新吉館('07、4)、浅草の三友館('07、4)、大阪電気館('07、7)、などを例に取り上げている。(田中純一郎「日本映画発達史1」中公文庫　1975年12月)

通信機器・ラジオ・テレビ・コンピュータ・ゲーム

注　**世界最初のラジオ放送**：1906年のクリスマス・イブに、レジナルド・フェッセンデンが、マサチューセッツ州ブラントロックから人の声や音楽を送った電波が世界初のラジオ放送と言われている。高周波発電機式送信機を使用し、この1907年1月1日を迎える大みそかにも実験放送は繰り返された。

9・10　東京と北海道の間の長距離電話が開通。

9・21　外国郵便規則公布。

10・1　逓信省がシーメンス方式印刷電信機を東京と横浜の間で設置使用。

10・17　アメリカとイギリスの間で新聞社向けの無線通信サービスが開始。

10・31　日米蓄音機製造株式会社(日本コロンビアの前身)設立。

11・8　ロンドンとパリの間で世界最初の電送写真に成功。

社会・文化・世相

1〜6月

1・21　東京株式相場暴落、日露戦後の恐慌の端緒。

2・4　足尾銅山で坑夫、職員と衝突。暴動化し、軍隊出動で鎮圧。

2・9　豊田佐吉を取締役に豊田式織機株式会社設立。

2・12　京都郵便局の集配人53人賃上げ要求。首謀者は治安維持法により逮捕。

2・17　清国の要求により早稲田大学などの中国革命党関係中国人留学生39人が強制退学。

2・23　麒麟麦酒株式会社設立。

3・6　玉川電気鉄道が道玄坂上と三軒茶屋間で開業。

3・15　フィンランドで男女の参政権が認められて女性議員19人が誕生。

5・1　ニューヨークにメーター付のタクシーが営業開始。

明治40年

文芸・図書・出版

- 1・1　泉鏡花「婦系図」がやまと新聞で掲載開始。
- 1・15　幸徳秋水らで「平民新聞」創刊。
- 3・9　藤岡勝二「国語研究法」刊行。
- 3・30　国語調査委員会編「送仮名法」刊行。
- 4・2　夏目漱石が朝日新聞社に入社し創作活動に専念。
- 4・10　東京市が「東京案内」(上下)を編纂刊行。
- 4・13　「平民新聞」発行禁止。
- 5・7　夏目漱石「文学論」刊行。
- 8・26　加藤弘之「吾国体と基督教」発表、国体とキリスト教を巡る論争の端緒。
- 10・9　福井久蔵「日本文法史」刊行。
- 10・30　二葉亭四迷「平凡」が東京朝日新聞で連載開始。
- 12・13　芳賀矢一「国民性十論」刊行。
- 12・30　篠沢勇作が漢字タイプライターを発明。

漫画・芸能・サブカルチャー

- 1・14　日本初の装甲巡洋艦筑波が呉港で完成。
- 2・19　警視庁が自動車取締規則により東京の16台の車に制限速度など制定。
- 2・22　竹久夢二が平民新聞にコマ絵の連載を開始。
- 4・1　三越呉服店に食堂がオープン。
- 4・14　芝公園で婦人博覧会開催。
- 5・9　フィラデルフィア州のアンナ・ジャービスが5月第2日曜日を母の日として提唱。
- 6・7　桃中軒雲右衛門が本郷座で浪花節の公演。
- 6・10　北京からパリまでの自動車レースが開催。
- 7・31　東京勧業博覧会閉会。
- 8・1　内山駒之助が初の国産ガソリン車タクリー号試乗会。
- 9・6　麻布警察署が日本橋を中心に春画密売した店を検挙。
- 10・15　東京市が懸賞公募した「東京唱歌」発表。
- 10・25　第1回文展開催。
- 11・13　フランスのポール・コルニュが開発したヘリコプターの飛行実験に成功。
- 11・22　文芸協会が本郷座で坪内逍遥訳「ハムレット」初演。
- 12・15　文化人のサロンとなる中村屋が新宿に開店。

7〜12月

- 7・5　フランス下院が8時間労働を可決。
- 8・9　イギリスで婦人雇用法成立。
- 9・8　旭硝子株式会社設立。
- 10・31　初の外国野球団としてハワイのセントルイス野球団が来日。
- 12・9　サンフランシスコの領事館を総領事館に昇格。

1908年

写真・映画・アニメーション

- 1・20　吉沢商店が行人坂に日本初の目黒撮影所を設置。
- 3・5　時事新報の美人写真全国公募入選発表で女子学習院生徒末弘ヒロ子1等入選。
- 4・15　神田錦輝館で「月世界探検」(メリエス「月世界旅行」)上映。
- 7・7　パリ裁判所判決で映画に著作権保護法が適用。
- 8・1　神田錦輝館がイタリアフィルム会社と特約し第1回活動写真会。
- 9・17　牧野省三第1回監督作品「本能寺合戦」が神田錦輝館で上映。
- 9・30　中村歌扇一座の少女歌舞伎を撮影した「曾我兄弟狩場の曙」が大勝館で上映。
- 10・15　ロシアで最初の劇映画「ステンカ・ラージン」上映。
- 11・11　吉沢商店が新派映画「己が罪」を浅草三友館で上映。
- 11・17　フランスのフィルムダール社第1回作品「ギーズ公の暗殺」の試写会。
- 12・24　ニューヨーク市が映画の検閲を開始。

通信機器・ラジオ・テレビ・コンピュータ・ゲーム

- 1・12　パリ・エッフェル塔から長距離無線電信開始。
  - 注　エッフェル塔：フランス革命100周年記念としてパリで開催された1889年第4回万国博覧会のためにギュスターブ・エッフェルらの設計による展望塔。当初は1909年には解体予定だったが、この無線電信の送信に使用できることから、存続することになった。
- 4・8　逓信省から無線電報規則公布。
- 5・16　逓信省が海岸無線電話局を設置。
- 12・25　東京郵便局で郵便物の輸送に自動車使用。
  - 注　東京郵便局：1871年4月20日に四日市郵便役所として開設。翌年東京郵便役所に改称する。1886年6月1日に東京郵便局となる。その後、東京郵便電信局、東京中央郵便局を経て、1903年12月5日に再び東京郵便局となる。1910年4月1日に、再び東京中央郵便局に改称。

社会・文化・世相

1～6月

- 1・25　外務省ハワイ移民停止を各移民会社へ通告。
- 2・5　警察官及び消防官服制・巡査服制各公布。
- 3・3　麻布の歩兵第1連隊の兵卒32人、中隊長代理の仕打ちに憤慨し脱営。
- 4・10　ロシアと樺太島境界画定書調印。
- 4・28　初のブラジル移民783人出発。
- 6・22　石川三四郎らの出獄歓迎会開催、帰途「無政府共産」の赤旗を掲げて示威行進。

明治41年

文芸・図書・出版

- 1・1 蒲原有明「有明集」刊行。
- 1・20 羽仁もと子編集の「婦人之友」創刊。
- 3・24 森田草平と平塚明子が心中未遂。
- 4・7 島崎藤村「春」が東京朝日新聞で連載開始。
- 4・13 田山花袋「生」が読売新聞で連載開始。
- 6・23 国木田独歩死去(36歳)。
- 8・9 永井荷風「あめりか物語」刊行。
- 9・1 夏目漱石「三四郎」が朝日新聞で連載開始。
- 9・15 後藤宙外「非自然主義」刊行。
- 10・20 岩野泡鳴「新自然主義」刊行。
- 11・16 東京市立日比谷図書館開館。
- 12・12 木下杢太郎、北原白秋らが「パンの会」結成。
- 12・18 全国新聞記者が記者同士会を結成。

漫画・芸能・サブカルチャー

- 1・24 イギリス陸軍ロバート・パウエル将軍がボーイスカウトを創設。
- 2・12 ニューヨークからパリまでの三大陸横断自動車レースが開催。
- 3・15 松屋呉服店の大安売り日でバーゲンセールの最初。
- 3・22 池田亀太郎による女湯覗き後風呂帰り婦女暴行殺害の出歯亀事件発生。
- 6・9 ヤマトデパートメントストアが牛込神楽坂に開店。
- 7・1 森永西洋菓子製造所がポケットキャラメル10粒入りを10銭で発売。
- 7・11 読売新聞で日比谷公園が「堕落男女の野合場と化す」と報道。
- 7・25 池田菊苗がグルタミン酸ソーダによる調味料の特許取得。
- 8・5 ツェッペリン伯が飛行船の空中飛行に成功。
- 9・15 桜田本郷町に川上貞奴が帝国女優養成所を開設。
- 11・11 藤沢浅二郎が東京俳優養成所を開設。
- 12・1 数寄屋橋際に有楽座開場。

7〜12月

- 8・1 国産自動車完成を記念して乗用車10台が有栖川宮家より多摩川へ遠乗り。
- 8・27 別子銅山四阪島精錬所の煙害問題で農民1500人余が住友鉱業所へ押しかける。
- 9・15 アメリカでゼネラル・モーターズ設立。
- 10・1 フォード社がT型フォードを発表。
- 10・16 司法省監獄局、初めて全国の監獄に受刑者の指紋採取を命令。
- 11・30 日米間での太平洋および清国等での機会均等主義を確認する高平・ルート協定が結ばれる。
- 12・4 ロンドン海軍会議開催。

1909年

写真・映画・アニメーション

- 2・1 議長メリエスによる全欧映画製作者会議がパリで開催。
- 2・29 イギリスのブライトンで世界初の色彩映画が公開。
- 5・24 東京写真師同盟組合を東京写真師組合と改称。
- 6・1 朝鮮李殿下と伊藤博文を撮った横田商会製作「韓国観」が錦輝館で上映。
- 6・25 岩藤思雪によって初めてカットバックの手法を使った映画「新不如帰」が公開。
- 6・25 日本初の映画雑誌「活動写真界」創刊。
- 7・7 京阪神連合写真師懇親会開催。
- 7・15 川上貞奴の帝国女優養成所を帝国劇場附属技芸学校と改称。
- 11・5 東京府が東京写真材料商組合を許可。
- 11・6 吉沢商店目黒撮影所内に俳優養成所開講。
- 11・21 大武丈夫が東京日比谷に大武写真館を設置。
- 12・1 牧野省三監督「碁盤忠信源氏礎」で目玉の松ちゃんこと尾上松之助デビュー。

通信機器・ラジオ・テレビ・コンピュータ・ゲーム

- 1・23 リパブリック号がナンタケット島沖で他船と衝突するが無線で救援船を要請。
- 5・3 ニューヨークとシカゴの間でニュースの無線電信に成功。
- 6・1 日本本土と台湾の間に新聞電報開始。
- 6・10 ポルトガル沖でイギリス船スラボニア号が史上初のSOS無線を発信。
- 注 SOS:「長点」、「短点」、「空白」の三つで構成されたパルス幅を利用の最も基本的な通信であるモールス符号で、打ちやすく、誤読しにくい組合せがSOS。「短点」三つがS、「長点」三つがOであるので、「・・・」「---」「・・・」がSOSとなる。
- 8・21 富士山頂と御殿場間の電話通話が開通。
- 12・15 東京中央電信局と兜町株式取引所と神田郵便局との間に気送管通信開始。
- 注 気送管通信:専用の管に手紙の通信文を入れて、圧縮空気や真空圧で輸送する通信システム。19世紀の後半に欧州の大都市で実用化されたが、20世紀に入るとあまり利用されなくなる。銀行や病院そして艦船などで、現在も使われていることもある。

社会・文化・世相

1～6月

- 2・17 アパッチ族のジェロニモが死去(79歳)。
- 3・21 大阪毎日新聞主催の神戸と大阪間マラソン競争挙行で「マラソン」呼称初使用。
- 4・1 上野公園で発明品博覧会開催。
- 4・24 高峰譲吉がタカジアスターゼの特許取得。
- 5・31 浅間山噴火。
- 6・25 度量衡法施行令公布されてヤードやポンドが採用。

明治42年

文芸・図書・出版

- 1・1　山路愛山「足利尊氏」刊行。
- 1・1　森田草平「煤煙」が朝日新聞で連載開始。
- 1・25　市立深川図書館開設。
- 2・20　イタリアの詩人マリネッティの「未来派宣言」がフィガロ紙に掲載。
- 3・15　北原白秋「邪宗門」刊行。
- 3・30　国語調査委員会編「仮名遣及仮名字体沿革資料」刊行。
- 4・14　生田長江の原稿の二重売りが発覚。
- 5・6　新聞紙法令公布により新聞紙条例廃止。
- 6・5　島村抱月「近代文芸之研究」刊行。
- 6・10　幸徳秋水・菅野スガらが「自由思想」創刊するが発禁処分。
- 6・27　夏目漱石「それから」が朝日新聞で連載開始。
- 9・27　小学校検定教科書印刷会社として、東京書籍・日本書籍・大阪書籍の3社設立。
- 10・18　田岡嶺雲「明治叛臣伝」刊行。
- 10・20　田山花袋「田舎教師」刊行。
- 11・25　東京朝日新聞に夏目漱石主宰文芸欄が設置。
- 12・8　徳富蘆花「寄生木」刊行。

漫画・芸能・サブカルチャー

- 1・29　神奈川県下でイナズマ小僧と呼ばれていた盗賊が逮捕。
- 3・1　森永西洋菓子製造所がチョコレート発売。
- 3・8　メートル法採用を決定。
- 3・21　日本初のマラソンが神戸と新淀川間で開催。
- 4・6　探検家ロバート・ピアリーが北極点に到達。
- 5・1　文芸協会に付属演劇研究所開設。
- 5・31　東京音楽学校編「中等唱歌」出版。
- 6・2　両国に国技館が開館。
- 8・22　フランスで世界のパイロット38人による国際飛行大会開催。
- 10・15　第5回内国勧業博覧会跡地に天王寺公園が開園。
- 12・1　三越呉服店で万国玩具展覧会。
- 12・9　上野で竹骨複葉グライダーが飛行を試みるが不忍池に墜落。
- 12・25　山田耕作による自作歌劇「誓の星」上演。

7～12月

- 8・18　尾崎行雄東京市長がワシントン市に桜2000本寄贈。
- 10・26　伊藤博文枢密院議長がハルピン駅で射殺される。
- 11・23　大阪ミナミに心斎橋完成。
- 12・16　山手線で電車運転開始。
- 12・24　賀川豊彦が神戸新川の貧民窟に転居して救霊団の事業を開始。
- 12・31　ニューヨークにマンハッタン橋が完成。

1910年

写真・映画・アニメーション

- 1・17　大阪写真会新年会が南地明月楼で開催。
- 1・21　群馬県写真懇談会が高崎市で開催。
- 2・1　浅草電気館で吉沢商店製作市川莚女出演「本朝廿四孝」公開。
- 3・7　上野パノラマで吉沢商店製作「二百三高地激戦」公開。
- 3・20　写真同好会写友会の作品発表の場として雑誌「光」が大阪で発行。
- 4・4　東京写真師組合第1回総会が開催。
- 4・15　帝国館で吉沢商店製作福島清出演「ひとりもの」公開。
- 4・20　名古屋写真師組合主催で全国写真師大会が開催。

- 8・4　下谷の高松写真塾で夏期写真講習会開催。

- 10・18　写真家小川一真が帝室技芸員となる。
- 10・28　東京写真師組合総会が神田金清楼で開催され、技師・徒弟が表彰。
- 11・11　東京写真師組合の組合長小川一真の叙勲祝賀会が上野精養軒で開催。
- 11・19　京都カメラ倶楽部10周年記念写真展開催。

通信機器・ラジオ・テレビ・コンピュータ・ゲーム

- 3・20　女子職業として教員や電話交換手が増加している現状を時事新報が掲載。
- 3・26　電気測定法公布。
- 注　電話交換手：「収入の多い交換手教育程度は比較的低くても、収入の多いのは電話交換手で、人員に於いても教員に次いで多数を占めて居る。東京ばかりで千三百名、全国を通じては六千名を算し、始めの内こそ電話交換手と云えば世人が馬鹿にして居たから、教育の程度も至って低く、随って各交換手の品性のごときもはなはだ面白くなかったが、当局はこの点に対して鋭意心を砕いた結果、最初尋常小学校卒業程度としてあった資格が、目下では過半数が高等小学校の卒業生で、中には高等女学校の卒業生も交じって居るそうで、その品性も高尚に赴いて来たと云う事である。」(「時事新報」3月20日)
- 5・1　夜間電話制開始。
- 6・18　アメリカでマン・エルキンズ法が施行。

- 10・1　逓信省でシーメンス方式印刷電信機を東京と横浜の間で試用。
- 10・6　逓信省令で無線電報規則改正。
- 11・1　デンマーク電信会社所有の対馬と釜山の間の海底電線を政府が買収。

社会・文化・世相

1～6月

- 1・23　鎌倉七里ケ浜で逗子開成中学のボート部員らが遭難死。
- 2・10　大阪の友禅染職工2000人が賃下げ反対でストライキ。
- 2・11　京都電鉄の運転手・車掌280人が規則改正に反対してストライキ。

- 3・9　森下辰之助が飛行機凧を発明。
- 5・18　パリで第1回国際航空会議開催。
- 5・29　広瀬中佐の銅像が万世橋畔に設置。
- 6・1　幸徳秋水が湯河原で逮捕。

明治43年

文芸・図書・出版

- 1・1　島崎藤村「家」が読売新聞で連載開始。
- 2・1　野間清治が大日本雄弁会の編集「雄弁」を大日本図書発行で創刊。
- 3・1　夏目漱石「門」が朝日新聞で連載開始。
- 4・1　武者小路実篤や志賀直哉そして有島武郎らが「白樺」創刊。
- 5・1　「三田文学」創刊。
- 5・5　冨山房より中学生向けの学習誌「学生」創刊。
- 5・30　堀井新治郎が輪転謄写印刷機の特許取得。
- 6・14　柳田国男「遠野物語」刊行。
- 6・30　「図書館令施行規則」制定。
- 10・23　佐佐木信綱「日本歌学史」刊行。
- 11・1　小石川簡易図書館開設。
- 11・7　本郷簡易図書館開設。
- 11・8　浅草簡易図書館開設。
- 12・1　石川啄木「一握の砂」刊行。
- 12・15　小川未明「赤い船」刊行。

漫画・芸能・サブカルチャー

- 1・20　松竹合名会社が新富座を買収し東京進出。
- 1・25　流行や風俗を記事にした雑誌「流行の流行」が東京流行社より創刊。
- 2・24　森永製菓株式会社設立。
- 2・27　大阪帝国座開場。
- 5・14　日英博覧会がロンドンで開催。
- 5・19　ハレー彗星が地球に接近し流言が飛び交う。
- 7・14　風俗取締令公布。
- 8・15　運転手付のレンタカー業が東京京橋で開業。
- 9・1　帝国劇場歌劇部創設。
- 9・14　御船千鶴子の千里眼が評判となる。
- 10・6　上野池之端に5階建木造アパート上野倶楽部完成。
- 11・16　藤田林右衛門が横浜元町に不二家洋菓子舗開業。
- 12・2　小山内薫自由劇場第3回試演ゴーリキー「どん底」有楽座で初演。
- 12・20　帝国ホテルで自動車倶楽部設立発起人会が開催。
- 12・24　堺利彦が売文社を開き文筆代理業や身の上相談業を行なう。

7〜12月

- 7・4　第2回日露協約調印。
- 8・22　韓国併合に関する日韓条約調印。
- 8・29　朝鮮総督府設置。
- 9・8　山田猪三郎製作山田式1号飛行船が飛行実験に成功。
- 10・11　大審院が零細な反法行為は犯罪にならないとの判断を表明。
- 11・29　白瀬中尉らが南極探検に出発して翌年5月12日帰国。
- 12・14　代々木練兵場で日野熊蔵陸軍大尉の操縦する飛行機が日本で最初に空を飛ぶ。

1911年

写真・映画・アニメーション	通信機器・ラジオ・テレビ・コンピュータ・ゲーム

1・15　吉沢商店が桝本清脚色「松の緑」公開。

2・1　速達郵便規則が公布されて同月11日に東京と横浜近郊で実施。

3・7　逓信省博物館開館。

6・1　新潟県連合写真大会が長岡市商業会議所で開催。

3・25　三越呉服店に電話販売係設置。

注　ジゴマ：パリの新聞「ル・マタン」に連載された探偵小説が映画化されたもので、大ヒットし、日本でも公開。小説も桑野桃華によって翻訳出版されるが、それ以上に、日本製ジゴマが映画や小説で展開、大ブームとなる。1912年10月20日にジゴマ映画の上映が警視庁によって禁止されることになった。

5・8　ニューヨークとデンバー間での長距離電話に成功。

6・15　IBM社の前身となるCRT社設立。

8・15　電気館で吉沢商店製作藤沢浅二郎出演「坂本竜馬」公開。

9・19　日本写真会主催万国写真展覧会開催。

9・9　英国で初の航空郵便がスタート。

10・1　浅草電気館で吉沢商店製作福島清出演「電話の声」公開。

11・1　往復葉書が発行。

10・10　文部省が「幻灯映画及活動写真フィルム審査規定」制定。

10・27　ハリウッドに初の映画撮影所が設立。

12・9　浪曲師桃中軒雲右衛門が初めてレコード録音するが無断複製海賊版も登場。

11・10　東京劇場組合が映画出演の所属俳優を舞台から締め出す方針を決議。

11・11　フランスの活動写真「ジゴマ」が浅草金龍館で公開されて犯罪場面が話題に。

注　桃中軒雲右衛門(1873-1916)：浪曲師で、桃中軒とは沼津駅の駅弁屋桃中軒に由来。宮崎滔天が弟子入りし、玄洋社の後援も得て「義士伝」を完成、劇場公演を行なう。病気と貧困に陥り、滔天が自宅に引き取るが病死。

社会・文化・世相	1～6月

1・12　オーストリアのレルヒ少佐が新潟で陸軍青年将校に初めてスキーの指導。

4・9　吉原遊郭が火災でほぼ焼失。

2・21　日米新通商条約調印、関税自主権を確立。

6・17　ロンドンで婦人参政権を求める4万人のデモ行進。

3・29　工場法を公布。

明治44年

文芸・図書・出版

- 1・30　西田幾多郎「善の研究」刊行。
- 2・1　徳冨蘆花が講演「謀叛論」で政府を批判。
- 2・24　夏目漱石が文部省からの文学博士号辞退との記事がでる。
- 3・1　大阪毎日新聞社、東京日日新聞を買収して東京進出。
- 4・7　広告物取締法が公布。
- 5・8　文部省が「尋常小学校唱歌」発行。
- 6・1　平塚らいてふらが青鞜社発起人会を開催。
- 9・1　平塚らいてふが「青鞜」創刊。
- 11・1　市立本所簡易図書館が開設。
- 11・3　大日本雄弁会と同じ会社である講談社から「講談倶楽部」創刊。
- 11・5　市立芝・神田簡易図書館が開設。
- 11・17　市立麻布簡易図書館が開設。
- 11・20　市立四谷簡易図書館が開設。

漫画・芸能・サブカルチャー

- 1・1　毎日電報が募集した「日本の美男子」が発表。
- 1・4　前東京帝国大学教授山川健次郎らが長尾郁子の千里眼の実験を行なう。
- 3・1　大倉喜八郎らによる日本最初の洋式劇場として帝国劇場が開場。
- 3・27　ローマで万国美術博覧会開催。
- 4・25　奇術師松旭斎天勝が天勝一座を組織し帝国館で上演。
- 5・20　帝国劇場で文芸協会第1回「ハムレット」公演。
- 5・30　第1回インディアナポリス500マイルレース。
- 7・7　日・英・米・露間でのラッコ・オットセイ獣保護条約調印。
- 7・16　大阪中之島公園で第1回模型飛行機大会。
- 8・10　銀座に「カフェー・ライオン」が開店。
- 9・22　文芸協会研究所による第1回試演会「人形の家」初演で松井須磨子が人気。
- 9・23　上野公園に空中遊泳飛行機が登場。
- 10・1　白木屋が増築で日本初のエレベーター設置。
- 12・18　ドイツ表現主義運動のカンディンスキーらが「青騎士第1回展覧会」開催。

7～12月

- 7・7　東京市内電車の市営反対市民大会開催。
- 7・8　野口英世がスピロヘータ・パリダの純粋培養に成功。
- 8・21　警視庁に特高課を設置。
- 10・25　片山潜らが社会党結成するが同月27日に解散命令。
- 11・10　九州陸軍大演習に臨幸の天皇お召列車が門司駅で脱線し責任者自殺。
- 12・14　ノルウェーのアムンゼンが初めて南極点に到達。
- 12・31　東京市電の従業員1000人余が旧東京鉄道会社の解散手当分配に不満でストライキ。

1912年

写真・映画・アニメーション

- 1・16　大阪の大火で、神田朝日軒、宇野末広堂など多数の写真館が罹災する。
- 3・1　吉野二郎監督福宝堂作品「通夜物語」公開。
- 3・2　小山内薫らが有楽座で第1回文芸活動写真会を開く。
- 5・17　牧野省三監督横田商会作品「塩原多助一代記」が尾上松之助主演で公開。
- 6・11　横浜オデヲン座で、外国映画の新作上映のことを封切と表現、以降定着。
- 8・25　オペラ館で吉沢商店製作「日本ジゴマ」公開。
- 9・10　吉沢商店、横田商会、M・パテー商会、福宝堂により日本活動写真（株）成立。
- 9・13　大阪毎日新聞が大葬を初めての写真号外で報道。
- 9・29　大勝館でM・パテー商会製作桑野桃華原作「新ジゴマ大探偵」公開。
- 10・1　オペラ館で吉沢商店製作「続日本ジゴマ改心録」公開。
- 10・20　和製も含むジゴマ映画の上映禁止を警視庁が発令。
- 11・25　大阪女優養成所で始業式挙行。
- 12・8　三越呉服店で1分間写真登場。

通信機器・ラジオ・テレビ・コンピュータ・ゲーム

- 3・2　逓信省構内での「TYK式」無線電話の短距離間での実験に成功。
- 4・1　大阪市内と京都と神戸の間で速達郵便の取り扱いが開始。
- 4・14　マルコーニ無線電信会社の技師がタイタニック号の遭難信号を最初に受信。
- 注　タイタニック号海難事故：イギリスサウザンプトンからニューヨーク港に向かう途中、氷山に接触し、15日未明に沈没。乗員乗客1513人が犠牲となった。

- 9・9　レコード会社「日清蓄音器」設立。
- 注　レコード：1877年にエジソンが蓄音機を発明し、翌年にエジソン・スピーキング・フォノグラフ社が設立された。1886年にベルが蠟管レコードの特許を取り、翌87年にベルリーナが円盤式蓄音器を発明。1888年にエジソンが蠟管レコードを完成。1891年には日本でも蠟管レコードが製作された。1892年には円筒式レコードの複製量産化が始まり、1900年に円盤型レコードのプレス量産化が始まった。日本では1909年に日米蓄音機製造株式会社が円盤型レコードを製造販売。1912年頃から蓄音器会社が数社次々と設立。

- 12・8　名古屋市内に公衆電話設置。

社会・文化・世相

1〜6月

- 1・31　鉄道院が婦人専用電車を中野と昌平橋間で運転。
- 2・22　未成年者飲酒取締規則が制定。
- 3・1　JTB（ジャパン・ツーリスト・ビューロー）創立。
- 4・14　イギリス豪華客船タイタニック号が氷山と衝突し沈没、1513人が死亡。
- 5・5　坪井正五郎らによる日本民俗学会が発会。
- 6・26　富山県下新川郡生地の窮民300人が汽船球陽丸の米積込み妨害の米騒動。

明治45年／大正元年

文芸・図書・出版	漫画・芸能・サブカルチャー
1・2　夏目漱石「彼岸過迄」が朝日新聞で連載開始。	1・21　新潟県高田で最初のスキー競技会開催。
3・14　厨川白村「近代文学十講」刊行。	
4・15　大倉書店より登張竹風「新式独和大辞典」刊行。	
5・5　ボリシェビキが党機関紙「プラウダ」創刊。	4・1　吉本吉兵衛と妻せいが大阪で寄席経営を始めて吉本興業を創業。
5・15　田岡嶺雲の自伝「数奇伝」刊行。	5・11　逸見次郎が竹製計算尺の特許を取得。
5・18　創立50周年記念慶応義塾図書館開館式。	6・15　新橋と下関の間に展望車付特急列車運行開始。
6・1　小川菊松が誠文堂を創業。	
6・29　在米邦人酒井安治郎の和文タイプライターの特許取得記事を朝日新聞掲載。	
7・25　市立神田第二簡易図書館開設。	7・1　宝塚新温泉に室内プール設置。
7・30　主要新聞が天皇崩御をうけて全ページを黒枠で囲む。	7・3　大阪天王寺に通天閣が完成し新世界ルナパーク開園。
8・1　井上哲次郎が「国民道徳概論」刊行。	9・9　菊琴(大正琴)が発売開始。
	9・25　松竹女優養成所開設。
10・1　大杉栄らが「近代思想」創刊。	11・1　神谷伝兵衛が浅草に神谷バーをオープン。
	11・4　歌舞伎座が入場切符を導入。
12・6　夏目漱石「行人」が朝日新聞で連載開始。	12・1　警視庁で警察犬を日本で初めて採用。
12・20　島崎藤村「千曲川のスケッチ」刊行。	12・28　サンフランシスコでとトローリー式の市営ストリート・カーが営業開始。

7〜12月

7・8　第3回日露協約調印。	9・13　青山葬儀殿で明治天皇の大葬がおこなわれる。同日乃木将軍夫妻が殉死。
7・10　有楽町にＴ型フォード6台によるタクシー自動車設立。	10・17　第1次バルカン戦争が勃発。
7・30　明治天皇死去し大正に元号改元。	
8・1　鈴木文治が友愛会を結成。	12・5　上原勇作陸相辞職、後任不在で西園寺内閣が総辞職。

1913年

写真・映画・アニメーション

1・3　エジソンがニュージャージー州の研究所でトーキー映画を公開発表。

1・21　牧野省三監督日活作品「八犬伝」が尾上松之助主演で公開。

5・13　佐賀写真会が設立される。

5・23　九州写真師大会が長崎で2日間かけて開催。

6・1　牧野省三監督日活作品「真田漫遊記」が尾上松之助主演で公開。

7・15　大阪大丸呉服店で日本カメラ倶楽部第1回展開催。

7・26　文部省が幻灯映画および活動写真規定を公布。

10・6　日活所属弁士が賃上げ要求争議。

11・3　東洋商会製作のフィルム「天長節の祝賀」が浅草キリン館で公開。

12・6　帝国劇場で物言う不思議の活動キネトフォンが初公開。

12・8　交詢社で発声活動写真が上映。

12・11　新潟県写真師組合が長岡で設立。

通信機器・ラジオ・テレビ・コンピュータ・ゲーム

3・22　アメリカバージニア州からパリ・エッフェル塔までの無線通信に成功。

6・4　逓信省と横浜沖合いの船舶との間で初めての無線電話実験成功。

6・13　地方逓信官署官制が公布されて、全国の5逓信局で全国の郵便局を管理する。

注　5逓信局：東部逓信局（東京市）・西部逓信局（大阪市）・北部逓信局（仙台市）・九州逓信局（熊本市）・北海道逓信局（札幌市）。

注　日本の無線電話の実用化：1912年に逓信省の電気試験所の鳥潟右一が同僚の横山英太郎と北村政治郎とともに直流式火花放電による無線電話機を発明実用化した。開発者の頭文字をとって「ＴＹＫ式無線電話機」と命名された。

社会・文化・世相

1～6月

1・28　兵式体操が教練と改称。

2・2　ニューヨークのグランドセントラルステーションが完成。

2・20　神田で大火。

3・3　森鷗外や黒田清輝らにより国民美術協会創立。

4・15　京王電軌で笹塚と調布の間が開通。

5・3　武石浩玻が初の民間飛行に成功するが着地に失敗して死亡。

5・14　ロックフェラー財団が設立。

6・13　内務省宗教局を文部省に移管して宗教行政と神社行政の分離を徹底。

大正2年

文芸・図書・出版

- 1・17　上野精養軒で全国記者大会開催。
- 2・1　「丸善スタンダード字書」発売。
- 3・10　柳田国男らが「郷土研究」創刊。
- 5・3　石山賢吉がダイヤモンド社設立。
- 5・10　経済誌「ダイヤモンド」創刊。
- 7・26　文部省が通俗図書館規定を公布。
- 8・5　岩波茂雄が古本屋岩波書店開業。
- 9・12　中里介山「大菩薩峠」が都新聞で連載開始。
- 10・15　斎藤茂吉「赤光」刊行。
- 11・16　プルーストが「失われた時を求めて」の第1編をグラッセ社から出版。
- 12・2　アンドレ・ミシュランがガイドブック「ギード・ルージュ」13版を発行。
- 12・10　朝日新聞社「朝日年鑑」刊行。

漫画・芸能・サブカルチャー

- 1・11　ニューヨークで自動車ショー。
- 1・31　第1回東洋オリンピックがマニラで開催。
- 2・11　文房具屋小川春之助商店が開業し「トンボ鉛筆」発売。
- 4・5　上野精養軒で愛猫コンテスト開催。
- 4・13　アメリカのサンドバックがジッパーの特許を取得。
- 4・23　帝国飛行協会が設立。
- 4・27　上野精養軒で愛犬コンテスト開催。
- 5・1　関西初の野球場豊中球場開場。
- 5・28　ストラビンスキー「春の祭典」がパリで初演。
- 6・10　森永製菓がミルクキャラメルを発売。
- 7・8　文芸協会解散。
- 7・15　宝塚唱歌隊設立。
- 8・6　米国人メイヤーズが船と汽車で35日21時間35分での世界一周新記録達成。
- 9・1　東京女子高等美髪学校開校。
- 9・19　芸術座第1回公演が有楽座で上演。
- 11・1　田端佐竹邸で泉鏡花原作の野外劇「紅玉」上演。
- 12・2　帝国劇場で芸術座松井須磨子主演「サロメ」上演。
- 12・21　クロスワードパズルがニューヨークワールド紙日曜版に初掲載。

7～12月

- 7・12　京都帝国大学総長沢柳政太郎が教授会を無視して7人の教授に辞表を提出させる。
- 10・7　渋沢栄一を会長に日本実業家協会設立。
- 11・1　陸軍戸山学校で体協主催の第1回陸上競技会開催。
- 11・22　徳川慶喜が死去(77歳)。
- 12・10　タゴールがノーベル文学賞受賞。

029

1914年

写真・映画・アニメーション

1・17　神戸写真師懇談会開催。
1・2　横浜写真技術研究会開催。

3・17　キネマカラーの特許権を買って天然色活動写真株式会社が設立。

4・3　国産初の着色劇映画吉野二郎監督天活作品「義経千本桜」公開。
4・6　東北・九州災害救済義金募集第9回横浜写真展開催。

6・3　初の写真師全国組織日本写真師連合組合が組合長丸木利陽で発足。

7・1　日本を海外に紹介するグラフ雑誌「国華写真」創刊。
7・12　有楽座でレコード式発声映画キネトフォン作品「末広」「本朝二十四孝」公開。

9・14　浜松で遠江写真同業組合が設立。

10・31　浅草三友館でトルストイ原作の細山喜代松監督日活作品「カチューシャ（復活）」公開。

11・11　天活会社が青島攻撃のフィルムを入手し浅草帝国館などで上映。
12・10　牧野省三監督日活作品「忠臣蔵」が尾上松之助主演で公開。

通信機器・ラジオ・テレビ・コンピュータ・ゲーム

1・3　アメリカとドイツ間に直接無線通信が確立。

3・25　社長樺山愛輔により国際通信社創立。
注　**通信社**：日本での本格的な通信社が設立されたのは、1888年1月の時事通信社である。
注　**樺山愛輔と国際通信社**：樺山愛輔（1865-1953）は海軍大将で内相等を歴任した樺山資紀の長男で財界で大きな力を持っていた。国際通信社はアメリカでの日本のニュース記事を積極的に配信することを目的に、渋沢栄一らと共に樺山愛輔を代表として成立。

7・4　大審院が海賊版レコード著作権違反事件で浪花節を音楽的著作物と認めず。
注　**桃中軒雲右衛門海賊版事件**：浪曲師雲右衛門「武士道鼓吹浪花節文句全集」の製造販売会社ヴァンニーロップ商会が海賊版を製造販売した業者を著作権法違反で刑事告訴した事件。東京地裁と東京控訴院は、侵害を認めたが、大審院では浪曲が「純然たる即興かつ瞬間的な創作」であるから著作権は認められないと下して、全員無罪の判決となった。すぐに業界が反発し、著作権法の改正が帝国議会に提出されて、1920年に改正、公布された。

8・5　米オハイオ州クリーブランドで交差点に初の電気信号機設置。

社会・文化・世相

1～6月

1・23　シーメンス事件を衆議院で島田三郎が政府攻撃。

2・11　日本移民協会が設立されて会長に大隈重信就任。
2・15　ロンドンで男女同権と婦人参政権を求めた運動団体が暴動。

5・1　ドイツドレスデンで第1回フランス文化展開催。

6・28　サラエボ事件勃発。

大正3年

文芸・図書・出版

- 1・13 東北地方の飢饉を中外新報「東北惨状記」が連載で報じる。
- 1・16 ロシアの作家ゴーリキーが祖国へ戻る。
- 3・30 赤城正蔵が1冊10銭の文庫本アカギ叢書を発売。
- 4・3 読売新聞に婦人欄である「婦人付録」を設置。
- 4・20 夏目漱石「心」が朝日新聞で連載開始。
- 6・12 下中弥三郎が平凡社を創業。
- 7・26 シーメンス事件批判記事で二六新報発禁となる。
- 9・14 横浜ドイツ系新聞が発行禁止になり編集発行人オスワルトは国外退去。
- 10・2 東京図書出版協会結成。
- 10・15 荒畑寒村や大杉栄らで「平民新聞」創刊。
- 10・25 高村光太郎が詩集「道程」刊行。
- 11・1 大日本雄弁会が読物には総ルビの「少年倶楽部」創刊。
- 11・25 夏目漱石が学習院で「私の個人主義」を講演。
- 12・23 柳宗悦「ヰリアム・ブレーク」刊行。

漫画・芸能・サブカルチャー

- 2・20 大久保素公が自転車での世界一周旅行に日比谷公園から出発。
- 3・20 上野公園で東京大正博覧会開幕。
- 3・26 帝劇で松井須磨子主演「復活」が上演され劇中歌「カチューシャの唄」流行。
- 4・1 宝塚少女歌劇養成会第1回公演。
- 4・12 ロンドンで「ピグマリオン」上演。
- 5・2 読売新聞が身の上相談の欄を掲載。
- 5・20 三浦環が欧州演奏旅行に出発。
- 6・13 第1回民間飛行競技大会が鳴尾競馬場で開催。
- 6・15 岡本一平「探訪画趣」刊行。
- 7・31 東京大正博覧会閉会。
- 10・1 三越呉服店新装開店し日本初のエスカレーターや児童用品研究室を設置。
- 11・15 第1回国産奨励展覧会が上野公園で開催。
- 12・20 3階建てレンガ造りの東京駅が竣工して営業開始。
- 12・26 「少年倶楽部」の第1回愛読者大会開催。

7～12月

- 7・28 オーストリアがセルビアに宣戦布告し第1次世界大戦が始まる。
- 8・15 パナマ運河が開通。
- 8・23 日本がドイツに宣戦布告。
- 9・2 日本軍が山東半島に上陸。
- 11・7 日本軍が青島を占領。
- 12・18 イギリスがエジプトを保護国とする。
- 12・29 個人経営の伊藤糸店から伊藤忠設立。

1915年

写真・映画・アニメーション

2・8 ロサンゼルスでグリフィス監督「国民の創生」公開。
2・20 東京美術学校に臨時写真科設置。

3・12 台北で第1回台湾全島写真展開催。

5・6 辻吉朗監督日活作品「大前田英五郎」公開。
5・11 朝鮮を紹介するグラフ雑誌「朝鮮写真画報」が朝鮮写真通信社から創刊。

6・2 旭川写真師会が設立。
6・29 小川一真、丸木利陽、黒田清輝が御真影を奉写。

7・20 三越呉服店フォト研究会が今岡慶三郎を会長に設立。

9・18 旭川写真師会による第1回写真展開催。

10・15 京城で全鮮写真師大会開催。

11・4 三菱製紙所が小西本店の注文で写真用原紙を初めて製造開始。
11・10 クラブ歯磨本店が御大典を記念して「奉祝」の文字を空中映写。

12・1 京都大丸呉服店で浅沼商会主宰ニューカラー写真展開催。

通信機器・ラジオ・テレビ・コンピュータ・ゲーム

1・1 長崎と上海との間に海底電線開通。
1・25 ニューヨークとサンフランシスコ間の米大陸横断電話開通。

2・2 北海道落石無線電信局がハワイ発の無電を初めて明瞭に受信。

6・15 日本とロシアの間で無線電信通信試験に成功。
6・19 無線電信法公布。

7・1 ニューヨーク市内通話が値下げで5セントになる。
7・27 アメリカと日本の間での直接無線サービスが初めて確立。

10・21 バージニア州アーリントンとエッフェル塔の間で大西洋無線電話通信に成功。

注 **第1次世界大戦と無線通信事業**：1914年6月28日のサラエボ事件で勃発した第1次世界大戦は、大量殺戮兵器の使用とツィンメルマン電報の傍受解読が示すように情報戦を特色に持つ。アメリカではゼネラルエレクトリック社とウェスティングハウス社が政府と連合国の発注を引き受けて大きな利益を生んだ。

社会・文化・世相

1・18 中国に対して21ヵ条の要求を行なう。
1・19 ドイツのツェッペリン飛行船がロンドン空襲。

2・3 田川辰一を校長に台湾での最初の公立中学である「台湾公立台中中学」設置。
3・28 スイスのベルンで国際社会主義女性会議開催され反戦を決議。

1～6月

4・22 ベルギーのイープルでドイツ軍が初の化学兵器として塩素系毒ガスを使用。

5・7 イギリスの客船ルシタニアがドイツ軍潜水艦Uボートに撃沈される。

大正4年

文芸・図書・出版

- 1・12 徳田秋声「あらくれ」が読売新聞で連載開始。
- 1・13 夏目漱石「硝子戸の中」が朝日新聞で連載開始。
- 2・3 文学的および美術的著作物保護修正条約「ベルヌ条約」追加議定書批准。
- 2・7 岩野泡鳴「悪魔主義の思想と文芸」刊行。
- 3・10 西田幾多郎「思索と体験」刊行。
- 5・5 東京図書出版協会が初めて「図書分類目録」を制作発行。
- 6・3 夏目漱石「道草」が朝日新聞で連載開始。
- 10・1 新青年社より雑誌「新青年」創刊。
- 10・10 大阪毎日と大阪朝日の両新聞社が協定して同時に夕刊発行。
- 11・25 大杉栄「社会的個人主義」刊行。
- 12・10 ロマン・ロランがノーベル文学賞受賞。
- 12・23 生田長江と中沢臨川が編集した「近代思想十六講」刊行。

漫画・芸能・サブカルチャー

- 2・21 サンフランシスコでパナマ太平洋万国博覧会開催。
- 4・5 雑誌東京社よりタウン誌「東京」創刊。
- 4・6 帝劇の芸術座「その前夜」上演で劇中歌「ゴンドラの歌」を松井須磨子が歌う。
- 5・1 上野で家庭博覧会開催。
- 5・23 帝劇で山田耕作指揮の日本初の交響楽定期演奏会開催。
- 6・12 杉本京太らが邦文タイプライターの特許取得。
- 6・27 岡本一平らが調布玉華園で第1回漫画祭開催。
- 7・2 西尾正左衛門が亀の子たわしの特許を取得。
- 7・29 上野不忍池で江戸記念博覧会開催。
- 8・1 南洋占領諸島の首長22人が東京見物。
- 9・26 帝劇洋劇部が「ボッカチオ」上演で劇中歌「恋はやさし野辺の花よ」が流行。
- 11・2 東京駅に初の駅内ホテルである東京ステーションホテル開業。
- 11・6 大典奉祝の花電車が走る。
- 11・25 K・K・K・をシモンズが再組織。
- 12・4 ジョージア州がK・K・K・騎士団を認可し復活。
- 12・12 ドイツ・デッサウで初の金属製飛行機ユンカースJ1が初飛行。

7～12月

- 7・12 浦賀ドック会社の職工7000人身元保証規則に対する不満からストライキ。
- 8・18 大阪朝日新聞社主催の第1回全国中等学校優勝野球大会開催。
- 10・1 建設会社の清水組が設立。
- 11・10 大正天皇が京都御所紫宸殿で即位礼。
- 12・4 東京株式市場暴騰していわゆる大戦景気の始まり。
- 12・11 青山練兵場で米人ナイルスが初めて宙返り飛行を行なう。
- 12・12 北里研究所が開所式を行なう。

1916年

写真・映画・アニメーション

- 1・28　東京写真師組合が解散して組合長丸木利陽で東京写真師同業組合設立。
- 4・5　チャップリンの映画会社との出演契約金が世界最高額の67万5000ドルに。
- 4・23　桑田商会創業30年祝賀会開催。
- 5・24　京阪神三市写真師大会が堺で開催。
- 5・27　イタリア映画「カビリア」が帝国劇場で封切。
- 6・8　小林弥六監督日活作品「切られ与三郎」公開。
- 6・23　松平直之を会頭に日本写真会が復興。
- 7・1　ユニバーサル日本支社が業務開始。
- 7・21　ベストポケットコダックカメラによる写真展を京都ベスト写真倶楽部が京都大丸呉服店で開催。
- 8・6　台北素人写真会が設立。
- 9・5　小西本店で第1回夏期写真講習会開催。
- 9・28　牧野省三監督日活作品「清水次郎長」公開。
- 10・12　小西本店で日本山岳会と慶応山岳部の共催で第1回山岳写真展開催。
- 12・10　田中松太郎が法隆寺壁画の写真撮影を開始。

通信機器・ラジオ・テレビ・コンピュータ・ゲーム

- 2・13　逓信省がハワイ無線通信試験に初めて真空管検波器使用。
- 2・26　電話便規則制定。
- 3・1　電話郵便開始。
- 4・11　三重県鳥羽・神島・答志島の間でTKY式無線電話での公衆電報取り扱い開始。
- 5・28　ロンドンとパリの間で航空郵便の取り扱い開始。
- 11・16　逓信省船橋無線電信局とハワイ・カフク無線局間で無線通信開始。

注　**船橋無線電信局**：1915年に日本最初に陸上の無線局として設定された無線電信局で、海軍省の所管であるが、逓信省と海軍省が施設を共有する協定が結ばれ、ハワイとの間の実験通信と実用通信業務が行なわれるようになった。周波数は43KHZで、瞬滅火花式送信機を使用した。

社会・文化・世相

1～6月

- 1・10　中央気象台が全国の測候所で24時間観測開始。
- 1・22　陸軍の飛行船が所沢から大阪への飛行に成功。
- 2・21　西部戦線フランス軍要塞ベルダンの攻防戦が始まる。
- 4・10　大蔵省に銀行局が設定。

大正5年

文芸・図書・出版

- 1・1　中央公論社より「婦人公論」創刊。
- 1・5　朝永三十郎「近世に於ける「我」の自覚史」刊行。
- 5・1　研究社より中学生向け総合少年雑誌「中学生」創刊。
- 5・10　生田長江訳の新潮社版「ニーチェ全集」刊行開始。
- 5・26　夏目漱石「明暗」が朝日新聞で連載開始。
- 6・10　原田実訳でエレン・ケイ「児童の世紀」刊行。
- 9・1　新潮社より文芸雑誌「トルストイ研究」創刊。
- 9・5　田山花袋「時は過ぎ行く」刊行。
- 11・10　徳富蘇峰「大正の青年と帝国の前途」刊行。
- 11・22　ジャック・ロンドンが自殺(40歳)。
- 12・9　夏目漱石死去(49歳)。

漫画・芸能・サブカルチャー

- 1・1　美術や音楽や演劇などの趣味雑誌である「趣味之友」創刊。
- 1・14　ベルリンとイスタンブールを結ぶドイツ鉄道定期列車バルカン特急営業開始。
- 2・8　チューリッヒで既成の芸術を否定するダダイズムの新しい芸術運動が起こる。
- 2・27　神奈川県鶴見花月園で第2回漫画祭が開催。
- 4・1　エイプリル・フールが日本に上陸。
- 6・4　パナマ運河を経てニューヨークを結ぶ日本郵船「対馬丸」が横浜を初出航。
- 7・10　上野公園で婦人子供博覧会が開催。
- 7・17　日本初の女性理学士として黒田チカと牧田らくが東北帝大卒業。
- 9・1　風俗社より文化風俗の研究評論誌「風俗」創刊。
- 10・9　後に明治製菓となる東京菓子が設立。
- 11・3　立太子礼記念切手を発行。

7〜12月

- 7・3　第4次日露協約調印。
- 7・15　現在のボーイング社がシアトルに設立。
- 7・27　横浜入港の布哇丸で乗客にコレラが発生し全国に拡大。
- 8・1　ドイツ軍がロンドン大空襲。
- 9・1　年少者や女性の就業時間を制限した工場法が施行。
- 9・15　イギリス軍がソンム戦線でドイツ軍に対して戦車マークⅠ型を投入。
- 10・9　寺内正毅内閣成立。
- 11・3　裕仁親王立太子礼挙行。
- 11・9　大杉栄が葉山日蔭茶屋で神近市子から刺される。
- 11・10　北里柴三郎を会長に大日本医師会設立。
- 12・30　ロシアの怪僧ラスプーチンが暗殺。

1917年

写真・映画・アニメーション

- 1・25　津和野ベストコダック写真倶楽部が創立。
- 3・11　浅草オペラ館で日活製作小口忠監督菊池幽芳原作「毒草」公開。
- 4・13　東京美術学校臨時写真科第1回作品展開催。
- 4・27　長野県松本小学校が生徒に活動写真鑑賞を禁止。
- 5・5　小西本店で稲見興美「米国風景」写真展、米国活動俳優写真展などが開催。
- 5・20　北山清太郎作画アニメーション日活作品「猿と蟹（サルとカニの合戦）」公開。
- 6・30　幸内純一作画小林商会製作アニメーション映画「塙凹内名刀之巻」公開。

注　アニメーション映画の誕生：1906年にジェームス・スチュアート・ブラックトンが世界初のアニメーション「愉快な百面相」を発表。日本では1917年1月に初の国産漫画映画として下川凹天の「芋川椋三玄関番之巻」が公開された。

- 7・2　岡山写真会が第1回門生技師表彰会を開く。
- 7・14　警視庁が活動写真興行取締規則公布。
- 7・25　東京計器、岩城硝子、藤井レンズの各製造所が合同し日本工学工業株式会社設立。
- 9・1　台北素人写真会が台湾写真会と改称して第1回展開催。
- 9・24　三重写真同好会が設立。
- 12・15　千葉県写真師会が設立。

通信機器・ラジオ・テレビ・コンピュータ・ゲーム

- 1・9　イギリスの情報機関がドイツ無差別潜水艦作戦の暗号電報を解読。
- 2・21　東京と盛岡間の直通電話が開通。
- 4・1　東京市内で電話による火災通報制度実施。

注　イギリスの情報機関：1903年10月に設立された帝国国防委員会外国部附属秘密勤務局が、第2次世界大戦時には軍情報部第6課（MI6）と呼ばれたが、現在の正式名称はSecret Intelligence Serviceである。尚、イギリス情報局保安部（MI5）は、国内の治安維持を目的とした情報機関である。

- 7・21　電話事業公債法公布。
- 8・18　アメリカバージニア州で飛行機と地上局の間での無線通信に成功。
- 10・25　沖縄のラサ島との離島無線開始。

社会・文化・世相

- 1・9　ドイツが再び無差別潜水艦作戦を決定。
- 2・1　ドイツが無警告無制限のUボートによる攻撃を再開。
- 3・4　アメリカ下院で女性議員が初めて誕生。
- 3・15　ロシア2月革命。
- 3・20　理化学研究所が渋沢栄一を創立委員長に設立。
- 4・1　東京駅前に東京中央郵便局が完成開業。
- 4・6　第1次世界大戦にアメリカが参戦する。
- 4・7　団琢磨を理事長に日本工業倶楽部の設立認可。

大正6年

文芸・図書・出版

- 2・14　東京家政研究会発行の実用雑誌「主婦之友」創刊。
- 2・15　萩原朔太郎の第1詩集「月に吠える」刊行。
- 3・1　河上肇「貧乏物語」刊行。
- 5・1　岩波書店より阿部次郎主幹による「思潮」創刊。
- 6・5　阿部次郎「合本 三太郎の日記」刊行。
- 6・10　倉田百三「出家とその弟子」刊行。
- 6・15　田山花袋「東京の三十年」刊行。
- 7・25　帰山教正「活動写真劇の創作と撮影法」刊行。
- 9・16　永井荷風が「断腸亭日乗」執筆開始。
- 9・18　東京朝日新聞月ぎめ45銭となる。
- 10・20　芥川龍之介「戯作三昧」が大阪毎日新聞で連載開始。
- 12・9　第1次「漱石全集」が岩波書店から刊行。

漫画・芸能・サブカルチャー

- 3・3　向島花月園で第3回漫画祭開催。
- 4・18　沢田正二郎らが新国劇を結成し新富座で旗揚げ公演。
- 4・30　井の頭恩賜公園が開園。
- 5・5　知能測定の久保良英らにより児童研究所開設。
- 6・26　芝浦の埋立地で第4回漫画祭。
- 7・9　東京基督青年会体育館で日本初の室内温水プール開場。
- 8・15　日本初の私立美術館大倉集古館が開館。
- 9・26　画家エドガー・ドガが死去(83歳)。
- 10・6　三島海雲が乳酸飲料の工業製品化に成功し後にカルピス発売。
- 10・9　将棋の坂田三吉八段が関根金次郎八段と対局し勝利。
- 10・23　佐々紅華らが東京歌劇座を結成公演。
- 11・17　彫刻家オーギュスト・ロダンが死去(77歳)。
- 11・29　国技館が全焼し回向院が類焼。
- 12・20　元海軍大尉中島知久平が群馬県太田町に飛行機製造会社「飛行研究所」を設立。

7～12月

- 7・6　イギリス情報将校(アラビアのロレンス)がアラブ反乱軍を率いてアカバ占領。
- 8・1　東京帝国大学文科の公開講義で女性の聴講を許可。
- 9・12　大蔵省が金貨幣および金地金輸出取締令を公布し金本位制が停止。
- 10・8　三菱造船株式会社設立。
- 10・15　ドイツのスパイ、マタ・ハリがフランス軍によって処刑。
- 10・20　第1回全国小学校女教員大会開催。
- 11・7　ロシアの10月革命でソビエト政権が樹立。
- 12・20　反革命勢力鎮圧のためにソビエト政権にチェカ(秘密警察組織)設置。

1918年

| 写真・映画・アニメーション | 通信機器・ラジオ・テレビ・コンピュータ・ゲーム |

2・14　アメリカで映画「類人猿ターザン」公開。
3・8　檀上新吉らが東京写真師同業組合による入会強要を拒否し、農商務大臣に陳情。
3・25　東京美術学校臨時写真科第1回卒業式。
注　臨時写真科第1回卒業生：中山岩太、成田隆吉、末岡利亮、山本達雄、内田兵馬、宇高久敬。
3・31　浅草遊楽館で日活製作田中栄三監督トルストイ原作「生ける屍」公開。
4・15　浅草遊楽館で日活製作田中栄三監督佐藤紅緑原作「桜の園」公開。
6・16　文部省が有益な映画を推薦。
7・30　飯田湖北が天然色写真の特許取得。
8・20　神田の大火で錦輝館が全焼。
10・5　白木屋で第1回新聞写真展開催。
10・14　東京美術学校臨時写真科への寄付（前年12月）により浅沼藤吉が銀杯を受ける。
11・5　秋山轍輔が横浜玉村写真館で「ベリト（レンズ）と風景について」を講演。
12・21　東京高等工業学校補習写真科と製版科が同窓会を創立。

3・1　郵便規則改正で郵便絵葉書の表面記載部分が1/3から1/2に拡大が認められる。
4・10　郵便受付時間変更実施。
◎1・2等局と指定された3等局
……6時〜22時（3月〜10月）／7時〜22時（11月〜2月）
◎集配3等局
……6時〜20時（3月〜10月）／7時〜20時（11月〜2月）
◎無集配3等局
……7時〜20時（3月〜10月）／8時〜20時（11月〜2月）

8・21　逓信省が鳥羽神島間に真空管式同時送受話装置を設置。
9・10　初の無線月刊誌「無線之日本」創刊。

| 社会・文化・世相 | 1〜6月 |

1・1　警視庁に交通専務巡査100名と赤バイ6台を設置。
1・12　第1回全国蹴球大会が大阪豊中グラウンドで開催。
1・23　ロシアがロシア・ソビエト連邦社会主義共和国となる。
2・6　イギリスで男子21歳以上女子30歳以上に参政権を与える選挙法に改正。

3・20　上野で電気博覧会が開催。
4・21　デンマークで普通選挙法成立。
5・1　三菱商事株式会社開業。
5・5　第1回全国青年団連合大会を東京帝国大学講堂で開催。

大正7年

文芸・図書・出版

- 1・1 室生犀星が詩集「愛の詩集」刊行。
- 3・16 有島武郎「生まれ出づる悩み」が大阪毎日新聞で連載開始。
- 3・19 久米正雄「螢草」が時事新報朝刊で連載開始。
- 5・1 島崎藤村「新生」が朝日新聞で連載開始。
- 5・2 芥川龍之介「地獄変」が大阪毎日新聞と東京日日新聞で連載開始。
- 6・15 波多野精一と宮本和吉の訳によるカント「実践理性批判」刊行。
- 7・1 鈴木三重吉が児童文芸雑誌「赤い鳥」創刊。
- 11・14 武者小路実篤らが宮崎県児湯郡木城村で新しき村を建設。
- 12・1 徳富蘇峰の「近世日本国民史」刊行開始。
- 12・4 ドイツの詩人カール・ブッセが死去(46歳)。
- 12・7 東大で「新人会」発足。
- 12・23 吉野作造らが「黎明会」結成。

漫画・芸能・サブカルチャー

- 1・23 JTBが東京スキー倶楽部を結成。
- 3・31 アメリカ全土で夏時間を実施。
- 4・18 美濃電気軌道が日本で最初に女子車掌を採用。
- 5・1 ゼネラル・モーターズ社がシボレー社を買収、合併。
- 5・26 宝塚少女歌劇東京初公演。
- 6・19 帝国飛行協会が設立。
- 7・22 東京市内乗合自動車事業が許可。
- 8・29 ケーブルカーの生駒鋼索鉄道開業。
- 9・20 東京海上ビルディング完成。
- 10・1 森永ミルクチョコレート発売。
- 10・21 ニューヨークでタイプライター早打ち大会開催。

7～12月

- 8・2 シベリア出兵を政府が宣言。
- 8・3 富山県中新川郡西水橋町で米騒動が起き全国に拡大。
- 9・29 原敬内閣成立。
- 11・6 石川島造船所が自動車生産を開始。
- 11・11 ドイツが連合国と休戦協定を結び第1次世界大戦が終結。
- 11・17 大阪市の中之島公会堂落成。
- 12・14 イギリスで初の普通選挙が実施。
- 12・25 大学令が公布されて公立、私立大学の設置が認可。

1919年

写真・映画・アニメーション

1・22　小西商店でミニマム写真展開催。

2・13　京都写真師組合が「さくら転写現像紙」実験会を開催。

2・23　日本美術協会に写真部が新設。

3・30　帝国劇場で米国映画「イントレランス」特別公開。

5・15　尾上松之助らの遊楽館での舞台挨拶で観客殺到。

6・26　アメリカで写真やイラストを多用したタブロイド紙「デイリー・ニューズ」誕生。

7・7　「キネマ旬報」創刊。

7・26　南鮮写真師会の創立大会を開催。

8・7　浅草でチャップリンの「犬の生活」公開。

8・28　日活が収益増で1割増の3割配当を決定。

9・8　大日本セルロイド株式会社が設立。

9・13　帰山教正監督天活作品「生の輝き」公開。

10・12　高千穂製作所が設立。オリンパスの前身。

11・30　警視庁が各警察署に写真機と鑑識写真係を配置。

12・6　国際活映が設立。

通信機器・ラジオ・テレビ・コンピュータ・ゲーム

2・23　名古屋中央電話局設置。

4・20　切手別納郵便の取り扱い開始。
注　**切手別納郵便**：料金別納の制度で、これまでの料金前納で切手を用いない「約束郵便」に対して、新しく設けられた。同時に100通以上の場合に切手を貼ることに代り、別納郵便を示すことで差出すことができる。

6・30　警視庁が全警察署に電信機を設置。

10・22　東京と大阪の間で飛行郵便が試行。

11・8　アメリカバージニア州で電話電信会社が初のダイヤル式電話を導入。

12・1　RCA社設立。
注　**RCA**：アメリの電気機器メーカー「Radio Corporation of America」の略称。1919年12月1日ゼネラル・エレクトリック社から分離・独立、1926年放送会社NBC（「National Broadcasting Company」）設立、1929年ビクタートーキングマシン社を買収し、RCAビクターを設置、1969年に社名をRCAに改称、1986年にゼネラル・エレクトリック社に買収される。

12・15　日本電力株式会社設立。

社会・文化・世相

1〜6月

1・1　最高時速24kmの自動車取締令公布。

1・18　パリ講和会議開催。

1・25　パリ講和会議で国際連盟設立に合意。

2・9　倉敷紡績社長大原孫三郎が大原社会問題研究所を設立。

3・1　3・1運動と呼ばれる朝鮮独立運動が起こる。

3・2　モスクワでコミンテルン創立大会開催。

3・13　日銀総裁に井上準之助が就任。

4・12　関東軍が独立。

5・1　パリで流血のメーデー。

5・4　5・4運動と呼ばれる北京の学生が山東問題で抗議運動を起こす。

6・28　ベルサイユ条約調印。

大正8年

文芸・図書・出版

- 1・1　堀口大学が詩集「月光とピエロ」刊行。
- 2・5　高田保馬「社会学原理」刊行。
- 4・3　山本実彦が雑誌「改造」創刊。
- 5・23　和辻哲郎「古寺巡礼」刊行。
- 6・6　加藤一夫「民衆芸術論」刊行。
- 6・10　島田清次郎「地上」第1巻が刊行。
- 6・12　新聞印刷工組合結成。
- 6・14　薄田泣菫が大阪毎日新聞の学芸部長になる。
- 8・15　東京朝日新聞の縮刷版が発行。
- 10・18　鈴木三重吉編「赤い鳥童謡集」第1巻が発売。
- 10・30　宮本百合子がニューヨークで結婚。

漫画・芸能・サブカルチャー

- 1・5　松井須磨子が有楽座「カルメン」公演中に芸術倶楽部で自殺(32歳)。
- 1・6　宝塚音楽学校開設。
- 3・1　東京市街自動車会社(青バス)運行開始。
- 4・1　新国劇が行友季風「月形半平太」初演。
- 4・25　ドイツのワイマールに国立美術工芸学校バウハウスが開校。
- 4・27　山本鼎が長野県神川村小学校で児童自由画展開催。
- 6・28　東京俸給生活者同盟会発足。
- 7・7　三島海雲のラクトー株式会社から「カルピス」発売。
- 9・1　寿屋洋酒店が「トリスウヰスキー」製造販売開始。
- 10・8　アメリカ大陸横断飛行レースが開催。
- 10・10　関西の俠客西村伊三郎が関東俠客に呼びかけて大日本国粋会結成。
- 10・14　帝国美術院第1回美術展覧会開催。
- 11・26　文芸坐が「ハムレット」を上演。
- 12・3　画家ルノワールが死去(78歳)。

7〜12月

- 7・31　ドイツ国民議会がワイマール憲法を採択。
- 8・15　三菱銀行が会長岩崎小彌太で設立し10月1日に開業。
- 9・1　ロシア歌劇団が来日し帝劇でアイーダや椿姫を公演。
- 9・5　帝国美術院が設置され森鷗外が初代院長に就任。
- 10・1　三菱銀行開業。
- 10・28　アメリカ議会で禁酒法を可決。
- 12・27　帝国ホテル新館焼失。

1920年

写真・映画・アニメーション | 通信機器・ラジオ・テレビ・コンピュータ・ゲーム

2・11　松竹が松竹キネマ合名会社設立を発表。
2・27　表現主義映画「カルガリ博士」がベルリンで公開。
3・24　ジョージ・イーストマンが経済連盟の視察団一員として来日し、各地で歓迎会開催。
4・20　大正活動写真株式会社創立。
5・12　ドイツで性教育映画規制のために映画法が実施。
6・25　東京美術学校写真科同窓会が設立。
7・7　東京で写真愛好家によるアマチュア倶楽部が設立。
10・15　札幌写真協会が北海道連合写真組合と改称し、第1回大会を札幌で開催。
10・21　愛知医大昇格祝賀記念写真展開催。
11・1　松竹キネマの第1回作品「島の女」公開。
11・19　大正活動写真(大活)第1回作品谷崎潤一郎原作「アマチュア倶楽部」公開。
12・10　小西本店でヴェリト写真展開催。

4・1　東京・横浜・名古屋・大阪・京都・神戸の各都市の電話料金が度数制となる。(1度数2銭)
7・10　鉄道省が青森と函館間に無線電信を開通。
8・20　著作権法改正により演奏、歌唱レコードが保護対象に。
9・8　アメリカで初の大陸横断航空郵便サービス開始。
9・29　アメリカのウェスティングハウス社のラジオがフランスとドイツで発売。
注　第1回国勢調査：1920年10月1日に第1回の国勢調査が実施された。国内の人口は約5600万人。記念の切手も発行されて、その図案は古代の国司が戸籍に署名するところである。
11・2　アメリカのピッツバーグで世界初のラジオ放送局としてKDKAが定時放送開始。

社会・文化・世相

1〜6月

1・10　ベルサイユ講和条約公布されて国際連盟が発足。
1・15　両国国技館開館式。
1・16　アメリカで禁酒法施行。
1・30　後のマツダとなる東洋コルク工業が設立。
2・1　日立製作所設立。

4・1　ドイツ労働者党がナチス国家社会主義労働者党となる。
5・2　日本で第1回メーデー。

大正9年

文芸・図書・出版

- 1・1　博文館から「新青年」創刊。
- 1・7　文部省が漢字整理案を公表。
- 5・9　岩野泡鳴が死去（47歳）。
- 5・17　全国書籍商組合連合会が設立。
- 6・5　有島武郎「惜みなく愛は奪ふ」刊行。
- 6・9　菊池寛「真珠婦人」が大阪毎日新聞と東京日日新聞で連載開始。
- 6・15　高畠素之訳「資本論」刊行開始。
- 9・20　豊島与志雄訳ロマン・ロラン「ジャン・クリストフ」第1巻刊行。
- 9・25　島崎藤村「エトランゼエ」が東京朝日新聞で連載開始。
- 10・1　講談社より「婦人倶楽部」創刊。
- 10・3　大正期最大のベストセラーとなる賀川豊彦「死線を越えて」刊行。
- 11・23　田山花袋と徳田秋声誕生50年記念祝賀会が開催。
- 11・28　新潮社から「世界文学全集」発刊。

漫画・芸能・サブカルチャー

- 1・24　劇場や寄席での喫煙禁止とすることを警視庁通達。
- 2・2　東京市街自動車に初の女性車掌が登場。
- 2・11　有楽座で新劇協会によるメーテルリンク「青い鳥」初演。
- 2・14　報知新聞主催で第1回箱根駅伝競争が開催。
- 3・26　帝国劇場で菊池寛「恩讐の彼方に」初演。
- 4・16　大丸呉服店が大阪で株式会社大丸呉服店として出発。
- 4・16　神楽坂に東京市簡易公設食堂が開設。
- 6・10　時の記念日が制定。
- 6・24　ベルリンで国際ダダ展覧会開催。
- 7・1　新世界通天閣にライオン歯磨の電飾広告が登場。
- 8・22　第1回ザルツブルク音楽祭開催。
- 8・26　神戸に海洋気象台が設置。
- 10・25　新富座で菊池寛「父帰る」初演。
- 11・5　虫歯デーが初めて実施。

7〜12月

- 7・3　宮崎県で全国初の女性小学校校長が誕生。
- 9・23　愛国婦人会の新会長に下田歌子が就任。
- 10・1　第1回国勢調査実施。
- 11・1　明治神宮が創建。
- 11・22　カリフォルニア州議会が排日土地法可決。
- 12・17　後藤新平が東京市長に就任。
- 12・26　山本鼎や北原白秋らが日本自由教育協会を設立。

1921年

写真・映画・アニメーション

- 1・1 大阪朝日新聞に輪転式グラビア印刷の写真付録を付ける。
- 1・13 職業学校が制度化されて写真は職業学校のひとつの課程となる。
- 2・2 文部省の企画で優良映画を社会教育調査委員会が選定推薦。
- 2・6 チャップリンの「キッド」がアメリカカーネギーホールで初公開。
- 4・8 松竹キネマ研究所第1回作品である村田実監督映画「路上の霊魂」公開。
- 4・29 栗島すみ子主演「虞美人草」公開。
- 5・5 浅草にブロマイド屋マルベル堂がオープン。
- 5・13 ドイツ映画「カルガリ博士」日本公開。
- 6・1 島津製作所本店で第1回レントゲン講習会開催。
- 7・30 チャップリン映画「キッド」日本公開。
- 9・20 神戸の写真師会として「赤窓会」が設立。
- 10・1 小西本店が合資会社小西六本店と改組。
- 10・5 六代目小西本店店主杉浦六右衛門死去(75歳)。
- 10・31 観兵式の憲兵隊の写真撮影が許可される。
- 11・20 御茶ノ水博物館で活動写真展覧会開催。
- 12・23 呉写真師会発足。

通信機器・ラジオ・テレビ・コンピュータ・ゲーム

- 3・1 東京中央電話局で14歳未満の女子電話交換手の夜勤を禁止。
- 4・20 通信事業創始50年記念祝典が開催。
- 5・30 逓信省が浜地常康に初めて私設無線電話を許可。
- 6・8 ドイツでベルリン国立劇場からの初オペラ中継放送を行なう。
- 7・11 3銭封緘葉書発行。
- 8・21 東京と盛岡の間での飛行郵便を実施。
- 10・5 アメリカで大リーグの試合が実況中継。
- 11・3 金沢と広島の間での飛行郵便を実施。
- 12・27 逓信省が自動電話交換化を計画。

社会・文化・世相

- 2・12 不敬罪などで大本教の幹部が一斉逮捕される第1次大本教事件が起こる。
- 2・12 全国町村会が設立。
- 3・3 皇太子裕仁が欧州歴訪に軍艦香取で横浜港出発。

1～6月

- 4・9 航空法公布。
- 4・15 羽仁もと子が雑司が谷に自由学園を創設。
- 4・24 西村伊作や与謝野寛晶子夫妻らが文化学院を創設。
- 5・25 東京で女性向けの桜楓会アパート開所式。

大正10年

文芸・図書・出版

- 2・5　金子洋文らが雑誌「種蒔く人」創刊。
- 2・17　島崎藤村生誕50年祝賀会が上野精養軒で開催。
- 3・23　倉田百三「愛と認識との出発」刊行。
- 6・1　文部省が図書館員教習所を開設し図書館職員養成を開始。
- 6・5　野口雨情の童謡集「十五夜お月さん」刊行。
- 6・25　臨時国語調査会設置。
- 7・17　バートランド・ラッセルが来日。
- 7・21　公立図書館職員令公布。
- 10・1　和辻哲郎の編集で岩波書店から雑誌「思想」創刊。
- 10・5　ロンドンで国際ペンクラブが設立。
- 11・1　上田市に信濃自由大学設立。
- 11・25　北一輝「支那革命外史」発表。

漫画・芸能・サブカルチャー

- 3・8　警視庁が畜犬取締規則施行。
- 4・11　メートル法公布。
- 5・2　漫画の物語である岡本一平の「人の一生」が東京朝日新聞で連載開始。
- 5・4　岡本一平「へぼ胡瓜」を大日本雄弁会から刊行。
- 8・9　東京帝国大学教授鈴木梅太郎らが合成酒の特許取得。
- 9・1　三越が女子店員制服を制定し日本初の女子事務職員制服となる。
- 9・4　名古屋一柳葬具店が霊柩車を日本初配備。
- 9・7　アメリカニュージャージー州で第1回ミス・アメリカコンテスト開催。
- 10・3　森永製菓が銀座にキャンディストアを開業。
- 10・14　鉄道開業50周年記念事業として東京駅北側に鉄道博物館開館。
- 12・1　日本最古の木造アーケード「竹瓦小路アーケード」が完成。
- 12・10　岡本一平「泣虫寺の夜話」を磯部甲陽堂から刊行。

7～12月

- 7・1　上海で中国共産党創立大会開催。
- 9・2　近衛文麿を理事長に日本青年館を設立。
- 9・19　ベルリンに世界初のハイウェイが完成。
- 11・4　原敬首相が東京駅で刺殺。
- 11・12　尾崎行雄らが全国普選断行同盟を組織。
- 11・25　裕仁親王が摂政に就任。

1922年

写真・映画・アニメーション

- 1・3　グリフィス監督の「嵐の孤児」がニューヨークで公開。
- 1・16　アメリカで映画製作者配給者協会が創設されて風俗や道徳上の自主規制。
- 3・19　樺太趣味写真研究会が設立。
- 4・8　大連で光影倶楽部が設立。
- 5・15　第4回全国写真師大会が東京美術学校で2日間開催。
- 5・19　大阪中之島で京阪神写真師会創設25周年記念大会開催。
- 6・1　朝鮮写真協会が京城で第1回展を開催。
- 8・10　麴町区紀尾井女子薬学校で中央写真講習会を開催。
- 9・30　伊東胡蝶園が「お化粧」をテーマにした懸賞写真の募集がメ切られ7228枚が応募。
- 10・1　映画館が平日2回興行とはる。
- 11・18　オリエンタル写真工業が日本橋白木屋でピーコック印画紙懸賞写真展を開催。

通信機器・ラジオ・テレビ・コンピュータ・ゲーム

- 1・1　イギリスで無線メーカーが共同して放送局を設置してＢＢＣ設立。
- 2・24　イギリスのマルコーニ社のラジオ放送局が本放送を開始。
- 2・27　第1回ワシントン無線会議。
- 6・2　朝日新聞本社の「無線電話実況公開」で上野公園へレコード音楽を電波送信。
- 6・14　アメリカで大統領が初めてラジオ出演。
- 8・3　ニューヨーク州のＷＧＹ放送局の番組で初のサウンドエフェクトを使う。
- 8・16　ＡＴＴのＷＥＡＦ局がラジオの放送開始。
- 8・28　ニューヨークのラジオ局が初のコマーシャルを放送。
- 10・14　ニューヨークに初の電話交換機が設置。
- 11・1　イギリスで受信料制度が制定。

社会・文化・世相

- 2・6　ワシントンで海軍軍縮条約調印。
- 2・15　ハーグ常設国際司法裁判所が開設。
- 2・28　イギリスがエジプトの保護統治を放棄。
- 3・3　京都で全国水平社創立。

1～6月

- 4・15　パリの国民美術協会で日本美術展が開催。
- 4・17　最初の7年制私立の高等学校として武蔵高等学校が開校。

大正11年

文芸・図書・出版

- 2・5　アメリカで「リーダーズダイジェスト」が創刊。
- 2・25　「旬刊朝日」創刊され後に「週刊朝日」と改称。
- 3・3　20の新聞社・通信社代表が過激社会運動取締法案反対新聞同盟を組織。
- 4・2　「サンデー毎日」創刊。
- 5・18　片山潜「自伝」刊行。
- 5・20　マルクス・エンゲルス「共産党宣言」が堺利彦訳で地下出版。
- 6・15　阿部次郎「人格主義」刊行。
- 7・15　水上滝太郎「大阪」が大阪毎日新聞で連載開始。
- 8・8　相賀武夫が小学館創業。
- 8・15　小野秀雄「日本新聞発達史」刊行。
- 9・14　三省堂から「コンサイス英和辞典」刊行。
- 9・25　柳宗悦「朝鮮とその芸術」刊行。
- 11・20　厨川白村「近代の恋愛観」刊行。

漫画・芸能・サブカルチャー

- 2・11　江崎利一によってグリコーゲンから生まれた栄養菓子グリコが発売。
- 3・10　上野で平和記念東京博覧会開催。
- 3・11　日本庭球協会が創立。
- 3・30　未成年者飲酒禁止法公布。
- 4・15　岡本一平が「どこか実のある話」を磯部甲陽堂から刊行。
- 6・4　日本航空輸送研究所が設立。
- 6・20　東京湾上遊覧飛行(15分間30円)開始。
- 7・12　フランスのストラスブールで初の自動車グランプリレース開催。
- 9・10　ロシアのパブロワ舞踊団来日。
- 10・14　鉄道記念日制定。
- 11・25　有楽座で坪内逍遥指導の児童劇第1回公演。

7～12月

- 7・15　非合法化に日本共産党結成。
- 7・18　有島武郎が北海道の農場を小作人に無償提供。
- 8・15　西武鉄道設立。
- 10・31　イタリアでムッソリーニ内閣成立。
- 11・18　改造社の招待でアインシュタインが来日。
- 11・25　ムッソリーニが国王と議会により独裁権を与えられる。
- 11・26　エジプト王家の谷で考古学者カーターらがツタンカーメンの墓を発見。
- 12・30　ソビエト社会主義共和国連邦成立。

1923年

写真・映画・アニメーション

- 1・8　映画「船頭小唄」公開され主題歌が大ヒット。
- 1・25　写真中心のタブロイド新聞「日刊アサヒグラフ」が朝日新聞社から創刊。
- 2・7　東京写真師協会が設立されて東京写真師組合と東京写真師会は解散。
- 2・16　小西六が東京会館で小西六写真専門学校設立を発表。
- 3・13　ニューヨークでフォノフィルムの機械をド・フォレストが一般公開。
- 4・4　ハリウッドにワーナー・ブラザーズ社が設立。
- 5・4　活動写真・フィルム・幻灯映画及蓄音器・レコード認定を制定。
- 5・17　道頓堀に映画館松竹座開館。
- 5・31　鈴木謙作監督日活作品「人間苦」公開。
- 7・29　溝口健二監督日活作品「霧の港」公開。
- 9・10　関東大震災のために松竹蒲田撮影所の大部分が京都下賀茂へ移転。
- 10・2　日活が「大震災実写」の上映興行を開始。
- 11・10　水口薇陽らによって日本映画俳優学校開校。
- 11・14　「日刊アサヒグラフ」が「週刊アサヒグラフ」として再刊。
- 12・31　野村芳亭監督松竹キネマ作品菊池幽芳原作「幽芳集己が罪」公開。

通信機器・ラジオ・テレビ・コンピュータ・ゲーム

- 1・17　新愛知新聞社が名古屋で無線電話の実験と講演会を開催。
- 3・20　報知新聞社が上野発明博覧会で無線電話の公開実験。
- 4・1　ウィーンで民営ラジオ局開局。
- 4・6　ドイツでアマチュア無線愛好家がラジオクラブを設立。
- 4・23　文部省がレコードを選定推薦する。
- 8・30　放送事業の内容と認可についての「放送用私設無線電話ニ関スル議案」が決定。
- 9・1　関東大震災の状況が横浜港内船舶から銚子局を経て大阪に電報で知らされる。
- 9・28　イギリスで週刊番組雑誌「ラジオタイムズ」創刊。
- 12・6　クーリッジアメリカ大統領が大統領教書を初めてラジオ放送。
- 12・20　逓信省が放送用私設無線電話規則を公布。
- 12・23　アメリカでツヴォリキンがアイコノスコープを発明。

社会・文化・世相

1〜6月

- 2・20　丸の内ビルディング完成。
- 3・8　東京神田で国際婦人デー集会が初めて開催。
- 4・9　親鸞の立教開宗700年記念法要が東本願寺と西本願寺で開催。
- 5・1　小田原急行鉄道が設立。
- 5・2　大杉栄がパリでメーデーに参加し逮捕されて国外追放。
- 5・4　ニューヨーク州で禁酒法を撤廃。

大正12年

文芸・図書・出版

- 1・1　菊池寛が「文芸春秋」創刊。
- 1・26　萩原朔太郎が詩集「青猫」刊行。
- 2・10　雑誌「アトリエ」創刊。
- 2・18　田山花袋が回想集「近代の小説」刊行。
- 3・3　ニューヨークで週刊誌「タイム」創刊。
- 4・1　雑誌「エコノミスト」創刊。
- 5・9　北一輝「日本改造法案大綱」刊行。
- 6・9　有島武郎が軽井沢の別荘で心中自殺（45歳）。
- 6・15　佐野学「闘争によりて解放へ」刊行。
- 7・14　金子光晴が詩集「こがね虫」刊行。
- 10・1　講談社から「大正大震災大火災」が刊行されベストセラーに。
- 11・22　大杉栄「自叙伝」刊行。

漫画・芸能・サブカルチャー

- 1・10　東京相撲の関脇以下の力士が争議。
- 1・25　「日刊アサヒグラフ」に織田小星作東風人（樺島勝一）画の「正チヤンノばうけん」が掲載。
- 3・10　山野千枝子が丸ビル内に丸の内美容院を開く。
- 4・18　ニューヨークのヤンキー・スタジアムがオープン。
- 4・22　日本自動車大競争会を洲崎埋立地で開催。
- 5・4　ジョン・マクレディとオークリー・ケリーが米大陸横断無着陸飛行に成功。
- 5・6　藤原義江が帰国第1回独唱会を神田青年館で開演。
- 5・26　自動車の耐久性を競う第1回ルマン24時間レース開催。
- 7・7　日比谷公園に音楽堂が完成。
- 7・28　村山知義らが「マヴォ」を結成。
- 10・20　子供漫画「正チヤンノばうけん」が東京朝日新聞で連載開始。
- 11・16　アメリカの退役軍人ジェーコブ・シックが電気カミソリで特許を得る。
- 11・26　麻生豊の子供4コマ漫画「のんきな父さん」が報知新聞夕刊で連載開始。

7〜12月

- 7・10　日本航空株式会社が設立して大阪と別府間の定期航路営業開始。
- 9・1　午前11時58分に関東大震災。
- 9・16　甘粕大尉が大杉栄らを殺害する甘粕事件が起こる。
- 11・10　国民精神作興に関する詔書公布。
- 11・29　東京帝国大学で社会科学研究会が結成。
- 12・1　築地魚市場が開設。
- 12・27　難波大助が摂政を襲撃する虎ノ門事件が起こる。

1924年

写真・映画・アニメーション

- 1・23　島津保次郎監督松竹蒲田作品「蕎麦屋の娘」公開。
- 3・1　山崎光学研究所が創立。
- 4・2　神戸光波会が日本芸術写真世界化運動展を大阪朝日新聞社で開催。
- 5・6　新富座が活動写真館として開場。
- 5・16　浅草金竜館で漫画映画「ノンキナトウサン」公開。
- 6・1　上野松坂屋で安河内治一郎芸術写真展開催。
- 7・5　東京写真師協会が奢侈税について建議書提出。
- 7・20　東京美術学校写真科で光画会講演会開催。
- 8・14　「籠の鳥」が封切られ、以降、小唄映画が流行。
- 9・6　アメリカ映画「幌馬車」日本公開。
- 10・11　清水宏監督松竹キネマ作品「恋より舞台」公開。
- 11・8　大阪に写真科学会が設立。

通信機器・ラジオ・テレビ・コンピュータ・ゲーム

- 1・26　大阪朝日新聞社が無線電話の公開実験を行なう。
- 2・14　コンピューティング・タビュレーティング・レコーディング社がIBMと改称。
- 2・23　アメリカの短波放送をイギリス経由でインドカルカッタでの受信成功。
- 4・4　イギリスで放送会社による学校放送開始。
- 7・31　輸入税の改正でレコードと蓄音器は奢侈品となり輸入税が10割となる。
- 10・14　東京放送局が設立許可を申請。
- 10・20　日本無線電信会社が設立。
- 10・25　上野で無線科学普及研究会主催無線展覧会が開催。
- 11・9　白木屋店内にお客用電話を設置。
- 11・29　総裁後藤新平で社団法人東京放送局が設立。
- 11・30　RCAがニューヨークとロンドン間の写真電送実験に成功。
- 12・24　東京放送局理事会で翌年3月1日から仮施設放送開始を決定。

社会・文化・世相

1～6月

- 1・18　東京市営バス運行開始し円太郎とあだ名。
- 1・22　イギリスで第1次マクドナルド労働党内閣成立。
- 1・30　ソビエト社会主義共和国連邦憲法公布。
- 3・31　鉄道省で大型8000形電気機関車導入。
- 5・15　アメリカ議会が新移民法可決。
- 6・2　タゴールが来日。
- 6・11　護憲三派内閣として第1次加藤高明内閣成立。
- 6・17　モスクワで第5回コミンテルン世界大会が開催。

大正13年

文芸・図書・出版

2・7　吉野作造が東京帝国大学を辞職し朝日新聞社入社。
2・25　元警視庁警務部長正力松太郎が読売新聞を買収し社長就任。
3・20　谷崎潤一郎「痴人の愛」が大阪朝日新聞で連載開始。
4・20　宮沢賢治が詩集「春と修羅」自費出版。

7・20　山川均「無産階級の政治運動」刊行。
9・5　内藤湖南「日本文化史研究」刊行。
10・1　新光社より主筆原田三夫「子供の科学」創刊。
11・3　資生堂がタブロイド版の消費者向け月刊機関誌「資生堂月報」創刊。
12・1　宮沢賢治が童話「注文の多い料理店」自費出版。
12・10　佐佐木信綱ほか編集の「校本万葉集」刊行開始。

漫画・芸能・サブカルチャー

1・25　フランスのシャモニーで第1回冬季オリンピック開催。
1・28　皇太子御成婚記念で上野公園と動物園が宮内省から東京市へ下賜移管。
4・1　渋谷道玄坂旧中川伯爵邸跡で全国物産共進会開催。
5・5　シャネルが「シャネルNo.5」発売。
5・23　内務省が財団法人同潤会を設置。
6・3　東京朝日新聞に黒人少年の絵のカルピス広告初掲載。
6・13　小山内薫らが築地小劇場開場。
6・15　フォード社が通算1000万台の自動車を生産。
7・10　岡本一平が「どぜう地獄」を大日本雄弁会から刊行。
7・17　日本棋院創立。
8・1　甲子園野球場が竣工。
8・5　ニューヨーク・デイリー・ニューズ紙に「アニー」連載開始。
11・3　第1回体育デー。
11・11　ニューヨークでユージン・オニールの「楡の木陰の欲望」初公演。
11・29　東京音楽学校第48回演奏会でベートーベン「第九交響曲」初演。

7〜12月

7・1　メートル法実施。
10・2　国際連盟がジュネーブ議定書を採択。
10・11　専門学校入学者検定試験が文部省により国家試験に統一。
11・1　現在の大泉学園駅が東大泉駅として開業。
11・26　モンゴル人民共和国成立。
12・1　銀座に松坂屋がオープン。
12・13　婦人参政権獲得期成同盟成立。

1925年

写真・映画・アニメーション

- 1・14　帝国キネマ芦屋派の俳優ら60人が退社。
- 2・9　東京写真師協会が写真学院開校。
- 2・13　「街の手品師」封切。主演岡田嘉子、監督村田実。
- 2・16　東京麹町の東條写真館で東京写真師協会附属東京写真学院開院式挙行。
- 5・2　映画フィルムの検閲開始。
- 5・26　内務省が活動写真フィルム検閲規則を公布。
- 5・29　溝口健二監督が愛人からカミソリで切りつけられて日活より謹慎処分。
- 7・1　新橋演舞場でド・フォレストのトーキーの試作フォノフィルム公開。
- 11・9　全国写真師大会が開催されて日本写真師協会結成。
- 12・24　モスクワで「戦艦ポチョムキン」上映公開。

注　活動写真「フィルム」検閲規則：第一条　活動写真ノ「フィルム」ハ本令ニ依リ検閲ヲ経タルモノニ非サレハ多衆ノ観覧ニ供スル為之ヲ映写スルコトヲ得ス（以下第十五条まで公布され昭和14年9月27日に廃止される。）

通信機器・ラジオ・テレビ・コンピュータ・ゲーム

- 2・10　中央気象台が気象無線通報を開始。
- 3・1　東京放送局試験ラジオ放送開始され、時報放送も開始。
- 3・22　芝浦の府立東京高等工芸学校の図書館から東京放送局の仮放送開始。
- 4・20　東京・大阪・福岡間で定期航空郵便開始。
- 6・1　大阪放送局が三越呉服店屋上の仮放送所からの仮放送開始。
- 6・25　東京放送局は初の婦人アナウンサー翠川秋子を採用。

注　放送開始：東京放送局（JOAK）からの放送が開始され、「講演」は早大総長高田早苗の「新旧の弁」、「落語」は談洲楼燕枝の「将棋の殿様」、「講談」は錦城斎典山の「水戸光圀」、「映画劇物語」は徳川夢声による「シラノ・ド・ベルジュラック」などだった。

- 7・12　東京芝愛宕山よりラジオ本放送開始しラジオ劇「桐一葉」放送。
- 7・15　名古屋放送局本放送開始。
- 7・20　東京放送局がテキストを発行して語学講座を開始。
- 8・13　ヒューズ作、小山内薫訳・演出「炭坑の中」（ラジオドラマ）放送。
- 9・10　逓信省山田守設計の東京中央電信局が完成。
- 10・1　自動電話が公衆電話と改称。
- 10・2　イギリスのベアードが機械式テレビの実験に成功。
- 11・15　読売新聞がラジオ番組面を創設。
- 11・20　電気研究所でラジオ展覧会開催。

社会・文化・世相

1〜6月

- 1・5　ワイオミング州でアメリカ史上初の女性州知事誕生。
- 1・20　日ソ基本条約調印。
- 2・25　蔵原惟人が新聞特派員としてソ連に向かう。
- 3・2　参議院で普通選挙法案を修正可決。
- 3・7　衆議院で治安維持法を修正可決。
- 4・18　シカゴで第1回婦人世界博覧会開催。
- 4・22　治安維持法公布。
- 4・29　パリでアール・デコ展が開幕。
- 5・5　普通選挙法公布。
- 5・30　上海共同租界で反日デモの5・30事件が起こる。

大正14年

文芸・図書・出版

- 1・1　講談社から「キング」創刊。
- 5・1　産業組合中央会が農家向け雑誌「家の光」創刊。
- 6・1　改造社から「社会科学」創刊。
- 6・10　矢部良策が大阪で創元社創業。
- 6・27　「日刊ラジオ新聞」創刊。
- 7・10　細井和喜蔵「女工哀史」刊行。
- 8・12　萩原朔太郎「純情小曲集」刊行。
- 9・25　三省堂から金沢庄三郎の「広辞林」刊行。
- 10・18　萩原恭次郎が詩集「死刑宣告」刊行。
- 11・10　正宗敦夫と与謝野寛・晶子編の「日本古典全集」発刊。
- 12・6　日本プロレタリア文芸同盟結成。

漫画・芸能・サブカルチャー

- 2・20　東京天文台編「理科年表」第1冊刊行。
- 2・21　ニューヨーカー誌が創刊されてひとコマ漫画が掲載。
- 3・11　預言者飯野吉三郎を東京地検が起訴。
- 3・16　東京電力会社設立。
- 4・13　陸軍現役将校配属令公布。
- 4・30　大大阪博覧会が閉幕。
- 7・25　朝日新聞社の訪欧飛行機「初風」と「東風」が出発。
- 8・29　東京放送局がラジオ組立講習会を千葉木更津で開催。
- 9・20　東京六大学野球開始。
- 9・23　パリのシャンゼリゼ劇場で「黒人レビュー」開幕。
- 11・14　初代豊国100年記念浮世絵展開催。
- 12・15　東京で遊覧乗合自動車営業開始。
- 12・28　財団法人大日本相撲協会設立。

7～12月

- 7・6　安田善次郎寄贈の東京帝国大学講堂竣工。
- 8・10　豊田佐吉が杼換式自動織機の特許を取得。
- 10・15　京城に朝鮮神宮を創立。
- 11・1　東京山手線が全線開通。
- 11・9　ドイツでナチスが親衛隊を設置。
- 11・14　パリで初めてシュールレアリスム絵画展が開催。
- 12・1　野村證券株式会社設立。

1926年

写真・映画・アニメーション

- 2・26　東京写真学会創立。
- 4・27　川端康成が「新感覚派映画連盟に就いて」を読売新聞に発表。
- 6・12　日本写真師協会第1回総会。
- 6・13　日本写真師協会第1回展が銀座松坂屋呉服店で開催。
- 6・14　全国写真師有志相談会開催。
- 6・23　五所平之助監督松竹キネマ作品「奔流」公開。
- 7・29　仲木貞一「映画の持つ内容と社会性」を国民新聞に発表。
- 8・5　ワーナー・ブラザーズがヴァイタフォン社を設立。
- 8・19　秦豊吉「最近のドイツの演劇と映画」を東京日日新聞に発表。
- 8・26　ワーナー・ブラザーズがヴァイタフォン式トーキー映画「ドン・ファン」公開。
- 9・24　衣笠貞之助監督新感覚派映画連盟＝ナショナルフィルムアート社作品「狂つた一頁」公開。
- 10・25　平林初之輔「シネマと芸術の世界化」を文芸時報に発表。
- 10・29　阿部豊監督日活作品「足にさはつた女」公開。
- 12・5　全日本写真連盟結成。

通信機器・ラジオ・テレビ・コンピュータ・ゲーム

- 1・9　ソ連のＡ・Ｓ・ポポフ・ステーションがヨーロッパ初の短波ラジオ放送開始。
- 1・20　東京京橋電話局にダイヤル式電話設置。
- 1・27　イギリスのベアードがテレビの公開実験に成功。
- 2・26　東京放送局が短波放送の実験開始。
- 4・24　函館への電話開通。
- 5・1　アメリカとイギリスの間で写真電送を開始。
- 5・5　日本ビクターが両面録音レコードを開発。
- 6・12　日本アマチュア無線連盟が設立。
- 7・5　東京放送局で「国文学講座」放送。
- 8・2　名古屋放送局が御園座の演芸大会を電話線を利用して劇場中継放送を行なう。
- 8・6　社団法人日本放送協会設立。
- 8・13　八木秀次が八木アンテナの特許取得。
- 10・9　ＧＥ、ウェスティングハウス、ＲＣＡの3社がＮＢＣを設立。
- 10・17　チャールズ・カフリン神父がラジオ放送による説教を行なう。
- 12・1　大阪中央局で本放送開始。
- 12・15　日本放送協会が大正天皇の病状を放送。
- 12・25　高柳健次郎がブラウン管に「イ」の字を写し出す電送実験に成功。

社会・文化・世相

- 1・4　イギリスで寡婦・老齢年金法施行。
- 1・23　日本労働組合連合結成。
- 2・11　第1回の建国祭が実施。
- 3・5　労働農民党結成。
- 3・10　川崎造船所で潜水艦伊1号竣工。
- 3・16　アメリカのクラーク大学教授Ｒ・ゴダードが液体燃料ロケットの打ち上げに成功。

1〜6月

- 5・1　イギリスで炭鉱ストが起こる。

大正15／昭和元年

文芸・図書・出版

- 1・7 小説家協会と劇作家協会が合同して文芸家協会結成。
- 1・20 東京放送局編「調査時報」創刊。
- 1・27 高野辰之「日本歌謡史」刊行。
- 2・12 福本和夫「社会の構成＝並に変革の過程」が白揚社から刊行。
- 4・13 新文芸講話叢書第1篇として春陽堂から木村毅「文芸六講」刊行。
- 6・25 三木清が「パスカルに於ける人間の研究」刊行。
- 7・13 文芸家協会などの団体が発売禁止防止期成同盟結成。
- 9・13 文芸入門叢書2として新潮社から加藤武雄「明治大正文学の輪郭」刊行。
- 9・15 「変態・資料」創刊号が刊行。
- 10・28 農民文芸会編「農民文芸十六講」刊行。
- 10・30 岩波書店より「カント著作集」刊行開始。
- 11・5 佐藤春夫「退屈読本」刊行。
- 11・20 新潮社から「日本文学講座」第1巻刊行。
- 12・3 改造社から「現代日本文学全集」全63巻が刊行開始されて円本ブームになる。
- 注3 「現代日本文学全集」⇒
- 12・8 江戸川乱歩「一寸法師」が朝日新聞で連載開始。

漫画・芸能・サブカルチャー

- 1・12 初の日刊子供新聞である「こども日日」発刊。
- 1・13 上野公園でこども博覧会開催。
- 3・10 日本郵船が香港とサンフランシスコ間の航路を開設。
- 3・20 大阪市で電気大博覧会開催。
- 4・7 全日本心理学会大会が開催され日本心理学会が設立。
- 4・25 東京駅と上野駅にドイツ製の入場券自動販売機が設置。
- 5・1 岡田信一郎設計の東京府美術館が開館。
- 5・8 宝塚温泉場内に宝塚国民座結成。
- 6・1 アメリカ独立150周年を記念した万国博覧会がフィラデルフィアで開催。
- 9・1 東京婦人ゴルフ倶楽部設立。
- 9・13 日本航空が大阪と大連との間に定期便を就航。
- 10・5 日本交響楽協会から脱退した近衛秀麿らが新交響楽団結成。
- 12・5 印象派の画家クロード・モネが死去（86歳）。
- 12・6 前衛座第1回公演。
- 12・26 大正天皇死去のためにおもちゃ屋が遊戯具販売自粛。

7〜12月

- 7・9 蒋介石が中国統一をめざして北伐開始。
- 7・23 大逆罪容疑で逮捕された金子文子が栃木刑務所で自殺。
- 9・1 同潤会が表参道に青山アパートを完成。
- 9・8 ドイツが国際連盟に加入して常任理事国となる。
- 10・19 帝国会議で自治国との対等連合によるイギリス連邦が成立。
- 10・22 明治神宮外苑完成。
- 11・18 豊田自動織機製作所設立。
- 11・30 日本ラグビー協会設立。
- 12・13 アメリカでロッキード航空機会社設立。
- 12・25 大正天皇死去。

1927年

写真・映画・アニメーション

- 2・7　日本写真師協会が「大正天皇御大葬拝写団」結成。
- 3・10　伊藤大輔監督日活作品「忠次旅日記甲州殺陣篇」で大河内伝次郎がデビュー。
- 3・19　犬塚稔監督衣笠映画連盟・松竹キネマ作品「稚児の剣法」で長谷川一夫がデビュー。
- 4・7　3面スクリーンの映画「ナポレオン」がパリオペラ座で公開。
- 4・29　嵐寛寿郎「鞍馬天狗」シリーズ1作目公開。
- 5・3　全日本写真連盟第1回国際写真サロン開催。
- 5・7　東京写真師協会の主催で写真技術講演会と全国営業家懇親会を開催。
- 6・13　武者小路実篤「日本仏教美術写真展」の記事を読売新聞に連載。
- 7・20　「国際映画新聞」創刊号発刊。
- 8・9　小山内薫「フォノフィルムの工場から」を読売新聞に発表。
- 9・27　山形市で東北6県写真師大会開催。
- 10・1　東京写真師協会の主催で営業写真懸賞入選展開催。
- 10・6　サウンドトラック使用初トーキー映画「ジャズ・シンガー」ニューヨーク公開。
- 10・14　小津安二郎監督松竹作品「懺悔の刃」が浅草電気館で公開。
- 10・17　仲木貞一「シネマとラヂオの接触点に就いて」を時事報に発表。

通信機器・ラジオ・テレビ・コンピュータ・ゲーム

- 1・7　英国と米国間での無線電話が開通。
- 2・16　京城放送局本放送開始。
- 2・24　日本放送協会が放送歌劇第1回として「カヴァレリア・ルスチカーナ」を放送。
- 4・7　ニューヨークでベル電話研究所によるアメリカ初の有線テレビ公開実験。
- 5・7　大阪中央放送局から「幼児の時間」放送開始。
- 5・10　日本ポリドール蓄音機商会設立。
- 5・23　里見弴作の500円ドラマ第1作「或る夫婦」放送。
- 6・11　東京電信局に自動電信交換機設置。
- 8・13　第13回全国中等学校優勝野球大会が大阪中央放送局により実況放送。
- 9・13　日本ビクター蓄音機株式会社設立。
- 9・26　アメリカでCBSが設立。
- 10・1　火災専用電話番号112が119に変更。
- 11・11　イギリスのBBCが植民地に向けての実験放送開始。
- 12・11　日本ビクター主催レコード視聴会開催。
- 12・15　ラジオ番組「探偵小説の夕」の座談会に江戸川乱歩や横溝正史らが出演。
- 12・31　上野寛永寺の除夜の鐘をラジオで中継放送。

社会・文化・世相

1〜6月

- 1・5　日本水平社が結成。
- 2・7　大正天皇の大葬が行なわれる。
- 3・3　11月3日を明治節と定める。
- 3・15　東京渡辺銀行の取り付け休業により、金融恐慌がはじまる。
- 3・24　南京事件。
- 4・2　鈴木商店破産。
- 4・18　蒋介石が南京に国民政府樹立。
- 4・20　東京女子高等師範学校教授保井コノの理学博士号授与で初の女性博士誕生。
- 4・22　3週間を期限とする支払猶予のモラトリアム実施。
- 6・18　日独文化協会設立。

昭和2年

文芸・図書・出版

- 1・1　三田村鳶魚「江戸年中行事」が春陽堂から刊行。
- 3・5　新潮社版「世界文学全集」が豊島与志雄訳の「レ・ミゼラブル（1）」で刊行開始。
- 3・20　川端康成「伊豆の踊子」が金星堂から刊行。
- 4・25　宇野浩二「蔵の中」刊行。
- 5・14　大仏次郎「赤穂浪士」が東京日日新聞で連載開始。
- 5・23　志賀直哉「山科の記憶」が改造社から刊行。
- 6・10　第一書房版「近代劇全集」刊行開始。
- 6・15　春陽堂版「明治大正文学全集」刊行開始。
- 7・10　星ひとつ20銭の岩波文庫が漱石「こころ」ほか22点で刊行開始。
- 7・24　芥川龍之介が自殺（35歳）。
- 9・15　東京山手線車内での広告が許可。
- 10・5　修文館から岩城準太郎「明治文学史」刊行。
- 10・5　吉野作造編纂「明治文化全集」が日本評論社から刊行。
- 10・15　林不忘「丹下左膳」が東京日日新聞および大阪毎日新聞で連載開始。
- 11・1　平凡社版「世界美術全集」刊行開始。

漫画・芸能・サブカルチャー

- 1・1　築地小劇場が帝国劇場で第1回公演。
- 1・5　大日本相撲協会発足。
- 1・19　アメリカのギューリックⅠ世からの青い目の人形が文部省に届く。
- 2・7　明治製菓がソフトビスケット発売。
- 3・26　ベートーベン百年忌の行事が各所で開催。
- 4・8　日本ゼネラル・モータースが設立。
- 6・15　金星堂から片岡鉄兵「モダンガアルの研究」刊行。
- 8・2　銀座のカフェーなどでモダンボーイ150人を警視庁不良少年係が検挙。
- 9・1　宝塚少女歌劇がレビュー「モン・パリ」初演。
- 9・12　日本橋三越で創作玩具展開催。
- 9・21　三越呉服店で初のファッションショー開催。
- 10・15　松坂屋が食堂女店員の制服を洋装にする。
- 12・1　フォードがA型フォードを発表。

7〜12月

- 7・15　コミンテルン日本問題特別委員会が日本問題に関する決議1927年テーゼ決定。
- 8・17　独仏通商条約締結。
- 11・3　初めての明治節で明治神宮参拝者が昼夜約80万人にものぼる。
- 12・30　上野浅草間に初の地下鉄開業。

1928年

写真・映画・アニメーション

- 1・5　アメリカハリウッドの活劇俳優中村幸吉が映画制作のために帰国。
- 1・10　浅沼商会が第1回ハイスピードクレーマ乾板試写会開催。
- 1・17　アナトール・ジョセホが全自動フィルム現像機フォトマンを発明。
- 1・30　市教育局が児童映画日を定め教育映画の上映を決定し他の日の見物は厳禁。
- 4・29　小津安二郎監督松竹作品「若人の夢」が浅草電気館で公開。
- 5・13　下岡蓮杖の記念碑が伊豆下田に建立。
- 5・27　初の児童映画デー。
- 6・15　小津安二郎監督松竹作品「女房紛失」が浅草電気館で公開。
- 7・6　ワーナー・ブラザーズが世界初のオール・トーキー「ニューヨークの灯」製作。
- 7・30　アメリカでジョージ・イーストマンが初のカラー映像公開。
- 8・31　小津安二郎監督松竹作品「カボチャ」が浅草電気館で公開。
- 9・28　小津安二郎監督松竹作品「短編　引越し夫婦」が浅草電気館で公開。
- 10・1　フランスでブニュエル監督の作品「アンダルシアの犬」公開。
- 10・10　川喜多長政が東和商事映画部設立。
- 11・18　アメリカで初のトーキーのアニメーション映画「蒸気船ウィリー」公開。
- 12・1　小津安二郎監督松竹作品「肉体美」が浅草電気館で公開。

通信機器・ラジオ・テレビ・コンピュータ・ゲーム

- 1・12　相撲放送開始。
- 2・1　日本ビクターが洋楽レコード発売開始。
- 2・8　イギリスのJ・L・ベアードがアメリカへ映像の電送実験に成功。
- 3・25　初の電気デー実施。
- 5・11　ニューヨーク州でテレビ放送の定時番組開始。
- 5・13　ドイツで中波による初の写真電送をベルリンとケルンの間で成功。
- 6・16　日米間で直通無線電信送信が開通。
- 8・13　東京大阪間でＮＥ式写真電送装置の実験に成功。
- 9・9　大阪毎日新聞が初めて電送写真を掲載。
- 11・1　東京でラジオ体操の放送開始。
- 11・5　日本放送協会が仙台熊本間の放送専用中継線を完成させて全国放送開始。
- 11・28　高柳健次郎がブラウン管受像式のテレビジョン公開実験。
- 12・2　陸軍大礼観兵式のラジオ放送実況中継で昭和天皇の勅語が電波に乗る。
- 12・6　新交響楽団が初めてのレコード録音を行なう。

社会・文化・世相

1〜6月

- 1・17　トロツキーが逮捕されてアルマ・アタに追放。
- 3・12　マルタがイギリス連邦の自治領となる。
- 3・16　麒麟麦酒から炭酸飲料水「キリンレモン」発表。
- 3・17　台北帝国大学設置。
- 4・10　日本商工会議所設立。
- 5・27　高知・桂浜に坂本竜馬の銅像設置。
- 6・4　張作霖爆死事件。
- 6・18　探検家アムンゼンが北極海で行方不明。

昭和3年

文芸・図書・出版

- 1・12　文部省が府県立図書館の設置拡張事業を決定。
- 1・15　小林英夫訳ソシュール「言語学原論」刊行。
- 2・1　日本共産党機関紙「赤旗」創刊。
- 2・20　南宋書院から「世界社会主義文学叢書1　シンクレア　地獄編」刊行。
- 3・13　神田厳松堂丁稚奉公の少年店員たちによる労働争議。
- 3・23　春陽堂版「日本戯曲全集」刊行開始。
- 3・25　全日本無産者芸術連盟(ナップ)結成。
- 4・25　高野辰之編「日本歌謡集成」刊行開始。
- 5・28　春陽堂「クロポトキン全集」刊行開始。
- 6・5　改造社「マルクス=エンゲルス全集」刊行開始。
- 6・28　改造社から木村毅「明治文学展望」刊。
- 8・1　文部省が高等小学校教員を対象に第1回思想問題講習会開催。
- 8・15　改造社から黒島伝治「橇」刊行。
- 10・5　春陽堂から金子洋文「銃火」刊行。
- 11・3　創元社から薄田泣菫「茶話抄」刊行。
- 12・1　文芸春秋6年2号に萩原朔太郎「チャップリンの悲哀」掲載。
- 12・4　谷崎潤一郎「蓼喰ふ虫」が東京日日新聞および大阪毎日新聞で連載開始。

漫画・芸能・サブカルチャー

- 3・10　中央美術社から「現代漫画大観　第2編　文芸名作漫画」が刊行。
- 注　現代漫画大観：1現代世相漫画　2文芸名作漫画　3漫画明治大正史　4コドモ漫画　5滑稽文学漫画　6東西漫画集　7日本巡り　8職業づくし　9女の世界　10近代日本漫画集(中央美術社1928年刊行)
- 3・15　上野でシェパード展開催。
- 3・25　大阪朝日会館で天平文化綜合展開催。
- 4・1　横浜の崎陽軒が折箱入りシューマイを発売開始。
- 5・5　勅使河原蒼風が第1回の草月流花展を銀座千疋屋で開催。
- 5・28　第1回動物愛護週間。
- 6・1　文芸春秋6年6号に村山知義「日本漫画家総まくり」掲載。
- 7・12　二世市川左団次らがソ連での歌舞伎公演に出発。
- 8・1　二世市川左団次らがモスクワ芸術座で「忠臣蔵」など公演。
- 8・31　ベルリンでブレヒト「三文オペラ」初演。
- 9・19　ウォルト・ディズニー製作アニメーション映画「蒸気船ウィリー」完成。
- 10・12　東京松竹楽劇部設立。
- 10・21　比叡山に空中ケーブルカー設置。
- 10・27　早稲田大学演劇博物館開館。
- 11・10　警視庁が18歳未満の入場を禁止するダンスホール取締令実施。

7〜12月

- 7・2　イギリス議会で平等選挙権法が可決されて男女同等になる。
- 8・27　パリで不戦条約調印。
- 9・3　ジュネーブで国際連盟総会開催。
- 10・1　ソビエトで第1次5カ年計画開始。
- 10・8　蒋介石が国民政府主席就任。
- 10・20　日本航空輸送株式会社設立。
- 11・5　東京大阪の両朝日新聞社屋に電光ニュース掲示。
- 11・10　昭和天皇即位礼が京都御所で挙行。

1929年

写真・映画・アニメーション

- 2・1　改造11巻2号に平林初之輔「米国化の機関としての映画」掲載。
- 2・22　小津安二郎監督松竹作品「宝の山」が観音劇場で公開。
- 4・2　東條卯作が中央写真学院開設。
- 4・13　小津安二郎監督松竹作品「学生ロマンス若き日」が帝国館で公開。
- 注4　傾向映画⇒
- 5・9　新宿武蔵野館でフォックス社製本格的トーキー映画「進軍」「南海の唱」公開。
- 5・16　第1回アカデミー賞授賞式。
- 5・28　アメリカ映画史上初総天然色トーキー映画の「オン・ウイズ・ザ・ショー」公開。
- 6・30　邦楽座でトーキー設備設置のために楽士解雇を発表。
- 7・5　小津安二郎監督松竹作品「和製喧嘩友達」が帝国館で公開。
- 9・6　小津安二郎監督松竹作品「大学は出たけれど」が帝国館で公開。
- 9・12　5日間の日程で大阪写真師夏期写真講習会開催。
- 10・1　小西六本店から国産写真フィルム「さくらフィルム」を発売。
- 10・25　小津安二郎監督松竹作品「会社員生活」が帝国館で公開。
- 11・8　東京写真師会館開館式挙行。
- 11・18　アメリカでV・K・ツヴォリキンがキネスコープを公開実験。
- 11・24　小津安二郎監督松竹作品「突貫小僧」が帝国館で公開。

通信機器・ラジオ・テレビ・コンピュータ・ゲーム

- 2・28　ローマでテレビ実験放送を開始。
- 3・26　航空郵便規則公布。
- 4・1　東京と大阪で航空通信の取り扱い開始。
- 4・15　日本無線電信会社が日本とヨーロッパ間の無線電信を開始。
- 5・1　西条八十作詞「東京行進曲」のレコード発売。
- 注5　東京行進曲⇒
- 5・18　アメリカの競馬が初めて全世界にラジオで中継放送。
- 5・26　アメリカトーキー映画「現場不在証明」を新宿武蔵野館から有線中継。
- 8・27　東京中央放送局から求人求職に関する「職業ニュース」放送。
- 9・16　井上準之助蔵相による講演「国民経済の立直しと金解禁」が放送。
- 9・21　小杉放庵「ラヂオとテニス」が東京朝日新聞に掲載。
- 10・2　伊勢神宮式年遷宮祭の実況が中継放送。
- 12・27　日本電気が丹羽保次郎らの写真電送変調方式の特許取得。

社会・文化・世相

1〜6月

- 2・11　バチカン市国成立。
- 2・14　シカゴで密造酒をめぐるギャングの抗争で聖バレンタインデーの虐殺事件発生。
- 2・23　説教強盗妻木松吉が逮捕。
- 4・15　大阪梅田にターミナルデパート阪急百貨店が開店。
- 4・16　治安維持法違反で共産党員が一斉検挙される「4・16事件」が起こる。
- 6・3　日本政府が中国国民政府を承認。

昭和4年

文芸・図書・出版

- 1・5 国民新聞社社長徳富蘇峰が言論の自由擁護の声明書を発表して退社。
- 1・28 日本文芸家協会編「文芸年鑑」創刊。
- 2・3 改造社より「改造文庫」刊行開始。
- 2・10 日本プロレタリア作家同盟(ナルプ)創立。
- 2・16 白揚社から佐々木孝丸訳プレハーノフ著作集「ロシア階級闘争史概論」刊行。
- 4・1 中央公論44年4号に千葉亀雄「日本雑誌興亡史話」掲載。
- 5・5 大学書林より「語学四週間叢書」刊行開始。
- 6・25 戸坂潤「科学方法論」刊行。
- 7・10 平凡社から「令女文学全集 第1巻 加藤武雄」刊行。
- 注6 「令女文学全集」⇒
- 7・15 大日本雄弁会講談社から佐々木味津三「右門捕物帖」刊行。
- 9・1 三省堂編「コンサイス英和辞典」刊行。
- 9・7 ニューヨークで「ビジネス・ウィーク」創刊。
- 9・10 羽仁五郎「転形期の歴史学」刊行。
- 9・22 千倉書房から平林初之輔「文学理論の諸問題」刊行。
- 10・1 東京帝国大学に寄付金で新聞研究室開設。
- 11・15 西脇順三郎「超現実主義詩論」刊行。
- 11・24 西尾実「国語国文の教育」刊行。
- 12・12 川端康成「浅草紅団」が朝日新聞で連載開始。

漫画・芸能・サブカルチャー

- 3・4 東京マネキン倶楽部発足。
- 3・19 大都市青年団が若人の身を毒するカフェー取締りを建言。
- 4・7 甲子園に阪神パーク開園。
- 5・1 陸軍省を引き継いだ東京市による午砲がサイレンによる時報に替わる。
- 6・5 先進社より「一平全集」全15巻が刊行開始。
- 6・28 万国郵便条約調印。
- 7・6 甲子園に阪神パークの前身である娯楽場開園。
- 7・10 浅草水族館で榎本健一らが参加のカジノ・フォーリーが発足。
- 9・15 東京と下関の間を走る特急列車に「富士」「桜」と命名。
- 10・20 日比谷公会堂開場。
- 12・21 川尻東次らにより人形クラブが結成されて第1回公演。

7〜12月

- 7・2 浜口雄幸民政党内閣成立。
- 8・19 ドイツのツェッペリン号が世界一周の途中霞ヶ浦に到着。
- 9・1 酒なしデー実施。
- 10・13 プロレタリア科学研究所創立。
- 10・24 ニューヨーク株式市場大暴落となり世界恐慌が起こる。
- 11・3 朝鮮全羅南道光州の学生による光州学生運動が起こる。
- 11・18 空気の衛生展覧会開催。
- 11・22 大阪花園ラグビー場開場。

1930年

写真・映画・アニメーション

- 1・5 小津安二郎監督松竹作品「結婚学入門」が帝国館で公開。
- 2・6 鈴木重吉監督帝国キネマ作品「何が彼女をそうさせたか」公開。
- 3・1 小津安二郎監督松竹作品「朗らかに歩め」が帝国館で公開。
- 3・14 部分トーキーの溝口健二監督日活作品「藤原義江のふるさと」公開。
- 4・11 小津安二郎監督松竹作品「落第はしたけれど」が帝国館で公開。
- 5・1 東京写真師協会門生入門式が東京写真師会館で挙行。
- 5・31 プロキノが16ミリ映画「地上」や「隅田川」を公開。
- 6・25 全関西写真技術家協会が設立。
- 7・6 小津安二郎監督松竹作品「その夜の妻」が帝国館で公開。
- 7・27 小津安二郎監督松竹作品「短編　エロ神の怨霊」が帝国館で公開。
- 8・4 児童に見せる映画製作協議会が開催。
- 10・3 小津安二郎監督松竹作品「足に触った幸運」が帝国館で公開。
- 10・29 ＰＰＡＳ（東京ポートレート・フォト・アーティスト・ソサイティ）が発足。
- 11・17 鹿地亘「映画の文学への導入は可能か」が帝国大学新聞に掲載。
- 12・12 北村小松原作の小津安二郎監督松竹作品「お嬢さん」が帝国館で公開。

通信機器・ラジオ・テレビ・コンピュータ・ゲーム

- 1・21 ロンドン海軍軍縮会議会開会での国王ジョージ5世のあいさつが世界中に中継放送。
- 1・26 名古屋とロンドンの間で無線通信が開通。
- 2・11 君が代制定50周年でレコード発売。
- 3・20 テレビジョン実験に成功。
- 4・9 ベル研究所でワシントンとニューヨーク間での2線式テレビ電話の公開実験。
- 6・1 日本放送協会技術研究所が開所。
- 7・30 アメリカＮＢＣがニューヨークでテレビ実験局の設置運用を開始。
- 8・13 東京中央放送局が番組「子供の時間」で日本橋三越からのパイプオルガン演奏を中継。
- 10・1 東京大阪などに自動式公衆電話が設置。
- 10・6 逓信省が東京中央放送局の二重放送を許可。
- 10・13 バイオリニスト、エフレム・ジンバリストの演奏を愛宕山から放送。
- 10・27 ロンドン海軍軍縮条約批准書寄託記念「軍縮記念国際放送」で東京中央放送局、日英米交換放送で初の海外送信。
- 12・25 音楽などによるクリスマス祝賀日米交換放送。

社会・文化・世相

1～6月

- 1・1 鉄道省が全線でのメートル法実施。
- 1・21 ロンドン海軍軍縮会議開催。
- 2・18 クライド・トンボーが新惑星を発見してプルートー（冥王星）と命名。
- 3・24 帝都復興祭開催。
- 4・1 上野地下街に商店街がオープン。
- 4・22 ロンドン海軍軍縮条約に調印。
- 4・25 統帥権干犯問題が発生。
- 5・5 朝日新聞社主催第1回日本一健康優良児表彰式。
- 5・15 ボーイング空中輸送会社女性スチュワーデスの機内サービス開始。
- 5・27 アメリカでリチャード・ドリューがセロファンテープを発明。

昭和5年

文芸・図書・出版

- 1・27　細田民樹「真理の春」が朝日新聞で連載開始。
- 2・1　勝本清一郎「前衛の文学」刊行。
- 2・5　ファーブル著「昆虫記」全20巻が林達夫と山田吉彦の訳で刊行開始。
- 2・10　大宅壮一「文学的戦術論」刊行。
- 2・15　末川博編の「六法全書」が岩波書店から刊行。
- 3・13　中村武羅夫らが新興芸術派倶楽部を結成。
- 3・15　読売新聞に「釣り欄」設置。
- 4・3　「新興芸術派叢書」が新潮社から刊行。
- 6・12　直木三十五「南国太平記」が東京日日新聞および大阪毎日新聞で連載開始。
- 6・25　野間清治が報知新聞社長に就任。
- 7・3　「新鋭文学叢書」が改造社から刊行開始。
- 8・18　谷崎潤一郎が夫人との合意離婚の声明。
- 9・1　文部省が図書推薦規定公布。
- 10・4　財団法人日本図書館協会設立。
- 10・5　朝日新聞社から「明治大正史」刊行開始。
- 11・8　横光利一「寝園」が東京毎日新聞および東京日日新聞で連載開始。
- 11・20　九鬼周造「「いき」の構造」刊行。
- 12・17　阿部知二「主知的文学論」刊行。
- 12・20　三好達治が詩集「測量船」刊行。

漫画・芸能・サブカルチャー

- 1・1　大阪四ツ橋に文楽座開場。
- 3・3　銀座松坂屋が屋上に児童遊戯場を設置。
- 3・15　横浜山下公園開園。
- 3・24　スリの仕立屋銀次こと富田愛次郎が新宿三越で逮捕。
- 3・29　東京劇場開場。
- 4・1　鉄道省が大人の半額の小児運賃を設定施行。
- 4・13　カワイ楽器製作所設立。
- 4・24　鉄道省に国際観光局設置。
- 5・8　「東京行進曲と三朝小うた」が著作権侵害で訴えられる。
- 6・5　森永製菓から「森永マンナ」発売。
- 6・11　新居格「左翼的漫画とエロチック漫画」が大阪朝日新聞に掲載。
- 7・30　サッカーの第1回世界選手権大会でウルグアイが優勝。
- 8・1　牧野大誓著井元水明画「長靴の三銃士」が大日本雄弁会講談社から刊行。
- 9・30　大日本バスケットボール協会創立。
- 11・1　浅草玉木座でブペ・ダンサントを榎本健一ら旗揚げ。
- 11・5　大原美術館開館。
- 11・24　警視庁がエロ演芸取締規則公布。
- 11・25　日本プロレタリア美術家同盟主催でプロレタリア美術展が開催。
- 11・26　臨時ローマ字調査会設置。

7～12月

- 7・7　コナン・ドイル死去(71歳)。
- 10・1　第3回国勢調査実施(内地人口6445万5人、外地人口2594万6038人)。
- 11・14　浜口雄幸首相が東京駅で狙撃され重傷を負う。
- 11・15　第1回日本柔道選手権大会。
- 11・20　岡山県長島に国立癩療養所「愛生園」開所。

1931年

写真・映画・アニメーション

- 1・20　銀座松屋で新現実派の新興写真研究会展が開催。
- 1・30　チャップリン「街の灯」公開(米)。日本公開は34年。
- 2・7　小津安二郎監督松竹作品「淑女と髭」が帝国館で公開。
- 2・11　日本語字幕スーパー付きトーキー映画ジョセフ・フォン・スタンバーク監督作品「モロッコ」が公開。
- 5・1　室生犀星「チャップリン雑記」が改造13巻5号に掲載。
- 5・29　小津安二郎監督松竹作品「美人哀愁」が帝国館で公開。
- 6・5　第2回四国写真師連合大会が徳島で開催され119名が参加。
- 7・11　東京写真専門学校の卒業生で組織された東京写真家倶楽部が設立。
- 7・13　松竹の直営映画館で争議。
- 8・1　最初の本格的国産トーキー映画五所平之助監督松竹作品「マダムと女房」公開。
- 注7　日本のトーキー映画⇒
- 8・15　小津安二郎監督松竹作品「東京の合唱」が帝国劇場で公開。
- 9・1　新興キネマ(株)設立。
- 10・15　坪内逍遥原作・脚本・監修で作画金井木一路帝国教育映画社作品「商人と猿の群」が検閲を受ける。
- 11・11　日本ライカ倶楽部第1回作品展開催。

通信機器・ラジオ・テレビ・コンピュータ・ゲーム

- 2・25　「ラヂオ年鑑」創刊。
- 4・6　東京中央放送局で第二放送開始。
- 4・14　パリの高等電気学校でテレビ公開実験が行なわれる。
- 5・1　東京朝日新聞・東京日日新聞・時事新報にラジオ面を新配置。
- 5・25　日比谷公会堂から「うたの明治大正昭和」中継放送。
- 6・15　ジュネーブに国際連盟が放送局ラジオ・ナシオンを設置。
- 8・1　改正著作権法施行でラジオ放送権を著作権と認定する。
- 8・11　丸の内食堂が開業して昼食時に洋楽レコードをBGMに。
- 9・11　コナン・ドイル原作の連続放送劇「クルムバウ館の秘密」が放送。
- 9・19　最初の臨時ニュースとして満州事変が放送。
- 10・18　トーマス・エジソンが死去(84歳)。
- 11・13　ドイツで最高裁が放送で市販レコードの使用を認めないとする判決を下す。

社会・文化・世相

- 2・3　東京博物館が東京科学博物館と改称。
- 2・25　国際失業反対デーで労働者が各地でデモ。
- 3・3　アメリカが「ザ・スター・スパングルド・バナー」を国歌とする。
- 3・20　桜会の一部将校と大川周明らが陸軍軍部宇垣一成内閣樹立クーデター未遂。

1～6月

- 4・1　重要産業統制法公布。
- 4・14　第2次若槻礼次郎内閣成立。
- 5・1　ニューヨークに地上102階のエンパイヤステートビル完成。
- 6・1　著作権法改正公布。

昭和6年

文芸・図書・出版

- 1・10　堀口大学訳でラディゲ「ドルヂェル伯の舞踏会」刊行。
- 1・15　金田一京助「アイヌ叙事詩ユーカラの研究」刊行。
- 3・21　天人社から小林多喜二と立野信之による「プロレタリア文学論」が刊行。
- 4・24　出版実務学校開校。
- 4・25　芸術書房からポリヤーンスキイ著「文学研究の方法論」が黒田辰男訳で刊行。
- 5・1　東京朝日新聞に女性相談欄を置く。
- 6・5　往来社から岩崎昶「映画と資本主義」刊行。
- 6・10　「岩波講座　日本文学」刊行開始。
- 6・27　秋田雨雀や蔵原惟人らがソヴェート友の会を結成。
- 7・18　文学的および美術的著作物保護に関する「ベルヌ条約」公布。
- 8・10　河合栄治郎「社会政策原理」刊行。
- 10・15　「岩波講座 教育科学」刊行開始。
- 11・1　中央公論社から永井荷風「つゆのあとさき」刊行。
- 11・25　平凡社版「大百科事典」刊行開始。
- 11・30　西田幾多郎編「岩波講座 哲学」刊行開始。
- 12・15　伊藤整らの訳でジョイスの「ユリシイズ」刊行。

漫画・芸能・サブカルチャー

- 1・1　田河水泡が「のらくろ二等卒」を「少年倶楽部」に連載開始。
- 1・25　日本舞踏協会設立。
- 2・1　東海道線に3等寝台車連結。
- 2・5　東京航空輸送会社がエアガール採用試験。
- 3・20　上野動物園開園50周年記念祭が開催。
- 3・23　東京廃娼期成同盟発足。
- 3・26　日本舞踊協会第1回舞踊会。
- 4・1　国立公園法公布。
- 8・25　大阪行を1番機として民間専用の羽田飛行場が開場。
- 9・18　森永製菓がチューインガムを発売。
- 10・1　石本喜久治の設計による白木屋開館式。
- 11・1　浅草松屋オープン。
- 12・16　浅草オペラ館開場。
- 12・31　新宿に「ムーラン・ルージュ」が開場。

7～12月

- 8・8　ダット自動車製造が新小型四輪車を製作。
- 8・30　高島屋が10銭均一ストアをオープン。
- 9・1　当時世界最長の清水トンネル開通。
- 9・7　大川周明らが日本国家社会主義研究所を設立。
- 9・18　満州事変が始まる。
- 10・17　橋本欣五郎中佐らによる軍部クーデター計画発覚し10月事件と呼ばれる。
- 11・27　毛沢東を主席とする中華ソビエト共和国臨時政府樹立。
- 12・13　蔵相に高橋是清が着任し金輸出再禁止など高橋財政を展開。
- 12・15　中島飛行機株式会社設立。

1932年

写真・映画・アニメーション

- 1・14　片岡千恵蔵プロダクションによる伊丹万作監督「国士無双」公開。
- 1・29　小津安二郎監督松竹作品「春は御婦人から」が新宿松竹館で公開。
- 3・7　吉村冬彦「映画三文オペラその他」帝国大学新聞掲載。
- 4・18　活動写真説明者弁士ら3000人がトーキーに反対しストライキ。
- 5・14　チャップリン来日。
- 5・20　日本プロレタリア写真家同盟がプロレタリア写真講習会を開催。
- 6・3　小津安二郎監督松竹作品「生まれては見たけれど」が帝国館で公開。
- 6・5　新宿の松竹武蔵野館で映画を止めて観客に争議の挨拶をする。
- 8・10　岩崎昶「日本トーキーと理論の欠乏」が東京朝日新聞に掲載。
- 8・21　日活争議で200人解雇。
- 9・20　村田実や内田吐夢らが日活を退社し新映画社設立。
- 10・13　小津安二郎監督松竹作品「青春の夢いまいづこ」が帝国館で公開。
- 11・10　隣接町村合併後東京で新たに東京写真師組合創立集会。
- 11・24　小津安二郎監督松竹作品「また逢ふ日まで」が帝国館で公開。

通信機器・ラジオ・テレビ・コンピュータ・ゲーム

- 2・16　ラジオの聴取契約100万突破。
- 3・16　上海戦線で戦死した3人の兵士が美化されて「肉弾三勇士」として拡がり、ラジオ番組としても取り上げられて、明治座で舞台劇化された「上海の殊勲者三勇士」放送。
- 4・21　ダイヤル式自動公衆電話が東京市内4カ所に設置。
- 5・1　日本放送協会が第1回全国ラジオ調査実施。
- 6・15　台湾放送協会が広告放送。
- 7・19　東京の隅田公園から初のラジオ体操中継。
- 8・27　日本放送協会仙台放送局で超短波無線中継実施。
- 11・22　日本放送協会が国際連盟会議での佐藤尚武全権の講演を録音放送。
- 12・1　満州国通信社設立。
- 12・24　国際電話株式会社設立。
- 12・31　日本放送協会が上野寛永寺や奈良東大寺などの除夜の鐘をリレー中継。

社会・文化・世相

1〜6月

- 2・25　愛国婦人会が大阪で結成される。
- 2・29　満州問題で国際連盟のリットン調査団が来日。
- 3・1　満州国建国宣言。
- 3・5　三井合名理事長団琢磨が血盟団員に射殺される。
- 3・18　国防婦人会が発足。
- 5・15　犬養毅首相が海軍青年将校らに射殺される5・15事件。
- 6・29　警視庁に特別高等警察部設置。

昭和7年

文芸・図書・出版

- 1・20　島崎藤村「夜明け前」第1部が新潮社から刊行。
- 3・10　矢内原忠雄「マルクス主義と基督教」刊行。
- 4・8　新潮社から「新作探偵小説全集」全10巻の「甲賀三郎」の巻が刊行。
- 注　「新作探偵小説全集」：1 甲賀三郎　2 森下雨村　3 大下宇陀児　4 横溝正史　5 水谷準　6 江戸川乱歩　7 橋本五郎　8 夢野久作　9 浜尾四郎　10 佐左木俊郎
- 4・18　伊藤整「新心理主義文学」刊行。
- 4・25　三木清「歴史哲学」刊行。
- 5・20　橘孝三郎「日本愛国革新本義」刊行。
- 6・20　新潮社から「日本文学大辞典」刊行開始。
- 7・8　改造社から横光利一「上海」刊行。
- 7・25　正宗白鳥「文壇人物評論」刊行。
- 8・5　山中峯太郎著愛国少年文庫第1編「輝く日本魂」が新潮社から刊行。
- 9・15　軍隊内に反軍秘密雑誌「兵士の友」創刊。
- 10・10　唐木順三「現代日本文学序説」刊行。
- 10・28　大槻文彦「大言海」刊行開始。
- 11・15　モウルトン著「文学の近代的研究」が本多顕彰訳で岩波書店から刊行。
- 12・5　丸山薫が詩集「帆・ランプ・鷗」刊行。
- 12・8　蔵原惟人「芸術論」刊行。
- 12・19　全国の新聞社が満州国独立支持の共同宣言。

漫画・芸能・サブカルチャー

- 4・24　東京目黒競馬場で第1回東京優駿大競争(現日本ダービー)開催。
- 5・10　第1回全国発明家大会が東京で開催。
- 5・12　資生堂広告写真展開催。
- 5・15　婦人向けたばこ「麗」発売。
- 5・21　時事新報社主催第1回音楽コンクール開催。
- 6・10　秋葉原駅完成。
- 7・1　森永製菓がチューブ入りチョコレート発売。
- 8・12　小林一三社長で東京宝塚劇場創立。
- 10・1　東京市が隣接する5郡82町村を合併し人口497万人の都市となる。
- 11・3　日満合弁企業の満州航空会社が開業。
- 11・20　栗本六郎「漫画チンポン」が元文社から刊行。
- 11・26　第1回児童唱歌コンクール開催。
- 12・5　田河水泡「のらくろ上等兵」が大日本雄弁会講談社から刊行。
- 12・16　日本橋白木屋デパートの火事で店員の死者14人(初の高層ビル火災)。

7～12月

- 7・10　赤旗に「日本に於ける情勢と日本共産党の任務に関するテーゼ」掲載。
- 7・30　第10回オリンピックがロサンゼルスで開催。
- 7・31　ドイツの国会選挙でナチスが第1党となる。
- 8・23　国民精神文化研究所設置。
- 8・27　ロマン・ロランら文学者の呼びかけによりアムステルダムで国際反戦大会開催。
- 9・1　乃木神社で30余人が紙芝居業者組合結成。
- 9・15　日本政府が満州国を承認。
- 11・27　日本ヨット協会創立。
- 12・13　大日本国防婦人会関西本部結成。
- 12・28　日本学術振興会創立。

1933年

写真・映画・アニメーション

- 2・8　岩瀬亮代議士が衆議院に「映画国策樹立に関する建議案」提出。
- 2・9　小津安二郎監督松竹作品「東京の女」が帝国館で公開。
- 4・15　浅草帝国館で本邦初のトーキー漫画映画政岡憲三監督「力と女の世の中」公開。
- 注8　「力と女の世の中」⇒
- 4・20　婦人子供博覧会でカルピス主催の婦人子供写真展が開催。
- 4・27　小津安二郎監督松竹作品「非常線の女」が帝国館で公開。
- 5・20　長谷川如是閑「普通教育と映画」が時事新報に掲載。
- 7・1　川瀬美子「初夏の日本映画」が「火の鳥」7巻7号に掲載。
- 9・7　小津安二郎監督松竹作品「出来ごころ」が帝国館で公開。
- 9・18　渡辺一夫「映画になったルナアルの『にんじん』」が帝国大学新聞に掲載。
- 11・11　瀬尾光世・川口長八の監督・作画で日本漫画フィルム研究所作品「お猿三吉防空戦の巻」が検閲される。
- 12・5　P・C・L映画製作所設立。
- 12・8　紀伊國屋書店で文芸家肖像写真展開催。
- 12・22　中野孝夫・田中喜次・舟木俊一・永久博郎の作画でJ・O・スタジオ製作映画「黒猫萬歳」が検閲。

通信機器・ラジオ・テレビ・コンピュータ・ゲーム

- 1・1　ラジオ時報が東京無線電信局の無線を使った自動式時報装置によるものとなる。
- 2・21　ジュネーブの国際連盟ラジオ局ラジオ・ナシオンから、国際連盟全権松岡洋右の講演「我が決意」が短波中継。
- 3・21　ルーズベルト大統領がラジオでアメリカ国民に呼びかける番組が始まる。
- 6・16　第1回放送文芸懸賞入選作品を発表。
- 6・22　アメリカのツヴォリキンが電子走査方式の撮像管アイコノスコープを発表。
- 9・6　アマチュア無線の初の婦人技師が認可。
- 9・30　日本テレビジョン学会が稲田三之助を会長に設立。
- 10・1　日本放送協会に逓信内務文部省の各次官と学識経験者による放送審議会設置。
- 10・14　大阪中央放送局が学校放送を開始。
- 10・25　司法省が受刑者のラジオ聴取を許可。
- 11・21　酒田と飛島間での通信に超短波を実用化。
- 12・23　田河水泡作児童劇「のらくろ演芸会」放送。
- 12・28　国際電気通信条約公布。

社会・文化・世相

1～6月

- 1・30　ヒトラーがドイツ首相に就任。
- 2・27　バーナード・ショウ来日。
- 3・4　ルーズベルトがアメリカ大統領に就任。
- 3・27　日本が国際連盟を脱退。
- 3・29　公定価格で政府が買入れる米穀統制法公布。
- 4・1　児童虐待防止法公布。
- 5・20　梅田と心斎橋間に大阪初の地下鉄が開通。
- 6・7　佐野学や鍋山貞親らが獄中で転向声明。

昭和8年

文芸・図書・出版

- 1・1 柳田国男「桃太郎の誕生」刊行。
- 2・1 川口浩「プロレタリア文学概論」が白揚社から刊行。
- 2・20 小林多喜二が検挙された後に築地署で虐殺される。
- 3・18 尾崎士郎「人生劇場 青春篇」が都新聞で連載開始。
- 4・1 色刷り国語読本「サイタサイタサクラガサイタ」使用開始。
- 5・18 王子製紙が富士製紙と樺太工業を合併。
- 5・26 滝川幸辰京都帝国大学教授の刑法学説を赤化思想として鳩山一郎文相が休職を発令し、宮本法学部長ら教員38人が辞表を提出するという滝川事件が起こる。
- 7・8 文部省が「非常時と国民の覚悟」を外務省や陸海軍各省と共同編集し配布。
- 7・12 クリスタ・ウインスロー工著「制服の処女」が楢崎勤訳で新潮社から刊行。
- 9・7 日本雑誌協会、初の雑誌週間を主催。
- 9・25 「岩波講座 日本歴史」刊行開始。
- 9・28 高須芳次郎「明治大正昭和文学講話」が新潮社から刊行。
- 10・17 服部之総「明治維新史研究」刊行。
- 10・25 内田百閒「百鬼園随筆」刊行。
- 10・28 中野正剛「国家改造計画綱領」刊行。
- 11・3 山本有三「女の一生」刊行。
- 12・10 田辺元「哲学通論」など岩波全書刊行開始。
- 12・15 西田幾多郎「哲学の根本問題」刊行。

漫画・芸能・サブカルチャー

- 1・1 吉本興業が「万才」を「漫才」と改称。
- 1・9 大島三原山で実践女学校生徒が投身自殺。
- 2・19 伊福部隆輝「現代都市文化批判」が日東書院から刊行。
- 3・20 とときしげを「漫画の大将」が藤谷崇文館から刊行。
- 4・1 古川緑波らが浅草常盤座で「笑の王国」旗揚げ。
- 4・15 荒井一壽の漫画「のらくら新兵」が伊林書店から刊行。
- 5・3 建築家タウトが来日。
- 6・15 松竹少女歌劇団でストライキ。
- 7・1 松坂屋で女店員の制服を洋装に。
- 8・5 田河水泡「漫画の罐詰」が大日本雄弁会講談社から刊行。
- 9・2 フランスで初の国営宝くじ発売。
- 9・23 第1回日本ヨット選手権大会開催。
- 10・5 築地小劇場創立10周年記念公演でハムレット上演。
- 11・5 河島赤陽の漫画作品集「西郷守備隊」が元文社から刊行。
- 11・7 神戸でみなと祭開催。
- 12・24 日劇開場。

7〜12月

- 7・11 天野辰夫弁護士と大日本生産党のクーデター計画で鈴木善一ら49人検挙。
- 7・14 ドイツでナチスが独裁政権を樹立。
- 7・20 日本政府が満州移民計画大綱を発表。
- 8・9 第1回関東地方防空大演習実施。
- 9・30 上海で極東反戦反ファシズム大会開催。
- 11・5 片山潜がモスクワで客死(73歳)。
- 11・8 丸善石油設立。
- 11・17 アメリカ合衆国がソビエト連邦を承認。
- 12・5 アメリカで禁酒法を廃止。
- 12・23 皇太子明仁誕生。

1934年

写真・映画・アニメーション

- 1・20　大日本セルロイドより分離独立し富士写真フイルム株式会社設立。
- 2・1　日比谷映画劇場が50銭均一興行として開場。
- 2・8　東宝が朝日新聞社と提携し日比谷映画劇場で「朝日世界ニュース」第1号上映。
- 3・20　松竹蒲田と政岡映画製作所による漫画映画「ギャングと踊り子」公開。
- 5・11　小津安二郎監督松竹作品「母を恋はずや」が帝国館で公開。
- 5・17　上野彦馬胸像除幕式。
- 6・16　銀座伊東屋で慶応大学カメラクラブとケンブリッジ大学との第1回交歓写真展開催。

- 8・29　永田雅一が第一映画社創立。
- 9・1　日本橋白木屋で読売新聞「海底写真」展開催。
- 9・19　東京写真組合が東京商業組合となる。
- 10・17　内田吐夢監督新興キネマ作品「熱風」公開。
- 11・7　日本写真師連合協会評議員会開催。
- 11・16　原田誠一監督漫画映画政岡映画美術研究所映画「森の野球団」が検閲。
- 11・22　小津安二郎監督松竹作品「浮草物語」が帝国館で公開。

通信機器・ラジオ・テレビ・コンピュータ・ゲーム

- 1・12　日本放送協会が第1回アナウンサー採用試験。
- 2・20　伊庭孝編のレコード「日本音楽史」がコロムビアより発売。
- 2・24　早稲田大学の山本忠興博士がテレビ放送のカラー化成功。
- 3・1　東京中央放送局から聖典講義の放送開始。
- 4・1　東京で3号型卓上電話機使用開始。
- 6・20　初の対外地通話として東京と台北間に無線電話開通。

- 8・21　東京中央放送局150KW放送が認可。
- 9・27　東京とマニラ間に初の国際電話として無線電話開通。
- 10・7　北村喜八作ラジオ小説「母のこころ」放送。
- 11・11　日本放送協会が陸軍特別大演習で自動車を使って移動中継を行なう。
- 12・1　年賀電報開始。
- 12・9　東京とサンフランシスコの間に日米電話業務開始。

社会・文化・世相

1～6月

- 1・29　官営八幡製鉄所と民間の5製鉄会社が合併して日本製鉄株式会社設立。
- 2・3　5・15事件民間側被告に判決がでて橘孝三郎が無期で大川周明が懲役15年。
- 2・19　日本共産党中央委員野呂栄太郎が東京品川署留置場で拷問死。
- 3・1　関東軍が執政溥儀を皇帝として満州国で帝政を敷く。
- 3・21　水道橋に講道館が完成。
- 4・18　斎藤内閣総辞職の原因となった帝人事件が起こる。
- 4・20　第1回逓信記念日。
- 5・10　井上秀子を所長に家庭科学研究所設立。
- 6・21　東京地下鉄の銀座と新橋間が開通して新橋浅草間8キロ全通。

昭和9年

文芸・図書・出版

- 1・1 河上徹太郎らの翻訳によりシェストフ著「悲劇の哲学」刊行。
- 1・30 杉山平助「転向の流行について」が読売新聞に連載開始。
- 2・15 三枝博音「日本に於ける哲学的観念論の発達史」刊行。
- 3・12 日本プロレタリア作家同盟解体。
- 3・29 文芸懇話会結成。
- 6・5 「岩波講座 東洋思潮」刊行開始。
- 6・26 文部省が良書普及協議会開催。
- 8・22 武田麟太郎「銀座八丁」を東京朝日新聞に連載開始。
- 8・24 平凡社から「世界歴史体系」刊行開始。
- 9・5 叢文閣から「経済評論」創刊。
- 9・7 亀井勝一郎「転形期の文学」ナウカ社から刊行。
- 10・15 篠田太郎「近代日本文学研究」が楽浪書院から刊行。
- 10・20 高須芳次郎「明治文学史論」が日本評論社から刊行。
- 11・5 谷崎潤一郎「文章読本」刊行。
- 12・10 中原中也「山羊の歌」刊行。
- 12・20 河合栄治郎「ファシズム批判」刊行。
- 12・22 国語審議会設置。

漫画・芸能・サブカルチャー

- 1・1 東京宝塚劇場開場。
- 2・1 東京市営バス乗務員「サービス・ガール」が初登場。
- 3・16 初の国立公園に瀬戸内海と雲仙と霧島が指定。
- 4・1 大城のぼるのチンパンジー兵隊漫画「チン太上等兵」が中村書店から刊行。
- 4・18 会長近衛文麿と副会長徳川頼貞で国際文化振興会発会式。
- 4・21 渋谷駅前の忠犬ハチ公の銅像除幕式。
- 4・25 新橋演舞場で大阪吉本興業が特選漫才大会公演。
- 5・15 歌川小雨作童話・岡けんぢ作漫画の「漫画童話チョンチョロ助」が三輪書店から刊行。
- 6・7 藤原歌劇団第1回公演。
- 9・12 村山知義の提唱で新劇が大同団結して新協劇団結成。
- 9・21 第1回東宝名人会公演。
- 10・6 警視庁が学生や生徒ならびに未成年者のカフェーへの出入りを禁止。
- 11・1 南満州鉄道会社が大連・新京間に特急「あじあ号」運航開始。
- 11・2 ベーブ・ルースらアメリカ大リーグ選抜野球チーム来日。

7〜12月

- 8・19 ドイツのヒトラーが総統に就任。
- 9・5 東京市電の赤字解消のための1万人解雇に反対して1万1000人がスト決行。
- 9・21 室戸台風で関西を中心に死者行方不明3036人の大被害。
- 10・15 中国共産党の長征開始。
- 11・1 渋谷に東横百貨店が開業し1階に名店街がオープン。
- 12・26 大日本東京野球倶楽部発足。

1935年

写真・映画・アニメーション

- 1・20　小津安二郎監督松竹作品「箱入娘」が帝国館で公開。
- 2・18　株式会社極東現像所設置。
- 3・19　松竹系映画館楽士並びに弁士がストライキ。
- 3・21　東京発声映画製作所設立。
- 3・27　松竹専務城戸四郎邸にトーキー争議の暴漢2人が日本刀で暴れ込む。
- 5・24　東京サロン主催の第1回万国写真展が東京府立美術館で開催。
- 5・25　小津安二郎監督松竹作品「菊五郎の鏡獅子」が国際文化振興会の依頼で制作。
- 6・5　日本写真師連合大会記念肖像写真展・写真歴史資料展が浅草松屋で開催。
- 7・6　新居格「映画と文学者」が都新聞に掲載。
- 10・8　PPAS第5回肖像写真展が小西六本店で開催。
- 10・15　明虹倶楽部主催で第1回全国肖像写真展覧会開催。
- 11・1　山中貞雄監督日活作品「街の入墨者」公開。
- 11・8　官民合同の映画諮問機関である財団法人大日本映画協会設立。
- 11・21　小津安二郎監督松竹作品「東京の宿」が帝国館で公開。
- 12・30　日劇の地下にニュースと短編映画専門の銀座第一地下劇場が開場。

通信機器・ラジオ・テレビ・コンピュータ・ゲーム

- 3・22　ドイツで世界初のテレビ定期放送開始。
- 3・26　横浜大博覧会でテレビ電話が展示。
- 4・15　日本放送協会が全国向け学校放送開始。
- 4・27　フランスでテレビ定期放送開始。
- 4・30　堀内敬三「レコード十年」が都新聞に掲載。
- 5・14　ラジオ放送開始10周年として聴取者200万突破記念の日仏間で最初の国際放送。
- 6・1　日本放送協会がアメリカ向けの海外放送開始。
- 8・25　青野季吉「統制図鳥瞰—特に文芸院とラヂオを」が読売新聞に掲載。
- 9・25　東北帝国大学に電気通信研究所設置。
- 10・9　パリから電波で初めてオペラ放送を送信。
- 10・12　ドイツでジャズ音楽の放送が禁止となる。
- 10・20　アメリカのジョージ・ギャラップが設立した世論研究所が調査結果を初めて発表。

社会・文化・世相

1～6月

- 2・11　築地に中央卸売市場が開設。
- 2・17　ハワイで日本人移民50年の祝賀祭。
- 2・18　美濃部達吉の天皇機関説が問題化。
- 4・1　実業補修学校と青年訓練所を統合する青年学校令公布。
- 4・7　美濃部達吉が天皇機関説のため不敬罪で告発される。
- 5・1　戦前最後となる第16回メーデーが行なわれる。
- 6・1　国鉄に女性の車掌が初めて勤務。
- 6・28　フランスで人民戦線が結成。

昭和10年

文芸・図書・出版

- 1・28　「映画芸術研究第11集 ルネ・クレール論集」が芸術社から刊行。
- 2・1　新村猛や中井正一らによる雑誌「世界文化」創刊。
- 2・20　柳田泉「明治初期の翻訳文学」刊行。
- 2・26　秀英舎と日清印刷とが合併し大日本印刷株式会社成立。
- 3・1　保田与重郎らが雑誌「日本浪漫派」創刊。
- 5・17　三笠書房から唯物論全書の1冊として森山啓「文学論」刊行。
- 6・15　小松清「行動主義文学論」刊行。
- 7・5　戸坂潤「日本イデオロギー論」刊行。
- 8・23　吉川英治「宮本武蔵」が朝日新聞夕刊で連載開始。
- 9・1　第1回芥川賞に石川達三「蒼氓」また直木賞に川口松太郎「鶴八鶴次郎」。
- 9・30　和辻哲郎「風土」が岩波書店から刊行。
- 10・5　伊東静雄が詩集「わがひとに与ふる哀歌」刊行。
- 11・1　パリの文化擁護国際作家会議の報告書小松清編「文化の擁護」刊行。
- 11・26　島崎藤村を会長に「日本ペンクラブ」発足。
- 12・10　岡崎義恵「日本文芸学」が岩波書店から刊行。

漫画・芸能・サブカルチャー

- 1・24　アメリカのクルーガー社が世界初缶ビール発売。
- 2・6　資生堂化粧品店で小売店主等を対象に「資生堂チェインストアスクール」開講。
- 3・5　遊覧飛行社が東京で国産飛行機を使い開業。
- 4・3　名古屋市に東山公園開園。
- 4・15　東京YMCA内に国際ホテル学校開校。
- 6・5　シャム少年団が上野動物園にゾウを寄贈し「花子」と命名。
- 6・7　有楽座が開場。
- 7・15　東海道線特急「富士」に「お風呂列車」が初運転。
- 7・17　陸軍花嫁学校第1回修了式開催。
- 9・10　明治製菓がチーズクラッカーを販売。
- 10・1　賀川草一の漫画「ハヤブサ探偵長」が中村書店から刊行。
- 10・5　阪本牙城のSFロボット漫画「タンクタンクロー」が大日本雄弁会講談社から刊行。
- 12・1　年賀用切手が初めて発売。
- 12・26　謝花凡太郎「まんが忠臣蔵」が中村書店から刊行。

7～12月

- 7・25　コミンテルン第7回大会開催。
- 8・3　政府が天皇機関説に対して国体明徴声明発表。
- 8・12　永田鉄山軍務局長が相沢三郎中佐に殺される。
- 8・27　丹頂鶴が天然記念物に指定。
- 10・1　難波にデパートのそごうが開店。
- 11・10　名古屋市で徳川美術館開館。
- 12・12　芝浦で肉畜博覧会開催。

1936年

写真・映画・アニメーション

- 1・15　蒲田から移転した松竹大船撮影所開所。
- 2・8　日独合作映画「新しき土」制作のためにアーノルド・ファンクらスタッフ来日。
- 2・13　内田吐夢監督日活作品「人生劇場」公開。
- 3・4　日比谷映画劇場でアメリカ映画「真夏の夜の夢」がロードショー上映。
- 3・10　中山岩太が会長で阪神間写真師会第3回総会が開催。
- 3・19　小津安二郎監督松竹作品「大学よいとこ」が帝国館で公開。
- 4・14　山本嘉次郎監督P・C・L作品「吾輩は猫である」公開。
- 7・21　山本嘉次郎監督P・C・L作品「エノケンの千万長者」公開。
- 9・15　トーキーの小津安二郎監督松竹作品「一人息子」が帝国館で公開。
- 10・8　東京日日新聞社の「国際ニュース」がカラーになる。
- 10・15　溝口健二監督第一映画社作品「祇園の姉妹」公開。
- 11・4　市川崑作画・シナリオ・撮影漫画映画 J・O・スタジオ映画「合戦かちかち山」が検閲をうける。
- 11・23　週刊の写真雑誌「ライフ」がアメリカで創刊。

通信機器・ラジオ・テレビ・コンピュータ・ゲーム

- 1・1　情報通信の一元化のために「社団法人同盟通信社」設立。
- 2・29　2・26事件で戒厳司令部がラジオで「兵に告ぐ」と投降勧告。
- 3・16　逓信省が鉄道省の協力で車内電話の実験に成功。
- 6・1　大阪中央放送局「国民歌謡」放送開始。
- 注　国民歌謡：大阪中央放送が午後0時35分から、定期的に放送した歌のこと。その第2作の作詞は島崎藤村だった。作曲は小田進吾で、「朝 ― 朝はふたたびここにあり　朝はわれらと共にあり　埋もれよ眠り行けよ夢　隠れよさらば小夜嵐　二　諸羽うちふる鶏（くだかけ）は　咽喉（のど）の笛を吹き鳴らし　きょうの命の戦闘（たたかい）の　よそおいせよと叫ぶかな　三　野に出でよ野に出でよ　稲の穂は黄にみのりたり　草蛙とく結え鎌も執れ　風に嘶く馬もやれ」とある。

- 7・5　東京とモスクワ間無線電信連絡開始。
- 8・2　同盟通信がオリンピック写真をベルリンから無線電送に成功。
- 9・25　日本放送協会初代総裁に近衛文麿が就任。
- 9・27　夏目漱石原作ラジオ小説「三四郎」放送。
- 10・29　日本放送協会が円盤録音機で神戸沖観艦式を放送。
- 12・1　警視庁指令通信機完成。
- 12・5　第1回学校放送研究会が開催。

社会・文化・世相

- 1・15　日本がロンドン海軍軍縮会議から脱退。
- 2・26　2・26事件。
- 3・9　広田弘毅内閣成立。
- 3・13　内務省が大本教に解散命令。

1～6月

- 4・18　国号を大日本帝国に統一。
- 5・9　イタリアがエチオピア併合を宣言。
- 5・18　東京尾久で阿部定事件。
- 5・25　中野正剛ら東方会結成。
- 6・15　不穏文書臨時取締法公布。

昭和11年

文芸・図書・出版

- 1・10　第一書房から三枝博音編で「日本哲学全書」刊行開始。
- 1・11　正宗白鳥「トルストイについて」が読売新聞で連載開始。
- 1・19　プロレタリア作家の親睦団体「独立作家クラブ」発会式。
- 2・20　戸坂潤「思想としての文学」刊行。
- 4・5　すみれ会が「装苑」創刊。
- 5・16　第3回国連総会決議ワイセツ刊行物の流布及び取引の禁止に関する条約を日本も批准。
- 6・1　日本初のファッション雑誌「スタイル」創刊。
- 6・21　アメリカでM・ミッチェル「風と共に去りぬ」発売。
- 6・25　太宰治「晩年」刊行。
- 7・5　金田一京助と知里真志保が「アイヌ語法概説」刊行。
- 7・6　石原純らによって「科学ペンクラブ」結成。
- 9・5　坪田譲治「風の中の子供」が朝日新聞で連載開始。
- 10・5　蝋山政道「行政学原論」刊行。
- 10・29　久松潜一「日本文学評論史」刊行開始。
- 12・10　日本評論社から河合栄治郎編「学生叢書」刊行開始。

漫画・芸能・サブカルチャー

- 1・13　日劇ダンシングチーム初公演。
- 1・25　横山隆一「江戸ッ子健ちゃん」が東京朝日新聞で連載開始。
- 2・2　中島菊夫の漫画「コロコロ太郎」が金の星社から刊行。
- 2・9　三菱重工が木炭自動車の製造を開始。
- 4・5　中島菊夫の漫画「日の丸旗之助」が大日本雄弁会講談社から刊行。
- 4・26　神田須田町に鉄道博物館が移転開館。
- 5・1　大阪市立美術館開館。
- 6・26　流行歌「忘れちゃいやよ」が発売禁止。
- 6・30　愛国演芸同盟を落語家や講談師が結集して結成。
- 7・22　文部省が大学などの高等教育機関に日本文化の講義の設置を指示。
- 8・1　警視庁に白バイ登場。
- 10・24　東京駒場に日本民芸館開館。
- 11・2　東京板橋区武蔵常盤台に我が国初の人形博物館完成。
- 12・5　横山隆一「江戸ッ子健ちゃん」が中央公論社から刊行。
- 12・7　吉本三平の動物漫画「コグマノコロスケ」が大日本雄弁会講談社から刊行。

7～12月

- 7・10　平野義太郎ら講座派の学者たちが一斉検挙。
- 7・18　スペイン内乱がはじまる。
- 8・1　第11回オリンピックがベルリンで開催。
- 8・24　大阪毎日の特派員2名が中国成都で抗日団によって殺される。
- 9・25　帝国在郷軍人会令公布。
- 11・7　帝国議会新議事堂落成。
- 11・23　アメリカで蛍光灯が実用化。
- 11・25　日独防共協定調印。

1937年

写真・映画・アニメーション

- 1・7　島津保次郎監督松竹作品「花嫁かるた」公開。
- 1・25　政岡憲三が京都に日本動画研究所設立。
- 3・3　小津安二郎監督松竹作品「淑女は何を忘れたか」が帝国館で公開。
- 5・11　豊田四郎監督東京発声映画製作所作品「港は浮気風」公開。
- 5・25　小西六で天然色写真展開催。
- 6・10　田坂具隆監督山本有三原作日活作品「真実一路 母の巻」公開。
- 7・12　東京の尋常小学校でレントゲン検診開始。
- 8・10　精機光学研究所が精機光学工業に改称、「キヤノンカメラ」の商標を使う。
- 8・21　満州映画協会が関東軍の指導下に設立。
- 9・4　写真化学研究所や東宝映画配給など4社が合併して東宝映画株式会社設立。
- 10・10　軍機保護法施行により百メートル以上の高所からの撮影が禁止になる。
- 10・13　後の長谷川一夫である林長二郎が松竹から東宝に移籍。
- 11・30　日本写真新聞社ほかの主催で「営業写真懸賞写真展」が開催。
- 12・21　アメリカでディズニーのアニメーション映画「白雪姫と七人の小人たち」公開。

通信機器・ラジオ・テレビ・コンピュータ・ゲーム

- 2・8　BBCがテレビ標準方式をマルコーニEMI方式に統一を決定。
- 5・12　英ジョージ6世の戴冠式が初の海外ラジオ放送されニューヨークで受信。
- 5・27　東京中央放送局で「ラジオ風景新商売往来」の第1夜に北村秀雄作「写真材料商」放送。
- 6・9　内務省が流行歌を規制するためにレコード音盤に出版法を適用。
- 6・13　黒田米子らによって婦人カメラ倶楽部発足。
- 8・16　速達郵便の制度、全国的に施行。
- 9・4　日本放送協会が戦地慰問の番組「皇軍慰問の夕」放送開始。
- 9・11　日比谷公会堂からの近衛文麿首相らによる「国民精神総動員大演説会」中継放送。
- 10・13　日本放送協会から「国民唱歌」放送開始。
- 12・26　日比谷公会堂から「愛国行進曲」の発表会を中継放送。

社会・文化・世相

1〜6月

- 4・15　ヘレン・ケラー来日。
- 5・1　西宮球場開場。
- 2・11　文化勲章が制定され長岡半太郎や幸田露伴ら9人が受賞。
- 5・29　東京拘置所が完成。
- 6・4　第1次近衛文麿内閣成立「国内相剋・軍官民対立の一掃」を強調し高人気。
- 3・31　アルコール専売法公布。
- 6・22　警視庁が全派出所に自転車を配備。

昭和12年

文芸・図書・出版

- 1・1　山本有三「路傍の石」第1部が朝日新聞で連載開始。
- 1・11　日本読書新聞社設立。
- 2・11　藤村作(近藤忠義著)「日本文学原論」刊行。
- 2・14　改造社から「大魯迅全集」刊行開始。
- 3・4　平凡社から「東洋歴史大辞典」刊行開始。
- 3・5　「日本図書新聞」創刊。
- 4・14　横光利一「旅愁」が東京日日新聞および大阪毎日新聞で連載開始。
- 4・16　永井荷風「濹東綺譚」が朝日新聞で連載開始。
- 4・20　矢崎弾「過渡期文芸の断層」刊行。
- 6・28　国語協会、国語愛護同盟、言語問題談話会が合同し国語協会結成。

- 8・1　三越本店で「印刷と出版文化展覧会」開催。
- 8・3　豊田正子の綴方指導記録である「綴方教室」刊行。
- 8・5　金子光晴詩集「鮫」刊行。
- 9・20　古在由重「現代哲学」刊行。
- 9・25　内閣情報部が国民歌「愛国行進曲」の歌詞を募集。
- 10・25　高坂正顕「歴史的世界」刊行。
- 10・27　島木健作「生活の探求」刊行。
- 11・10　井伏鱒二「ジョン万次郎漂流記」刊行。
- 12・1　矢内原忠雄東大教授が反戦思想の持ち主と批判され退官。

漫画・芸能・サブカルチャー

- 2・12　長谷川三郎や濱口陽三らが自由美術家協会を結成。
- 3・7　紙芝居是非論争で深川明治第二小学校野村訓導が説明者次第で害なしと結論。
- 3・8　新関青花「まんが荒木又右衛門」が中村書店から刊行。
- 4・6　朝日新聞社の「神風号」がロンドンに向かって立川を発つ。
- 5・31　文部省編纂「国体の本義」を全国の学校や団体に配布。
- 6・4　パリ万国博覧会開催でピカソの「ゲルニカ」が話題となる。
- 6・24　帝国芸術院公布設立。
- 7・3　浅草の国際劇場開場。
- 7・16　上野の松坂屋でパリの百貨店の今年のファッションモードを展示。
- 8・20　謝花凡太郎「まんが発明探偵団」が中村書店から刊行。
- 9・25　東京市内の円タクの深夜の流しを禁止。
- 10・5　女子青年団の「義勇服」が出来上がる。
- 10・10　東京で朝湯を廃止。
- 11・9　日本洋裁家連盟主催で非常時婦人活動服展示会開催。
- 11・10　東京帝室博物館新築完成。
- 11・21　東京逓信局が愛国切手普及週間を開始。

7〜12月

- 7・7　盧溝橋事件で日中戦争が始まる。
- 8・13　上海で日中両軍の戦闘開始。
- 8・14　陸軍軍法会議で「2・26事件」民間関係者北一輝や西田税らに死刑判決。
- 9・10　輸出入品等に関する臨時措置法や臨時資金調整法など公布。
- 9・25　内閣情報部設置。
- 11・20　大本営設置。
- 12・1　大本営が南京攻略指令。
- 12・7　蒋介石が南京脱出。
- 12・13　日本軍による南京陥落。

1938年

写真・映画・アニメーション

- 1・3　杉本良吉と岡田嘉子がソ連に亡命。
- 1・7　田坂具隆監督日活作品「五人の斥候兵」封切。
- 2・1　内務省令で映画興行3時間以内制限実施。
- 3・13　新宿三越で旭光学主催「オリンピックカメラの製造工程公開展」開催。
- 4・11　伊丹万作の演出・脚本東宝映画作品「巨人伝」公開。
- 5・17　エルモ社の国産16ミリトーキー完成試写会を日比谷電気倶楽部で開催。
- 6・1　マキノ正博監督日活作品「新撰組」公開。
- 8・23　大阪大鉄百貨店で「聖戦写真展」開催。
- 9・8　商工省主催「光学工業新興展」開催。
- 9・29　成瀬巳喜男監督東宝映画作品「鶴八鶴次郎」公開。
- 10・4　新宿伊勢丹で「ベビーミノルタによる趣味写真展」開催。
- 11・3　内田吐夢監督日活作品「東京千一夜」公開。
- 12・7　第1回文部大臣賞を「五人の斥候兵」や「風の中の子供」他が受賞。

通信機器・ラジオ・テレビ・コンピュータ・ゲーム

- 1・10　日本ポリドール蓄音機商会が「軍艦行進曲」の著作権を海軍省に献納。
- 6・12　オリンピック東京大会を機にテレビ実用化企画等と大綱決定。
- 6・19　日本放送協会が戦争現地からの「前線放送」開始。
- 9・7　連続ラジオ小説として火野葦平の「麦と兵隊」放送。
- 10・15　鋼製品製造制限で蓄音機製造は輸出用のみ許可。
- 10・30　アメリカCBSのラジオドラマ「火星人襲来する」で全米パニック。
- 11・3　ラジオ体操10周年記念「全国日本ラジオ体操の会」を靖国神社から中継。
- 11・25　「日独伊防共協定」成立2周年記念国際交換放送実施。

社会・文化・世相

1～6月

- 1・16　近衛首相が「国民政府を対手とせず」と声明。
- 1・28　白米食廃止懇談会開催。
- 2・1　人民戦線第2次検挙で大内兵衛ら労農派教授グループの30余人拘束。
- 3・13　日本婦人団体連盟主催で時局婦人大会開催。
- 4・1　国家総動員法公布。
- 4・10　満蒙開拓青少年義勇軍5000人渡満。
- 6・9　勤労動員開始。

昭和13年

文芸・図書・出版

- 2・7 「岩波文庫」社会科学関係出版物28点などが自主休刊。
- 2・18 石川達三「生きてゐる兵隊」掲載誌「中央公論」が発禁処分。
- 3・20 大塚久雄「株式会社発生史論」刊行。
- 3・26 萩原朔太郎「日本への回帰」刊行。
- 5・11 「一葉記念公園」が台東区龍泉に開園。
- 5・20 梶山力訳でウェーバー「プロテスタンティズムの倫理と資本主義の精神」刊行。
- 5・28 「日本言語学会」創立大会開催。
- 6・4 高群逸枝「大日本女性史」刊行。
- 7・1 小宮豊隆「夏目漱石」刊行。
- 8・7 新聞各社が日曜日の夕刊を廃止。
- 8・12 商工省が新聞用紙制限。
- 8・27 従軍希望作家22氏選抜し文士連隊が編成される。
- 9・11 久米正雄ら従軍作家陸軍部隊が漢口に出発。
- 9・20 滝口修造「近代芸術」刊行。
- 10・5 東京帝国大学教授河合栄治郎の「社会政策原理」など4著書が発売禁止。
- 10・15 浅見淵「現代作家論」刊行。
- 11・20 岩波新書の刊行開始。
- 12・6 内務省が東京と大阪の絵本出版業者18人を招いて子供の絵本改善を指示。
- 12・10 草野心平が詩集「蛙」刊行。

漫画・芸能・サブカルチャー

- 1・9 警視庁がパーマネント業者の営業規制。
- 1・30 内務省がカフェーなどの宣伝マッチなどに日の丸の乱用禁止。
- 2・15 警視庁が盛り場でサボ学生狩りを行なう。
- 3・17 日本カヌー協会設立。
- 4・1 警視庁が紙芝居検閲制度施行。
- 4・3 「小石川後楽園」開園。
- 4・10 灯火管制規則実施。
- 5・21 松竹が銃後の演劇振興に関する協議会を開催。
- 5・29 小学校学校で柔剣道が正課になる。
- 6・25 「オモシロ漫画 ピストルポン助」が富士屋書店から刊行。
- 7・10 警視庁が女性客のダンスホール入場を禁止。
- 7・27 謝花凡太郎の戦争ニュース漫画「北支戦線 快速兵ちゃん部隊」が中村書店から刊行。
- 8・25 松本学や長谷川伸らが国民演劇連盟を結成。
- 9・15 「カガクマンガ メチヤラ小僧」が富永興文堂から刊行。
- 10・2 宝塚少女歌劇団が日独伊親善芸術使節として欧州に出発。
- 12・20 日ノ出漫画「飴屋の金ちやん」がスギヤマ書店から刊行。

7～12月

- 7・7 官庁が夏期半日制を廃止。
- 9・29 ミュンヘン会談。
- 10・1 商店法施行により商店の夜10時以降販売禁止。
- 10・27 日本軍が武漢三鎮を占領。
- 11・1 高文司法試験に女性3人が初合格。
- 11・30 厚生省に国民服制定委員会設置。

1939年

写真・映画・アニメーション

2・3 警視庁が女優の軍装写真の発売頒布を禁止。
2・25 理研光学が「リコーフレックス」を月賦販売開始。
3・7 歌舞伎座で原研吉監督松竹映画「父よあなたは強かった」の有料試写会開催。
4・5 脚本事前検閲などの映画法を公布。
4・13 内田吐夢監督日活作品「土」公開。
6・27 日満華合併の中華電影公司が上海に設立。
8・4 宮下万三作画漫画映画日本動画研究所映画「新猿蟹合戦」が検閲をうける。
8・7 映画のナイトショー禁止。
9・27 映画法施行規則公布。
11・19 日本とドイツの間での写真電送テストが実施。
12・5 日本写真家協会2周年総会開催。
12・12 東京で20メートル以上の高所高台からの俯瞰撮影が禁止。

通信機器・ラジオ・テレビ・コンピュータ・ゲーム

1・10 6大都市の電話を統制。
3・27 日本放送協会技術研究所で有線による国際テレビジョン実験放送に成功。
5・13 日本放送協会技術研究所で無線によるテレビの実験放送公開で成功。
6・30 世界最長の有線電話である東京と北京間が開通。
7・1 日本放送協会の第一放送と第二放送を全国放送と都市放送に改称。
8・1 東京市内全郵便局から電報が可能になる。
8・19 日本橋三越の興亜通信展覧会でテレビ初公開。
9・1 日本放送協会がポーランドに進撃するヒトラーの演説を中継。
9・5 日本放送協会で吉川英治「宮本武蔵」放送。
9・24 同月30日まで防空訓練参加促進のためにラジオの全演芸放送中止。
9・30 東京と奉天間の日満直通電話開通。
11・1 無線通信機器取締規則制定。

社会・文化・世相

1・15 地下鉄銀座線で渋谷と新橋間が開通し浅草と結ばれる。
3・15 全国の招魂社を護国神社と改称すると公布。
3・19 戦時生活婦人団体協議会が「酒なし日」「買わない日」などを決定。
3・28 国民精神総動員委員会設置。
3・30 大学で軍事訓練が必須科目になる。

1〜6月

4・1 全国で警防団誕生。
4・12 米穀配給統制法公布。
4・26 満蒙開拓「鍬の戦士」10万人の第1期計画。
6・15 百億貯蓄強調週間。
6・17 大蔵省が婦人団体委託で東京府内の商業地で浪費調査実施。

昭和14年

文芸・図書・出版	漫画・芸能・サブカルチャー

1・23　谷崎潤一郎訳「源氏物語」刊行開始。

2・11　弘文堂から「教養文庫」刊行開始。

2・15　三笠書房から「日本歴史全書」刊行開始。

3・31　賃金統制令公布。

3・4　大陸開拓文芸懇話会結成。

4・6　宝塚少女歌劇団がアメリカ公演に出発。

4・16　小野十三郎が詩集「大阪」刊行。

4・11　東京朝日新聞に「児童マンガの昨今 俗悪なものは減少」との記事。

4・25　国策ペン部隊が満州出発。

4・28　藤原歌劇団が歌舞伎座で「カルメン」公演。

6・16　国民精神総動員委員会が遊興営業時間短縮やネオン全廃など生活刷新案決定。

7・5　大川周明「日本二千六百年史」刊行。

7・6　第1回聖戦美術展開催。

8・26　大阪毎日新聞社の飛行機「ニッポン号」が羽田から世界一周に出発。

9・15　柳田国男「国語の将来」刊行。

9・17　謝花凡太郎の大東亜旅行漫画「大陸合笑隊」が中村書店から刊行。

10・18　価格等統制令公布。

10・30　漫画集「キンダーマンガ 漫画面白館」が国華堂エホン店から刊行。

11・1　窪川鶴次郎「現代文学論」刊行。

注　「漫画面白館」所収の漫画家：弓田宇佐、瀧本進、芝園吉、笠井勝美、渋谷清之助、汐内史郎。

11・17　片岡良一「近代日本の作家と作品」刊行。

12・5　加東てい象の動物漫画「タンポポノ旅行」が春江堂から刊行。

12・20　笠信太郎「日本経済の再編成」刊行。

12・20　大日本音楽著作権協会設立。

7〜12月

7・8　国民徴用令公布。

8・23　独ソ不可侵条約締結。

9・1　ドイツのポーランド侵攻が始まって、第2次世界大戦に突入。

11・1　京都駅で代用駅弁として焼き芋販売。

12・23　武道振興委員会発足。

9・11　戦争未亡人教員養成所開所。

12・26　朝鮮総督府が朝鮮人名を日本人名にする「創氏改名」公布。

081

1940年

写真・映画・アニメーション

- 1・1　6大都市で文化映画の強制上映実施。
- 1・5　政岡憲三脚本征木鋭三動画で漫画映画日本動画研究所映画「カチカチ山」公開。
- 2・9　銀座松坂屋で南洋風物写真展開催。
- 3・23　内田吐夢監督作品「土」などが文部大臣賞を受賞。
- 4・9　社団法人日本ニュース映画社設立。
- 6・26　渡辺邦男監督東宝映画作品「金語楼の噫無情」公開。
- 6・28　内務省が脚本事前検閲強化。
- 7・10　大阪写真会主催で皇紀二千六百年奉祝全国写真大会開催。
- 7・20　映画検閲を強化して男装の麗人等を禁止。
- 8・30　学生の劇場や映画館への平日の入場禁止。
- 9・25　東京府写真商業組合結成。
- 10・1　映画法の規定による映写技師が免許制。
- 10・7　奢侈品等製造販売制限規則で高級カメラや映写機などの新品中古品販売禁止。
- 11・3　小西六がコダクローム方式による国産初カラー・フィルム発表。
- 11・13　初のステレオ録音映画「ファンタジア」(ディズニー製作)公開。日本公開は1955・9・23。
- 12・6　内閣情報部が情報局に昇格して映画やラジオや出版などの検閲。
- 12・21　映画の上映時間制限が2時間半となる。

通信機器・ラジオ・テレビ・コンピュータ・ゲーム

- 1・1　ラジオで「紀元二千六百年の黎明を告げる大太鼓」を橿原神宮から中継。
- 1・27　日本放送合唱団結成。
- 4・13　初のテレビドラマ「夕餉前」放送。
- 注9　テレビドラマ「夕餉前」⇒
- 5・6　東京の丸ビルと大阪ビルに自動式公衆電話を初めて設置。
- 6・20　首相官邸に放送室を設置。
- 10・26　逓信省が電力消費制限に関する公示を公布。
- 11・26　日本放送協会第1回「放送文芸懇談会」開催。
- 12・1　菊池寛原作上原謙出演の日本放送協会ラジオ映画劇「西住戦車長伝」放送。

社会・文化・世相

1～6月

- 2・1　陸軍統制令・海軍統制令公布。
- 5・10　週1回の節米デー開始。
- 5・13　第1回報国債権発売。
- 6・10　イタリアが英仏に宣戦布告。
- 6・14　独軍がパリに無血入城。

昭和15年

文芸・図書・出版

- 2・10　津田左右吉「古事記及日本書紀の研究」刊行。
- 3・8　早稲田大学文学部教授津田左右吉が出版法違反で起訴される。
- 3・30　西田幾多郎「日本文化の問題」刊行。
- 5・6　文芸銃後運動第1回講演会開催。
- 5・17　天野天佑らの編集で「岩波講座 倫理学」刊行開始。
- 8・15　日本雑誌協会が臨時総会を開き即時解散決議。
- 9・12　文部省が中等学校教科書の検定制を指定制に変更。
- 10・19　岸田国士が大政翼賛会文化部長就任。
- 10・25　西谷啓治「根源的主体性の哲学」刊行。
- 10・30　北川鉄夫「映画用語辞典」が第一文芸社から刊行。
- 11・7　創元社から「創元科学叢書」刊行開始。
- 11・20　河出書房から「世界歴史全集」刊行開始。
- 12・21　作家フィッツジェラルドがハリウッドのホテルで急死(44歳)。
- 12・31　高倉テル「大原幽学」刊行。

漫画・芸能・サブカルチャー

- 1・27　男子国民服4種制定。
- 3・16　新関青花の冒険漫画「アフリカ探検」が中村書店から刊行。
- 3・28　内務省がディック・ミネや藤原釜足ら芸能人16人に改名指示。
- 4・24　米・味噌・木炭など生活必需品10品目に切符制採用。
- 5・30　旭太郎作・大城のぼる画「火星探検」が中村書店から刊行。
- 6・1　旭太郎編「漫画ノ学校」が中村書店から刊行。
- 7・5　謝花凡太郎の動物漫画「小馬ひん助」が中村書店から刊行。
- 8・1　東京市内に「贅沢は敵だ」の看板配置。
- 8・16　お菓子の公定価格制実施。
- 8・22　解散命令により新協劇団が、翌日新築地劇団が解散。
- 9・20　新関青花「まんが北極探検」が中村書店から刊行。
- 9・27　東宝が移動奉仕隊として舞踊隊と音楽隊とを組織。
- 10・16　大阪市の女子モンペ部隊大行進。
- 10・31　東京のダンスホールがこの日を最後に閉鎖。
- 11・16　松竹移動演劇隊結成。

7〜12月

- 8・1　政府から八紘一宇の基本国策要綱発表。
- 8・19　新協劇団および新築地劇団の100人余が検挙。
- 9・23　日本軍が北部仏領インドシナ進駐開始。
- 9・27　日独伊三国同盟締結。
- 10・12　大政翼賛会結成。
- 10・30　教育勅語50周年式典開催。
- 11・2　大日本帝国国民服令公布。
- 11・10　皇紀二千六百年祝賀式典開催。
- 11・23　大日本産業報国会設立。

1941年

写真・映画・アニメーション

- 1・1 全国の映画館でニュース映画の強制上映実施。
- 2・18 亀井文夫監督東宝映画文化映画部作品「信濃風土記より小林一茶」公開。
- 3・1 小津安二郎監督松竹作品「戸田家の兄妹」公開。
- 3・28 小西六で六桜社製天然色写真講習会が開催。
- 4・17 映画監督内田吐夢や田坂具隆らが日活を製作方針抗議の退社。
- 5・1 日本ニュース社が改組し日本映画社設立。
- 6・4 全日本学生写真聯盟結成。
- 6・18 中川信夫監督夏目漱石原作東宝作品「虞美人草」公開。
- 7・15 映画日本社から「映画研究」創刊。
- 8・16 映画が国家管理移行。
- 9・10 日本写真技術家連盟が創立。
- 9・19 情報局により映画製作会社が松竹、東宝、大映の3社に統合。
- 9・20 北川冬彦「現代映画論」が三笠書房から刊行。
- 12・5 俳優の芸名禁止。
- 12・8 アメリカ映画上演禁止。
- 12・11 島耕二監督下村湖人原作日活作品「次郎物語」公開。
- 12・20 日本報道写真協会が結成。

通信機器・ラジオ・テレビ・コンピュータ・ゲーム

- 3・26 東京中央郵便局にフィルム式の録音機が配備。
- 4・1 日本放送協会の「子供の時間」が「少国民の時間」に改称。
- 5・1 日本放送協会技術研究所が週1回のテレビ実験放送開始。
- 5・29 アメリカ連邦通信委員会(FCC)が最初の商業FM放送局をテネシー州で認可。
- 6・15 ラジオのための東京中央放送局専属劇団俳優養成所が開所。
- 8・29 日本放送協会がラジオドラマやラジオ小説の作者や演出者に対する「ラジオ賞」を設ける。
- 9・13 情報局と文部省の監督下に日本音楽文化協会設立総会。
- 10・15 「放送」と「放送調査資料」の2誌を統合して月刊「放送調査研究」創刊。
- 12・8 日本軍による真珠湾奇襲成功の暗号信号「トラ！トラ！トラ！」を淵田中佐が送信。
- 12・8 内閣情報局が軍および戦況に関する放送規制を通達。
- 12・9 日本放送協会の語学講座の放送中止。

社会・文化・世相

1～6月

- 1・10 翼賛会宣伝部で募集していた翼賛会の歌とマークが決定、発表。
- 1・16 大日本青少年団結成。
- 1・20 米屋の自由営業禁止。
- 3・3 国家総動員法改正。
- 4・1 6大都市で米穀配給通帳制と外食券制を実施。
- 4・13 日ソ中立条約締結。
- 5・8 東京府で初の肉なし日実施。
- 5・20 東京港開港。

昭和16年

文芸・図書・出版

- 1・11　新聞紙等掲載制限令公布。
- 2・26　情報局が各総合雑誌編集部に執筆禁止者リストを提示。
- 3・25　海外出版物輸入販売を自主統制する海外出版物輸入同業会が発足。
- 4・5　青山光二らが「青年芸術派」創刊。
- 5・5　日本出版配給株式会社が設立。
- 5・28　政府の言論報道統制に協力する機関として「新聞連盟」設立。
- 6・4　小売業界の営業統制団体として東京書籍雑誌商業組合創立。
- 6・21　出版用紙配給割当規定施行。
- 7・21　文部省教学局編「臣民の道」刊行配布。
- 8・11　三木清「人生論ノート」刊行。
- 8・20　高村光太郎が詩集「知恵子抄」刊行。
- 9・10　九鬼周造「文芸論」刊行。
- 10・27　印刷業界の一元的統制機構として日本印刷文化協会創立。
- 11・20　下村寅太郎「科学史の哲学」刊行。
- 12・8　実業之日本社から「日本国家科学大系」刊行開始。
- 12・10　時枝誠記「国語学原論」刊行。
- 12・19　言論出版集会結社等臨時取締法公布。
- 12・24　文学者愛国大会開催。

漫画・芸能・サブカルチャー

- 1・20　国策に合う美人を認定する新女性美制定第1回研究会開催。
- 1・21　東宝移動文化隊が長野で第1回公演。
- 2・3　各地の節分の豆まきが豆抜きとなる。
- 2・11　満映スター李香蘭（山口淑子）が東京日劇に出演、観客が殺到し警官出動。
- 4・1　小学校を国民学校と改称。
- 6・9　情報局指導で日本移動演劇連盟結成。
- 7・1　全国の隣組が一斉常会開催。
- 7・10　旭太郎作・渡辺加三画の旅行漫画「不思議な国 印度の旅」が中村書店から刊行。
- 8・28　お菓子の1人当たりの割当制実施。
- 9・8　全国理容連盟が男性の標準髪型作成。
- 9・18　隊長山田耕筰で音楽挺身隊を結成。
- 10・18　ドイツ紙の特派員ゾルゲがスパイ容疑で逮捕。
- 10・26　京都競馬場の農林省賞典でセントライトが日本初の3冠馬になる。
- 12・8　日本アマチュア無線連盟（JARL）の活動が禁止。
- 12・16　広島呉港で戦艦「大和」が完成。
- 12・20　大城のぼるの旅行漫画「汽車旅行」が二葉書房から刊行。

7～12月

- 7・14　大阪府産業報国会が巡回ハーモニカ音楽講座を1カ月間開講。
- 8・1　厚生省人口局が設置。
- 8・2　大政翼賛会第1回特別研修会で横光利一らも参加して「みそぎ」が行なわれる。
- 9・24　ロンドンでフランスレジスタンス国民会議が創設。
- 10・4　臨時郵便取締令公布で外国郵便の開封検閲開始。
- 11・22　国民勤労報国協力令公布。
- 12・1　御前会議でアメリカ・イギリス・オランダへの開戦決定。
- 12・8　ハワイ真珠湾奇襲。
- 12・12　閣議で大戦を支那事変をも含めて大東亜戦争と呼称決定。

1942年

写真・映画・アニメーション

- 1・1　各新聞でハワイ空襲写真が掲載。
- 1・10　日活の製作部門と新興キネマと大都映画が合併し大日本映画製作(大映)設立。
- 2・6　社団法人映画配給会社設立で4月1日全国2350映画館全国一元配給開始。
- 3・15　政岡憲三演出横山隆一脚本・原作松竹動画映画研究所映画「フクちゃんの奇襲」公開。
- 3・20　少国民を対象としが「ヨクサン・マメグラフ」翼賛宣伝部より発行開始。
- 4・1　小津安二郎監督松竹作品「父ありき」が白系で公開。
- 5・26　東京日日新聞で日本少国民文化協会主催の幻灯作品鑑賞会が開催。
- 7・25　新宿伊勢丹で日本報道写真協会主催「勝ち抜く日本戦時生活」写真展開催。
- 9・10　陸軍省や海軍省などが南方映画工作要領を決定。
- 9・17　吉村公三郎監督獅子文六原作松竹作品「南の風 瑞枝の巻」公開。
- 10・16　広報コドモ会による16ミリマンガ大会開催。
- 10・29　伊藤大輔監督大仏次郎原作大映作品「鞍馬天狗」公開。
- 12・3　特殊技術に円谷英二が参加した東宝作品「ハワイ・マレー沖海戦」公開。

通信機器・ラジオ・テレビ・コンピュータ・ゲーム

- 1・3　日本放送協会でアジア各地からの中継を結んだ「大東亜の春」放送。
- 1・13　占領地マニラに放送局設置。
- 3・6　真珠湾攻撃に関する大本営発表の放送に「海ゆかば」のレコード使用。
- 3・22　ＢＢＣ国際放送がレジスタンス向けモールス信号の放送開始。
- 4・1　海外への対敵放送番組「ゼロ・アワー」がスタート。
- 4・17　アナウンサーを放送員と改称する。
- 6・6　日本放送協会で「戦時生活相談」放送開始。
- 9・1　日本放送協会が南方室を設置。
- 10・8　海軍省が「南方占領地に於ける映画・放送・新聞実施要綱」作成。
- 12・7　東京丸の内・銀座・四谷・下谷の4つの電話局内での電話線有線放送開始。
- 12・19　電気機械統制会がラジオ受信機配給会社を設立。

社会・文化・世相

1～6月

- 2・2　愛国婦人会と大日本国防婦人会と大日本連合婦人会が統合し大日本婦人会結成。
- 2・15　シンガポール占領。
- 2・20　ニューギニア沖海戦。
- 3・5　東京に初の空襲警報。
- 3・25　古本の営業統制を目的とする東京古書籍小売商業組合創立。
- 4・18　アメリカ軍機が日本本土初空襲。
- 5・20　翼賛政治会結成。
- 6・5　ミッドウェイ海戦で日本軍敗退。
- 6・22　アメリカ政府が戦時情報局(ＯＷＩ)を発足。
- 6・23　大日本青少年団や大日本婦人会などが大政翼賛会に組み入れられる。

昭和17年

文芸・図書・出版

- 1・26　全国製本業者の資材配給と事業統制を目的とする日本製本工業組合創立。
- 2・5　政府による統制機関、日本新聞会設立。
- 2・25　平野義太郎および清野謙次「太平洋の民族＝政治学」刊行。
- 3・21　日本出版文化協会が発足し全出版物の発行承認制実施決定。
- 3・30　岩上順一「歴史文学論」刊行。
- 4・1　「アサヒカメラ」が休刊。
- 4・6　日本出版文化協会と文部省との連携により教育雑誌編集者懇談会設立。
- 5・8　ヒトラー著眞鍋良一訳「吾が闘争」上巻刊行、下巻は8月22日刊行。
- 5・26　日本文学報国会創立。
- 6・30　中野重治「斎藤茂吉ノオト」刊行。
- 7・1　岩田豊雄「海軍」が朝日新聞で連載開始。
- 7・5　大正文学研究会編で「芥川龍之介研究」刊行。
- 7・24　情報局により新聞社を1県1紙に統合。
- 8・15　石川淳「文学大概」刊行。
- 8・21　民族学協会発足。
- 9・30　都新聞と国民新聞が合併して「東京新聞」創刊式挙行。
- 11・3　大東亜文学者大会開会式。
- 11・20　杉山平助「文芸五十年史」刊行。
- 12・23　徳富蘇峰を会長に大日本言論報国会が結成。

漫画・芸能・サブカルチャー

- 1・1　食塩通帳配給制とガス使用量割当制とが実施。
- 1・2　毎月8日を大詔奉戴日と決定。
- 2・1　衣料点数切符制実施。
- 2・11　日本少国民文化協会発足。
- 3・1　長谷川一夫や山田五十鈴の新演技座が「お島千太郎」旗揚上演。
- 3・10　金子重正の動物漫画「小象物語」川津書店から刊行。
- 4・29　日本放送協会による日本交響楽団設立。
- 6・1　第1回気象記念日。
- 7・10　芳賀たかしの冒険漫画「五少年漂流記」が中村書店から刊行。
- 8・20　杉浦茂の海洋漫画「コドモ南海記」が国華堂日童社から刊行。
- 11・1　予科練の制服が七つボタンに代わる。
- 11・15　横山隆一「ススメフクチヤン　5」が朝日新聞から刊行。
- 11・20　日本文学報国会が「愛国百人一首」を発表。
- 11・27　大政翼賛会と朝日・東京日日・読売3紙の共同公募で「欲しがりません勝つまでは」などの「国民決意の標語」10点が決定発表。
- 12・15　大政翼賛会が「海ゆかば」を国歌に対し国民歌とする。

7～12月

- 7・1　関門海底鉄道トンネル下り線が先行開通。
- 7・13　「妊産婦手帳」発行決定。
- 8・13　アメリカで原爆開発計画に着手。
- 9・1　青少年の国民登録制実施。
- 11・8　連合軍が北アフリカに上陸展開。
- 11・19　ソ連軍がスターリングラードで大反攻。
- 12・3　第1回大東亜戦争美術展開催。
- 12・12　全国の私鉄が国営化。

1943年

写真・映画・アニメーション

- 2・3　東京府内の映画館劇場交代で月2回の節電休館日開始。
- 2・11　成瀬巳喜男監督泉鏡花原作東宝映画作品「歌行燈」公開。
- 3・1　フィルム不足で映画の興行が月10日間に。
- 3・25　日本初の長編アニメーション映画「桃太郎の海鷲」公開。
- 4・5　全国写真師商業組合連合会が創立。
- 4・15　横山美智子の童話を原作にした政岡憲三作画漫画映画「くもとちゅうりっぷ」公開。
- 6・2　新宿三越で「満州国軍」写真展開催。
- 7・1　片岡芳太郎作画漫画映画日本マンガフィルム研究所映画「お猿三吉戦う潜水艦」公開。
- 7・29　木下恵介監督第1回松竹作品「花咲く港」公開。
- 8・10　銀座松屋で日本写真協会主催「航空決戦展」開催。
- 10・28　坂東妻三郎主演大映作品「無法松の一生」公開。
- 11・19　東部軍国防写真隊が編成。
- 11・28　大東亜戦争記念国民映画「海軍」特別公開。

通信機器・ラジオ・テレビ・コンピュータ・ゲーム

- 2・9　ラジオニュース放送で日本軍がガダルカナル島退却を「転進」と表現。
- 3・31　ラジオ受信契約数が700万台を突破する。
- 4・1　「ニュース」が「報道」と改称。
- 5・29　ラジオのニュース放送で日本軍アッツ島全滅を「玉砕」と表現。
- 6・17　電波兵器の研究所として多摩陸軍技術研究所が設置。
- 7・1　経済市況のラジオ放送が禁止となる。
- 8・2　E・J・ノーブルの買収によってアメリカ放送会社（ABC）が設立。
- 10・3　懸賞入選ラジオドラマ「村は星月夜」の放送で東京放送劇団初出演。
- 11・1　ラジオ放送時間が繰り上がり番組改編。
- 12・2　対米宣伝放送「日の丸アワー」放送開始。

社会・文化・世相

1～6月

- 2・2　スターリングラード攻防戦でドイツ軍が全面降伏。
- 3・1　ビールがブランド統合されて「麦酒」となって配給制になる。
- 3・15　皇道婦人連合会が戦時下女性風俗維新大会開催。
- 4・18　連合艦隊司令長官山本五十六の搭乗機が撃墜されて戦死。
- 5・30　静岡市で登呂遺跡が発見。
- 6・25　学徒戦時動員体制確立要綱決定。

昭和18年

文芸・図書・出版

- 1・1　朝日新聞が紙上の中野正剛「戦時宰相論」で発禁処分。
- 1・18　文部省が高田保馬を所長に民族研究所設立。
- 1・20　日本放送協会が「日本語アクセント辞典」刊行。
- 2・18　出版事業令公布。
- 3・11　日本出版文化協会が解消して日本出版会設立。
- 4・5　武田泰淳「司馬遷」刊行。
- 4・30　桑原武夫「事実と創作」刊行。
- 6・7　大日本言論報国会第1回講座開催。
- 6・25　波多野精一「時と永遠」刊行。

- 7・21　図書買切制実施。

- 8・22　島崎藤村死去（71歳）。
- 8・25　大東亜文学者決戦大会開催。
- 8・30　山本健吉「私小説作家論」刊行。
- 9・10　唐木順三「鷗外の精神」刊行。
- 10・2　文部省に国史編修準備委員会設置。
- 12・5　坂口安吾「日本文化私観」刊行。

漫画・芸能・サブカルチャー

- 1・13　情報局が米英の約1000楽曲の演奏を禁止。
- 2・23　決戦標語「撃ちてし止まん」のポスター5万枚を陸軍が配布。
- 3・1　紙芝居の内容を統制。
- 4・25　新関健之助の戦争漫画「空の中隊」が中村書店から刊行。
- 4・28　文部省の要請で東京六大学野球連盟が解散。
- 5・1　東京放送劇団第1期生として厳金四郎や加藤道子ら31人を採用。
- 5・18　横山大観を会長に日本美術報国会創立。
- 6・5　芳谷まさるの愛国漫画「コドモ日本丸」が雄鳳堂揺籃社から刊行。

- 8・18　謝花凡太郎の西遊記現代版漫画「仙術王ゝ五九」が中村書店から刊行。
- 8・20　愛国イロハカルタを選定。
- 8・31　D51型蒸気機関車試運転。

- 9・4　上野動物園で猛獣などを薬殺。
- 10・21　出陣学徒の壮行会が神宮外苑で実施。

- 12・20　手旗信号やモールス信号などによる通信訓練が体育科の教科内容になる。

7〜12月

- 7・1　東京都制施行。
- 7・25　イタリアのムッソリーニ首相が失脚。
- 9・8　イタリアが連合軍に無条件降伏。
- 9・21　文科系学生の徴兵猶予停止。
- 9・23　男子就業禁止職種・女子勤労挺身隊25歳未満未婚者動員など国内必勝戦勤労対策発表。
- 9・23　台湾に徴兵制施行を決定。
- 10・2　学生の徴兵猶予停止。
- 10・18　大日本育英会設立。
- 11・5　大東亜会議開催。
- 11・22　ルーズベルト、チャーチル、蒋介石による第1回カイロ会談が行なわれる。
- 12・24　徴兵年齢が19歳に引き下げ。

1944年

写真・映画・アニメーション

- 1・17　小西六や日本光学および東京光学などが第１次軍需会社に指定。
- 3・29　大日本写真報国会発会。
- 4・25　新宿三越で日本写真協会主催「戦ふ再起の勇士展」開催。
- 4・30　全国写真撮影業統制組合が設立される。
- 5・20　都内10百貨店のショーウィンドウで「大東亜戦海軍記録写真展」開催。
- 5・25　今井正監督東宝作品「怒りの海」公開。
- 6・8　日本橋三越で大政翼賛会と日本写真協会の共催で「仏印事情展」開催。
- 6・29　日本写真協会が日本写真公社に改組。
- 8・17　家城巳代治監督松竹作品「激流」公開。
- 9・28　田中重雄監督大映作品「肉弾挺身隊」公開。
- 11・9　横山隆一原作前田一動画漫画映画朝日映画社映画「フクちゃんの潜水艦」公開。
- 12・7　映配が生フィルム欠乏により731の映画館に配給休止を宣言。

通信機器・ラジオ・テレビ・コンピュータ・ゲーム

- 2・21　戦時下非常時の放送確保を目的に「日本放送協会防衛規定」が制定。
- 3・30　電波管制で日本放送協会周波数が全国同一となる。
- 4・1　日本芸能協会が設立。
- 4・15　運輸通信省が軍事転用のために加入電話を徴発。
- 8・30　非常事態発生時のために町内会等にラジオ班設置。
- 10・1　電波管制が変更されて全国4郡制となる。
- 11・1　関東地区に防空情報放送開始。
- 11・5　南方占領地域へのラジオ日本語講座のテキスト「にほんご」が刊行。
- 12・21　ラジオ番組で爆音による敵機の聴き分け方が放送。

社会・文化・世相

1〜6月

- 2・17　アメリカ軍がトラック島空襲。
- 2・21　東条英機首相が参謀総長を兼任。
- 2・25　文部省が食料増産に学童500万人動員決定。
- 3・8　インパール作戦開始。
- 4・1　6大都市銀行が預金の金利をゼロにする。
- 4・19　東京都内の幼稚園が無期限の休園になる。
- 5・4　菊芋を決戦食とする。
- 5・5　国民酒場開設。
- 6・4　連合軍によるノルマンジー上陸開始。
- 6・13　ドイツがロンドンに向けてミサイル兵器Ｖ1号を発射。
- 6・19　マリアナ沖海戦開始。

昭和19年

文芸・図書・出版

- 1・15　中村汀女「汀女句集」刊行。
- 1・29　「中央公論」「改造」などの編集者が検挙される横浜事件が起こる。
- 2・17　雑誌統合が実施され、総合誌は「中央公論」「公論」「現代」の3誌になる。
- 3・6　全国の新聞で夕刊を廃止。
- 6・1　宝文館から「詩研究」創刊。
- 6・10　大日本言論報国会が言論人総決起大会開催。
- 7・10　情報局が中央公論社と改造社に自発的な廃業を指示する。
- 7・31　フランスの作家サン=テグジュペリの偵察飛行機が墜落し消息を絶つ。
- 8・4　アムステルダムでアンネ・フランクの一家が逮捕される。
- 10・15　三島由紀夫「花ざかりの森」刊行。
- 11・1　河出書房から雑誌「文芸」創刊。
- 11・12　南京で第3回大東亜文学者大会開催。
- 11・15　太宰治「津軽」刊行。
- 12・20　竹内好「魯迅」刊行。

漫画・芸能・サブカルチャー

- 2・6　政府が女学生戦時基準服制定。
- 2・10　青山杉作・千田是也・東野英治郎・小沢栄太郎・東山千栄子らで俳優座結成。
- 3・4　宝塚歌劇団がこの日限りで休演となり、阪神地方のファン殺到し警官抜刀整理。
- 3・5　高級料理店および酒場など一斉閉鎖。
- 3・18　有楽町に電気科学館開館。
- 3・31　松竹少女歌劇団が解散。
- 4・1　アメリカ型楽器編成楽団の禁止。
- 4・12　警視庁が少女歌劇などを不許可にする。
- 6・30　閣議で国民学校初等科児童の集団疎開を決定。
- 7・10　日本音楽社から雑誌「日本音楽」創刊。
- 8・15　軍需省が精密兵器用にダイヤモンド買い上げ実施。
- 8・30　新関健之助「絵物語　魚雷戦」が鶴書房から刊行。
- 9・28　情報局が美術展覧会取扱要綱発表。
- 11・1　煙草が1日6本の隣組配給制となる。
- 11・13　日本野球報国会がプロ野球中止宣言。
- 12・17　軍需省が飼い犬の強制的供出を決定。

7〜12月

- 7・18　東条英機内閣総辞職。
- 7・21　アメリカ軍がグアム島に上陸。
- 8・4　国民総武装決定。
- 8・23　学徒勤労令と女子挺身隊勤労令等公布施行。
- 8・25　連合軍パリ入城。
- 9・2　ドイツがV2号ロケット弾でロンドンを攻撃。
- 9・27　グアム島とテニヤン島で日本軍が全滅。
- 10・20　日比谷で一億憤激米英撃摧国民大会開催。
- 10・21　レイテ沖海戦で神風特攻隊22機が初出撃。
- 11・3　アメリカ本土に向けての兵器風船爆弾を使用。

1945年

写真・映画・アニメーション

- 2・22　田坂具隆総指揮松竹作品「必勝歌」公開。
- 3・15　フランスでマルセル・カルネ監督作品「天井桟敷の人々」公開。
- 4・12　瀬尾光世監督・脚本政岡憲三撮影・影絵桑田良太郎原画松竹動画研究部映画「桃太郎　海の神兵」公開。
- 5・3　黒澤明監督東宝作品「続姿三四郎」公開。
- 5・22　全国で映画館22館復活。
- 6・1　映画公社設立。
- 8・15　この日より1週間の全国の映画興行停止命令。
- 10・11　戦後初の映画「そよかぜ」公開され主題歌「リンゴの唄」ヒット。
- 11・17　GHQがチャンバラ映画上映禁止にする。
- 11・30　映画公社解散。
- 12・6　戦後初の洋画上映「ユーコンの叫び」が日劇で公開。
- 12・13　佐々木康監督松竹作品「新風」公開。

通信機器・ラジオ・テレビ・コンピュータ・ゲーム

- 5・13　ドイツで無条件降伏による帝国放送協会の解散が命じられる。
- 5・21　日本放送協会が「官公署の時間」放送開始。
- 5・26　東京中央放送局が東京大空襲による被災でトラックなどによる移動放送班を編成。
- 8・22　ラジオ天気予報が復活。
- 8・23　NHKで「少国民の時間」復活。
- 9・1　放送電波管制解除。
- 9・9　NHKで歌謡曲と軽音楽の放送再開。
- 9・23　進駐軍向けラジオ放送始まる。
- 10・1　GHQが郵便検閲を指令。
- 10・12　GHQが通信・信書の検閲開始。
- 10・19　卓上電話を転用した街頭公衆電話を大森と上野の繁華街に設置。
- 10・22　NHKが「出獄者にきく」放送開始。
- 11・1　前月31日に解散し社団法人同盟通信社が共同通信社、時事通信社として発足。
- 11・21　第1回ラジオ座談会放送。
- 12・9　NHKが「真相はこうだ」放送開始。
- 12・31　NHKが「紅白音楽試合」放送。

社会・文化・世相

1〜6月

- 2・4　ヤルタ会談開催。
- 2・19　アメリカ軍が硫黄島上陸。
- 3・10　B29による東京大空襲で明治座や浅草国際劇場焼失。
- 4・1　米軍が沖縄本島に上陸。
- 4・7　戦艦「大和」沈没。
- 4・13　B29が330機で東京域北部を空襲。
- 4・30　ヒトラー自殺。
- 5・2　ベルリン陥落。
- 5・3　厚生省が医師不足のために衛生兵に試験で医師免許を与える。
- 5・7　ドイツが無条件降伏。
- 6・13　国民義勇戦闘隊結成のために大政翼賛会および傘下諸団体解散。
- 6・18　沖縄摩文仁村でひめゆり部隊49名が自決。
- 8・6　広島に原爆投下。

昭和20年

文芸・図書・出版

- 1・27　太宰治「新釈諸国噺」刊行。
- 3・1　日本新聞会が解散して日本新聞公社設立。
- 5・1　久米正雄や川端康成ら鎌倉文士らが貸本屋「鎌倉文庫」創設。
- 5・10　新聞の街頭売りが禁止。
- 6・1　日本出版会が出版非常措置要綱発表。
- 6・7　西田幾多郎が死去(75歳)。
- 6・30　平野義太郎「大アジア主義の歴史的基礎」刊行。
- 9・1　1925年に同人誌として創刊された「映画評論」が戦後第1号として復刊。
- 9・10　GHQより言論及び新聞の自由に関する覚書。
- 9・15　誠文堂新光社から「日米英会話手帳」が刊行されてベストセラーに。
- 9・20　教科書の墨塗り始まる。
- 10・1　講談社関連会社の日本報道社が光文社として再生創業。
- 10・9　GHQが東京5紙の新聞記事事前検閲開始。。
- 10・25　太宰治「お伽草子」刊行。
- 11・1　青山虎之助により雑誌「新生」創刊。
- 11・10　角川源義が角川書店を創立。
- 12・8　日本文芸家協会再建発足。

漫画・芸能・サブカルチャー

- 2・1　日比谷公園でB29の撃墜機を一般公開。
- 3・6　国民勤労動員令公布。
- 4・11　文学座「女の一生」初演。
- 5・25　空襲で歌舞伎座が焼失。
- 6・13　日比谷公会堂で日本交響楽団が第267回定期公演。
- 7・11　主食配給1割減で2合1勺。
- 8・6　移動演劇隊「桜隊」が広島で被爆する。
- 9・8　アメリカ軍が東京に進駐開始。
- 9・18　東京宝塚劇場再開。
- 10・3　帝国劇場再開。
- 10・25　バーおよび待合の営業許可。
- 10・29　松竹少女歌劇団が松竹歌劇団として再出発。
- 11・9　GHQにより歌舞伎狂言の30%以上を新作脚本とすることなどが指令。
- 11・20　日本劇場再開。
- 12・12　GHQが芝居の仇討ちものや心中ものの上演を禁じる。
- 12・26　文学座と俳優座と東芸などの合同公演「桜の園」が上演。

7～12月

- 8・9　長崎に原爆投下。
- 8・15　日本が無条件降伏。
- 8・24　皇国義勇軍48人が松江市で降伏反対を訴えて県庁や新聞社を襲撃。
- 8・30　連合国軍最高司令官マッカーサー元帥が厚木に到着。
- 8・31　在郷軍人会解散。
- 9・11　東条英機以下39人の戦犯容疑者逮捕命令。
- 9・27　昭和天皇がマッカーサー元帥を初訪問。
- 10・15　治安維持法など廃止。
- 11・20　ニュルンベルク国際軍事裁判が開廷。
- 12・9　GHQが農地改革を指令。
- 12・15　GHQが学校での神道教育を禁じ神道と国家を分離。
- 12・17　婦人参政の新選挙法成立。

1946年

写真・映画・アニメーション

- 1・10　日本映画社によるニュース映画「日本ニュース」が上映。
- 1・28　GHQより映画検閲に関する覚書が出される。
- 2・28　セントラル映画社設立。
- 3・20　第1次東宝争議。
- 5・2　黒澤明監督東宝作品「明日を創る人々」公開。
- 注　黒澤明：自身生前この「明日を創る人々」は自分の作品リストからはずしていた。これ以前の、第2次世界大戦敗戦前の作品には、第1回監督作品「姿三四郎」1943・3・25、「一番美しく」1944・4・13「続姿三四郎」1945・5・3がある。
- 6・3　東宝第1回ニューフェイス募集で三船敏郎や久我美子らを採用。
- 7・17　日本写真師組合創立大会開催。
- 7・23　第1回毎日映画コンクール。
- 9・20　第1回カンヌ映画祭が開催。
- 10・15　第2次東宝争議でストライキ。
- 10・29　黒澤明監督東宝作品「わが青春に悔なし」公開。
- 11・13　東宝撮影所で大河内伝次郎や長谷川一夫らが十人の旗の会結成。
- 12・3　東宝争議が妥結。

通信機器・ラジオ・テレビ・コンピュータ・ゲーム

- 1・14　日本通信機械工業会が設立。
- 1・19　NHKラジオ「のど自慢素人音楽会」開始。
- 1・22　GHQ覚書による放送委員会が発足。
- 2・1　NHKラジオで平川唯一講師「英語会話」番組放送開始。
- 2・15　ペンシルベニア大学で最初の電算機「エニアック」完成。
- 3・14　総選挙の候補者ラジオ放送を初めて行なう。
- 4・26　NHK会長に高野岩三郎が放送委員会より推薦されて就任。
- 6・1　NHKが月刊「放送文化」創刊。
- 6・7　イギリスBBCがテレビ放送を再開。
- 7・1　1月15日放送開始のNHKラジオ「尋ね人」が「復員だより」に代わって始まる。
- 8・15　西宮球場から復活した全国中等学校野球大会を中継放送。
- 9・10　外国郵便の取り扱いが再開。
- 10・5　日本放送協会従業員組合がストライキ。
- 12・3　NHKラジオクイズ形式の「話の泉」始まる。

社会・文化・世相

1～6月

- 1・1　天皇による人間宣言。
- 1・4　GHQが軍国主義者の公職追放を指令。
- 1・10　国際連合第1回総会がロンドンで開催。
- 1・21　GHQが人身売買の公娼制度廃止を指令して1万400人が解放。
- 3・6　政府がマッカーサー草案の趣旨に基づく憲法改正草案要綱を発表。
- 3・18　警察講習所で初の婦人警官63名入所。
- 4・1　東京帝国大学に初の女子学生が入学。
- 4・5　米英ソ中による対日理事会初会合。
- 5・3　東京裁判開廷。
- 5・7　後のソニーである東京通信工業が設立。
- 5・22　第1次吉田茂内閣成立。

昭和21年

文芸・図書・出版

- 1・1　岩波書店から雑誌「世界」創刊。
- 1・30　日本ジャーナリスト連盟創立。
- 2・11　岩波書店主岩波茂雄が文化勲章を受ける。
- 2・21　中野重治を理事長に日本民主主義文化連盟結成。
- 3・17　日本児童文学者協会結成。
- 3・25　岩谷書店から探偵小説雑誌「宝石」創刊。
- 4・1　学習研究社創業。
- 5・1　後の暮しの手帖社になる衣装研究所が設立。
- 6・15　日本文学協会結成。
- 6・20　永田広志訳でスターリン「弁証法的唯物論および史的唯物論」刊行。
- 7・23　日本新聞協会が設立。
- 8・15　中原淳一が乙女誌「ソレイユ」創刊。
- 9・25　岩波書店から「三木清著作集」刊行開始。
- 10・1　講談社から文芸雑誌「群像」創刊。
- 10・5　花田清輝「復興期の精神」刊行。
- 11・1　光文社から雑誌「少年」創刊。
- 11・25　新聞および出版用紙割当委員会が内閣直属として新発足。
- 12・15　朝日新聞社から「日本古典全書」刊行開始。

漫画・芸能・サブカルチャー

- 1・1　手塚治虫が「マアチャンの日記帳」の連載でデビュー。
- 1・13　タバコの新製品「ピース」が10本入り1箱7円で自由販売開始。
- 2・1　大阪四ツ橋に「文楽座」再建。
- 2・11　日本合唱連盟結成式が行なわれる。
- 3・1　第1回「日展」開催。
- 3・19　俳優座第1回公演でゴーゴリ「検察官」上演。
- 4・5　西川辰美の漫画「ボンチヤンノ冒険」が新泉社から刊行。
- 4・22　長谷川町子「サザエさん」が夕刊フクニチで連載開始。
- 4・27　8球団によるプロ野球公式戦が開始。
- 8・9　第1回国民体育大会開催。
- 9・5　第1回芸術祭開催。
- 10・11　東京都が引揚者団体にガード下を貸しだして上野アメ横が開業。
- 11・1　主食の配給が2合5勺に増加。
- 11・22　日本橋三越に三越ホール開場。

7〜12月

- 7・1　アメリカがビキニで原爆実験を行なう。
- 8・1　全国一斉にヤミ市取り締まり実施。
- 8・16　石井一郎を代表理事に経団連創設。
- 8・28　北朝鮮労働党結成。
- 10・9　文部省が男女共学実施を指示。
- 10・21　農地調整法改正令公布による第2次農地改革。
- 11・3　日本国憲法公布。
- 12・19　第1次インドシナ戦争が開戦。

1947年

写真・映画・アニメーション

3・20	東宝が日映演脱退組を中心に新東宝映画製作所設立。
3・25	有楽町スバル座がアメリカ映画ロードショー専門館として開館。
5・17	日本映画技術協会が創立。
5・20	小津安二郎監督松竹作品「長屋紳士録」公開。
7・29	GHQがロールフィルムの生産中止を指令。
8・5	谷口千吉監督東宝作品「銀嶺の果て」公開。
9・16	東横映画第1回作品「こころ月の如く」公開。
9・25	日本漫画映画KK作画漫画映画日本動画社映画「すて猫トラちゃん」公開。
9・27	吉村公三郎監督松竹作品「安城家の舞踏会」公開。
10・27	国産写真機の公定価格撤廃。
12・9	衣笠貞之助監督東宝作品「女優」公開。

通信機器・ラジオ・テレビ・コンピュータ・ゲーム

1・1	吉田茂首相が年頭放送で労働運動指導者を「不逞の輩」と非難。
4・22	NHKラジオ街頭録音番組「青少年の不良化をどうして防ぐか〜ガード下の娘たち」で有楽町付近の夜の女の声を放送。
5・20	講談社の1部門が独立してキング音響株式会社設立。
7・5	NHKラジオ「鐘の鳴る丘」放送開始。
9・1	GHQの命令で「ラジオ体操」中止。
9・30	大リーグのワールドシリーズを3大ネットワークで初TV中継放送。
10・4	NHKラジオ「土曜コンサート」放送開始。
11・1	NHKラジオ「二十の扉」放送開始。
11・7	NHKラジオ「邦楽名曲選」放送開始。
11・16	戦後初の全国児童唱歌ラジオコンクール開催。

社会・文化・世相

1・16	新皇室典範公布。
1・31	GHQが2・1ゼネスト中止命令を出す。
2・10	パリ平和条約調印。
3・31	教育基本法と学校教育法が公布され男女共学が規定される。

1〜6月

4・7	労働基準法が公布。
4・20	第1回参院選。
5・3	日本国憲法施行。
6・1	片山哲社会党首班内閣成立。
6・8	日本教職員組合が結成。

昭和22年

文芸・図書・出版

- 1・1　新聞の見出しと記事の横書きが左から右に改定。
- 1・20　柳田国男「口承文芸史考」刊行。
- 2・12　志賀直哉を会長に日本ペンクラブ再建大会開催。
- 2・20　石井桃子「ノンちゃん雲に乗る」刊行。
- 2・25　内務省などがエログロ出版物取締り基準を決定。
- 3・31　民俗学研究所設立。
- 4・10　大塚久雄「近代資本主義の系譜」刊行。
- 5・31　加藤周一ら「1946・文学的考察」刊行。
- 6・10　神山茂夫「天皇制に関する理論的諸問題」刊行。
- 7・10　岩波書店から「西田幾多郎全集」刊行開始。
- 7・21　全日本民主主義文化会議第1回大会開催。
- 9・15　福田恆存「作家の態度」刊行。
- 9・30　田中美知太郎「ロゴスとイデア」刊行。
- 11・15　馬籠に藤村記念館落成。
- 12・4　帝国図書館は国立国会図書館と改称。
- 12・30　くらかねよしゆき「おもしろブックふくろうのそめものやさん」が集英社から刊行。

漫画・芸能・サブカルチャー

- 1・15　新宿帝都座5階の劇場で額縁ヌードショウ「ヴィーナスの誕生」が開演。
- 1・30　手塚治虫が単行本漫画「新宝島」を原作・構成酒井七馬で育英出版から刊行。
- 2・12　パリでクリスチャン・ディオール第1回コレクション開催。
- 3・9　戦後初の国際婦人デーが開催。
- 4・8　新宿ムーランルージュが再開。
- 5・1　中村治之の漫画「シンチヤンノ名探偵」が保育社から刊行。
- 5・25　武田将美の四コマ漫画集「新ちゃんヒコちゃん」が有文堂から刊行。
- 7・5　飲食営業緊急措置令により全国の飲食店営業が休止。
- 7・28　滝沢修や森雅之や宇野重吉らが民衆芸術劇場を結成。
- 9・22　日本アヴァンギャルド美術家クラブ設立。
- 10・11　法の威信に徹しヤミ米を拒んだ山口良忠東京地裁判事が栄養失調死。
- 11・20　山内任天堂が丸福かるたを販売会社として設立。
- 12・1　日本勧業銀行が「宝くじ」を発売。
- 12・3　ニューヨークでテネシー・ウィリアムズ「欲望という名の電車」初演。
- 12・6　酒類の自由販売開始。
- 12・20　石ノ森章太郎や赤塚不二夫らが投稿入選した加藤謙一編集「漫画少年」創刊。

7～12月

- 7・1　公正取引委員会発足。
- 8・4　最高裁判所が発足。
- 8・9　古橋広之進が水泳400m自由形で世界新記録樹立。
- 8・15　インド独立。
- 9・14　キャスリーン台風で関東地方に大水害。
- 10・10　キーナン東京裁判主席検事が「天皇と実業界に戦争責任はない」と表明。
- 10・26　改正刑法が公布されて不敬罪や姦通罪などが廃止。
- 12・22　改正民法公布により家族制度改革。
- 12・31　内務省が廃止。

1948年

写真・映画・アニメーション

- 1・24　ジャン・コクトー監督・脚本作品「美女と野獣」日本で公開。
- 2・1　小幡俊治演出・作画日本漫画映画社映画「カチカチ山の消防隊」公開。
- 2・11　エイゼンシュテイン監督が死去(50歳)。
- 4・8　東宝で1200人の整理を発表し17日から組合がスト突入。
- 4・26　新東宝映画製作所が東宝から独立し新東宝となる。
- 4・27　黒澤明監督東宝作品「酔いどれ天使」公開。
- 8・10　マキノ正博・小崎政房監督吉本プロ作品「肉体の門」公開。
- 8・19　東京地裁が東宝砧撮影所に仮処分執行で武装警官2000人の他米軍など出動。
- 9・17　小津安二郎監督松竹作品「風の中の雌鶏」が国際劇場で公開。
- 9・18　木村伊兵衛や土門拳らが日本写真家集団を結成。
- 9・29　東條卯作を会長に日本写真師組合が日本写真文化協会として再発足。
- 10・10　野田高梧「シナリオ方法論」刊行。
- 10・18　阪東妻三郎主演映画「王将」公開。
- 10・19　第3次東宝争議が解決。
- 11・6　全米カメラ展にポラロイドカメラが出品。

通信機器・ラジオ・テレビ・コンピュータ・ゲーム

- 1・4　日米間で民間の国際電話が開通。
- 1・5　GHQによってインフォメーション・アワー開始。
- 3・2　日本放送労働組合結成。
- 3・20　アメリカでNBCがオーケストラの演奏をテレビ初中継。
- 4・1　月刊「放送技術」創刊。
- 6・4　NHK技術研究所が戦後初のテレビ有線実験一般公開。
- 6・21　ニューヨークでコロムビア社が33回転LPレコード初公開。
- 6・30　ベル研究所のW・B・ショックレーらがトランジスターを発明。
- 7・15　GHQが新聞社通信社の事前検閲から事後検閲に。
- 10・1　警視庁が犯罪専用電話として110番を開設。
- 11・16　日本コロムビアが米国コロムビアとレコード原盤輸入契約を結ぶ。
- 12・15　9年ぶりに年賀郵便が復活して受付が開始。

社会・文化・世相

- 1・4　戦争花嫁と呼ばれた日本人女性90人が渡米。
- 1・15　新宿区牛込の寿産院で103名の乳幼児を死亡させる事件が発覚。
- 1・26　帝国銀行椎名町支店での毒殺現金強奪の帝銀事件が起こる。
- 3・11　九州大学生体解剖事件の軍事裁判開廷。

1〜6月

- 3・15　総裁吉田茂で民主自由党結成。
- 4・1　新制高等学校が発足。
- 5・1　軽犯罪法公布。
- 5・28　隅田川で「川開き」が行なわれる。
- 6・23　警視庁が昭和電工の日野原節三社長を贈賄容疑で逮捕。
- 6・28　福井地震死者3769人。

昭和23年

文芸・図書・出版

- 1・25　小松崎茂作・画「おもしろブック12 火星王国」が集英社から刊行。
- 2・9　国立国会図書館法公布。
- 3・19　日本著作権連盟が結成。
- 4・28　永井荷風の著とされる「四畳半襖の下張」を猥褻図書として押収。
- 5・8　日本比較文学会創立大会開催。
- 6・5　国立国会図書館が赤坂離宮に開館。
- 6・13　太宰治心中死(38歳)。
- 6・25　椎名麟三「永遠なる序章」刊行。
- 9・1　カストリ雑誌「特集娯楽雑誌　話」9月号で「美人画報」特集。
- 9・10　大塚久雄「近代化の人間的基礎」刊行。
- 9・12　申請中だった東京写真大学写真学部写真学科および写真文学科を設置法人小西専門学校が取り消す。
- 9・20　大橋鎮子と花森安治によって「美しい暮しの手帖」創刊。
- 10・1　第1回新聞週間開始。
- 11・1　小田切秀雄編「プロレタリア文学再検討」刊行。
- 11・6　名取洋之助・木村伊兵衛の「日本人の結婚」が「ライフ」に採用。
- 12・10　伊藤整「小説の方法」刊行。

漫画・芸能・サブカルチャー

- 2・1　混血孤児院「エリザベス・サンダース・ホーム」を沢田美喜が開設。
- 2・9　セーラー万年筆が国産初のボールペンを発売。
- 3・15　馬場のぼる「探偵冒険漫画怪盗カツポレ団」が昭文社から刊行。
- 3・25　東洋のマタ・ハリと呼ばれた川島芳子が中国で処刑。
- 4・10　子供向けタブロイド版漫画新聞「コドモ大阪」がコドモ大阪新聞社より創刊。
- 5・1　美空ひばりが横浜国際劇場でデビューする。
- 5・26　神田共立講堂で全国ファッションショーが開催されて4000人入場。
- 5・29　貝谷八百子バレエ団が帝劇で「サロメ舞曲」初演。
- 8・14　毎日新聞社主催第1回全日本書道展開催。
- 8・20　手塚治虫「一千年后の世界」が東光堂から刊行。
- 9・13　秋田雨雀院長の舞台芸術学院開校。
- 9・16　マッチが自由販売になる。
- 9・20　GHQが国産カメラの一般向け国内販売禁止を指令。
- 10・2　斉藤秀雄らが「子供のための音楽会」を開催。
- 10・11　漫画家岡本一平が死去(62歳)。
- 10・20　手塚治虫「吸血魔団」が東光堂から刊行。
- 11・23　第1回全日本合唱コンクール開催。
- 12・1　渋谷天外と藤山寛美らが松竹新喜劇結成。

7〜12月

- 8・15　大韓民国独立式典が挙行されイ・スンマンが大統領に就任。
- 8・27　米軍捕虜が生体解剖された事件で九州大教授ら5人に絞首刑判決。
- 9・9　朝鮮民主主義人民共和国が樹立され首相にキム・イルソン就任。
- 9・18　全学連結成大会に145校が加盟。
- 10・7　昭和電工事件により芦田均内閣が総辞職。
- 11・12　東京裁判が東条英機ら25名の被告に有罪判決。
- 12・8　人事院が設置。
- 12・18　GHQが経済安定9原則を発表。
- 12・23　東条英機ら7戦犯に絞首刑。

1949年

写真・映画・アニメーション

- 1・1 高千穂光学がオリンパス光学工業(株)と改称。
- 1・21 富士フイルム・小西六・日本光学が独占を禁じる過度経済力集中排除法の指定を解除される。
- 3・9 木下恵介監督松竹作品「お嬢さん乾杯」公開。
- 3・13 黒澤明監督大映東京作品「静かなる決闘」公開。
- 3・22 成瀬巳喜男監督東横作品「不良少女」公開。
- 4・25 渡辺邦男監督新東宝作品「異国の丘」公開。
- 6・14 映画倫理規定管理委員会発足。
- 7・19 今井正監督東宝作品「青い山脈」公開。
- 9・13 小津安二郎監督松竹作品「晩春」が国際劇場で公開。
- 10・1 東京映画配給会社設立。
- 10・17 黒澤明監督映画芸術協会＝新東宝作品「野良犬」公開。
- 11・20 松田定次監督東横作品「獄門島」公開。
- 12・1 木下恵介監督松竹作品「破れ太鼓」公開。

通信機器・ラジオ・テレビ・コンピュータ・ゲーム

- 1・2 NHKラジオでクイズ番組「私は誰でしょう」放送開始。
- 1・3 NHKラジオでクイズ番組「とんち教室」放送開始。
- 3・20 放送開始24周年記念展覧会で暫定標準方式走査線525本のテレビ有線実験公開。
- 3・31 東京消防庁で火災専用電話の119番設置。
- 4・5 NHKラジオドラマ「陽気な喫茶店」放送開始。
- 5・1 NHKから月2回発行の「グラフNHK」創刊。
- 6・1 郵政省・電気通信省設置。
- 6・12 NHKラジオ「なつかしのメロディー」放送開始。
- 8・1 NHKラジオ「歌のおばさん」放送開始。
- 8・12 戦後初の学校放送研究会全国大会が開催。
- 10・18 GHQの放送番組検閲が廃止。
- 12・1 お年玉つき年賀はがきが初めて販売。
- 12・15 朝日放送が東京と大阪で免許申請。

社会・文化・世相

1〜6月

- 1・1 大都市への転入抑制が解除。
- 1・26 法隆寺金堂壁画十二面が焼失。
- 2・16 第3次吉田茂内閣が成立。
- 4・4 西側自由主義国12カ国での北大西洋条約機構成立。
- 4・18 アイルランド共和国が独立宣言。
- 4・23 GHQが1ドル＝360円の単一為替レート設定を発表。
- 5・23 ドイツ連邦共和国が成立。
- 5・31 国立学校設置法公布。
- 6・1 日本工業規格(JIS)が制定。

昭和24年

文芸・図書・出版

- 1・10　福武直「日本農村の社会的性格」刊行。
- 2・1　光文社から少女雑誌「少女」創刊。
- 2・15　川島武宜「所有権法の理論」刊行。
- 4・5　清水幾太郎「ジャーナリズム」刊行。
- 4・20　日本図書館協会が図書推薦選定委員会を設置。
- 4・30　河出書房から「現代日本小説大系」刊行開始。
- 5・3　A6判の角川文庫が「罪と罰」で刊行開始。
- 5・24　新聞紙法および出版法が廃止。
- 6・30　寺田透「作家私論」刊行。
- 7・5　三島由紀夫「仮面の告白」刊行。
- 8・4　新聞出版用紙割当審議会発足。
- 9・10　日本出版販売が設立。
- 9・20　日本教科図書販売が設立。
- 10・20　「きけわだつみのこえ」刊行。
- 11・16　谷崎潤一郎「少将滋幹の母」が毎日新聞で連載開始。
- 11・27　全国紙の夕刊が復活。
- 12・15　南博「社会心理学」刊行。
- 12・20　日本著作権協議会が結成。

漫画・芸能・サブカルチャー

- 1・1　アメリカの漫画「ブロンディ」が朝日新聞で連載開始。
- 1・15　初の「成人の日」
- 2・1　まひる書房から大衆漫画誌「漫画の国」創刊。
- 2・5　秋田書店創業、「少年少女冒険王」創刊。
- 3・19　都内観光のはとバス運行開始。
- 4・24　赤本漫画の出版事情に関する記事が「週刊朝日」に掲載。
- 5・1　「少女」5月号から倉金章介「あんみつ姫」連載開始。
- 5・8　初の「母の日」。
- 5・31　東京美術学校と東京音楽学校を統合して東京芸術大学が発足。
- 6・1　ビアホール復活。
- 7・27　イギリスで初のジェット旅客機コメット号が飛行に成功。
- 8・10　美空ひばりが「河童ブギウギ」でレコードデビュー。
- 8・20　清水崑「子供マンガ全集6　のんびり小僧の大旅行」が子供マンガ新聞社から刊行。
- 9・14　都内の露店約6000軒の廃止が決定。
- 10・1　大衆漫画誌「新漫画」が桃園書房から創刊。
- 10・10　大衆漫画誌「漫画世界」が漫画世界社から創刊。
- 12・5　木田松二郎「長篇漫画　火星通信」が秀文社から刊行。

7〜12月

- 7・5　下山定則国鉄総裁失踪、翌日に轢死体で発見(下山事件)。
- 7・15　三鷹駅で無人電車が暴走(三鷹事件)。
- 8・17　東北本線松川駅近くで旅客列車が転覆事故を起こす(松川事件)。
- 10・1　毛沢東主席で中華人民共和国成立。
- 11・3　湯川秀樹がノーベル物理学賞受賞。
- 11・24　ヤミ金融「光クラブ」をつくった東大生山崎晃嗣自殺。
- 12・7　国民党政府が台北に移動。

1950年

写真・映画・アニメーション	通信機器・ラジオ・テレビ・コンピュータ・ゲーム

写真・映画・アニメーション
2・26　山本薩夫監督日本映画演劇労働組合自主作品「暴力の街」公開。
3・21　今井正監督東宝作品「また逢う日まで」が公開されて窓越しのキスシーンが話題。
4・26　黒澤明監督松竹大船作品「醜聞」公開。
5・1　岩波映画製作所設立。
5・12　大阪写真美術学校開校。
5・16　上野松坂屋で朝日新聞社主催「写真文化展」開催。
5・24　イングリッド・バーグマンが映画監督ロベルト・ロッセリーニと結婚。
6・4　木村伊兵衛を会長に日本写真家協会結成。
8・25　小津安二郎監督新東宝作品「宗方姉妹」が丸の内ピカデリーで公開。
8・26　黒澤明監督大映京都作品「羅生門」公開。
9・6　東京写真短期大学で天然色写真講習会開講。
11・5　オリンパス光学がガストロカメラの完成発表。

通信機器・ラジオ・テレビ・コンピュータ・ゲーム
2・20　NHK「放送文化賞」が制定されて第1回は徳川夢声・宮城道雄・山田耕筰の各氏が受賞。
3・21　放送開始25周年記念ラジオ展覧会で戦後初のテレビ無線受像実験公開。
3・25　RCAが3色カラー受像管の開発成功。
4・2　NHKで番組改定があり新番組「ラジオ漫画」の第1週に「サザエさん」を放送。
5・2　放送法・電波法・電波監理委員会設置法の電波三法公布。
5・5　電波新聞社から「電波新聞」創刊。
6・19　フランスでラジオステレオのドラマが放送。
7・7　アメリカで最初のカラーテレビ放送。
7・8　ラジオでプロ野球ナイターの実況中継開始。
7・28　GHQ指示で新聞・通信・放送関係のレッドパージ開始。
8・27　BBCがフランスのカレーからロンドンへの世界初のテレビの国際中継を行なう。
9・1　NHK大阪中央放送局で関西喜劇番組「気まぐれショーボート」放送開始。
10・11　アメリカのCBS放送がカラーテレビ放送の認可を受ける。
11・10　NHK東京テレビジョン実験局より週1回1日3時間の定期実験放送開始。
11・24　第1回放送教育研究会全国大会実施。

社会・文化・世相

1～6月

1・1　年齢の数えかたが満年齢となる。	の解散を指令。
2・9　マッカーシー旋風で米国の赤狩り開始。	5・30　文化財保護法公布。
5・1　日本共産党の「1950年テーゼ草案」発表。	6・6　マッカーサーが共産党中央委全員24人の公職追放を指令。
5・5　日本共産党が東大細胞・早大第1細胞	6・13　越路吹雪らが宝塚歌劇団脱退を表明するがのちに在籍のまま映画出演許可。
	6・25　朝鮮戦争勃発。

昭和25年

文芸・図書・出版

- 1・1　新潮社から「芸術新潮」創刊。
- 2・27　全国学校図書館協議会、創立総会開催。
- 3・15　伊藤整「鳴海仙吉」刊行。
- 4・2　吉川英治の「新平家物語」が「週刊朝日」で連載開始。
- 4・27　図書館法公布。
- 5・5　岩波新書で桑原武夫「文学入門」刊行。
- 5・19　岡山県議会で青少年の保護育成のためにエロ本取締条例可決。
- 6・1　窪川鶴次郎「短歌論」刊行。
- 6・28　最高検察庁「チャタレイ夫人の恋人」発禁、押収を指令。
- 6・30　日本新聞労働組合連合結成。
- 7・15　岩波書店から勝本清一郎編「透谷全集」刊行開始。
- 9・30　河出書房から「日本現代詩大系」刊行開始。
- 10・25　高村光太郎が詩集「典型」刊行。
- 11・30　毎日新聞社で全自動モノタイプ試運転を行なう。
- 12・10　ウィリアム・フォークナーがノーベル文学賞受賞。
- 12・25　「岩波少年文庫」刊行開始。
- 12・29　報知新聞が一般紙からスポーツ専門日刊紙として新たに発刊。

漫画・芸能・サブカルチャー

- 1・7　聖徳太子の図柄で初の千円札発行。
- 2・20　田川紀久雄「不二長篇漫画叢書　怪星襲来」が不二書房から刊行。
- 3・10　「なんでも10円」の店が東京日本橋に開業。
- 3・14　大学設置委員会が短期大学113校を決定発表。
- 3・24　田中千代が新宿のデパートでニュー着物ショーを開催。
- 4・12　渋谷の東横デパートに昼も見える電光ニュース登場。
- 4・22　第1回ミス日本に山本富士子が選ばれる。
- 5・20　大城のぼるの漫画「クロロクとグミボー」が鶴書房から刊行。
- 8・1　森永製菓が1箱20円の「ミルクキャラメル」を発売。
- 8・20　手塚治虫による漫画入門書「漫画選書7漫画大学」が東光堂から刊行。
- 8・23　横山泰三の「噂の皇居前広場」が発禁。
- 10・5　太田二郎「長篇野球まんが少年打撃王」がひばり書房から刊行。
- 11・22　プロ野球初の日本シリーズで毎日オリオンズが松竹を破って優勝。
- 11・30　明治座開場。
- 12・7　池田勇人蔵相が「貧乏人は麦を食え」と発言。

7～12月

- 7・2　金閣寺が僧承賢の放火で全焼。
- 7・15　最高検が共産党員徳田球一ら9人に逮捕状。
- 8・1　小田急で新宿と箱根湯本の間に直通のロマンスカーが走る。
- 8・10　警察予備隊令公布。
- 8・30　全学連緊急中央執行委員会がレッドパージ反対闘争宣言。
- 10・31　発行額2億円の第1回放送債券募集開始。
- 12・6　日本交通安全協会が結成。
- 12・13　地方公務員法公布。

1951年

写真・映画・アニメーション

1・1　朝日新聞と毎日新聞の新年特集がカラー紙面になる。

3・21　国産初の総天然色映画として松竹映画「カルメン故郷に帰る」公開。

4・1　東横映画と大泉スタジオと東京映画配給の3社が合併して東映（株）発足。

5・5　渋谷実監督獅子文六原作松竹作品「自由学校」公開。

5・12　木下恵介監督松竹作品「少年期」公開。

5・23　黒澤明監督松竹大船作品「白痴」公開。

6・1　第1回「写真の日」祝典が開催。

7・28　ディズニーアニメーション映画「不思議の国のアリス」公開（米）。

9・10　黒澤明監督大映京都作品「羅生門」がベネチア映画祭でグランプリ賞受賞。

9・20　日本写真協会が設立。

10・3　小津安二郎監督松竹作品「麦秋」公開。

10・13　フランスから女優ディートリッヒにレジオン・ドヌール勲章が贈られる。

11・11　第1回「幻灯の日」。

12・27　セントラル映画社が解散し米国映画各社が自主配給を開始。

通信機器・ラジオ・テレビ・コンピュータ・ゲーム

1・3　NHKラジオが第1回「紅白歌合戦」放送。

3・20　日本コロムビアが初の輸入LPレコードを発売。

4・5　有線放送業務の運用規定に関する法律が公布。

4・21　民法16社に最初の放送局予備免許。

注　**民法16社**：ラジオ東京・日本文化放送・朝日放送・新日本放送・中部日本放送・ラジオ九州・仙台放送・北海道放送・神戸放送・広島放送・北陸文化放送・京都放送・西日本放送・北日本放送・四国放送・福井放送

5・15　ATTアメリカ電話電信会社が株主100万人突破の記念式典挙行。

6・3　NHKテレビがプロ野球の実験実況中継放送。

6・25　アメリカCBS放送が初のカラーテレビ放送開始。

7・20　日本民間放送連盟結成。

9・1　中部日本放送と新日本放送が民間ラジオ放送局として放送開始。

9・7　中部日本放送・新日本放送でCMソング第1号の小西六CM「ボクはアマチュアカメラマン」放送。

10・5　NHKテレビが金曜日と土曜日だけ正式放送開始。

11・11　アメリカロサンゼルスでビデオテープによる録画の公開実験実施。

12・25　ラジオ東京開局でラジオドラマ「チャッカリ夫人とウッカリ夫人」スタート。

社会・文化・世相

1～6月

1・24　日教組が「教え子を再び戦場に送るな」運動を開始。

2・23　日本共産党が武力闘争方針を採る。

3・9　三原山が大爆発。

3・15　イランで石油国有化法成立。

3・29　社会福祉事業法公布。

4・19　朝鮮戦争の国連軍総司令官を解任されたマッカーサーが上下院での演説で「老兵は死なず、消えさるのみ」。

5・1　電力会社が地域割の9電力会社として発足。

6・30　覚醒剤取締法が公布。

昭和26年

文芸・図書・出版

- 1・25 岩波現代叢書が刊行開始。
- 2・19 フランスの作家アンドレ・ジイドが死去(81歳)。
- 2・20 岩波新書で瓜生忠夫「映画のみかた」刊行。
- 3・1 文化人の性風俗雑誌「あまとりあ」が高橋鐵の編集で創刊。
- 3・5 無着成恭編「山びこ学校」刊行。
- 3・13 作家原民喜が自殺(45歳)。
- 5・1 新聞出版用紙統制撤廃。
- 5・18 リーダーズダイジェスト東京支社落成式。
- 6・9 日本宣伝美術会議設立。
- 6・16 日本新聞学会創立。

- 8・6 峠三吉「原爆詩集」刊行。
- 8・12 源氏鶏太「三等重役」が週刊誌「サンデー毎日」で連載開始。
- 8・14 アメリカの新聞王ウィリアム・ハーストが死去(88歳)。
- 9・13 西ドイツフランクフルトで書籍見本市が復活。
- 10・2 岩波書店から長田新編「原爆の子」刊行。
- 11・10 日本民間放送連盟が機関誌「民間放送」創刊。

漫画・芸能・サブカルチャー

- 1・3 歌舞伎座復興開場。
- 1・30 VWやポルシェの生みの親であるフェルディナント・ポルシェが死去(75歳)。
- 2・6 主演越路吹雪で帝国劇場第1回ミュージカル「モルガンお雪」公演。
- 3・29 新入児童に国語と算数の教科書無償配布。
- 4・1 横浜の野毛山動物園開園。
- 4・16 朝日新聞朝刊で長谷川町子「サザエさん」連載開始。
- 5・5 札幌の丸山動物園開園。
- 5・25 日本デザイナークラブが銀座美松で日本初のプロのファッションショー開催。
- 6・1 中内功がダイエーの前身である薬の現金問屋「サカエ薬品」を大阪市内に開業。
- 6・7 初の消費者信用販売会社「日本信販」設立。

- 8・20 手塚治虫の単行本漫画「ジャングル大帝1」が学童社から刊行。
- 8・25 渋谷の東横百貨店屋上遊園地にロープウェイ登場。
- 9・10 3枚シートの講和記念宝くじ発売。
- 10・28 力道山による日本人初のプロレス興行。
- 11・15 戸塚やすしの動物漫画「みつばちマーヤ」が日昭館書店から刊行。
- 12・1 博物館法制定。
- 12・18 三越百貨店で48時間ストライキ。
- 12・31 転廃業あるいは露天デパートに移して東京の露天商整理完了。

7～12月

- 7・10 朝鮮休戦会談開始。
- 7・31 日本航空設立。
- 9・4 サンフランシスコ講和会議開催。
- 9・8 対日平和条約・日米安全保障条約調印。
- 10・1 東京で「都民の日」が制定。
- 10・16 日本ユースホステル協会が設立。
- 10・24 社会党が左右両派に分裂。
- 10・25 戦後の民間航空1番機の日航「もく星号」が定期空路就航。
- 12・15 第1回歳末助け合い運動実施。

1952年

写真・映画・アニメーション

- 2・9　渋谷実監督井伏鱒二原作松竹作品「本日休診」公開。
- 2・15　川島雄三監督富田常雄原作松竹作品「とんかつ大将」公開。
- 4・17　溝口健二監督新東宝作品「西鶴一代女」公開。
- 4・24　黒澤明監督東宝作品「虎の尾を踏む男たち」公開。
- 5・18　女性写真団体白百合カメラクラブが発足。
- 5・29　春原政久監督源氏鶏太原作東宝作品「三等重役」公開。
- 8・6　「アサヒグラフ」で原爆被害写真を初めて掲載し即日完売。
- 8・14　朝日ニュースがニュース映画で原爆被害の映像を初公開。
- 9・30　映写機3台を使ったシネラマ映画「これがシネラマだ」がニューヨークで公開。
- 10・1　小津安二郎監督松竹作品「お茶漬けの味」公開。
- 10・9　黒澤明監督東宝作品「生きる」公開。
- 10・16　チャップリン映画「ライムライト」がロンドンのオデオン座で公開。
- 12・1　国立近代美術館開館でフィルムライブラリー設置。

通信機器・ラジオ・テレビ・コンピュータ・ゲーム

- 1・12　新日本放送やラジオ東京などが共同で民法初の相撲中継放送開始。
- 1・23　NHKラジオが衆議院本会議を初めて中継する。
- 2・10　NHKラジオが国際放送再開。
- 2・15　NHK東京テレビジョン実験局で戦後初のテレビドラマ「新婚アルバム」放送。
- 3・31　日本文化放送（のちの文化放送）開局。
- 4・1　有楽町電電公社に硬貨式公衆電話設置。
- 4・10　NHKラジオで連続ドラマ「君の名は」放送開始。
- 4・28　NHKラジオで放送終了時に「君が代」を放送開始。
- 5・28　ヨーロッパで初のFM・テレビ会議が開催。
- 7・31　電波監理委員会が日本テレビにテレビの予備免許を決定。
- 7・31　日本テレビ放送網（NTV）に日本初のテレビ予備免許が与えられる。
- 8・1　電気通信省を日本電電公社に移行。
- 8・8　ラジオ受信契約数が100万を突破。
- 9・6　カナダで初のテレビ局がモントリオールに開局。
- 11・1　速達郵便の翌朝配達を規定。
- 11・21　松下電器が京都YMCAで国産テレビ第1号の公開実験。
- 12・15　レコードに吹き込む声の郵便が主要郵便局で取り扱い開始。
- 12・20　NHKラジオで初のステレオ放送。

社会・文化・世相

1〜6月

- 1・4　イギリス軍がスエズ運河を封鎖。
- 2・20　東大のポポロ座公演に潜入した警察官を学生が摘発した「ポポロ事件」起こる。
- 3・8　GHQが日本の兵器製造を許可。
- 3・15　東京ライオンズクラブがわが国初の社会奉仕団体として誕生。
- 4・9　日航機もく星号が大島三原山に墜落。
- 4・28　日本との平和条約が発効。GHQ／SCAPの占領終わる。
- 5・1　警官隊とデモ隊が皇居前広場で乱闘となり、デモ隊の二人が射殺された「血のメーデー事件」起こる。
- 5・2　BOACがロンドンとヨハネスブルグ間に世界初のジェット旅客機就航。
- 5・22　第1回日本国際美術展開催。

昭和27年

文芸・図書・出版

- 1・26　和辻哲郎「日本倫理思想史」上が刊行。
- 2・10　三一書房から「毛沢東選集」全6巻刊行開始。
- 2・15　「高橋新吉詩集」刊行。
- 2・26　日本広告会主催第1回スポンサー懇談会開催。
- 4・15　ヨーロッパ各地でダ・ビンチ生誕500年祭開催。
- 5・1　「アカハタ」が復刊。
- 5・4　朝日新聞・毎日新聞・読売新聞が3社共同で公明選挙推進共同宣言を発表。
- 6・20　谷川俊太郎の詩集「二十億光年の孤独」刊行。
- 7・12　大月書店から「スターリン全集」全12巻刊行開始。
- 8・10　吉川幸次郎と三好達治編「新唐詩選」刊行。
- 8・30　竹内好「日本イデオロギー」刊行。
- 10・28　ABC懇談会設立。
- 11・15　角川書店「昭和文学全集」全60巻、新潮社「現代世界文学全集」全46巻刊行開始。
- 11・25　「大阪読売新聞」が創刊。
- 12・10　フランソワ・モーリヤックがノーベル文学賞受賞。
- 12・15　丸山真男「日本政治思想史研究」刊行。

漫画・芸能・サブカルチャー

- 1・1　うちのすみを「新テクニカラー漫画トロフィー島の海賊」小出書房から刊行。
- 1・8　ブリヂストン美術館開館。
- 3・2　タンチョウヅルが特別天然記念物に指定。
- 3・16　有楽町日本劇場5階に日劇ミュージックホールが開場。
- 4・7　光文社の雑誌「少年」で手塚治虫「鉄腕アトム」の連載開始。
- 5・20　東京で今井橋・上野公園間に初のトローリーバス運転開始。
- 6・30　はらやすおの漫画「とびきりぴょん太」が曙出版から刊行。
- 7・8　羽田空港にイギリスのジェット旅客機が初めて着陸。
- 7・19　第15回オリンピックがヘルシンキで開催。
- 8・25　岡田晟の漫画「冒険千一夜」が鶴書房から刊行。
- 11・18　東京駅前に新丸ビル落成。
- 12・1　東京京橋に初の国立美術館である国立近代美術館開館。
- 12・20　青山に最初のボウリング場開業。
- 12・27　「小学六年生」に連載された入江しげるの漫画「ポックリ娘」が集英社から刊行。

7〜12月

- 7・1　アメリカ軍が羽田空港を返還。
- 7・4　破壊活動防止法案可決。
- 7・21　破壊活動防止法公布。
- 7・23　エジプトでナセルら自由将校団によるクーデターが起こる。
- 9・6　万国著作権条約ジュネーブで調印。
- 10・14　父母と先生の全国協議会が結成。
- 10・15　定員11万人の保安隊発足。
- 10・30　第4次吉田茂内閣成立。
- 11・1　アメリカがエニウエトク環礁で水爆実験。
- 12・9　国労が順法闘争開始。

1953年

写真・映画・アニメーション

- 1・9　今井正監督東映作品「ひめゆりの塔」公開。
- 2・5　島耕二監督大映作品「十代の性典」が公開されて以後「性典映画」次々と製作。
- 4・9　文藝春秋口絵写真「現代日本の100人展」が日本橋三越で開催。
- 4・25　日映新社や電通など43社で教育映画製作者連盟が発足。
- 5・10　立体映画「ブワナの悪魔」ニューヨークで公開。
- 6・1　世界映画社から「日本映画」創刊。
- 6・3　江東劇場で初のワイドスクリーンを使用。
- 7・7　阪東妻三郎死去(51歳)。
- 8・29　東京国立近代美術館で現代写真展開催。
- 9・1　日活が映画製作再開を発表。
- 9・4　「雨月物語」がベネチア映画祭で銀獅子賞受賞。
- 9・6　ルネ・クレマン監督作品「禁じられた遊び」日本公開。
- 9・10　5社協定で松竹・東宝・大映・新東宝・東映との間での俳優引き抜き禁止。
- 9・12　20世紀フォックスがシネマスコープ映画「聖衣」をニューヨークで公開。
- 10・1　ジョージ・スティーヴンス監督作品「シェーン」日本公開。
- 11・3　小津安二郎監督松竹作品「東京物語」公開。

通信機器・ラジオ・テレビ・コンピュータ・ゲーム

- 1・11　NHKが東京と大阪の間に7カ所の無線局設置。
- 2・1　NHKが東京地区でテレビ本放送開始。
- 2・6　NHKでテレビ劇映画「山びこ学校」放送開始。
- 2・20　NHKで「ジェスチャー」放送開始。
- 3・24　国際電信電話株式会社設立。
- 4・3　アメリカで「TVガイド」創刊。
- 4・21　第1回民放週間。
- 5・19　日本コロムビアが日本初のカラーテレビ公開放送実験を行なう。
- 6・1　郵政省がラジオ局116局とテレビ放送局1局と国際放送局2局に再免許を交付。
- 6・4　NHKで大相撲のテレビ中継が開始。
- 7・12　日本民間放送労組連合会が結成。
- 8・10　日本テレビ放送網が女子アナウンサー採用試験実施。
- 8・28　日本テレビ放送網が本放送を開始、民放初のCM精工舎の正午の時報が流れる。
- 10・16　東京都内に赤色の委託公衆電話機が初めて登場。
- 11・2　日本テレビから政局座談会が放送される。
- 11・30　国会内に初めてカメラが入り第18回臨時国会開会式中継放送。
- 12・31　NHK「紅白歌合戦」が東京の日本劇場から初の公開放送。

社会・文化・世相

1～6月

- 1・20　アイゼンハワーがアメリカ大統領に就任。
- 1・31　南方8島の戦死者の遺骨収集のため日本丸が出発。
- 2・28　吉田茂首相が衆議院予算委員会で「バカヤロー」と暴言。
- 3・5　ソ連がスターリン首相の死去を発表。
- 3・14　衆議院が解散。
- 4・5　日本婦人団体連合会が平塚らいてうを会長として結成。
- 6・18　エジプト共和国成立。

昭和28年

文芸・図書・出版	漫画・芸能・サブカルチャー
	1・8 デンマークで女王の王位継承が制度化。
3・12 国語審議会が「ローマ字つづり方の単一化について」建議。	1・15 倉金章介の漫画「ピカドン娘」が中村書店から刊行。
3・14 教科書協会設立。	2・15 読売巨人軍が戦後初のアメリカ遠征に出発する。
3・20 平凡社から「万葉集成」全22巻刊行開始。	3・19 文学座でテネシー・ウィリアムズ「欲望という名の電車」初演。
4・1 日本常民文化研究所より知里真志保「分類アイヌ語辞典」刊行。	4・11 森永製菓が銀座不二越ビルに東洋一の地球儀型のネオンサイン設置。
4・25 山川惣治「おもしろ文庫 幽霊牧場 前篇」が集英社から刊行。	4・30 小松崎茂「冒険漫画文庫 平原王」が秋田書店から刊行。
6・20 河出書房から「世界大思想全集」第1期第2期全70巻刊行開始。	6・2 エリザベス二世の戴冠式。
6・25 池田亀鑑「源氏物語大成」刊行。	
	7・15 富士重工株式会社設立。
8・1 同光社から「時代小説名作全集」全25巻刊行開始。	7・16 伊東絹子がミス・ユニバースに3位入選。
注10 「時代小説名作全集」⇒	8・1 公衆電話の料金が5円から10円に値上げ。
8・8 すべての小中高校に図書館設置を義務づける学校図書館法公布。	8・25 カゴ直利の「おもしろ漫画文庫8 世界名作長篇漫画 海底旅行」が集英社から刊行。
8・25 筑摩書房から「現代日本文学全集」全99巻刊行開始。	
10・20 全日本広告連盟設立。	10・1 ルオー展表慶館で開催。
10・26 広津和郎ら作家9人が松川事件の公正判決要求書を裁判長に提出。	11・25 クリスチャン・ディオールが東京会館でファッションショーを開催。
11・15 河出書房から「現代文学論大系」全8巻刊行開始。	12・25 東京青山に日本初のスーパーマーケット「紀ノ国屋」が開店。
11・21 伊藤整らの編による「岩波講座 文学」全8巻刊行開始。	

7～12月

7・27 朝鮮戦争休戦協定調印。	10・7 ユネスコ国際会議が東京で開催。
8・1 東京税関発足。	11・3 吉田首相が衆議院で保安隊を「戦力なき軍隊」と弁明。
8・12 ソ連が水爆実験実施。	
9・1 町村合併促進法公布。	12・15 水俣市で原因不明の脳症状患者が発生。
9・12 ソ連共産党第1書記にフルシチョフ就任。	12・25 奄美諸島日本に返還。

109

1954年

写真・映画・アニメーション

- 1・3　佐々木康監督東宝作品「多羅尾伴内シリーズ曲馬団の魔王」公開。
- 2・1　マリリン・モンローが来日。
- 3・12　初めての日本語吹き替えとなるディズニーアニメーション映画「ダンボ」公開。
- 4・1　日本写真工業会が設立。
- 4・25　衣笠貞之助監督「地獄門」がカンヌ映画祭でグランプリ受賞。
- 4・26　黒澤明監督東宝作品「七人の侍」「公開。
- 5・25　写真家ロバート・キャパがベトナムで爆死。
- 5・8　第1回東南アジア映画祭が東京で開幕。
- 6・29　日活の製作再開後第1回作品として滝沢英輔監督「国定忠治」公開。
- 8・13　映倫が映画と青少年問題対策協議会を設置。
- 8・26　NHKが開局1周年記念番組「新しい写真講座」放送。
- 9・6　ベネチア映画祭で「七人の侍」と「山椒大夫」がともに銀獅子賞獲得。
- 9・14　木下恵介監督松竹作品「二十四の瞳」公開。
- 10・25　小西六が銀座にフォトギャラリーを開設。
- 11・3　水爆大怪獣映画として本多猪四郎監督東宝作品「ゴジラ」公開。

通信機器・ラジオ・テレビ・コンピュータ・ゲーム

- 1・2　イタリアでテレビ放送前日にローマ法王がテレビの家庭への悪影響を述べる。
- 1・22　日本放送がニッポン放送と社名変更。
- 3・18　「電波白書」が発表。
- 4・14　郵政省が日本短波放送に免許を交付。
- 4・15　電電公社が東京と大阪間のマイクロウェーブを完成。
- 4・20　東芝にグラモフォン課を新設し翌年よりエンジェルレコード発売。
- 6・1　第1回「電波の日」。
- 6・13　NHKテレビの定時放送が1日4時間25分となる。
- 7・11　日本文化放送で午前2時までの初の深夜放送開始。
- 7・15　ニッポン放送開局。
- 7・17　ゴジラ映画に先行して「怪獣ゴジラ」がニッポン放送で放送開始。
- 8・27　日本短波放送が開局して証券市況の放送開始。
- 10・4　日本テレビで定時ニュース番組「今日の出来事」放送開始。
- 11・3　文化庁主催第9回芸術祭に新しくテレビジョン部門が設けられる。

社会・文化・世相

1～6月

- 1・21　アメリカの原子力潜水艦ノーチラス号進水式。
- 2・23　造船疑獄。
- 3・1　第五福竜丸がビキニでのアメリカ水爆実験で被災。
- 3・31　全国で新しく35市が誕生。
- 4・10　第1回日本国際見本市が大阪で開催。
- 4・20　俳優座劇場開場式。
- 6・9　防衛庁設置法と自衛隊法が公布。
- 6・28　周恩来とネールが平和5原則共同声明を発表。

昭和29年

文芸・図書・出版

- 1・20　夕刊英字新聞「朝日イブニングニュース」創刊。
- 3・16　第五福竜丸の水爆実験被災を読売新聞がスクープ。
- 3・20　岩波新書で西郷信綱・永積安明・広末保共著「日本文学の古典」刊行。
- 3・23　産業経済新聞社「サンケイカメラ」創刊。
- 4・28　時枝誠記「日本文法文語篇」刊行。
- 5・18　平凡社から中村哲・丸山真男・辻清明編「政治学事典」刊行。
- 5・30　東京創元社から和田矩衛編「現代映画講座」全6巻の第1回配本「第3巻　シナリオ篇」刊行。
- 注11　「現代映画講座」⇒
- 6・18　全日本広告連盟「広告倫理綱領」制定。
- 7・20　山本周五郎「樅ノ木は残った」が日本経済新聞で連載開始。
- 9・20　岩波新書、中村光夫「日本の近代小説」。
- 10・10　光文社から伊藤整「文学入門」などのカッパ・ブックス刊行開始。
- 10・30　東洋経済新報社から上原専禄や江口朴郎ら監修「世界史講座」全5巻刊行開始。
- 11・10　河出書房から清水幾太郎他編「マス・コミュニケーション講座」全6巻刊行開始。
- 11・15　石田雄「明治政治思想史研究」刊行。
- 12・1　日本基督教団編「讃美歌」刊行。
- 12・25　三一書房から「日本プロレタリア長篇小説集」全8巻刊行開始。
- 注12　「日本プロレタリア長篇小説集」⇒
- 12・25　江口朴郎「帝国主義と民族」刊行。

漫画・芸能・サブカルチャー

- 1・5　加藤芳郎「まっぴら君」が毎日新聞で連載開始。
- 1・20　東京で戦後初の地下鉄である丸ノ内線池袋と御茶ノ水間が開業。
- 2・19　日本初のプロレス国際試合開催。
- 4・20　日比谷公園で第1回全日本自動車ショー開催。
- 6・1　日本脳炎が法定伝染病に指定。
- 6・5　足塚不二雄のペンネームで藤子・F・不二雄と藤子不二雄Ⓐの最初の書き下ろし漫画「最後の世界大戦」が鶴書房から刊行。
- 8・20　オオトモヨシヤスの漫画「金髪のジェニイ」が中村書店から刊行。
- 9・16　日本中央競馬会が発足。
- 11・3　フォービスムの画家アンリ・マティスが死去（84歳）。
- 11・30　ドイツの指揮者フルトベングラーが死去（68歳）。
- 12・18　第1回アジア野球選手権大会がマニラで開催されて八幡製鐵が参加。
- 12・22　初のプロレス日本選手権試合が蔵前国技館で開催。
- 12・30　手塚治虫の単行本漫画「リボンの騎士1」（少女クラブ版）が講談社から刊行。

7〜12月

- 7・1　自衛隊発足。
- 8・8　原水爆禁止署名運動全国協議会結成。
- 9・6　東南アジア条約機構（SEATO）が設立。
- 9・26　洞爺丸遭難事故で死者行方不明1115人。
- 11・9　ヒロポン密造場所となっていた御徒町のマーケットを警視庁が警官600人で一斉捜査。
- 12・2　アメリカ政府と台湾国民政府との間で相互防衛条約が調印。
- 12・22　憲法第9条について自衛権保有と自衛隊合憲との政府統一見解を発表。

1955年

写真・映画・アニメーション

- 1・5　シネラマが帝劇と大阪OS劇場で初公開。
- 1・15　成瀬巳喜男監督東宝作品「浮雲」が高峰秀子と森雅之主演で公開。
- 1・25　日本橋高島屋で土門拳第1回個展開催。
- 3・30　衣笠貞之助監督大映作品「地獄門」がアカデミー賞外国語映画賞と衣装デザイン賞受賞。
- 4・24　小田基義監督東宝作品「ゴジラの逆襲」公開。
- 5・17　千葉泰樹監督東映作品「サラリーマン目白三平」公開。
- 8・2　終戦回顧写真展が日本橋高島屋で開催。
- 8・31　中川信夫監督東宝作品「夏目漱石の三四郎」公開。
- 9・13　文部省が米映画「暴力教室」の青少年観覧禁止を都道府県教育委員会に通達。
- 9・30　ジェームス・ディーンが交通事故死（24歳）。
- 11・22　黒澤明監督東宝作品「生きものの記録」公開。
- 12・1　オリンパスカメラクラブが設立。

通信機器・ラジオ・テレビ・コンピュータ・ゲーム

- 1・10　第1回NHK青年の主張全国コンクール全国大会を開催し公開収録。
- 2・27　第27回衆議院議員選挙でNHKと日本テレビが最初の開票速報を放送。
- 3・5　NHKテレビで「映画サロン」放送開始。
- 3・27　日本テレビがアメリカの空想科学映画「原子未来戦」放映。
- 4・1　ラジオ東京テレビ開局。
- 4・9　ラジオ東京でテレビドラマ「日真名氏飛び出す」放送開始。
- 4・14　NHKテレビで「私の秘密」放送開始。
- 5・2　BBCがロータムに初のラジオFM局を開局。
- 7・19　日本文化放送がストで放送を停止。
- 8・5　日本テレビから新聞連載漫画を原作とする初の連続ドラマ「轟先生」放送開始。
- 8・7　東京通信工業(後のソニー)が国産初の「トランジスターラジオ」発売。
- 10・3　ラジオ東京テレビから江利チエミ主演の連続ホームドラマ「サザエさん」放送開始。
- 11・26　NHKテレビで東京―大阪間を結ぶ4元ドラマ「追跡」放送。
- 12・31　ラジオ東京テレビが有楽町の日劇から1955年オールスター歌合戦を中継放送。

社会・文化・世相

1〜6月

- 1・1　日本共産党が機関紙「アカハタ」で極左的冒険主義との絶縁表明。
- 1・17　原子力潜水艦ノーチラス号が原子力を使って試運転。
- 4・5　チャーチル英国首相が健康上の理由で首相を辞任。
- 4・14　東京大学生産技術研究所糸川英夫教授らがペンシル型ロケット発射実験成功。
- 4・18　理論物理学者アインシュタインが死去（76歳）。
- 4・28　ベトナム・サイゴンで内戦が始まる。
- 5・5　東京晴海でわが国初の国際見本市開催。
- 6・1　1円アルミ貨が発行。

昭和30年

文芸・図書・出版

- 1・1　講談社から少年雑誌「ぼくら」創刊。
- 1・21　改造社で編集局員を全員解雇。
- 2・7　評論家石垣綾子が「主婦という第二職業論」を「婦人公論」2月号に発表。
- 2・19　日本ジャーナリスト会議創立。
- 3・15　平凡社から「世界大百科事典」全32巻刊行開始。
- 3・24　マス・コミュニケーション倫理懇談会設立。
- 4・15　日本聖書協会版「口語訳　旧新約聖書」刊行の祝賀会。
- 4・28　警視庁は猥褻書販売容疑で40人を検挙し雑誌37誌押収。
- 5・25　岩波書店から新村出編「広辞苑」刊行。
- 6・20　東洋経済新報社から中山伊知郎編「経済学大辞典」刊行開始。
- 7・15　石原慎太郎「太陽の季節」発表。
- 7・25　大塚久雄「共同体の基礎理論」刊行。
- 8・12　ノーベル文学賞作家トーマス・マンが死去(80歳)。
- 9・16　ユネスコによる万国著作権条約が発効。
- 9・20　岩波新書で中野好夫編「現代の作家」刊行。
- 10・25　唐木順三「中世の文学」刊行。
- 11・3　大修館から諸橋轍次「大漢和辞典」全13巻刊行開始。
- 11・16　遠山茂樹・今井清一・藤原彰「昭和史」刊行。
- 11・18　岡義武「国際政治史」刊行。
- 11・30　吉田精一「自然主義の研究」上巻刊行。

漫画・芸能・サブカルチャー

- 1・7　トヨタ自動車工業がトヨペットクラウン発表。
- 2・1　国鉄が一般周遊券発売。
- 3・12　ジャズアルトサックス演奏者チャーリー・パーカーが急死(34歳)。
- 3・22　宝塚歌劇団がハワイ公演に出発。
- 4・1　ハナ肇とクレージーキャッツの前身キューバン・キャッツ結成。
- 4・15　漫画も含む悪書追放キャンペーンのなかで日本児童雑誌編集者会設立。
- 6・11　ル・マン24時間レースで観客席にレース車が突入し死者80人の大惨事。
- 7・2　東宝歌舞伎第1回公演。
- 7・9　後楽園ゆうえんち開場。
- 7・28　ジャーナリストであり風俗研究者の宮武外骨が死去(89歳)。
- 9・10　国文学者小西甚一が大学受験参考書「古文研究法」を洛陽社から出版。
- 10・5　読売新聞社から雑誌「漫画読売」創刊。
- 11・5　文藝春秋社から雑誌「漫画読本」が臨時増刊としてではなく定期刊行。
- 12・20　うたごえ運動の指導者関鑑子が「スターリン平和賞」受賞。
- 12・25　うしおそうじの漫画「しか笛の天使」が中村書店から刊行。

7～12月

- 7・29　共産党が六全協で「愛される共産党」への方向転換表明。
- 8・1　東京で世界宗教会議開催。
- 8・6　第1回原水爆禁止世界大会広島大会開催。
- 8・24　森永ヒ素ミルク事件。
- 10・5　アメリカ国防総省が人工衛星の製作はすでに始まっていることを発表。
- 10・15　オーストリア駐留アメリカ軍が撤退。
- 11・15　自由党と日本民主党が合併して自由民主党が結成。
- 12・19　原子力基本法と原子力委員会設置法が公布。

1956年

写真・映画・アニメーション

- 1・27　ライカ誕生30年記念国際写真展が銀座松屋で開催。
- 1・29　小津安二郎監督松竹作品「早春」公開。
- 1・31　木村伊兵衛写真展「ヨーロッパの印象」が日本橋高島屋で開催。
- 3・21　ザ・ファミリー・オブ・マン写真展が高島屋で開催。
- 3・27　今井正監督現代プロ作品「真昼の暗黒」公開。
- 4・17　岩波新書で瓜生忠夫「日本の映画」刊。
- 4・27　映画「ゴジラ」がブロードウェイでロードショー公開。
- 5・17　石原裕次郎が日活映画「太陽の季節」でデビュー。
- 6・19　「写真の歴史」展が日本橋三越で開催。
- 7・10　岩波新書で岩崎昶「映画の理論」刊行。
- 7・12　中平康監督日活作品「狂った果実」公開。
- 8・24　溝口健二監督が死去（58歳）。
- 10・1　松竹や東映など5社がテレビへの劇映画提供を打ち切り専属俳優の出演制限。
- 11・7　小林恒夫監督江戸川乱歩原作東映作品「少年探偵団第一部妖怪博士」公開。
- 11・14　吉村公三郎監督石川達三原作大映作品「四十八歳の抵抗」公開。
- 12・26　初カラーの怪獣映画として本多猪四郎監督東宝作品「空の大怪獣ラドン」公開。

通信機器・ラジオ・テレビ・コンピュータ・ゲーム

- 2・28　新世界レコード株式会社設立。
- 3・3　芝愛宕山にNHK放送博物館開館。
- 4・14　NHKで人形劇「チロリン村とくるみの木」放送開始。
- 4・16　アンペックス社が白黒のVTRを発表。
- 4・20　東京都内と横浜市内に速達用青ポスト設置。
- 4・28　ラジオ東京で初の外国テレビ映画「カウボーイGメン」放送。
- 5・20　NHKの大相撲夏場所中継でコマ撮り録画による分解解説を行なう。
- 6・1　郵政省がラジオ241局・テレビ8局・短波放送3局に免許を再交付。
- 8・21　日本テレビで初めての8ミリ映画を放送。
- 9・9　「エド・サリバン・ショー」にエルビス・プレスリー出演で80％を超える視聴率。
- 10・25　テレックス開始。
- 11・1　ラジオ東京からアメリカのテレビ映画「スーパーマン」放送開始。
- 11・4　NHKの1日の定時放送が6時間になる。
- 12・2　ラジオ東京で「東芝日曜劇場」放送開始。
- 12・20　NHKカラーテレビ東京実験局を開局。

社会・文化・世相

1～6月

- 2・25　ソ連共産党第20回大会秘密会議でフルシチョフ第一書記がスターリン批判。
- 3・19　日本住宅公団が入居者募集開始。
- 3・23　中島健蔵を会長に日中文化交流協会が発足。
- 3・31　長崎市平和公園が完成。
- 4・16　日本道路公団が発足。
- 5・1　水俣市に奇病発生と報道される。
- 5・24　売春防止法公布。
- 6・15　東海村日本原子力研究所が開所。

昭和31年

文芸・図書・出版

- 1・23　第34回芥川賞に石原慎太郎「太陽の季節」が受賞して太陽族ブーム起きる。
- 1・28　万国著作権条約公布。
- 1・30　石田英一郎「桃太郎の母」刊行。
- 2・19　出版社による初の週刊誌として新潮社から「週刊新潮」創刊。
- 3・30　田村隆一が詩集「四千の日と夜」刊行。
- 5・25　竹山道雄「昭和の精神」刊行。
- 5・27　読売新聞に賞金5万円の日曜クイズが連載開始。
- 6・20　河出書房から「探偵小説名作全集」全11巻の第1回「角田喜久雄集」刊行。
- 注13　「探偵小説名作全集」⇒
- 8・5　五味川純平「人間の条件」刊行。
- 9・10　井上光貞「日本浄土教成立史の研究」刊行。
- 9・20　吉本隆明・武井昭夫「文学者の戦争責任」刊行。
- 10・10　教科書調査官を設置。
- 11・17　久野収と鶴見俊輔による「現代日本の思想」刊行。
- 11・19　室生犀星「杏っ子」が東京新聞で連載開始。
- 11・25　江藤淳「夏目漱石」刊行。
- 12・1　小学館から幼児向け雑誌「よいこ」創刊。
- 12・15　丸山真男「現代政治の思想と行動」上が刊行。

漫画・芸能・サブカルチャー

- 1・12　東京の赤線従業員による東京女子従業員組合結成。
- 3・15　ニューヨークでミュージカル「マイ・フェア・レディ」が初演。
- 4・1　インスタントコーヒーの輸入販売に対する初の許可。
- 4・24　インドで釈迦生誕2500年祭が開催。
- 5・25　山川惣治「サンケイ児童文庫　少年タイガー」第1巻が産業経済新聞社から刊行。
- 6・7　赤塚不二夫が貸本屋本「あけぼのまんが選56　嵐をこえて」を曙出版から刊行。
- 6・29　作家アーサー・ミラーと女優マリリン・モンローが結婚。
- 7・25　つげ義春「傑作漫画全集206　暁の銃声」が若木書房から刊行。
- 8・14　劇作家ベルトルト・ブレヒトが死去（58歳）。
- 9・23　日本フィルハーモニー交響楽団結成披露演奏会開催。
- 10・17　犬山市に日本モンキーセンターが設置。
- 10・28　新世界の通天閣再建。
- 11・8　南極予備観測隊が観測船「宗谷」で東京港を出発。
- 11・20　原液を輸入する日本初のコカ・コーラ製造会社「東京飲料」設立。
- 11・22　メルボルンで南半球初のオリンピック開催。

7〜12月

- 7・1　気象庁が発足。
- 7・17　「経済白書」で「もはや戦後ではない」と宣言されて流行語になる。
- 7・26　エジプトのナセル大統領がスエズ運河の国有化を宣言。
- 10・23　ブダペストで反ソ連暴動が起きてハンガリー動乱が勃発。
- 10・29　スエズ動乱が勃発。
- 11・16　大阪梅田コマスタジアムが開場。
- 11・19　東海道本線の全線電化が完成。
- 12・18　国連総会全会一致で日本加盟承認。
- 12・23　石橋湛山内閣成立。

1957年

写真・映画・アニメーション

- 1・11　ジェームス・ディーン写真展が銀座松坂屋で開催。
- 1・15　黒澤明監督東宝作品「蜘蛛巣城」公開。
- 4・2　初の国産シネマ・スコープとして東映作品「鳳城の花嫁」公開。
- 4・5　小西六のフォトギャラリーで林忠彦「名作のふるさと」写真展開催。
- 4・17　カルティエ・ブレッソン写真展が高島屋で開催。
- 4・27　豊田四郎監督川端康成原作東宝作品「雪国」公開。
- 4・29　渡辺邦男監督新東宝作品「明治天皇と日露大戦争」公開。
- 4・30　小津安二郎監督松竹作品「東京暮色」公開。

- 8・20　石井桃子原作清水崑絵人形映画「ふしぎな太鼓」完成。
- 8・25　村山三男監督大映作品「透明人間と蠅男」公開。
- 9・17　黒澤明監督東宝作品「どん底」公開。
- 10・1　田沼武能「シベリア – モスクワ」写真展が富士フォトサロンで開催。
- 12・28　本多猪四郎監督東宝作品「地球防衛軍」公開。

通信機器・ラジオ・テレビ・コンピュータ・ゲーム

- 1・7　ラジオ東京で「赤胴鈴之助」放送開始。
- 2・2　大宅壮一が「週刊東京」誌上でテレビ番組を批判して「一億総白痴化」と表現。
- 3・8　国際連合加盟記念切手が発行。
- 3・15　飯島正「映画テレビ文学」が荒地出版社から刊行。
- 4・22　東京とモスクワの間で国際無線電話が開通。
- 5・10　朝日や読売など7新聞社が「電話ニュースサービス」開始。
- 5・23　NHK技術研究所が国産初のカラー受像管試作に成功。
- 6・20　日本放送連合会が結成。
- 7・16　ラジオ東京テレビに230坪の東洋一のスタジオが完成。
- 8・18　日本テレビの新宿コマ劇場中継が火災のために火災の中継となる。
- 10・1　近鉄の特急車両に列車公衆電話設置。
- 10・9　第1回国際交通週間がスタート。
- 10・22　郵政省がテレビ放送43局に予備免許。
- 11・30　NHKで小倉朗作曲の歌劇「寝太」放送。
- 12・1　東京と札幌間に初の長距離手動即時電話、通話開始。
- 12・24　NHKによるFM放送が開始。
- 12・28　日本テレビがカラーテレビの実験局開局。

社会・文化・世相

1～6月

- 1・1　政府刊行物サービスセンターが設立。
- 1・29　南極観測隊が昭和基地を設営。
- 2・25　岸信介内閣成立。
- 4・1　東京都がし尿処理にバキュームカー採用。
- 5・3　岸首相が汚職・貧乏・暴力の3悪追放を表明。
- 5・5　東京国際見本市でRCAがカラーテレビ実験を公開。
- 6・21　岸首相とアイゼンハワー米大統領が「日米共同宣言」を発表。

昭和32年

文芸・図書・出版

- 1・18　独学で植物分類学を構築した牧野富太郎が死去（94歳）。
- 2・25　伊藤整「芸術は何のためにあるか」が中央公論社から刊行。
- 3・5　円地文子「女坂」刊行。
- 3・17　河出書房から「週刊女性」創刊。
- 4・1　学習研究社から学年別学習雑誌「中学一年コース」創刊。
- 4・10　佐多稲子「体の中を風が吹く」が講談社から刊行。
- 5・6　岩波書店から「日本古典文学大系」刊行開始。
- 5・30　中村光夫「文学のありかた」が筑摩書房から刊行。

- 8・23　石川達三「人間の壁」が朝日新聞で連載開始。
- 9・2　第29回国際ペン大会が東京で開催。
- 10・20　室生犀星「杏っ子」が新潮社から刊行。
- 11・10　井伏鱒二「駅前旅館」が新潮社から刊行。
- 12・10　井上靖「天平の甍」が中央公論社から刊行。
- 12・25　石坂洋次郎「陽のあたる坂道」が講談社から刊行。

漫画・芸能・サブカルチャー

- 1・13　浅草国際劇場で美空ひばりが若い女性に塩酸をかけられ3週間のやけど。
- 1・17　明治製菓が天然オレンジジュースの200g缶を全国一斉発売。
- 3・22　ダークダックスが結成演奏会。
- 4・15　牧美也子の最初の単行本「漫画光文庫母恋ワルツ」が東光堂から刊行。
- 5・8　東京コカ・コーラが民間向け初のレギュラーサイズ発売。
- 5・25　有楽町にそごう百貨店が開店。
- 6・7　野田醤油がサンフランシスコに現地法人キッコーマンを設立。

- 8・5　長谷邦夫「あけぼのまんが選165　生きていた亡霊」が曙出版から刊行。
- 8・28　ボリショイ劇場バレエ団が日本初公演。
- 9・5　大江ヨシマサ「あけぼのまんが選176　烈剣若様」が曙出版から刊行。
- 注14　曙出版⇒
- 9・7　トヨタ「トヨペット」が米国に国産車初上陸。
- 9・23　「主婦の店ダイエー」1号店が大阪市千林駅前に開業。
- 10・7　日本初のプロレス世界選手権試合として力道山対ルー・テーズ戦。
- 11・10　芳谷圭児「少女純情漫画　炎の舞」が金園社から刊行。
- 11・24　週刊サンケイが貸本屋の最盛期での店舗数2万5000軒以上と推測。

7〜12月

- 7・1　トヨタが小型乗用車「コロナ」を発売。
- 7・6　幸田露伴「五重塔」のモデル都立谷中霊園天王寺五重塔が放火心中で全焼。
- 8・22　ソ連が大陸間弾道ミサイル実験に成功。
- 9・20　糸川英夫らが秋田県の海岸で国産ロケット1号機カッパーC型発射成功。
- 9・23　アメリカアーカンソー州で黒人生徒の高校入学を巡り住民衝突で軍隊出動。
- 10・4　ソ連が世界初の人工衛星「スプートニク1号」の打ち上げ成功。
- 11・1　日本原子力発電株式会社が発足し茨城県東海村に発電所を着工。
- 11・3　ソ連が犬1頭を乗せた人工衛星「スプートニク2号」の打ち上げ成功。
- 11・14　三共が「三共胃腸薬」を新発売。
- 12・11　初の100円硬貨が発行。

1958年

写真・映画・アニメーション

- 1・15　島耕二監督大映作品「有楽町で逢いましょう」公開。
- 3・30　第30回アカデミー賞受賞「戦場にかける橋」でナンシー梅木が助演女優賞。
- 4・1　朝日新聞社主催「ライフ写真家による四半世紀の世界」写真展が日本橋高島屋で開催。
- 4・22　稲垣浩監督東宝作品「無法松の一生」公開。
- 4・28　三輪彰監督新東宝作品「スーパー・ジャイアンツ宇宙怪人出現」公開。
- 6・27　広告写真家協会が金丸重嶺を会長に設立。
- 7・12　映画駅前シリーズ第1作「駅前旅館」公開。
- 9・7　稲垣浩監督「無法松の一生」がベネチア映画祭の大賞受賞。
- 9・7　小津安二郎監督松竹作品「彼岸花」が東京劇場で公開。
- 9・26　ルイ・マル監督作品「死刑台のエレベーター」公開。
- 10・18　映画「鉄道員」公開。
- 10・22　国産初のカラー長編アニメーション映画「白蛇伝」公開。
- 10・26　秋山庄太郎「おんな」写真展が富士フォトサロンで開催。
- 12・28　黒澤明監督東宝作品「隠し砦の三悪人」公開。

通信機器・ラジオ・テレビ・コンピュータ・ゲーム

- 1・1　東京通信工業がソニーに社名変更。
- 2・24　ラジオ東京テレビでテレビ映画第1号として「月光仮面」放送開始。
- 3・3　フジテレビで「テレビ結婚式」放送開始。
- 4・3　NHKで連続ドラマ「事件記者」放送開始。
- 4・27　大阪テレビがアンペックス社製VTRをわが国で初めて使用。
- 5・16　NHKのテレビ登録数が100万を突破。
- 6・1　大阪テレビがアンペックス社製VTRで録画したドラマ「ちんどんやの天使」放送。
- 6・6　東京23区内の電話登録数が50万台を突破。
- 8・1　ビクターが初の国産ステレオレコードを発売。
- 8・6　テレビで5秒スポットCMが始まる。
- 10・5　みすず書房から「季刊テレビ研究」創刊。
- 10・31　ラジオ東京テレビで「わたしは貝になりたい」放送。
- 11・22　関西テレビ開局。
- 11・30　国産初のビデオテープレコーダーの試作機をNHK技術研究所が製作。
- 12・18　朝日放送と大阪テレビが合併して朝日放送テレビとなる。
- 12・31　東海大学がFM放送の実験放送を開始。

社会・文化・世相

1～6月

- 1・1　EEC欧州経済共同体が発足。
- 1・31　アメリカ最初の人工衛星エクスプローラ1号打ち上げ。
- 3・9　世界初の海底トンネル関門国道トンネル開通。
- 3・18　文部省が小中学校の「道徳」実施要綱を通達。
- 4・1　売春防止法施行。
- 5・28　長崎原爆病院開院。
- 6・1　フランスでシャルル・ド・ゴール内閣成立。
- 6・14　フランス深海探査潜水艦「バチスカーフ」で日仏合同の日本海溝学術調査。
- 6・18　日比谷公会堂でブラジル移住50年祭が行なわれる。

昭和33年

文芸・図書・出版

- 2・20　C・E・マニイ著、中村真一郎・三輪秀彦共訳「小説と映画」が講談社から刊行。
- 3・10　開高健「裸の王様」が文藝春秋社から刊行。
- 4・1　三鷹にアジア文化図書館開館。
- 4・16　大岡昇平「武蔵野夫人」のモデルが自殺。
- 4・21　双葉社から「週刊大衆」創刊。
- 5・15　著作権法が一部改正されて罰則強化。
- 5・30　小泉文夫「日本伝統音楽の研究」刊行。
- 6・25　武田泰淳「森と湖のまつり」が新潮社から刊行。
- 7・10　社会主義における芸術問題を論じた佐々木基一「革命と芸術」が未来社から刊行。
- 7・27　集英社から「週刊明星」創刊。
- 7・30　産業経済新聞社から「週刊サンケイ・スポーツ」創刊。
- 9・25　伊藤整「近代日本の文学史」がカッパ・ブックスで光文社から刊行。
- 10・7　新聞広告倫理綱領が日本新聞協会によって制定。
- 10・13　本多秋五「物語戦後文学史」が週刊読書人で連載開始。
- 11・11　江藤淳らが「若い日本の会」結成。
- 12・1　光文社から「週刊女性自身」創刊。
- 12・15　杉浦明平「革命文学と文学革命」が弘文堂から刊行。

漫画・芸能・サブカルチャー

- 2・1　東京宝塚劇場が焼失。
- 2・8　東京・日劇で第1回ウェスタン・カーニバル。
- 2・14　メリーチョコレートが新宿伊勢丹でバレンタイン用チョコを初めて発売。
- 3・3　富士重工が「国民車構想」に基づく軽自動車「スバル360」を発表。
- 3・24　初のフィルター付タバコ「ホープ」が発売。
- 4・17　ブリュッセル万国博が開催。
- 5・5　東京都多摩動物公園が開園。
- 6・6　長谷邦夫「あけぼのまんが選261　幽霊戦線」が曙出版から刊行。
- 6・20　つげ義春「傑作漫画全集466　幕末風雲伝」が若木書房から刊行。
- 8・25　日清食品が初のインスタントラーメン「チキンラーメン」を発売。
- 8・29　ソ連の人工衛星が2匹の犬を無事帰還させる。
- 9・15　日本初の缶ビール「アサヒビール」が朝日麦酒から発売。
- 10・18　フラフープが東京のデパートで発売開始。
- 11・1　東京と大阪の間を6時間50分で走る特急「こだま」の運行開始。
- 12・1　1万円札が発行される。
- 12・23　東京タワーが完成。

7～12月

- 7・20　週刊朝日の記事に「団地族」という言葉が使われる。
- 10・1　アメリカで航空宇宙局（NASA）が設置。
- 11・27　皇太子妃に正田美智子が決定。
- 12・1　警視庁がパトカーを全署に配備。
- 12・10　共産党を除名された全学連幹部が「共産主義者同盟（ブント）」結成。

1959年

写真・映画・アニメーション

- 1・15　小林正樹監督松竹作品「人間の條件」第1部が公開。
- 1・31　東映がテレビ映画製作のためにテレビ部を設置。
- 3・29　今井正監督大東映画松竹作品「キクとイサム」公開。
- 4・29　マリリン・モンロー主演「お熱いのがお好き」公開。
- 5・12　小津安二郎監督松竹作品「お早よう」公開。
- 5・29　名取洋之助「百万人の写真」展が池袋西武百貨店で開催。
- 6・7　コミック「ポパイ」のアニメ化作品が不二家の提供でテレビ放映開始。
- 9・16　長野重一「Television」写真展が富士フォトサロンで開催。
- 9・26　大竹新助「文学散歩作品展」が月光ギャラリーで開催。
- 11・17　小津安二郎監督大映作品「浮草」公開。
- 11・20　アサヒカメラ復刊10周年記念木村伊兵衛・渡辺義雄自選作品2人展が小西六ギャラリーで開催。
- 12・26　本多猪四郎監督東宝作品「宇宙大戦争」公開。

通信機器・ラジオ・テレビ・コンピュータ・ゲーム

- 1・10　日本放送協会東京教育テレビ開局。
- 2・1　日本教育テレビ（NET）が開局、資本金の3割を東映が出資。
- 2・9　ラジオ東京テレビでアメリカのホームドラマ「うちのママは世界一」放送開始。
- 2・18　東芝が初の国産カラーテレビを製造。
- 3・1　フジテレビが開局し「スター千一夜」放送開始。
- 4・10　各放送局が皇太子御成婚パレードと祝賀番組を終日放送。
- 4・22　日本放送協会の略称NHKを定款で定める。
- 5・26　朝日新聞社北海道支社でファクシミリ新聞電送により印刷する方式始動。
- 7・2　世界初のプロ野球カラー中継を日本テレビが放送。
- 7・2　脚本花登筐で喜劇「頓馬天狗」が日本テレビと読売テレビで放送開始。
- 10・10　ニッポン放送「オールナイトジョッキー」放送開始で24時間放送。
- 11・28　NETでクリント・イーストウッド出演ドラマ「ローハイド」放送開始。
- 12・3　日本テレビでわが国初のVTR利用カラー番組「ペリー・コモ・ショー」放送。
- 12・25　ソニーから世界初オールトランジスタ式テレビ発表。

社会・文化・世相

- 1・1　メートル法が実施されて尺貫法とヤード・ポンド法廃止。
- 1・3　アラスカがアメリカ49番目の州に昇格する。
- 1・14　南極観測隊が1年間昭和基地に放置したカラフト犬タロとジロの生存確認。
- 3・28　安保条約改定阻止国民会議成立。

1～6月

- 4・10　皇太子結婚式。
- 5・25　川崎造船神戸工場で戦後初の潜水艦「おやしお」進水。
- 6・5　秋田八郎潟干拓地で初めての田植えが行なわれる。

昭和34年

文芸・図書・出版

- 1・20　読売新聞社版「日本の歴史」刊行開始。
- 3・15　朝日新聞社から「朝日ジャーナル」創刊。
- 3・26　ハードボイルド作家レイモンド・チャンドラーが死去(70歳)。
- 4・10　文部省が青少年向け図書選定制度の実施を決定。
- 4・12　講談社から「週刊現代」創刊。
- 4・20　文藝春秋新社から「週刊文春」創刊。
- 5・11　三世社から「週刊モダン日本」創刊。
- 5・14　平凡出版から「週刊平凡」創刊。
- 5・30　正宗白鳥「今年の秋」刊行。
- 6・25　三島由紀夫「文章読本」が中央公論社から刊行。
- 7・15　長与善郎「わが心の遍歴」刊行。
- 9・25　南江治郎編の演技指導書「テレビタレント読本」が四季社から刊行。
- 10・15　遠藤周作「おバカさん」が中央公論社から刊行。
- 10・20　岡野他家夫「日本出版文化史」が春歩堂から刊行。
- 11・3　中央公論社から「週刊コウロン」創刊。
- 11・8　ビニール製LP付で音が出る雑誌「KODAMA」創刊。
- 12・10　ソノシート付きの音が出る雑誌「朝日ソノラマ」創刊。

漫画・芸能・サブカルチャー

- 1・26　東京日比谷と丸の内に全国初のパーキング・メーターが設置。
- 3・17　日本初の少年週刊誌として講談社刊「週刊少年マガジン」と小学館刊「週刊少年サンデー」が同日創刊。
- 3・31　共同通信社が通信用伝書鳩の利用を廃止。
- 4・5　ストラヴィンスキー、来日してN響を日比谷公会堂で指揮。
- 4・10　ちばてつや「リカのひとみ」が東邦漫画出版社から刊行。
- 6・10　東京上野の国立西洋美術館開館式。
- 6・25　東京後楽園球場の巨人阪神戦を天皇が観戦。
- 7・24　児島明子がミス・ユニバース世界第1位に選出。
- 8・1　日産自動車から大衆普通車「ダットサン・ブルーバード」発売。
- 8・25　実業之日本社から「週刊漫画サンデー」創刊。
- 9・12　フランス留学中の小澤征爾24歳がフランスブザンソンでの国際指揮者コンクールで1位。
- 10・5　東京芸術座で三益愛子主演「がめつい奴」初演。
- 12・15　第1回日本レコード大賞で水原弘「黒い花びら」受賞。

7～12月

- 8・21　ハワイがアメリカの50番目の州に昇格。
- 9・26　伊勢湾台風が襲来、死者5000人をこえる。
- 11・2　水俣病の原因が工場汚水と判明し、漁民1500人が新日本窒素水俣工場に乱入。
- 11・20　学童を輪禍から守るための「緑のおばさん」登場。
- 11・27　安保反対の請願デモ隊2万人以上が国会構内に入る。
- 12・3　運輸省の認可により個人タクシーが東京でスタート。
- 12・14　在日朝鮮人の北朝鮮帰還の第1陣が新潟から出港。
- 12・17　日本学校安全法が公布。

1960年

写真・映画・アニメーション

- 2・19　東宝撮影所に3000坪の特撮用プール完成。
- 3・8　土門拳「筑豊のこどもたち」写真展が富士フォトサロンで開催。
- 4・5　第7回アジア映画祭が東京で開催。
- 4・29　舛田利雄監督石原慎太郎原作日活作品「青年の樹」公開。
- 6・3　大島渚監督松竹作品「青春残酷物語」が公開され、以降日本のヌーベルバーグと呼ばれる監督作品が次々と公開。
- 6・5　東映の友の会本部から会誌「東映の友」創刊。
- 7・31　東映長編漫画映画「少年猿飛佐助」が第12回ベニス国際児童映画祭で入賞。
- 8・24　増村保造監督大映作品「足にさわった女」公開。
- 9・15　黒澤明監督東宝＝黒澤プロ作品「悪い奴ほどよく眠る」公開。
- 10・9　大島渚監督松竹大船作品「日本の夜と霧」が公開されるが4日間で上映打切り。
- 10・12　齋藤武市監督日活作品「大草原の渡り鳥」公開。
- 11・13　小津安二郎監督松竹作品「秋日和」公開。

通信機器・ラジオ・テレビ・コンピュータ・ゲーム

- 1・1　ピンク色の公衆電話が登場。
- 1・12　日本電気がカラーテレビ用カメラの国産化成功を発表。
- 1・15　NHKが日本初のテレビアニメーションとなるスペシャル番組「三つの話」(切り絵アニメ)放送。
- 2・7　全国に先駆け東京の電話局番がオール3桁に一斉に切替え。
- 4・15　NHKサービスセンターがグラフ「NHK」制作。
- 4・30　ソニーから世界初のトランジスター・テレビ「TV8-301型」が発売。
- 5・1　FM東海が初の民放FM実験局として開局。
- 7・1　東芝・日立・三菱の3社がカラーテレビの販売を開始。
- 7・4　フジテレビで昼メロドラマ「日々の背信」放送開始で昼メロ流行。
- 8・20　国鉄の特急「こだま」「つばめ」に公衆電話が設置。
- 9・1　日本電気がカラーテレビカメラの生産開始。
- 9・10　カラーテレビ本放送が開始。
- 10・2　ラジオ東京テレビで「サンセット77」放送開始。
- 11・3　日本テレビで「少年探偵団」放送開始。
- 11・12　各党首のテレビラジオ討論会が実現。
- 11・29　ラジオ東京テレビが社名を東京放送(TBS)に変更。

社会・文化・世相

1〜6月

- 1・19　ワシントンで「日米安全保障条約」付帯条約調印。
- 2・13　フランスがサハラ砂漠で核実験に成功。
- 4・21　ブラジルが首都をブラジリアに移す。
- 5・3　浅草の雷門が落成。
- 5・20　自民党単独で安保改定を可決したために全学連が首相官邸に突入。
- 5・21　竹内好都立大教授が安保強行採決に抗議して辞表提出。
- 5・30　鶴見俊輔東工大助教授が安保強行採決に抗議して辞表提出。
- 6・15　全学連2万人国会包囲デモで先頭部隊が国会南通用門に突入し東大生樺美智子死去。
- 6・19　30万人の国会包囲デモの中で午前零時に新安保条約自然成立。

昭和35年

文芸・図書・出版

- 1・4　アルベール・カミュが自動車事故で死去（46歳）。
- 2・29　橋川文三「日本浪曼派批判序説」刊行。
- 4・3　旺文社から「週刊テレビ時代」創刊。
- 4・7　警視庁が澁澤龍彦訳サド「続悪徳の栄え」を猥褻文書の容疑で押収。
- 4・10　東都書房から「日本推理小説大系」全16巻が第2巻「江戸川乱歩集」を第1回配本として刊行開始。
- 注15　「日本推理小説大系」⇒
- 5・5　吉本隆明「異端と正系」が現代思潮社から刊行。
- 6・20　高木彬光の「白昼の死角」がカッパ・ブックスで光文社から刊行。
- 7・20　福永武彦「廃市」が新潮社から刊行。
- 8・20　松谷みよ子「龍の子太郎」刊行。
- 9・30　北杜夫「幽霊」が中央公論社から刊行。
- 10・5　講談社が創業50周年記念で「日本現代文学全集」全108巻別巻2巻を刊行開始。
- 注16　「日本現代文学全集」⇒
- 11・25　黒岩重吾「背徳のメス」が中央公論社から刊行。
- 11・29　宮内庁が深沢七郎作「風流夢譚」に抗議。
- 12・10　武井昭夫の最初の評論集「芸術運動の未来像」が現代思潮社から刊行。
- 12・19　大蔵省が図書券の発行を認可。
- 12・20　早川書房から「S-Fマガジン」創刊。

漫画・芸能・サブカルチャー

- 2・1　丸の内に初の地下駐車場が開設。
- 2・18　ウォルト・ディズニーの演出で冬季オリンピック・スコーバレー大会が開催。
- 5・1　朋文社から「月刊週末旅行」創刊。
- 6・20　初のフィルター付ロングサイズたばこ「ハイライト」発売。
- 6・23　NETでアメリカのテレビ映画「ララミー牧場」の放送が始まり、解説者淀川長治登場。
- 7・13　北海道・支笏湖畔にユースホステル第1号が開業。
- 8・10　森永製菓からインスタントコーヒー発売。
- 9・1　季刊として「少女サンデー」が小学館から創刊。
- 9・9　麒麟麦酒と三菱重工業が近畿飲料を設立。
- 10・1　リーダーズ・ダイジェスト社から「ディズニーの国」創刊。
- 11・20　坂本浩が「現代国語の読解法」を旺文社から刊行。
- 12・31　読売テレビと日本テレビで「琴姫七変化」放送開始。

7～12月

- 7・1　国鉄が1～3等制を1等と2等の2種に変更。
- 7・19　初の女性大臣中山マサ厚相が誕生。
- 9・5　池田勇人首相が高度経済成長による所得倍増計画を発表。
- 9・10　東ドイツが西ドイツの東ベルリン旅行を許す。
- 10・12　社会党委員長浅沼稲次郎が演説中に元愛国党員山口二矢により刺殺。
- 11・8　米大統領にJ・F・ケネディが当選。
- 11・11　住友銀行がプリンス自動車販売と提携して自動車購入資金貸し付け開始。
- 12・24　著作権団体で構成される日本著作権協議会が発足。

1961年

写真・映画・アニメーション

- 1・24 キヤノンＥＥカメラ「キヤノネット」が発売。
- 2・22 日活俳優の赤木圭一郎が調布撮影所でのゴーカート事故が原因で死去(21歳)。
- 3・19 野村芳太郎監督松竹作品「ゼロの焦点」公開。
- 3・29 羽仁進監督岩波作品「不良少年」公開。
- 4・25 黒澤明監督東宝=黒澤プロ作品「用心棒」公開。
- 5・13 アメリカの映画俳優ゲーリー・クーパーが死去(60歳)。
- 6・14 新東宝が映画製作中止を決定。
- 7・8 東宝若大将シリーズの第1作杉江敏男監督東宝作品「大学の若大将」公開。
- 7・23 モスクワ国際映画祭で新藤兼人監督「裸の島」が大賞受賞。
- 7・30 怪獣映画初のカラーワイド作品として本多猪四郎監督東宝作品「モスラ」公開。
- 9・3 第22回ベネチア映画祭で「用心棒」主演三船敏郎が最優秀男優賞を受賞。
- 10・20 フランス映画「夜と霧」公開で税関審査での一部カットが問題化。
- 10・29 小津安二郎監督宝塚映画作品「小早川家の秋」が東宝系で公開。
- 12・23 アメリカのミュージカル映画「ウエスト・サイド物語」公開。

通信機器・ラジオ・テレビ・コンピュータ・ゲーム

- 1・1 ＮＨＫで川端康成原作の音声を主とした「伊豆の踊子」を3日連続放送。
- 3・4 ＴＢＳで深夜放送の始まりとして土曜11時15分から「週末名画劇場」放送開始。
- 4・3 ＮＨＫ朝の連続テレビ小説第1作として「娘と私」放送開始。
- 4・8 ＮＨＫでバラエティー番組「夢で逢いましょう」放送開始。
- 4・21 民法放送開始10周年記念として民放連は全国福祉施設にラジオ、テレビを寄付。
- 5・16 ＮＥＴでＦＢＩ捜査官を主人公にしたテレビ映画「アンタッチャブル」放送開始。
- 6・4 日本テレビで「シャボン玉ホリデー」放送開始。
- 7・11 ＴＢＳで推理ドラマ「月曜日の男」放送開始。
- 8・15 ＮＥＴと毎日放送がアメリカのＡＢＣと業務協定締結。
- 10・11 ＮＥＴで刑事ドラマ「特別機動捜査隊」放送開始。
- 11・13 池田首相と中山伊知郎一橋大学教授との対談でＮＨＫ「総理と語る」放送。
- 12・1 大阪の朝日放送で労働組合のストのために会社側が放送を中止。

社会・文化・世相

1～6月

- 1・3 アメリカがキューバとの国交を断絶。
- 1・20 ケネディ大統領が就任演説で自由への各自の役割を説く。
- 4・1 国民年金制度が発足。
- 4・12 世界初の宇宙飛行士ガガーリンが地球を1周して帰還。
- 4・15 東急バスに初の「ワンマンカー」登場。
- 4・16 松下電器が国産初の燃料電池を完成。
- 5・16 韓国で軍事クーデター勃発。
- 6・10 日本の株式を初めてソニーがアメリカで公募。

昭和36年

文芸・図書・出版

- 2・1 「風流夢譚」の内容に抗議する右翼少年が中央公論社の嶋中鵬二社長宅を襲う。
- 2・2 神島二郎「近代日本の精神構造」が岩波書店から刊行。
- 3・1 昭森社から「本の手帖」創刊。
- 3・5 三浦哲郎「忍ぶ川」が新潮社から刊行。
- 3・15 有田八郎元外相が三島由紀夫「宴のあと」をプライバシー侵害として告訴。
- 4・1 アジア・アフリカ研究所創立。
- 4・21 日比谷図書館新築開館。
- 5・12 日本ABC協会が第1回新聞発行部数の全国調査を開始。
- 7・2 ヘミングウェイがアイダホ州の自宅で猟銃暴発のため死去(61歳)。
- 7・22 大西巨人や針生一郎ら新日本文学会の共産党員グループ21人が党指導部を批判。
- 7・25 キネマ旬報7月号別冊で日本映画作品大鑑の完結篇が刊行。
- 10・1 大佛次郎「パリ燃ゆ」が朝日ジャーナルで連載開始。
- 10・30 今東光「悪名」が新潮社から刊行。
- 11・30 松本清張「わるいやつら」が新潮社から刊行。
- 12・14 朝日新聞北海道支社で世界初のオフセットによる多色刷り輪転機稼働に成功。
- 12・21 中央公論社「思想の科学」天皇制特集号を業務上の都合を理由に発売中止。

漫画・芸能・サブカルチャー

- 2・1 武田薬品から総合調味料「いの一番」が発売。
- 2・17 松竹と契約していた歌舞伎俳優松本幸四郎一門が東宝へ移籍し、東宝劇団結成。
- 3・19 吉田健一が「マンガについて」を毎日新聞に掲載。
- 6・12 本多技研チームがマン島オートバイレースで125ccと250cc両クラスで優勝。
- 7・14 カミナリ族の少年がスピード違反で初の免許取消し処分。
- 10・1 明治製菓から「ピーチネクター」発売。
- 10・2 大関の大鵬と柏戸が揃って横綱昇進。
- 10・20 森光子「放浪記」初上演。
- 10・28 東京神田で古本まつりがスタート。
- 11・11 アンネから生理用品「アンネナプキン」発売。
- 12・2 パリでの第3回世界柔道選手権でオランダ人ヘーシンクが優勝。
- 12・7 贋千円札が発見。

7〜12月

- 8・1 大阪釜ヶ崎で2000人が騒ぎ警官隊と衝突。
- 8・7 水俣病が公害によるものとして初の公式認定。
- 9・15 ケネディ大統領が核実験再開を発表してネバダ州での地下核実験が行なわれる。
- 9・30 欧米20カ国で経済協力開発機構(OECD)発足。
- 11・1 国立国会図書館新館開館。
- 12・12 池田首相ら内閣要人の暗殺計画が発覚し旧軍人ら13人逮捕。
- 12・20 国連16回総会で「宇宙空間平和利用に関する国際協力についての決議」が採択。

1962年

写真・映画・アニメーション

- 1・1 黒澤明監督東宝＝黒澤プロ作品「椿三十郎」公開。
- 1・2 大竹省二「ヨーロッパの美女」写真展が富士フォトサロンで開催。
- 3・4 蔵原惟繕監督日活作品「銀座の恋の物語」公開。
- 4・8 浦山桐郎監督日活作品「キューポラのある街」公開。
- 4・20 日本アート・シアター・ギルドが発足。
- 6・25 TBSで国際アニメの番組「まんがカレンダー」放送。
- 7・22 東松照明「11時02分－ドキュメント1961、62ナガサキ」写真展が富士フォトサロンで開催。
- 7・29 クレージーキャッツ総出演古沢憲吾監督東宝作品「ニッポン無責任時代」公開。
- 8・11 東宝創立30周年記念作品としてカラー作品「キングコング対ゴジラ」公開。
- 9・12 イタリア映画「世界残酷物語」公開。
- 9・16 日本写真協会の主催で「日本写真百年史展」が科学博物館で開催。
- 10・1 三幸出版から「写真ファン」創刊。
- 11・18 小津安二郎監督松竹作品「秋刀魚の味」公開。

通信機器・ラジオ・テレビ・コンピュータ・ゲーム

- 2・6 日本ビクターとNETと東映が油膜と電子ビーム投射によるプロジェクターの初期形態のカラーアイドホールを公開。
- 2・27 日本電気が国産初の大型コンピュータ「NEAC2206」を発表。
- 3・1 NHKのテレビ受信契約数が1000万を突破。
- 3・5 読売テレビが教養番組「日本の文学」放送開始。
- 5・4 TBSでアメリカのテレビ映画「ベン・ケーシー」放送開始。
- 5・6 朝日放送で上方コメディ「てなもんや三度笠」放送開始。
- 5・16 日本テレビ「ノンフィクション劇場老人と鷹」がカンヌ映画祭グランプリ受賞。
- 7・1 国産初のビデオテープを東京電気化学工業が発表。
- 8・3 東京ニュース通信社から「週刊TVガイド」関東版が定価30円で創刊。
- 9・15 民法13社と電通と東芝の共同出資による視聴率調査会社ビデオリサーチ設立。
- 9・29 富士ゼロックスが国産第1号電子複写機「ゼロックスFX914」完成。
- 10・1 TBSで五味川純平原作の連続ドラマ「人間の條件」放送開始。
- 11・3 参加出場者100人、賞金100万円でフジテレビ「史上最大のクイズ」放送開始。
- 12・11 日本テレビでアメリカの連続テレビドラマ「じゃじゃ馬億万長者」放送開始。

社会・文化・世相

1〜6月

- 1・31 東京の常住人口が推定約1000万人を突破し世界初の1000万都市となる。
- 2・20 アメリカの「フレンドシップ1号」が地球を3周し有人宇宙飛行に成功。
- 5・3 常磐線の三河島駅構内二重衝突で死者160人重軽傷者325人の大事故。
- 5・17 障害児多出のために大日本製薬のサリドマイド系睡眠薬の出荷停止。
- 6・6 大阪東宝タクシーがLPガスを燃料とするプロパンタクシー開発。

昭和37年

文芸・図書・出版

- 1・30　谷沢永一「大正期の文芸評論」が塙書房から刊行。
- 2・10　集英社から「新日本文学全集」全38巻刊行開始。
- 注17　「新日本文学全集」⇒
- 3・1　河出書房新社から文芸誌「文芸」創刊。
- 4・5　一般著作権の保護期間を死後33年に延長した著作権法改正公布施行。
- 6・8　安部公房「砂の女」が新潮社から刊行。
- 6・20　多田道太郎「複製芸術論」が勁草書房から刊行。
- 6・21　司馬遼太郎「竜馬がゆく」が産経新聞で連載開始。
- 6・25　前年新聞連載の川端康成「古都」の京言葉を他者の助言で直して新潮社から刊行。
- 7・25　花田清輝「新編　映画的思考」が未来社から刊行。
- 9・20　理想社から「ソヴェート文学」創刊。
- 10・19　審美社から「太宰治研究」創刊。
- 11・20　高橋和巳「悲の器」刊行。
- 11・30　伊藤整「求道者と認識者」が新潮社から刊行。

漫画・芸能・サブカルチャー

- 2・8　南極の昭和基地を閉鎖。
- 3・22　ニッポン放送と文化放送が予備校スポンサーで東大合格者速報を深夜に放送。
- 4・1　二玄社から「CARグラフィック」創刊。
- 5・4　大阪府青少年保護審議会がプロレスのテレビ中継の影響問題を検討。
- 6・1　読売新聞が三洋電機と読売テレビの協力で学校へテレビを贈る運動を実施。
- 6・12　NHK交響楽団の客演指揮者に小澤征爾が就任。
- 7・1　東海漬物の「きゅうりのキューちゃん」が発売。
- 8・12　堀江謙一が日本人で初めて小型ヨット「マーメイド号」で太平洋横断に成功。
- 8・30　戦後初の国産旅客機「YS-11」が名古屋空港で試験飛行に成功。
- 9・20　三重鈴鹿サーキットが完成。
- 10・21　第1回新聞少年の日。
- 10・24　日本自動車連盟が設立。
- 12・6　橋幸夫と吉永小百合「いつでも夢を」が第4回日本レコード大賞受賞。

7～12月

- 7・31　台湾でのコレラ大流行で厚生省が台湾バナナの輸入を禁止。
- 8・1　国民年金支給開始。
- 9・12　原子力研究所の国産第1号研究用原子炉に原子の火がともる。
- 9・30　米ミシシッピ州で軍の警護下初の黒人大学生が入学。
- 10・1　文部省が広域通信制独立校としてNHK学園高等学校を認可。
- 11・10　東京都が初の愚連隊防止条例実施。

1963年

写真・映画・アニメーション

- 1・1　フジテレビで国産アニメーション第1号作品「鉄腕アトム」放映開始。
- 1・3　西河克己監督日活作品「青い山脈」公開。
- 1・16　石原プロモーション設立。
- 2・14　映画「アラビアのロレンス」公開。
- 3・1　黒澤明監督東宝＝黒澤プロ作品「天国と地獄」公開。
- 3・24　東映動画アニメーション映画「わんぱく王子の大蛇退治」公開。
- 4・6　丸の内で上映中の「ウエスト・サイド物語」が470日のロングラン新記録樹立。
- 4・18　山田洋次監督松竹作品「下町の太陽」公開。
- 6・2　西河克己監督日活作品「伊豆の踊子」公開。
- 7・5　ヒッチコック監督作品「鳥」公開。
- 7・13　古沢憲吾監督東宝作品「日本一の色男」公開。
- 8・11　本多猪四郎監督東宝作品「マタンゴ」公開。
- 9・2　J・ニエプス「フランス人の顔」写真展が東京日仏会館で開催。
- 11・2　田中徳三監督大映作品「眠狂四郎殺法帖」公開。
- 11・16　今村昌平監督日活作品「にっぽん昆虫記」公開。
- 11・17　TBS系列でテレビアニメーション「エイトマン」放映開始。
- 12・12　小津安二郎監督死去（60歳）。
- 12・21　作画監督大工原章アニメーション映画東映動画作品「わんわん忠臣蔵」公開。

通信機器・ラジオ・テレビ・コンピュータ・ゲーム

- 1・13　フジテレビのドラマ「検事」の主役宇津井健が大映の圧力で出演打ち切り。
- 1・16　ホリプロ設立。
- 4・1　広域通信制独立校としてNHK学園高等学校開校。
- 4・7　NHKで初の大河ドラマ「花の生涯」放送開始。
- 4・14　東京放送労働組合が放送開始を1時間30分遅らせるストライキ。
- 5・31　全国の加入電話が500万台を突破。
- 7・6　NHK「夢で逢いましょう」の今月の歌で梓みちよが「こんにちは赤ちゃん」を歌う。
- 8・19　邦画各社が劇場用映画のテレビ放送期限を緩和する。
- 9・5　アメリカのNBCでアニメ「鉄腕アトム」放送開始。
- 9・11　フジテレビ公開番組「タワースタジオ」に爆弾魔草加次郎からの爆破予告電話。
- 10・10　フジテレビで時代劇「三匹の侍」放送開始。
- 11・23　初の日米テレビ衛星中継でケネディ大統領暗殺が放送される。
- 12・27　有線放送電話と加入電話との接続可能になる。

社会・文化・世相

1～6月

- 2・1　トヨタ自販がマイカーローンを実施。
- 2・8　革共同が革マル派と中核派に分裂。
- 3・31　村越吉展ちゃん誘拐事件が起こる。
- 4・19　西武ストアが西友ストアに社名変更。
- 4・25　大阪駅前にわが国初の横断歩道橋完成。
- 5・1　埼玉県狭山市で女子高生が殺害される狭山事件が起こる。
- 6・16　ソ連が史上初女性宇宙飛行士テレシコワ少尉のボストーク6号打ち上げ成功。

昭和38年

文芸・図書・出版

- 1・15　村松剛が「日本の象徴主義」論を中心に「文学と詩精神」を南北社から刊行。
- 2・1　講談社から「小説現代」創刊。
- 2・5　いいだもも「転形期の思想」が河出書房新社から刊行。
- 2・22　関西ローカル新聞から東京でも発刊する新聞として「サンケイスポーツ」創刊。
- 4・1　文部省が小学校1年生に教科書を無償配布。
- 4・7　東京駒場に日本近代文学館が開設。
- 5・5　小学館から「週刊女性セブン」創刊。
- 5・20　小川徹「亡国の理想・肉体的映画文明論」が七曜社から刊行。
- 6・12　平凡社のグラフィック誌「太陽」創刊。
- 6・30　教文館から「キリスト教大事典」刊行。

- 8・25　平野謙「文芸時評」刊行。
- 9・23　講談社から「ヤングレディ」創刊。
- 10・2　甲府市書籍雑誌商組合が不良雑誌発送中止を取次店に申し入れる。
- 10・10　平凡社から「東洋文庫」創刊。
- 10・19　日本出版物小売業組合全国連合会が有害雑誌の販売拒否。
- 11・5　野間児童文芸賞に石森延男「バンのみやげ話」と中川李枝子「いやいやえん」。
- 11・18　岩波書店が「図書総目録」刊行。
- 11・26　曽野綾子「二十一歳の父」が新潮社から刊行。

漫画・芸能・サブカルチャー

- 1・1　講談社から定価50円で「週刊少女フレンド」創刊。
- 1・14　芥川比呂志ら文学座脱退して劇団雲結成。
- 4・27　サントリーからビン詰生ビールを発売。
- 5・3　三重県の鈴鹿サーキットで第1回日本グランプリ自動車レース大会開催。
- 5・5　野村万蔵らがアメリカで初の狂言興行。
- 5・12　集英社から「週刊マーガレット」創刊（創刊号を無料配布）。
- 6・17　「ビルボード」誌ランキングで坂本九の「ＳＵＫＩＹＡＫＩ」が1位獲得。
- 7・1　大人向け漫画雑誌「漫画劇場」が普通社から創刊。
- 9・1　東宝ミュージカル「マイ・フェア・レディ」上演。
- 9・11　キッコーマンからトマトジュースをデルモンテブランドで国産化し販売開始。
- 9・12　ＮＨＫがＢＧ（ビジネスガール）を放送禁止用語にする。
- 9・18　海老原博幸がプロボクシング世界フライ級タイトルマッチでチャンピオンに。
- 12・8　プロレスラーの力道山が赤坂で暴力団員に刺されて15日に死亡（39歳）。

7〜12月

- 7・26　ＯＥＣＤが日本加盟を承認。
- 8・15　日比谷公会堂で初の全国戦没者追悼式が開催。
- 8・28　米ワシントンで公民権デモに20万人参加。
- 9・12　松川事件の被告に最高裁で全員無罪の判決。
- 10・26　東海村の日本原研で原子力による電力発電が開始。
- 11・1　伊藤博文肖像の新千円札が発行。
- 11・22　ケネディ大統領がダラスで暗殺されて翌日の日本に中継放送。

1964年

写真・映画・アニメーション

- 1・15　山田洋次監督松竹作品「馬鹿まるだし」公開。
- 2・15　勅使河原宏監督東宝作品「砂の女」公開。
- 3・20　キヤノンが業界初のカメラ月賦販売を開始。
- 3・22　大野寛夫原作東映動画アニメーション映画「狼少年ケンアラビアの怪人魔の谷の決闘」公開。
- 4・29　本多猪四郎監督作品「モスラ対ゴジラ」公開。
- 5・13　アニメーション「トムとジェリー」テレビ放映開始。
- 5・31　鈴木清順監督日活作品「肉体の門」公開。
- 6・7　アニメーション「風のフジ丸」テレビ放映開始。
- 7・25　手塚治虫原作アニメーション虫プロ製作日活配給映画「鉄腕アトム宇宙の勇者」公開。
- 8・3　アニメーション「ビッグX」テレビ放映開始。
- 8・29　中平康監督吉行淳之介原作日活作品「砂の上の植物群」公開。
- 9・14　大竹省二「女優」写真展が富士フォトサロンで開催。
- 9・19　齋藤武市監督日活作品「愛と死をみつめて」公開。
- 12・20　本多猪四郎監督東宝作品「三大怪獣地球最大の決戦」公開。

通信機器・ラジオ・テレビ・コンピュータ・ゲーム

- 1・5　NHK大河ドラマ「赤穂浪士」放送開始。
- 2・23　国鉄が首都圏でコンピュータによる座席予約業務開始。
- 3・1　新東宝とNACが合併してテレビ映画専門制作会社国際放映設立。
- 3・11　警視庁に犯罪捜査効率化のためにコンピュータ室設置。
- 3・25　対米テレビ宇宙中継送信実験に成功。
- 4・1　テレビ朝日で初の朝のワイドショー「木島則夫モーニングショー」放送開始。
- 4・6　NHKでカラー人形劇「ひょっこりひょうたん島」放送開始。
- 4・12　日本科学技術振興財団のテレビ部門として東京12チャンネルが開局。
- 6・19　太平洋横断海底電話用ケーブル開通。
- 7・13　TBSラジオで「全国こども相談室」放送開始。
- 8・20　世界商業通信衛星組織に加盟。
- 9・7　フジテレビがカラー放送開始。
- 9・16　富士山頂に気象レーダーが完成。
- 10・12　民放連がUHF委員会を設置。
- 12・21　放送番組向上委員会が正式発足。
- 12・31　NHK「紅白歌合戦」が海外に初中継。

社会・文化・世相

1～6月

- 1・3　小説「復讐するは我にあり」のモデルともなった初の全国指名手配犯が逮捕。
- 5・1　風俗営業取締法改正公布により深夜営業が規制されることになる。
- 5・21　共産党が党の決定に反し部分的核実験禁止条約を支持した志賀義雄らを除名。
- 6・3　ソウルの学生デモで朴大統領退陣などを要求。
- 6・16　新潟地震で初の液状化現象を確認。
- 6・28　ニューヨークのハーレムで黒人暴動が勃発。
- 6・30　三越でデパート業界初の中元ギフトセンターが開設。

昭和39年

文芸・図書・出版

- 1・20　野上弥生子「秀吉と利休」が中央公論社から刊行。
- 2・5　唐木順三「無常」が筑摩書房から刊行。
- 2・29　島尾敏雄「出発は遂に訪れず」が新潮社から刊行。
- 3・23　講談社から「講談社現代新書」が3冊同時発刊。
- 注　講談社現代新書：「週刊現代」の「現代」を使い「現代新書」として発刊され、最初の発売は、都留重人「経済学はむずかしくない」、南博「現代を生きる心理学」、池田弥三郎「光源氏の一生」の3冊。
- 3・26　双葉社から「オール芸能」創刊。
- 4・28　平凡出版から若者向けの週刊誌「平凡パンチ」創刊。
- 7・10　三浦綾子「氷点」が朝日新聞1000万円懸賞小説に当選。
- 7・27　有害図書などを規制するための青少年健全育成条例を東京都が可決。
- 8・10　柴田翔「されどわれらが日々」が文藝春秋新社から刊行。
- 8・25　大江健三郎「個人的な体験」刊行。
- 9・6　庄野潤三「夕べの雲」が日本経済新聞で連載開始。
- 9・25　安部公房「他人の顔」が講談社から刊行。
- 10・10　竹内好「中国新書1　現代中国論」が勁草書房から刊行。
- 12・9　三浦綾子「氷点」が朝日新聞で連載開始。

漫画・芸能・サブカルチャー

- 2・7　ビートルズが初の訪米。
- 3・1　少年サンデーに「オバケのQ太郎」連載開始。
- 4・1　観光目的の海外渡航が自由化。
- 4・8　国立西洋美術館で「ミロのビーナス展」開催。
- 4・12　TBS系の東芝日曜劇場で前年の大ベストセラー書簡「愛と死をみつめて」を橋田壽賀子が脚本化し前・後編（4・19）に分けて放送。
- 5・9　宝塚歌劇団50周年記念式典開催。
- 6・15　唐招提寺で鑑真没後1200周年記念法会が開かれる。
- 7・7　富士吉田市に富士急ハイランドが開園。
- 7・19　少年キングに「サイボーグ009」連載開始。
- 8・2　F1ドイツグランプリに本田技研がRA271で初参加。
- 9・1　長井勝一によって月刊「ガロ」が青林堂から創刊。
- 9・12　銀座のみゆき族を一斉補導。
- 9・21　東京オリンピック記念100円銀貨が発行。
- 10・3　日本武道館が完成。
- 10・10　大関酒造から「ワンカップ大関」が発売。
- 12・1　「ガロ」に白土三平「カムイ伝」連載開始。
- 12・2　第6回日本レコード大賞で7月5日発売の青山和子「愛と死をみつめて」が大賞受賞。

7～12月

- 7・25　東海道新幹線東京―新大阪間の全線完成。
- 8・2　北爆のきっかけとなったトンキン湾事件勃発。
- 9・3　文部省が大学生急増対策として9学部35学科の新設発表。
- 9・17　東京浜松町と羽田間でモノレール開業。
- 10・1　東海道新幹線開業。
- 10・5　名神高速道路にハイウェイバスが運行。
- 10・10　第18回オリンピック大会が東京で開催。
- 10・16　中国が初の核実験に成功。
- 11・12　米原潜が佐世保に初寄港。

1965年

写真・映画・アニメーション

- 2・28 篠田正浩監督川端康成原作松竹作品「美しさと哀しみと」公開。
- 3・10 市川崑監督記録映画「東京オリンピック」が完成して20日に公開。
- 3・13 増村保造監督有馬頼義原作大映作品「兵隊やくざ」公開。
- 3・20 古沢日出夫原画監督東映動画アニメーション映画「ガリバーの宇宙旅行」公開。
- 4・3 黒澤明監督東宝=黒澤プロ作品「赤ひげ」公開。
- 4・18 石井輝男監督東映作品「網走番外地」公開。
- 6・16 武智鉄二監督第三プロ作品「黒い雪」が猥褻罪容疑でフィルム押収。
- 6・25 8mm協議会が従来の8mmフィルムをダブル8と呼ぶことを決定。
- 7・17 井上端・松本清張「ペンとカメラが綴るオリエント紀行」が池袋西武百貨店で開催。
- 7・31 松竹京都撮影所が閉鎖。
- 8・13 ダゲール写真発明125年記念「人間とはなにか」世界写真展が銀座松屋で開催。
- 8・29 TBSでアニメーション「オバケのQ太郎」放映開始。
- 10・6 フジテレビでアニメーション「ジャングル大帝」放映開始。
- 12・10 UPI通信の沢田教一の「安全への逃避」が世界報道写真展でグランプリ受賞。
- 12・19 本多猪四郎監督東宝作品「怪獣大戦争」で「ゴジラ」がシェーをする。

通信機器・ラジオ・テレビ・コンピュータ・ゲーム

- 2・7 フジテレビが小児マヒ救済の「あゆみの箱」募金チャリティショーを放送。
- 2・14 ダイヤル即時通話網が完成。
- 2・18 TBSで「ベトコンとともに バーチェットの記録」放送。
- 4・9 TBSで連続テレビドラマ「ザ・ガードマン」放送開始。
- 5・9 日本テレビ「ノンフィクション劇場ベトナム海兵大隊戦記第1部」放送で反響。
- 6・11 日本テレビでアクションテレビドラマ「0011ナポレオン・ソロ」放送開始。
- 7・4 東京12チャンネルが経営不振のために午前と午後に放送休止時間帯を設定。
- 8・13 NHKで夏の甲子園を全試合カラー放送実施。
- 9・24 国鉄が「みどりの窓口」を開設し、コンピュータ端末設置。
- 10・24 日本テレビで夏木陽介主演青春連続ドラマ「青春とは何だ」放送開始。
- 11・8 日本テレビでナイトショー番組の草分けとなる「11PM」放送開始。
- 12・9 TBSでアメリカのテレビドラマ「FBI」放送開始。

社会・文化・世相

1～6月

- 1・28 学費値上げ反対で慶應義塾大学で開塾以来初の全学ストライキ。
- 2・7 アメリカの北ベトナム爆撃が開始。
- 2・21 黒人運動指導者マルコムXがニューヨークハーレムで暗殺される。
- 4・1 野村総合研究所が開業してわが国初のシンクタンク設立。
- 4・24 「ベトナムに平和を！市民文化団体連合」が初のデモを挙行。
- 6・6 実業団8チームによる日本サッカーリーグが発足。
- 6・22 日韓基本条約調印。
- 6・29 東京のゴミ捨場「夢の島」でハエが大量発生して江東区一帯を襲う。

昭和40年

文芸・図書・出版	漫画・芸能・サブカルチャー
	1・20　日航が「ジャルパック」を発売し海外旅行大衆化時代の開幕。
2・10　筑摩書房より「明治文学全集」刊行開始。	2・15　歌手ナット・キング・コールが死去(47歳)。
4・20　柳田泉・勝本清一郎・猪野謙二の「座談会大正文学史」が岩波書店から刊行。	3・14　作家戸川幸夫が沖縄で後に「イリオモテヤマネコ」と名づけられる新種を報告。
4・27　岩波新書で杉浦明平「戦国乱世の文学」刊行。	3・18　愛知県犬山市に明治村が開村。
5・20　岩波新書で石井桃子「子どもの図書館」刊行。	4・1　サトウサンペイ「フジ三太郎」が朝日新聞で連載開始。
6・12　家永三郎が教科書検定を違憲として訴訟。	5・31　日産自動車とプリンス自動車が合併に調印。
6・21　大江健三郎「ヒロシマ・ノート」が岩波書店から刊行。	6・6　警視庁が銀座の「アイビー族」を一斉補導に乗り出す。
7・20　山崎豊子「白い巨塔」が新潮社から刊行。	7・25　ボブ・ディランがフォークフェスティバルでエレキでロックを歌い不評。
8・20　岩波新書で加藤秀俊「見世物からテレビへ」刊行。	
8・25　梅崎春生「幻化」が新潮社から刊行。	8・11　帝人が膝上10cmスカート「テイジンエル」発売で国内ミニスカートの始まり。
8・26　民主主義文学同盟創立大会が開催。	
9・16　小島信夫「抱擁家族」が講談社から刊行。	
10・1　光文社から雑誌「宝石」創刊。	10・26　ビートルズにエリザベス女王から勲章授与。
10・30　富永健一「社会変動の理論」刊行。	
11・5　講談社から「われらの文学」全22巻が第18巻「大江健三郎」を第1回配本として刊行開始。	11・17　第1回プロ野球ドラフト会議開催。
注18　「われらの文学」⇒	12・17　韓国政府が日本語講習所の設置を認可。
11・25　阿川弘之「山本五十六」が新潮社から刊行。	12・24　ベトナム戦争でクリスマス休戦。

7～12月

7・1　名神高速道路が全線開通。	10・21　朝永振一郎がノーベル物理学賞を受賞。
7・27　戦後初のサハリン墓参団が稚内港を出港。	
8・1　東京で世界エスペラント大会が46カ国の参加で開催。	
8・19　佐藤栄作首相が首相として戦後初めての沖縄訪問。	12・29　フランス大統領選でド・ゴールが決戦投票により再選。
9・1　インド・パキスタン戦争勃発。	

1966年

写真・映画・アニメーション

- 1・13 佐伯清監督東映作品「昭和残俠伝唐獅子牡丹」公開。
- 1・15 増村保造監督大映作品「刺青」公開。
- 2・5 NETで赤塚不二夫原作アニメーション「おそ松くん」放映開始。
- 2・9 喜劇俳優バスター・キートンが死去（70歳）。
- 4・10 鈴木清順監督日活作品「東京流れ者」公開。
- 5・2 第50回ピューリッツァー賞をカメラマン沢田教一がベトナムの戦場写真「安全への逃避」で受賞。
- 6・14 オーソン・ウェルズ監督主演作品「市民ケーン」が製作25年後に日本公開。
- 7・15 「現代の写真個人展」を東京国立近代美術館で開催。
- 7・30 ショーン・コネリー主演の映画「007は二度死ぬ」日本ロケが始まる。
- 9・30 日本看護協会が増村保造監督「赤い天使」の上映中止を大映に要望。
- 10・15 山本薩夫監督山崎豊子原作大映作品「白い巨塔」公開。
- 12・15 ウォルト・ディズニーが死去（65歳）。
- 12・16 沢田教一が世界新聞写真コンテスト展でニュース写真部門第1位受賞。
- 12・17 本多猪四郎監督東宝作品「ゴジラ・エビラ・モスラ　南海の大決闘」公開。

通信機器・ラジオ・テレビ・コンピュータ・ゲーム

- 1・2 円谷プロとTBSの共同制作で初の怪獣特撮ドラマ「ウルトラQ」スタート。
- 2・1 TBSで「奥様は魔女」放送開始。
- 3・6 日本テレビで世界初のカラー・スポットコマーシャルの放送開始。
- 3・31 カラーテレビ用マイクロ回線の全国ネットが完成。
- 4・1 書籍小包を創設。
- 4・3 NETで「題名のない音楽会」放送開始。
- 4・4 NHKで連続テレビ小説「おはなはん」放送開始。
- 4・5 京都大学に大型計算機センターが設置。
- 5・5 フジテレビで「ハリスの旋風」放送開始。
- 5・15 演芸番組「笑点」放送開始。
- 7・17 TBSで特撮ドラマ「ウルトラマン」放送開始。
- 9・22 NHKと日本コロムビアが16㎜白黒フィルムでカラー画像を送る方式発表。
- 10・3 ラジオ関東で初の終夜放送「オールナイト・パートナー」放送開始。
- 11・24 通産省が家電4社の日立・松下・三洋・早川にカラーテレビの値下げを要請。
- 12・4 TBSで浪花下町未亡人ドラマ日曜劇場「天国の父ちゃんこんにちは」放送。

社会・文化・世相

1〜6月

- 1・15 福島県の炭鉱閉山の跡地に常磐ハワイアンセンターがオープン。
- 1・18 学費値上げ問題から早稲田大学で学生ストライキによる「早大紛争」起きる。
- 2・3 ソ連の「ルナ9号」が月面軟着陸に成功して月面写真を送信。
- 2・27 第1回物価メーデーで「お嫁に行けない物価高」のプラカードが話題となる。
- 3・31 住民登録の総人口が1億人を突破。
- 4・26 戦後最大の交通ゼネストで私鉄10社の24時間ストと国労などが時限スト。
- 5・28 中国共産党が中央文化革命小組を設立して文化大革命が正式に始まる。
- 6・28 三里塚芝山連合空港反対同盟が結成。

昭和41年

文芸・図書・出版

2・10	文藝春秋版「現代日本文学館」全43巻全てを現代仮名遣い統一で発刊。
注19	「現代日本文学館」⇒
3・1	瀬戸内晴美「美は乱調にあり」が文藝春秋社から刊行。
3・30	遠藤周作「沈黙」が新潮社から刊行。
4・20	木戸日記研究会「木戸幸一日記」発刊。
4・30	清水幾太郎「現代思想」上下が刊行。
4・30	神谷美恵子「生きがいについて」刊行。
5・1	グラビア映画月刊雑誌「スクリーン」が集英社から創刊。
5・10	高橋和巳「孤立無援の思想」が河出書房新社から刊行。
6・1	「日本彫刻史基礎資料集成」刊行開始。
6・30	立原正秋「鎌倉夫人」、新潮社から刊行。
9・18	サルトルとボーボワールが来日。
10・20	岩波新書で千田是也「演劇入門」刊行。
10・25	井伏鱒二「黒い雨」が新潮社から刊行。
11・4	伝記編纂委員会編「井上毅伝　史料編」発刊。
11・15	集英社から「週刊プレイボーイ」創刊。
12・24	「週刊少年マガジン」が100万部を突破。

漫画・芸能・サブカルチャー

1・2	長谷川町子「意地悪ばあさん」が週刊サンデー毎日で連載開始。
1・10	インスタントラーメン「サッポロ一番」がサンヨー食品から発売。
4・7	日産自動車が若者向け大衆普通車「ダットサン・サニー1000」発売。
4・20	新星社発行で隔週刊の「漫画情報」が日晴社から創刊発売。
5・15	週刊少年マガジンで「巨人の星」連載開始。
5・20	キッコーマンが薄口醤油を発売。
6・20	隔週刊行の「漫画紳士」が三皇社から創刊。
6・29	イギリスのロックグループ、ビートルズ来日。
7・5	石ノ森章太郎の単行本漫画「サイボーグ009」第1巻が秋田書店から刊行。
9・7	インスタントラーメン「チャルメラ」が明星食品から発売。
9・20	日比谷に帝国劇場が新築開場。
10・3	ライオン油脂から「ママレモン」発売。
10・20	トヨタ自動車が大衆普通車「トヨタカローラ1100」発売。
11・1	東京と千代田区に国立劇場が開場。
12・4	日本航空が客室乗務員を「ホステス」から「スチュワーデス」に変更。

7〜12月

7・11	広島市議会が原爆ドームの永久保存を決議。
7・25	日本原子力発電東海発電所が原発としては初の商業運転を開始。
8・18	北京天安門広場で紅衛兵が100万人集会。
10・1	東京都の吉原が千束と町名変更。
11・15	九州大学や富山大学などが女子学生の入学を制限すると発表。
11・16	中村武志を会長に東京間借人協会が発足。
12・17	中核派・社学同・社青同解放派によって三派全学連を結成。
12・20	東京地裁が結婚退職制は違憲との判決を出す。

1967年

写真・映画・アニメーション

- 1・14　野口晴康監督日活ヒット歌謡作品「夢は夜ひらく」公開。
- 2・25　重森弘滝の「写真芸術論」が美術出版社から刊行。
- 3・19　大工原章作画監督東映動画アニメーション映画「少年ジャックと魔法使い」公開。
- 4・2　フジテレビで手塚治虫原作のアニメーション「リボンの騎士」放映開始。
- 4・22　野口晴康監督日活特撮作品「大巨獣ガッパ」公開。
- 6・2　新宿京王百貨店で共同通信社主催「号外と写真で見る明治百年展」開催。
- 7・1　映画評論7月号でアントニオーニとゴダールの特集。
- 7・8　マキノ雅弘監督東映作品「昭和残?伝血染の唐獅子」公開。
- 7・21　森川信英動画監督第一動画アニメーション映画「黄金バット」公開。
- 7・22　本多猪四郎監督映画東宝作品「キングコングの逆襲」公開。
- 7・28　日本光学創立50周年記念式典開催。
- 8・26　齋藤武市監督日活GS歌謡作品「ザ・スパイダースのゴーゴー向う見す作戦」公開。
- 11・9　米軍押収の原爆記録映画が返還されて翌4月20日にNHKが放送。
- 11・24　旭光学「アサヒペンタックスSP」広告で第10回広告賞受賞。

通信機器・ラジオ・テレビ・コンピュータ・ゲーム

- 1・28　国際電電会社が静止通信衛星による日米間のテレビと電話の中継営業開始。
- 3・7　TBSでイタリアの人形劇テレビドラマ「トッポ・ジージョ」放送開始。
- 4・3　NHKで平岩弓枝原作のテレビドラマ「旅路」放送開始。
- 4・8　NETで山崎豊子原作のテレビドラマ「白い巨塔」放送開始。
- 8・1　TBSラジオが「パック・イン・ミュージック」など終夜生放送開始。
- 10・4　NETでドラマ「インベーダー」放送開始。
- 10・6　TBSで人気バンド主演アメリカの音楽ドラマ「ザ・モンキーズ」放送開始。
- 10・30　TBSで「ハノイ田英夫の証言」を放送。
- 11・1　郵政省がUHFテレビ局の15社16局に予備免許。
- 12・14　ソニーがCBS社と折半出資でCBSソニーレコード社設立を発表。
- 12・16　早川電機からICを使用した電卓「シャープコンペット」発売。
- 12・22　沖縄放送協会が沖縄本島でのテレビ本放送開始。
- 12・31　テレビ受信契約が2000万を突破。

社会・文化・世相

1〜6月

- 1・12　買血を全廃することが決定。
- 2・4　厚生省より政府による初の原爆被爆者実態調査結果を発表。
- 2・6　アメリカ軍がベトナムで枯れ葉作戦開始。
- 2・11　初の建国記念日で各所で抗議行動。
- 4・5　富山県の神通川流域イタイイタイ病は三井金属神岡鉱業所の廃水が原因と発表。
- 4・15　東京都知事に美濃部亮吉が当選。
- 6・2　大阪の釜ヶ崎で暴動が勃発。
- 6・5　第3次中東戦争勃発。
- 6・17　中国が初の水爆実験。

昭和42年

文芸・図書・出版

- 1・1　大佛次郎「天皇の世紀」を朝日新聞に連載開始。
- 1・10　芳賀書店から住谷悦治らの編集で「講座日本社会思想史」全6巻刊行開始。
- 1・20　岩波新書で高木市之助「国文学五十年」刊行。
- 2・5　有吉佐和子「華岡青洲の妻」が新潮社から刊行。
- 3・1　「英語に強くなる本」の岩田一男が「英単語記憶術」をカッパブックスで刊行。
- 4・10　三笠書房「現代の演劇」第7巻として「ラジオ・テレビのドラマと芸能」刊行。
- 6・23　家永三郎東京教育大教授が教科書検定不合格処分取り消しの訴訟を起こす。
- 7・15　丸山健二「夏の流れ」が文藝春秋社から刊行。
- 9・10　金石範「鴉の死」刊行。
- 9・29　朝日新聞に本多勝一と藤木高嶺記者の「戦場の村」連載開始。
- 10・8　陳舜臣「阿片戦争」刊行。
- 10・25　野坂昭如「受胎旅行」が新潮社から刊行。
- 12・15　五木寛之「青年は荒野をめざす」が文藝春秋社から刊行。
- 12・20　松本俊夫「表現の美学」が三一書房から刊行。

漫画・芸能・サブカルチャー

- 1・1　手塚治虫が月刊誌「COM」を虫プロ商事から創刊。
- 1・5　雑誌「月刊タウン」がアサヒ芸能出版社から創刊。
- 3・3　新婚旅行専用列車「ことぶき号」が大阪駅から宮崎へ出発。
- 4・8　富士スピードウェイで富士24時間レースが開催されてトヨタ2000GTが優勝。
- 4・20　サントリーからわが国初のビン詰生ビール「純生」発売。
- 5・30　東洋工業から世界初のロータリーエンジン搭載車「コスモスポーツ」発売。
- 7・14　リカちゃん人形がタカラから発売。
- 8・1　資生堂から男性用ブランド化粧品「MG5」シリーズ発売。
- 8・5　唐十郎の「状況劇場」が新宿花園神社で上演。
- 8・10　青年漫画誌「週刊漫画アクション」が双葉社から創刊。
- 9・30　貝塚ひろしの単行本漫画「ゼロ戦レッド」が秋田書店から刊行。
- 10・1　大阪梅田の阪急デパートで阪急ブレーブス球団初優勝記念バーゲンセール。
- 10・18　ミニスカートの女王ツイッギーが来日。
- 12・5　ブルー・コメッツ「ブルー・シャトウ」が第9回日本レコード大賞受賞。
- 12・25　ザ・フォーク・クルセダーズ「帰ってきたヨッパライ」のレコード発売。

7～12月

- 7・1　EC(ヨーロッパ共同体)が成立。
- 8・3　公害対策基本法公布。
- 8・17　東京の山谷で暴動が勃発。
- 9・1　四日市ぜんそく患者9人が石油会社を提訴、初の大気汚染公害訴訟。
- 9・16　原理運動対策全国父母の会結成。
- 10・21　ワシントンで10万人のベトナム反戦集会。
- 10・31　吉田茂元首相の国葬が行なわれる。
- 12・3　南アフリカのバーナード博士らが世界初の心臓移植手術を実施。

1968年

写真・映画・アニメーション

- 1・22　キヤノンの田中清吉がレンズ研磨で労働者第1回優秀技術者賞受賞。
- 3・19　大工原章作画監督井上ひさし・山元護久脚本東映動画アニメーション映画「アンデルセン物語」公開。
- 3・30　読売テレビでアニメーション「巨人の星」放映開始。
- 4・3　ＮＥＴで石ノ森章太郎原作漫画のアニメーション「サイボーグ009」放映開始。
- 4・11　映画「2001年宇宙の旅」公開。
- 5・18　カンヌ映画祭に中止を求める映画監督ゴダールが乱入する。
- 6・1　日本の写真家協会主催「写真100年─日本人による写真表現の歴史」展が池袋西武百貨店で開催。
- 7・21　大塚康生作画監督高畑勲演出東映動画アニメーション映画「太陽の王子ホルスの大冒険」公開。
- 8・5　ＵＰＩ通信の酒井淑夫の写真「よりよきころの夢」がピューリッツァー賞受賞。
- 10・1　篠山紀信「誕生」写真展が銀座ニコンサロンで開催。
- 10・22　岡本喜八監督ＡＴＧ作品「肉弾」公開。
- 10・25　フィルムアート社から「季刊ＦＩＬＭ」創刊。
- 12・19　北村秀敏監督東映特撮作品「河童の三平妖怪作戦」公開。

通信機器・ラジオ・テレビ・コンピュータ・ゲーム

- 1・7　ＮＨＫ大河ドラマとして司馬遼太郎原作「竜馬がゆく」放送開始。
- 1・31　ＴＢＳで坂口三千代の同名エッセイを基に「クラクラ日記」放送開始。
- 3・22　全国の郵便番号を告示し7月1日から施行。
- 4・1　周波数の単位名称が「サイクル」から「ヘルツ」に変更。
- 4・4　ＴＢＳでドラマ「肝っ玉かあさん」放送開始。
- 4・15　カラーテレビ受像方式でトリニトロンをソニーが開発。
- 4・26　この日が「放送広告の日」となる。
- 7・1　電電公社が東京都区内でポケットベル・サービスを開始。
- 7・23　バラエティー番組「コント55号の世界は笑う」放送開始。
- 8・12　岐阜放送が初の民放ＵＨＦ局として放送開始。
- 8・16　電電公社がデータ通信サービス開始。
- 10・13　わが国初の都市有線テレビ会社、日本ケーブルビジョン放送網が業務開始。
- 11・4　フジテレビで歌番組「夜のヒットスタジオ」放送開始。
- 11・19　日本電気と日本板硝子が光ファイバーを開発。
- 11・28　東京国際郵便局開局。

社会・文化・世相

1～6月

- 1・14　南極観測船「ふじ」が初の南極大陸接岸。
- 1・19　原子力空母「エンタープライズ」が佐世保寄港。
- 3・15　東急不動産が業界初の買換えローンを新設。
- 4・4　アメリカ黒人指導者キング牧師暗殺。
- 4・5　小笠原諸島返還日米協定調印。
- 4・12　東京都千代田区に地上36階の初の高層「霞が関ビル」完成。
- 4・25　東名高速道路が営業開始。
- 5・3　仏・パリ大学で学生らによる五月革命。
- 5・27　日本大学で議長秋田明大の全学共闘会議が結成される（日大紛争）。
- 6・10　大気汚染防止法と騒音規制法が公布。
- 6・15　文化庁が発足。
- 7・2　東大安田講堂がバリケード封鎖。

昭和43年

文芸・図書・出版

- 2・20　磯田光一「パトスの神話」が徳間書店から刊行。
- 2・25　松本清張がルポ「この目で見たハノイ」を「週刊朝日」で連載開始。
- 4・15　桶谷秀昭が初期の批評の方法論を確立させた「近代の奈落」を国文社から刊行。
- 4・27　岩波新書で中村光夫「日本の現代小説」刊行。
- 5・1　J・M・ドムナック「構造主義とは何か」の翻訳がサイマル出版会から刊行。
- 6・1　平凡出版から男性若者向け雑誌「Pocketパンチoh!」創刊。
- 6・11　少女向け週刊雑誌「セブンティーン」が集英社から創刊。
- 7・1　交通タイムス社から自動車情報誌「CARトップ」創刊。
- 7・31　柄谷行人「マルクス その可能性の中心」が講談社から刊行。
- 10・25　フィルムアート社から「季刊フィルム」創刊。
- 10・30　井上靖「おろしや国粋夢譚」が文藝春秋社から刊行。
- 11・1　安岡章太郎「志賀直哉私論」が文藝春秋社から刊行。
- 12・1　池波正太郎「鬼平犯科帳」が文藝春秋社から刊行。
- 12・5　大西巨人「神聖喜劇」第1部が光文社カッパ・ノベルスで刊行。
- 12・10　川端康成がノーベル文学賞を受賞。

漫画・芸能・サブカルチャー

- 1・1　週刊少年マガジンで「あしたのジョー」連載開始。
- 1・9　東京五輪マラソン銅メダリスト円谷幸吉が「これ以上走れない」と遺書を残し自殺。
- 2・2　大塚食品工業が「ボンカレー」を日本初のレトルト食品として発売。
- 4・1　小学館から月刊「ビッグコミック」創刊。
- 5・8　河出書房新社から漫画雑誌「カラーコミックス」創刊。
- 5・11　京王帝都電鉄に関東私鉄初の冷房通勤車登場。
- 6・1　秋田書店から漫画雑誌「プレイコミック」創刊。
- 6・23　東京草月ホールで日米のCM140本の上映会開催。
- 7・25　明治製菓がコーンを使ったスナック菓子「明治カール」を首都圏発売。
- 8・1　集英社から月2回発行の漫画雑誌として「少年ジャンプ」創刊。
- 9・30　ザ・モンキーズが来日。
- 10・1　国鉄が首都圏と関西圏を中心に乗車券自販機を設置。
- 11・10　東京・日比谷公会堂でのGSのオックス公演でファン30人が失神し公演中止。
- 11・29　小学館「ビックコミック」新年号にさいとうたかをを「ゴルゴ13」第1話掲載。

7～12月

- 7・7　参議院選挙で青島幸男や今東光らのタレント候補が当選。
- 8・8　札幌医大和田寿郎教授による日本初の心臓移植手術が行なわれる。
- 10・21　国際反戦デー統一行動で反日共系学生が新宿駅を占拠して騒乱罪適用。
- 10・23　明治百年記念式典が行なわれる。
- 10・31　ジョンソン大統領が北爆全面停止を発表。
- 12・10　府中市で現金輸送車から3億円が白バイ警官に変装した男に奪われる。
- 12・17　日本サラリーマンユニオンが結成。
- 12・21　米宇宙船「アポロ8号」打ち上げで初めて月面をテレビ中継。
- 12・29　学園紛争のために東大の昭和44年度入学試験が中止と決定。

1969年

写真・映画・アニメーション

- 2・1 今井正監督住井すゑ原作ほるぷ映画作品「橋のない川」公開。
- 3・1 黒木和雄監督黒木プロ作品「キューバの恋人」公開。
- 3・4 日本橋高島屋で第10回カメラショー開催。
- 3・18 森康二作画監督東映動画アニメーション映画「長靴をはいた猫」公開。
- 5・1 写真評論社から「季刊写真映像」創刊。
- 5・24 篠田正浩監督ATG作品「心中天網島」公開。
- 6・3 千代田区公会堂で著作権確立期成第3回全国写真家大会開催。
- 8・9 ビバリーヒルズのポランスキー監督宅で女優シャロン・テートらが惨殺。
- 8・25 TBS「映画黒澤明シリーズ」で「七人の侍」他5週全5本がノーカットで放映。
- 8・27 山田洋次監督松竹作品「男はつらいよ」シリーズの第1作目公開。
- 10・5 フジテレビでトーベ・ヤンソン原作のアニメーション「ムーミン」放映開始。
- 10・13 アサヒカメラ「復刊20周年記念フェスティバル」開催。
- 10・15 オリンパス光学創立50周年祝典開催。
- 11・28 旭光学創立50周年式典開催。
- 12・20 本多猪四郎監督東宝作品「ゴジラ・ミニラ・ガバラ オール怪獣大進撃」公開。

通信機器・ラジオ・テレビ・コンピュータ・ゲーム

- 1・1 ステレオサウンド社から雑誌「テープサウンド」創刊。
- 1・5 NHKで海音寺潮五郎原作の大河ドラマ「天と地と」放送開始。
- 3・31 TBSで新宿中村屋の創設者夫婦をモデルにしたドラマ「パンとあこがれ」放送開始。
- 5・16 公衆電話が3分間での料金制となる。
- 5・17 押しボタン式電話機「プッシュホン」が東京ほかの大都市に登場。
- 6・22 TBSでスポーツ根性もののドラマ「柔道一直線」放送開始。
- 7・21 アポロ11号のアームストロング船長月面歩行を各局が中継放送。
- 8・2 NHKでベテラン歌手が懐かしい歌を披露する「思い出のメロディー」初放送。
- 8・4 TBSで「水戸黄門」放送開始。
- 10・4 TBSでドリフターズの「8時だヨ!全員集合」放送開始。
- 10・7 日本テレビでショートギャグ番組「巨泉・前武ゲバゲバ90分!」放送開始。
- 10・29 ベータ規格のソニーとVHS規格の松下電器が家庭用ビデオを発表。
- 12・24 民法初のFM局として愛知音楽エフエム放送が開局。

社会・文化・世相

1〜6月

- 1・18 東大安田講堂で占拠学生と機動隊との攻防戦。
- 1・24 美濃部亮吉東京都知事が都営ギャンブル廃止を発表。
- 4・7 東京などで4人が殺された連続ピストル射殺事件で永山則夫を逮捕。
- 4・15 「水俣病を告発する会」発足。
- 5・2 交通遺児育英会が設立。
- 5・16 政府が自主流通米制度導入を決定。
- 6・12 日本初の原子力船「むつ」が進水。

昭和44年

文芸・図書・出版

- 1・25　渡辺淳一の短編集「ダブル・ハート」が文藝春秋社から刊行。
- 2・25　タブロイド判で駅売り専門の夕刊紙「夕刊フジ」創刊。
- 4・8　佐藤愛子「戦いすんで日が暮れて」が講談社から刊行。
- 5・30　佐伯彰一「内と外からの日本文学」が新潮選書で新潮社から刊行。
- 7・1　文藝春秋社から雑誌「諸君」創刊。
- 8・10　庄司薫「赤頭巾ちゃん気をつけて」が中央公論社から刊行。
- 8・22　小学館から「週刊ポスト」創刊。
- 9・7　ニューヨークタイムズがソンミ虐殺のAP配信の記事掲載。
- 10・30　尾崎秀樹「大衆文学五十年」が講談社から刊行。
- 11・3　三島由紀夫主宰の「楯の会」が結成1周年記念パレードを行なう。
- 12・10　劇作家サミュエル・ベケットがノーベル文学賞受賞。
- 12・25　進藤純孝「日本の作家」が毎日新聞社から刊行。

漫画・芸能・サブカルチャー

- 4・1　パチンコの連発式が正式認可。
- 4・14　白井晟一設計の親和銀行本店が佐世保市に完成。
- 5・9　青年向け雑誌「ジョーカー」が集英社から創刊。
- 5・18　バーンスティンがニューヨークフィルの終身名誉指揮者として引退。
- 5・31　筑摩書房「現代漫画」第1巻より配本開始。
- 注20　「現代漫画」⇒
- 6・6　サッポロビールからわが国初の低アルコールビール「サッポロライト」発売。
- 6・29　新宿駅西口地下広場の反戦フォークソング集会に7000人参加し機動隊出動。
- 8・10　秋田書店から当初隔週発行の「少年チャンピオン」創刊。
- 8・15　ニューヨーク市北部ウッドストックで40万人が集まりロックフェスティバル。
- 10・29　人工甘味料チクロの使用を厚生省が禁止。
- 11・10　アメリカで「セサミストリート」放送開始。
- 11・23　池袋に「パルコ」開店。
- 12・6　日本広告学会が発足。

7〜12月

- 7・1　東京地裁で女性の30歳定年制は男女差別と無効判決。
- 7・20　アメリカの「アポロ11号」が月に着陸し人類が初めて月面を歩く。
- 9・3　北ベトナム大統領ホー・チ・ミンが死去（79歳）。
- 10・6　千葉県松戸市役所で市民の苦情処理のため「すぐやる課」発足。
- 10・7　文部省が高校生の政治的な校外デモや集会を禁止。
- 10・10　ベ平連や全国全共闘連合など新左翼各派が初の統一行動。
- 11・5　大菩薩峠で武闘訓練中の赤軍派53人を警視庁が逮捕。
- 12・1　住友銀行がわが国初の現金自動支払機を設置。

1970年

写真・映画・アニメーション

- 1・1　日活が本社ビルを三菱地所に70億円で売却発表。
- 1・24　アメリカ映画「イージーライダー」日本公開。
- 1・25　円谷英二映画監督が死去(68歳)。
- 2・10　岩波ホールで講座「映画で見る日本文学史」開講。
- 3・10　神近市子が映画「エロス＋虐殺」をプライバシー侵害で上映禁止申請。
- 4・1　フジテレビでちばてつや原作アニメーション「あしたのジョー」放映開始。
- 4・1　日本最初の国際映画祭が大阪で開幕。
- 5・27　東京国立近代美術館フィルムセンターが発足。

- 8・14　山本薩夫監督日活作品「戦争と人間・第1部」公開。
- 9・14　「ライフ写真講座」全8巻刊行記念写真展が大手町タイム・ライフビルで開催。
- 9・26　コロンビア大学の学生紛争を描いた映画「いちご白書」日本公開。
- 10・24　山田洋次監督松竹作品「家族」公開。
- 10・29　カンボジアで報道カメラマン沢田教一の射殺死体が発見。
- 10・31　黒澤明監督東宝＝四騎の会作品「どですかでん」公開。
- 11・12　臼坂礼次郎監督大映作品「おさな妻」公開。

通信機器・ラジオ・テレビ・コンピュータ・ゲーム

- 1・1　ＮＥＴ系ニュースネットワークＡＮＮが発足して民放テレビ4系列になる。
- 1・4　ＮＨＫで大河ドラマ「樅ノ木は残った」放送開始。
- 1・13　都市部受信障害解消を目的に「東京ケーブルビジョン」発足。
- 2・4　ＴＢＳでドラマ「時間ですよ」放送開始。
- 2・12　シャープが液晶ＬＳＩ使用の電卓を発売。
- 2・16　ＴＢＳが番組制作を外注化。
- 3・26　初のコンピュータ技術者国家認定試験実施。
- 4・2　ＴＢＳでホームドラマ「ありがとう」放送開始。
- 4・26　関東地区初の民放ＦＭ局としてエフエム東京が開局。
- 7・6　民法7社の音楽プロデューサーが「放送音楽プロデューサー連盟」を結成。
- 8・24　ウィスコンシン大学校舎が反戦過激派に爆破されてコンピュータも破壊。
- 9・11　カラーテレビの二重価格問題で消費者5団体が値下げ要求。
- 9・18　電電公社が「キャッチホン」のサービスを開始。
- 9・29　ラブコメディーのテレビドラマ「おくさまは18歳」放送開始。
- 10・3　「どっきりカメラ」放送開始。
- 11・3　アメリカが日本製チューナーにダンピング税賦課。
- 12・2　東京でコンピュータ診断による結婚相手を決める仲人連盟創業。

社会・文化・世相

1～6月

- 1・19　学校給食に米飯が認められる。
- 2・11　わが国初の人工衛星「おおすみ」の打ち上げに成功。
- 3・14　日本万国博覧会が大阪千里丘陵で開会。
- 3・31　赤軍派が日航機「よど号」をハイジャックし北朝鮮入りする。
- 4・20　東京の消費者物価が世界一となる。
- 6・23　反安保闘争で全国132の大学が授業放棄。

昭和45年

文芸・図書・出版

- 2・20　カール・パヴェーク「視覚時代」が大久保良一他の訳で美術出版社から刊行。
- 3・3　平凡出版から女性史「anan」創刊。
- 3・10　開高健らによる季刊「人間として」創刊。
- 3・25　奥野健男の中公新書「日本文学史 - 近代から現代へ」が中央公論社から刊行。
- 4・13　色川大吉「明治の文化」が岩波書店から刊行。
- 4・15　カッパ・ブックスの光文社で労使紛争のため神吉晴夫社長退任。
- 4・28　著作権改正法が成立し著作権保護期間が「死後50年」に延長。
- 6・1　集英社から文芸誌「すばる」創刊。
- 6・2　韓国で詩人の金芝河が逮捕される。
- 6・15　広末保「悪場所の発想」刊行。
- 7・30　大江健三郎「核時代の想像力」刊行。
- 8・20　江藤淳「漱石とその時代」第1部を新潮選書として刊行。
- 10・5　吉田健一「ヨオロッパの世紀末」刊行。
- 11・22　評論家大宅壮一が死去(70歳)。
- 11・25　三島由紀夫が楯の会会員と市ヶ谷自衛隊駐屯地でクーデターを呼びかけた後自殺。
- 12・7　アメリカのタブロイド判朝刊紙「デーリー・ミラー」創刊。
- 12・10　ソ連の反体制作家ソルジェニーツィンがノーベル文学賞受賞。

漫画・芸能・サブカルチャー

- 1・7　日本の喜劇王榎本健一が死去(65歳)。
- 1・19　毎日新聞社説「子供とハレンチ・マンガ」など漫画の性表現に批判が集中する。
- 1・20　東京人形町の寄席「末広亭」が閉館する。
- 2・1　チクロ入りのジュース等販売禁止で駄菓子屋の飲料が値上がり。
- 2・26　ミュージカル「ヘアー」が出演者の大麻逮捕で公演中止。
- 3・24　マンガ「あしたのジョー」の登場人物力石徹の死を悲しむファンたちとの追悼式。
- 4・10　ビートルズが解散を正式発表。
- 4・17　デザイナーの高田賢三がパリでデビュー。
- 6・24　秋田書店の「少年チャンピオン」が週刊化で「週刊少年チャンピオン」に変更。
- 7・6　放送音楽プロデューサー連盟を結成して「日本歌謡大賞」新設。
- 7・14　閣議により日本の呼称を「ニッポン」に統一決定。
- 8・2　東京各繁華街のメインストリートで初の歩行者天国実施。
- 9・1　数学者広中平祐がフィールズ賞受賞。
- 10・10　首都圏最後のD51形蒸気機関車が東京―横浜間でさよなら運転。
- 10・12　宇井純らが東大で公開自主講座「公害原論」を開始。
- 10・14　国鉄が「ディスカバー・ジャパン」の観光キャンペーンを開始。
- 11・5　漫画の歴史と現状に言及した藤島宇策「マンガ亡国」が毎日新聞社から刊行。

7～12月

- 7・17　静岡の田子の浦でヘドロ公害が問題となる。
- 7・18　東京杉並区の高校で女生徒41人が光化学スモッグで倒れる。
- 7・27　東京で初の光化学スモッグ注意報が出される。
- 8・30　植村直己が北米マッキンリーの単独登頂に成功し世界初の5大陸最高峰を征服。
- 9・22　アメリカで大気汚染防止法が可決。
- 10・19　静岡の狩野川で抗生物質流出により20万匹の魚が死ぬ。
- 11・14　東京でウーマンリブ第1回大会。
- 12・1　イタリアで離婚法が成立。

1971年

写真・映画・アニメーション

- 2・13　松本俊夫監督ＡＴＧ作品「修羅」公開。
- 3・5　東陽一監督東プロダクション作品「やさしいにっぽん人」公開。
- 3・8　ハロルド・ロイドが死去（77歳）。
- 3・20　森康二作監督東映動画アニメーション映画「動物宝島」公開。
- 4・1　日本ポラロイド社からカラーパック80カメラが発売。
- 4・24　寺山修司原作監督脚本のＡＴＧ作品「書を捨てよ、町へ出よう」公開。
- 5・31　渡辺義雄を会長に日本写真著作権協会設立。
- 6・5　大島渚監督ＡＴＧ作品「儀式」公開。
- 7・24　森崎東監督松竹作品「喜劇女いきてます」公開。
- 8・25　藤田敏八監督日活作品「八月の濡れた砂」公開。
- 9・25　よみうりテレビで赤塚不二雄原作アニメーション「天才バカボン」放映開始。
- 9・30　写真家白川義員が写真無断使用による著作権侵害でマッド・アマノを告訴。
- 10・24　日本テレビでアニメーション「ルパン三世」放映開始。
- 11・20　日活ロマンポルノ第１作として西村昭五監督「団地妻・昼下がりの情事」公開。
- 11・29　大映が従業員全員に解雇通告。
- 12・22　黒澤明監督自殺未遂。
- 12・23　大映が累積赤字58億円で倒産。

通信機器・ラジオ・テレビ・コンピュータ・ゲーム

- 1・11　通産省が家電メーカーにカラーテレビの15％値下げを指示。
- 1・17　ニューヨークと日本間のダイヤル即時通話スタート。
- 1・23　ＴＢＳのザ・ドリフターズ「8時だョ！全員集合」が視聴率50％超える。
- 3・1　音楽之友社から「週刊ＦＭ」創刊。
- 4・1　フジテレビがドラマや芸能番組の製作を系列のプロダクションに委託。
- 4・3　毎日放送で特撮テレビ番組「仮面ライダー」放送開始。
- 5・12　西ドイツのバード・ミュンスターアイフェルに世界最大の電波望遠鏡完成。
- 5・26　東京12チャンネルの昼の番組でテレビ通信販売を高島屋が開始。
- 8・16　日本短波放送で放送大学の実験放送開始。
- 8・24　日本テレビから黒澤明監督の構成による「火曜スペシャル　馬の詩」放送。
- 10・2　日本テレビで萩本欽一司会タレントスカウト番組「スター誕生！」放送開始。
- 10・10　ＮＨＫ総合テレビが全時間をカラー化。
- 11・25　ＮＨＫカラー受信契約が１千万を超える。
- 12・31　民放全83テレビ局で初のフルネット「ゆく年くる年」放送。

社会・文化・世相

1〜6月

- 1・25　ウガンダでクーデターが起こりアミンが政権掌握。
- 2・16　道路交通法が改正されて歩行者保護と罰則が強化。
- 2・22　千葉成田の新東京国際空港予定地で強制執行。
- 3・7　国鉄「やまて線」となっていた山手線呼称を「やまのて線」に統一。
- 3・26　東京・多摩ニュータウンで第１次入居が開始。
- 4・20　郵便創業100年記念式典が挙行。
- 5・14　若い女性8名を誘拐殺害した大久保清が逮捕。
- 6・5　新宿副都心の超高層ビル第１号として京王プラザホテルが開業。

昭和46年

文芸・図書・出版

- 1・10　佐々木基一「映像論」勁草書房刊。
- 3・1　東京の世田谷に「大宅壮一文庫」開館。
- 3・19　ヌード写真の表紙と赤瀬川原平イラストの「朝日ジャーナル」回収。
- 5・4　「日経流通新聞」創刊。
- 5・10　"政治の季節"に自殺した学生高野悦子の手記「二十歳の原点」が新潮社から刊行。
- 5・20　講談社から「大衆文学大系」全30巻別巻1刊行開始。
- 注21　**大衆文学大系**⇒
- 5・24　「青鞜」を創刊した婦人運動家平塚らいてうが死去(85歳)。
- 5・25　集英社から「non-no」創刊。
- 6・13　ニューヨーク・タイムズが入手した国防総省ベトナム秘密報告書を掲載開始。
- 7・1　講談社が創業60周年記念事業として「講談社文庫」55点刊行。
- 7・15　都留重人らによる季刊「公害研究」創刊。
- 8・20　大島渚「魔と残酷の発想」が芳賀書店から刊行。
- 9・1　公正取引委員会がオープン懸賞広告に関する告示を実施する。
- 10・21　志賀直哉が死去(88歳)。
- 10・30　岩波新書で岩崎昶「現代映画芸術」刊行。
- 11・27　大岡昇平が芸術院会員を辞退。
- 11・30　河出書房新社から「新鋭作家叢書」刊行開始。
- 12・10　谷川義雄「ドキュメンタリー映画の原点」が日本保育新聞社から刊行。

漫画・芸能・サブカルチャー

- 1・10　デザイナーのシャネルが死去(87歳)。
- 4・1　小学校の国語科に書写が必須となる。
- 4・28　東名高速道路の東京と神戸間に国鉄バス夜行便「ドリーム号」運行開始。
- 5・2　大阪天王寺野音で第1回春一番コンサート開催。
- 5・10　会員販売の地婦連100円化粧品「ちふれ」がデパートやスーパーで販売開始。
- 5・14　大相撲の横綱大鵬が30歳で引退。
- 6・5　朝日麦酒がわが国初のアルミ缶ビール350mlを95円で発売。
- 6・18　第1回赤い鳥文学賞に椋鳩十と松谷みよ子の作品。
- 7・20　マクドナルドが東京銀座に1号店をオープン。
- 9・18　日清食品が容器に熱湯を注ぐだけで食べられる「カップヌードル」発売。
- 10・11　日本コカ・コーラが「スプライト」発売。
- 11・19　日比谷公園にあるレストラン松本楼が学生の放火で全焼。
- 12・15　代々木に人形劇専門劇場「プーク人形劇場」開場。

7〜12月

- 7・1　環境庁が発足。
- 8・9　大阪で初の光化学スモッグ注意報が出される。
- 10・1　第一銀行と日本勧業銀行が合併し第一勧業銀行が発足。
- 11・10　沖縄でゼネストの火炎ビン闘争が起こり警官1人死亡。
- 12・1　東京と大阪で朝と夕方にバス専用レーンが登場。
- 12・3　インドとパキスタンが全面戦争に突入。
- 12・20　円の対米ドル相場が360円から308円に変更。
- 12・27　警察庁は極左暴力対策本部を発足しアパート・ローラー作戦開始。

1972年

写真・映画・アニメーション

- 1・28　日活ロマンポルノ「恋の狩人　ラブ・ハンター」などが猥褻容疑で摘発。
- 2・11　クリント・イーストウッド主演映画「ダーティハリー」日本公開。
- 3・18　森康二作画監督東映動画アニメーション映画「ながぐつ三銃士」公開。
- 4・3　NETでアニメーション「魔法使いチャッピー」放映開始。
- 4・9　チャップリンがアカデミー特別賞受賞で20年ぶりにアメリカ入国。
- 4・22　三隅研次監督勝プロ東宝作品「子連れ狼　三途の川の乳母車」公開。
- 5・23　映倫が性表現の審査基準を厳格化。
- 5・25　熊井啓監督俳優座・東宝作品「忍ぶ川」公開。
- 7・8　NETで永井豪原作アニメーション「デビルマン」放映開始。
- 7・15　フランシス・F・コッポラ監督作品「ゴッドファーザー」日本公開。
- 10・1　フジテレビでタツノコプロSFアニメーション「科学忍者隊ガッチャマン」放映開始。
- 10・7　TBSでアニメーション「ど根性ガエル」放映開始。
- 11・13　ソ連に亡命していた女優岡田嘉子が一時帰国。
- 12・3　フジテレビでアニメーション「マジンガーZ」放映開始。
- 12・6　大阪地裁がポルノ女優一条さゆりに猥褻物陳列罪で懲役1カ月の判決。

通信機器・ラジオ・テレビ・コンピュータ・ゲーム

- 1・1　フジテレビで「木枯し紋次郎」放送開始。
- 2・28　浅間山荘事件で人質救出と犯人逮捕の模様を各局が長時間生中継。
- 4・9　NHKで「セサミストリート」放送開始。
- 5・16　日立製作所がカラー複写機を開発公開。
- 6・14　日本テレビ系列18社による日本テレビネットワーク協議会発足。
- 6・17　佐藤栄作首相が引退表明記者会見で「テレビで国民に直接話したい」と発言。
- 7・14　有線テレビ(CATV)法公布。
- 7・21　日本テレビ「太陽にほえろ！」開始。
- 7・24　四日市公害裁判で各局が特別番組。
- 8・1　東京・横浜・福岡の間で電話ファックスサービス開始。
- 8・3　カシオから世界初のパーソナル電卓「カシオミニ」が発売。
- 9・2　朝日放送で池波正太郎の小説を原作とした「必殺仕置人」放送開始。
- 9・29　日中国交正常化で共同声明発表を北京から衛星中継。
- 10・1　TBSで「オーケストラがやって来た」放送開始。
- 11・12　電電公社が市内電話の料金度数制を改めて3分の時間制採用。

社会・文化・世相

- 1・24　グアム島で横井庄一元軍曹を救出。
- 2・3　第11回冬季オリンピック大会が札幌で開催。
- 2・19　軽井沢で「連合赤軍浅間山荘事件」起きる。
- 3・15　国鉄山陽新幹線の新大阪と岡山の間が開業。
- 3・26　奈良県明日香村の高松塚古墳で極彩色の壁画発見。
- 3・28　米穀の物価統制令が廃止されて26年ぶりに自由化。
- 4・1　大阪に電気バス「あおぞら号」登場。
- 4・20　大蔵省が専売公社に「健康のため吸いすぎに注意しましょう」の印字表示を指示。
- 5・15　沖縄復帰。
- 6・5　ストックホルムで第1回国連人間環境

昭和47年

文芸・図書・出版

2・20 柄谷行人「畏怖する人間」が冬樹社から刊行。

3・8 講談社から「現代推理小説大系」全20巻別巻1刊行開始。

注22 「現代推理小説大系」⇒

3・31 松本俊夫「映画の変革」三一書房刊。

4・16 ノーベル賞作家川端康成が神奈川県の仕事場でガス自殺(72歳)。

4・20 岩波新書で平野謙「昭和文学の可能性」刊行。

4・30 日本図書館協会が初の「図書館白書」を発表し図書館記念日をこの日に制定。

5・1 集英社が「ロードショー」創刊。

6・10 有吉佐和子「恍惚の人」が新潮社から刊行。

6・20 田中角栄「日本列島改造論」が日刊工業新聞社から刊行。

7・10 中央大学の学生らによって情報誌「ぴあ」創刊。

8・21 四畳半襖の下張事件で猥褻文書販売容疑により野坂昭如書類送検。

9・1 日書連が史上初の書店ストライキ決行。

11・4 井上ひさし「モッキンポット師の後始末」が講談社から刊行。

11・30 水上勉「越前竹人形」が中央公論社から刊行。

12・1 小売書店の手数料2%アップで書籍正味引き下げ。

12・5 文化庁監修「重要文化財」が毎日新聞社から刊行開始。

12・8 タイムライフ社が「ライフ」の廃刊を発表。

漫画・芸能・サブカルチャー

1・1 月刊青年漫画誌「トップコミック」が秋田書店から創刊。

3・1 「週刊漫画アクション」に上村一夫「同棲時代」連載開始。

3・7 連合赤軍のリンチ事件発覚。

4・10 山岸涼子の単行本漫画「アラベスク」第1巻が集英社から刊行。

4・20 講談社から若者向け音楽雑誌季刊「ヤングフォーク 初夏号」創刊。

4・24 「週刊少年チャンピオン」に「ドカベン」連載開始。

5・21 「週刊マーガレット」に「ベルサイユのばら」連載開始。

6・20 サントリーが500mlのロング缶ビール発売。

7・16 高見山大五郎が大相撲名古屋場所で外国人として初優勝。

9・18 国鉄がリニアモーターカー浮上走行テストに成功。

9・29 ロッテが外食産業「ロッテリア」第1号店を東京上野松坂屋に開店。

10・10 東京国立博物館創立100年記念特別展が開催。

11・5 上野動物園でパンダが初公開。

11・11 都電が荒川線を除いて全廃。

11・15 21年ぶりにパチンコ玉が1円値上げされ1個3円になる。

12・1 ザ・ローリング・ストーンズが初来日公演。

12・21 後楽園の宝くじ売り場に1万人の行列ができる。

7～12月

会議開催。

6・14 女性解放をうたった中ピ連結成。

7・4 「週刊新潮」で自民党総裁選派閥買収記事が掲載され中曽根通産大臣が告訴。

7・7 田中角栄内閣発足。

8・26 第20回オリンピック大会がミュンヘンで開幕。

9・29 日中共同声明が調印され国交正常化。

10・1 運転初心者を示す「若葉マーク」制度実施。

10・11 本田技研が低公害エンジン「CVCC」を発表。

11・7 アメリカ大統領選でニクソン再選。

12・28 北朝鮮最高人民会議で金正成を国家主席に選出。

12・30 ニクソンが北緯18度以北の北爆を停止。

147

1973年

写真・映画・アニメーション

- 1・13　深作欣二監督東映作品「仁義なき戦い」公開。
- 2・14　黒澤明監督日ソ合作映画「デルス・ウザーラ」の製作を発表。
- 3・27　マーロン・ブランドがインディアン差別に抗議してアカデミー賞受賞拒否。
- 4・1　日本テレビで藤子不二雄原作アニメーション「ドラえもん」放映開始。
- 4・13　ユージン・スミス写真展「水俣一生その神聖と冒瀆」開催。
- 4・14　藤原惟繕監督日活作品「陽は沈み陽は昇る」に対しアフガニスタンが抗議。
- 6・13　警視庁による日活ロマンポルノ再審査で映倫審査委員4人抗議の辞表。
- 10・5　NETでアニメーション「エースをねらえ！」放映開始。
- 10・13　NETでアニメーション「キューティーハニー」放映開始。
- 10・20　寺山修司の「天井桟敷」がポーランド青年演劇祭に参加し「盲人書簡」上演。
- 11・12　野村芳太郎監督松竹作品「しなの川」に原作小説「信濃川」の作者田中志津が抗議。
- 12・20　斎藤耕一監督ATG作品「津軽じょんがら節」公開。
- 12・22　ブルース・リー主演のアメリカ・香港合作映画「燃えよドラゴン」公開。

通信機器・ラジオ・テレビ・コンピュータ・ゲーム

- 1・2　TBSで夏目漱石「門」の早坂暁脚色ドラマ「わが愛」放送開始。
- 2・12　「「国際電気通信衛星機構」に関する協定」発効。
- 2・17　毎日放送系列で「仮面ライダーV3」放送開始。
- 3・20　NHKを始め民放各局が水俣病訴訟判決で特別編成番組放送。
- 4・5　NETで「非情のライセンス」放送開始。
- 4・26　東京多摩と奈良生駒でCATV実験の生活映像情報システム開発協会発足。
- 5・16　朝日放送が電機メーカー共同で情報を画面に映しこむ「テレスキャン」開発。
- 5・21　ソニーが携帯用生録カセットレコーダー「カセットデンスケ」発売。
- 7・7　NHKでアメリカNBC制作の推理刑事ドラマ「刑事コロンボ」放送開始。
- 7・31　NHKが渋谷放送センターへの移転を完了。
- 8・1　電電公社が電話ファックスの営業を開始する。
- 10・5　服部セイコーより液晶デジタル腕時計「セイコークォーツ」発売。
- 11・1　NETと東京12チャンネルが教育局から総合番組局へ移行する。
- 11・1　東京ニュース通信社が朝日他5紙にラジオ・テレビ欄の一括送信開始。
- 11・20　郵政省が電力節減対策として深夜テレビやネオンの自粛要請。

社会・文化・世相

1～6月

- 1・1　イギリス・デンマーク・アイルランドがECに加盟。
- 1・15　ニクソンが北ベトナムとの戦闘全面停止命令。
- 3・22　日本最古の銀山である兵庫の生野銀山が約1200年の歴史に幕。
- 3・24　東京地検が春木猛青山学院大学教授を女子学生への猥褻暴行容疑で起訴。
- 3・26　東京都が都営ギャンブルを全廃。
- 4・6　国民の休日法が改正されて日曜と祝日が重なる日は翌日が休日となる。
- 4・17　春闘初のゼネストで全国約350万人参加。
- 5・1　公害反則金制度スタート。
- 6・5　環境週間が始まる。

昭和48年

文芸・図書・出版

1・30　木下順二「シェイクスピアの世界」が岩波書店から刊行。

2・10　松本清張や城山三郎らが日本ペンクラブを脱退。

3・6　長岡弘芳「原爆文学史」が風媒社から刊行。

3・30　小松左京がカッパ・ノベルス「日本沈没」上を光文社から刊行。

5・7　ウォーターゲート事件報道でワシントンポストがピューリッツァー賞受賞。

6・20　中央公論社から「中公文庫」発刊。

6・30　筑摩書房から文芸雑誌「終末から」創刊。

8・30　井上光晴「心優しき叛逆者たち」が新潮社から刊行。

11・2　岩波書店から泉鏡花生誕100年記念「鏡花全集」全29巻刊行開始。

11・16　岩波文庫が紙不足により11年ぶりに★1つの価格を50円から70円に値上げ。

11・20　新潮社から「開高健全作品」全12巻刊行開始。

11・30　渡辺淳一「阿寒に果つ」が中央公論社から刊行。

12・2　サンケイ新聞が自民党の日共批判の意見広告を掲載し後に告訴される。

漫画・芸能・サブカルチャー

1・11　安部公房スタジオが安部公房を中心に田中邦衛や仲代達矢らによって結成。

1・23　アース製薬の「ごきぶりホイホイ」発売開始。

2・11　牛乳1本200ccの価格が全国一律に4円値上がりして32円となる。

2・24　佐伯祐三の画「パリ街景」「少年の顔」の2点がパリで発見。

4・1　京都精華短大美術科デザインコースにマンガクラスが開講。

4・8　パブロ・ピカソが死去（91歳）。

5・21　山口百恵「としごろ」でデビュー。

6・13　隔週刊の青年漫画誌「コミック＆コミック」が徳間書店から創刊。

7・1　日本交通公社から雑誌「るるぶ」創刊。

7・25　日本シェーキーズのピザパーラー第1号店が東京赤坂に開店。

7・28　声優200人余が待遇改善を求めてデモ。

8・1　鉄道弘済会の駅売店の名称が「キヨスク」となる。

9・20　山本鈴美香の単行本漫画「エースをねらえ！」第1巻が集英社から刊行。

9・24　小澤征爾がボストン交響楽団の常任指揮者になる。

11・19　手塚治虫「ブラック・ジャック」が「週刊少年チャンピオン」に連載開始。

12・10　江崎玲於奈がノーベル物理学賞受賞。

7～12月

7・20　日航機を日本赤軍丸岡修らを含むパレスチナゲリラがハイジャック。

8・8　金大中事件が起こる。

9・6　立教大学助教授が教え子との恋愛殺人事件の清算で妻子を道連れに心中。

9・11　チリでクーデターが起こり社会主義政権破局。

10・1　太陽銀行と神戸銀行が合併し太陽神戸銀行発足。

10・6　第4次中東戦争勃発。

10・21　滋賀銀行女子行員の9億円詐取事件。

11・29　熊本市の大洋デパートの火災で客ら103人死亡。

12・20　スペイン首相フランコがマドリードでバスク独立運動組織に爆殺される。

1974年

写真・映画・アニメーション

- 1・6　東京12チャンネルでアニメーション「アルプスの少女ハイジ」放映開始。
- 1・15　深作欣二監督東映作品「仁義なき戦い 頂上作戦」公開。
- 3・23　藤田敏八監督日活作品「赤ちょうちん」公開。
- 4・4　フジテレビでアニメーション「ゲッターロボ」放映開始。
- 5・1　吉村公三郎監督作品「襤褸の旗」公開。
- 5・8　報道写真家吉岡攻が沖縄返還協定批准の際の押収フィルム返還訴訟に勝訴。
- 5・31　写真家木村伊兵衛が死去（72歳）。
- 6・29　神代辰巳監督東京映画・渡辺企画作品「青春の蹉跌」公開。
- 9・8　フジテレビでアニメーション「グレートマジンガー」放映開始。
- 9・18　南博を会長に日本映像学会が設立。
- 10・1　森山大道「遠野物語」写真展が銀座ニコンサロンで開催。
- 10・6　読売テレビでアニメーション「宇宙戦艦ヤマト」放映開始。
- 10・15　NETでアニメーション「カリメロ」放映開始。
- 10・19　野村芳太郎監督松竹作品「砂の器」公開。
- 12・21　シルビア・クリステル主演映画「エマニエル夫人」日本公開。
- 12・28　寺山修司監督ATG作品「田園に死す」公開。

通信機器・ラジオ・テレビ・コンピュータ・ゲーム

- 1・7　民法テレビ各社が電力削減のために深夜放送を自粛。
- 1・16　NHKが石油危機による節電で放映を夜11時までに自粛。
- 1・16　TBSで「寺内貫太郎一家」放送開始。
- 2・16　「変身！」が「セタップ！」に変更されて毎日放送系列で「仮面ライダーX」放送開始。
- 3・7　日本テレビでユリ・ゲラー出演の超能力の特集番組が放送。
- 4・1　在京民放テレビ5社と全国紙5社の資本系列化構想が完成。
- 注　在京テレビ5社：NTV＝読売、TBS＝毎日、フジ＝サンケイ、NET＝朝日、東京12＝日経。
- 4・5　TBS系列で「仮面ライダーストロンガー」が放送開始。
- 7・7　第10回参議院選挙でNHKの宮田輝アナウンサーなどタレント議員が多数当選。
- 9・1　電波新聞社から雑誌「オーディオ」創刊。
- 9・6　共同通信社から「週刊テレビファン」創刊。
- 9・24　東京証券取引所にコンピュータを導入。
- 10・4　TBSで赤いシリーズ第1作「赤い迷路」放送開始。
- 10・6　フジテレビで「パンチDEデート」放送開始。
- 10・19　毎日放送系列で「仮面ライダーアマゾン」放映開始。
- 11・1　カシオ計算機から液晶デジタル時計カシオトロン発売。
- 11・20　富士通と日立製作所が世界最大の電子計算機発売。

社会・文化・世相

1〜6月

- 1・10　大阪国際空港でX線による手荷物検査開始。
- 1・26　ベ平連が共立講堂で解散集会。
- 3・4　日本高校野球連盟が公式試合で金属バットの使用を許可。
- 3・10　フィリピンルバング島で元陸軍少尉小野田寛郎が救出されて12日に帰国。
- 4・1　新宿に一般向けの「朝日カルチャー・センター」開設。
- 4・2　新宿西口に超高層新宿住友ビル（52階）が完成。
- 4・3　ソウルで大学生の反政府運動が起こる。
- 5・18　インドが初の地下核実験に成功し6番目の核保有国となる。
- 6・7　国立民族学博物館設置。

昭和49年

文芸・図書・出版

- 1・1　秋田書店から「歴史と旅」創刊。
- 1・11　山本有三死去（86歳）。
- 4・1　聖文社から「受験の日本史」創刊。
- 5・1　角川書店から月刊文芸誌「野生時代」創刊。
- 5・5　新田次郎「アラスカ物語」が新潮社から刊行。
- 6・5　フーコーの「言葉と物」が渡辺一民と佐々木明の訳で新潮社から刊行。
- 6・10　文藝春秋社から「文春文庫」創刊。
- 6・13　小学館から「ＧＯＲＯ」創刊。
- 7・8　作家野坂昭如が参院選に出馬するが次点で落選。
- 8・30　丸谷才一「日本語のために」が中央公論社から刊行。
- 10・10　立花隆「田中角栄研究―その金脈と人脈」が「文藝春秋」11月号に掲載。
- 11・1　日本近代文学館で「昭和初期文学展」開催。
- 11・25　五島勉「ノストラダムスの大予言」が祥伝社から刊行。
- 12・12　中村光夫が日本ペンクラブ会長就任。
- 12・26　三省堂が経営難で東京地裁に会社更生法の適用を申請。

漫画・芸能・サブカルチャー

- 1・29　三宅一生とやまもと寛斎のジョイントショー開催。
- 2・28　前川国男設計の東京海上ビル完成。
- 3・5　小学館から漫画雑誌「ビッグコミックオリジナル」創刊。
- 4・20　ルーブル美術館所蔵「モナリザ」が東京国立博物館で日本初公開。
- 4・24　国鉄に2段式の寝台車「あかつき」「彗星」登場。
- 5・4　西回り単独無寄港世界一周のヨット航海の堀江謙一が早回り世界新達成。
- 5・15　「セブン-イレブン」1号店が東京江東区豊洲に開店。
- 6・1　白泉社から少女マンガ専門月刊誌「花とゆめ」創刊。
- 7・25　森下洋子が第7回国際バレエ・コンクールで金賞受賞。
- 8・29　宝塚大劇場で長谷川一夫演出池田理代子原作「ベルサイユのばら」初上演。
- 9・20　西岸良平「三丁目の夕日」第1話が「ビッグコミックオリジナル」18号に掲載。
- 10・14　長嶋茂雄が巨人軍選手引退。
- 11・21　長嶋茂雄が巨人軍新監督に就任。
- 12・26　ＳＬシリーズ切手第1集2種が発売。

7～12月

- 7・24　北の湖が21歳2カ月での最年少横綱になる。
- 8・8　テレビ放送でニクソン大統領が辞任を表明。
- 8・30　東アジア反日武装戦線による丸の内の三菱重工ビル爆破事件。
- 9・13　日本赤軍ゲリラがオランダのハーグでフランス大使館占拠。
- 11・18　フォードアメリカ大統領が現職としては初めての来日。
- 11・26　田中角栄首相辞意表明。
- 12・9　三木武夫内閣成立。
- 12・10　佐藤栄作元首相がノーベル平和賞受賞。

1975年

写真・映画・アニメーション

- 1・1　平凡出版から「スタア」創刊。
- 1・5　フジテレビで世界名作劇場アニメーション「フランダースの犬」放映開始。
- 1・7　NETでアニメーション「まんが日本昔ばなし」放映開始。
- 2・8　田中登監督日活作品「実録阿部定」公開。
- 3・7　イギリス王室がチャップリンにナイトの称号を授与。
- 3・21　奥山玲子作画監督東映動画アニメーション映画「アンデルセン物語にんぎょ姫」公開。
- 4・4　NETでアニメーション「勇者ライディーン」放映開始。
- 5・28　木村伊兵衛の「50年—その巨大なる軌跡」写真展が日本橋高島屋で開催。
- 7・23　黒澤明監督作品「デルス・ウザーラ」がモスクワ映画祭金賞受賞。
- 8・2　黒澤明監督日ソ共同制作モスフィルム作品「デルス・ウザーラ」公開。
- 10・4　フジテレビでタツノコプロ製作アニメーション「タイムボカン」シリーズ1作目放映開始。
- 10・8　2週に分けて映画「風と共に去りぬ」を日本テレビ水曜ロードショーで放映。
- 10・15　NETでアニメーション「一休さん」放映開始。
- 11・1　京都太秦に東映映画村がオープン。
- 11・15　西武美術館で「現代日本写真史展 - 終戦から昭和45年まで」開催。

通信機器・ラジオ・テレビ・コンピュータ・ゲーム

- 1・16　民放連が放送基準を改定し10月1日にテレビCMの18%総量規制実施。
- 2・4　アメリカテレビ番組規制委員会が暴力と性表現を午後7時から9時まで自粛。
- 3・21　近畿放送がCM抜きで「宮城まり子のチャリティ・テレソン」25時間放送。
- 4・5　フジテレビ「欽ちゃんのドンとやってみよう！」放送開始。
- 5・10　ソニーから家庭用VTRベータ方式第1号機「SL6300」発売開始。
- 5・24　TBSで正統派刑事ものドラマ「Gメン75」放送開始。
- 7・5　共産党宮本委員長のポルノ番組批判を皮切りに追放キャンペーン広がる。
- 7・13　日本テレビとテレビ神奈川でリレーナイター開始。
- 8・29　電電公社から電話加入者数3000万件突破と発表。
- 9・23　公衆電話にプッシュホン式電話機設置。
- 10・5　日本テレビで個々の生き方を大切にした青春ドラマ「俺たちの旅」放送開始。
- 11・16　日本テレビの「NNN朝のニュース」で手話通訳提示開始。
- 12・25　レコード「およげ！たいやきくん」が発売。

社会・文化・世相

1～6月

- 1・1　国連が「国際婦人年」宣言。
- 1・5　環境庁が初の「緑の国勢調査」を発表。
- 1・31　エチオピアで内戦突入。
- 3・23　大相撲春場所で元横綱若乃花の実弟の大関貴ノ花が初優勝し初の兄弟優勝。
- 3・25　サウジアラビアのファイサル国王を甥のムサエド王子が射殺。
- 4・30　ベトナムのサイゴン政権が無条件降伏。
- 5・7　エリザベス女王が来日。
- 6・24　ボートピープルが初めて日本に着く。

昭和50年

文芸・図書・出版

- 1・15　つかこうへい「熱海殺人事件」が新潮社から刊行。
- 2・1　後に幻影社と改称する絃映社から探偵小説専門誌「幻影城」創刊。
- 2・25　加藤周一「日本文学史序説」上が筑摩書房から刊行。
- 4・26　雑誌「薔薇族」に掲載の男性ヘアーヌードが猥褻罪で略式起訴。
- 5・10　筒井康隆「七瀬ふたたび」新潮社刊。
- 5・21　月刊「ＰＬＡＹＢＯＹ日本版」創刊。
- 5・30　山口昌男「文化と両義性」(哲学叢書)が岩波書店から刊行。
- 6・2　石川達三が日本ペンクラブ会長就任。
- 6・28　日本リクルートセンターが「就職情報」創刊。
- 7・21　堺屋太一「油断！」が日本経済新聞社から刊行。
- 8・20　杉山平一「映画芸術への招待」が講談社新書から刊行。
- 8・30　文部省が初めての学術白書「わが国の学術」発表。
- 10・27　講談社が夕刊紙「日刊ゲンダイ」創刊。
- 11・5　日本文芸家協会が差別語使用規制「ことばの規制に関する声明書」を発表。
- 12・5　日本文芸家協会が入試問題の文芸作品使用に関する要望書を発表。
- 12・10　立花隆が「日本共産党の研究」を「文藝春秋」に掲載。

漫画・芸能・サブカルチャー

- 1・16　歌舞伎役者で人間国宝の八世坂東三津五郎がフグ中毒で急死。
- 3・10　山陽新幹線が岡山と博多間での営業開始。
- 4・10　「少年チャンピオン」連載の単行本「がきデカ」第1巻刊行。
- 4・19　寺山修司主催劇団「天井桟敷」が市街劇「ノック」を阿佐ヶ谷一帯で上演。
- 5・16　エベレスト日本女子登山隊田部井淳子が女性として世界初の登頂に成功。
- 6・8　暴走族600人が鎌倉七里ガ浜で乱闘し、車16台を焼いて88人のけが人を出す。
- 7・28　柳田国男生誕百年記念国際シンポジウムが東京で開催。
- 8・2　吉田拓郎とかぐや姫のつま恋コンサートが聴衆5万人を集めて開催。
- 9・8　双葉社から隔週発行の「週刊少年アクション」創刊。
- 10・1　コミックとアイドルの雑誌「月刊mimi」が講談社から創刊。
- 10・5　いがらしゆみこ単行本漫画「キャンディキャンディ」第1巻が講談社から刊行。
- 11・18　沖縄海洋博記念単独太平洋横断ヨットレースで小林則子の「リブ号」が完走。
- 12・21　第1回コミックマーケットが虎ノ門の日本消防会館会議室において開催。

7～12月

- 7・10　厚生省がサリドマイド児190人を認定。
- 7・17　革マルと中核両派が国鉄新橋駅で衝突し死者1人重軽傷者44人で321人逮捕。
- 7・19　沖縄海洋博覧会開幕。
- 8・15　三木武夫が現職首相として靖国参拝を初めて行なう。
- 9・13　警視庁に要人警護のＳＰを配置。
- 9・30　天皇皇后が訪米に出発。
- 10・27　男女差別だとしてラーメンＣＭ「わたし作る人、ぼく食べる人」放映中止になる。
- 11・15　フランスで第1回先進国首脳会議(サミット)が開催。
- 12・10　3億円事件が時効になる。

1976年

写真・映画・アニメーション

- 1・4　フジテレビで世界名作劇場アニメーション「母をたずねて三千里」放映開始。
- 3・17　イタリアの映画監督ルキノ・ビスコンティが死去(69歳)。
- 3・29　アカデミー賞で黒澤明監督作品「デルス・ウザーラ」最優秀外国語映画賞受賞。
- 4・1　映倫が一般映画と成人映画の中間に一般映画制限付きというRの区分を新設。
- 4・15　唐十郎監督作品「任侠外伝玄界灘」のロケで主演安藤昇が実弾発射し逮捕。
- 4・17　NETでアニメーション「超電磁ロボコン・バトラーV」放映開始。
- 6・29　マーク・レスターの出演場面のCM無断使用問題で地裁が肖像権侵害と認定。
- 7・6　毎日映画社「彫る—棟方志功の世界」ベルリン映画祭短編部門グランプリ受賞。
- 8・14　山本薩夫監督東宝作品「不毛地帯」公開。
- 10・1　NETでアニメーション「キャンディ・キャンディ」放映開始。
- 10・6　フジテレビでアニメーション「ドカベン」放映開始。
- 10・16　角川春樹事務所第1作として市川崑監督角川映画作品「犬神家の一族」公開。
- 10・23　長谷川和彦監督ATG作品「青春の殺人者」公開。
- 10・26　黒澤明監督が文化功労者に選出。
- 12・25　西河克己監督東宝作品「春琴抄」公開。

通信機器・ラジオ・テレビ・コンピュータ・ゲーム

- 1・5　NHKで嫁姑の対立をテーマにテレビドラマ「となりの芝生」放送開始。
- 1・29　NHKで「明治の群像」が1話完結全10話で放送開始。
- 2・2　NETで黒柳徹子とゲストとのトーク番組「徹子の部屋」放送開始。
- 2・28　NHKで山田太一脚本「男たちの旅路」放送開始。
- 4・7　放送番組向上委員会委員長に今日出海が就任。
- 4・8　NHKで「シリーズ人間模様」放送開始。
- 4・15　NHKで「NHK特集」放送開始。
- 7・18　モントリオールオリンピックで初めてNHKと民放が共同取材と共同制作。
- 8・23　富士ゼロックスが普通紙記録ファクシミリ「FX200テレコピア」発売。
- 9・9　日本ビクターから家庭用VTRのVHS方式ビデオ機器発売。
- 10・4　初の英語ニュース番組「THE WORLD TODAY」がテレビ神奈川で放送。
- 11・17　電話料金の度数料7円が10円に値上げ。
- 12・22　沖縄本島と宮古島間のカラーテレビ用回線が開通。

社会・文化・世相

1～6月

- 1・20　安楽死協会設立。
- 1・31　鹿児島市で日本最初の五つ子が誕生する。
- 2・4　アメリカ上院多国籍企業小委員会でロッキード事件発覚。
- 3・3　アメリカで植物人間カレンの尊厳死を容認の判決。
- 4・5　中国で天安門事件起こる。
- 5・29　ニューヨーク市の財政難で授業料無料のニューヨーク市立大学が休校。
- 6・15　民法および戸籍法の改正で離婚女性の「姓」の選択が自由になる。
- 6・25　南北ベトナム統一でベトナム社会主義共和国成立宣言。

昭和51年

文芸・図書・出版

- 1・12　イギリスの推理作家アガサ・クリスティーが死去(85歳)。
- 1・30　紀田順一郎「日本の書物」が新潮社から刊行。
- 2・25　中上健次「岬」が文藝春秋社から刊行。
- 2・28　角川文庫版で筒井康隆「ＳＦジュブナイル　時をかける少女」刊行。
- 3・28　俳句文学館が新宿に開館。
- 4・20　講談社現代新書で渡部昇一「知的生活の方法」刊行。
- 5・15　松本俊夫「幻視の美学」がフィルムアート社から刊行。
- 5・21　雑誌「月刊ペン」の隈部大蔵編集局長が池田大作創価学会会長の名誉毀損で逮捕。
- 7・5　村上龍「限りなく透明に近いブルー」が第75回芥川賞受賞。
- 7・21　アメリカ占領軍が本国に送付した戦時日本の発禁本が国会図書館に返還収納。
- 8・1　平凡出版から「ポパイ」創刊。
- 8・10　都筑政昭「黒澤明(上)その人間研究」がインタナル出版部から刊行。
- 9・5　西脇英夫のＢ級映画を論じた「アウトローの挽歌」が白川書院から刊行。
- 11・23　光文社の労働争議が7年ぶりに解決する。
- 12・20　ドナルド・キーン「日本文学史」が中央公論社から刊行開始。
- 12・25　山川出版から「世界現代史」の第1巻「アメリカ現代史」刊行開始。

漫画・芸能・サブカルチャー

- 1・20　ヤマト運輸が関東1都6県で「クロネコヤマトの宅急便」開業。
- 2・10　本田技研工業が女性向けファミリー・バイク「ロードパル」発売。
- 4・1　画家マックス・エルンストが死去(84歳)。
- 4・20　美内すずえの漫画単行本「ガラスの仮面」第1巻が白泉社から刊行。
- 4・30　講談社からカタログ雑誌「世界の一流品大図鑑」刊行。
- 5・8　歌手の克美茂が愛人殺害容疑で逮捕。
- 5・15　神戸で暴走族と群衆合わせて1万人が暴徒化しカメラマンが殺害される。
- 7・4　アメリカ建国200年祭。
- 9・1　月刊「花とゆめ」の姉妹誌「ＬａＬａ」が白泉社から創刊。
- 9・9　東郷青児美術館が新宿安田火災海上本社ビルに開館。
- 10・10　具志堅用高がＷＢＡ世界Ｊフライ級チャンピオン獲得。
- 11・1　カラーの漫画雑誌「リリカ」がサンリオから創刊。
- 11・12　神奈川県藤沢市にドゥー・イッツ・セルフの「東急ハンズ」1号店開店。
- 11・24　横山大観記念館が開館。
- 12・21　1等1千万円のジャンボ宝くじの発売で福岡や松本では死者がでる混乱。

7～12月

- 7・27　ロッキード疑惑で田中角栄前首相が逮捕。
- 8・20　新幹線「こだま」に禁煙車が登場。
- 9・6　ソ連「ミグ25」戦闘機が函館空港に強行着陸してベレンコ中尉が米国亡命を希望。
- 9・9　毛沢東死去(83歳)。
- 9・15　三木武夫改造内閣成立。
- 9・30　カリフォルニア州で安楽死法が成立。
- 10・12　江青ら四人組急進派逮捕をイギリスのメディアが報道。
- 11・10　日本武道館で天皇在位50年式典。
- 12・1　広島と長崎両市長が国連本部で核兵器の廃絶を訴える。
- 12・14　都立産業会館での脱サラ・フェアに1万人が参加。

1977年

写真・映画・アニメーション

- 1・1　フジテレビでアニメーション「タイムボカンシリーズ第2作ヤッターマン」放映開始。
- 3・6　フジテレビでアニメーション「惑星ロボダンガードA」放映開始。
- 3・21　コダック社のインスタントカメラ「EK4」「EK6」が日本で発売開始。
- 4・7　松竹が製作部門を分離し松竹映像株式会社を設立。
- 4・9　フジテレビでアニメーション「超合体魔術ロボ　ギンガイザー」放映開始。
- 6・4　テレビ朝日でアニメーション「超電磁マシーン　ボルテスV」放映開始。
- 6・4　森谷司郎監督東宝作品「八甲田山」公開。
- 7・29　日本テレビでアニメーション「宇宙戦艦ヤマト」再放送開始。
- 8・6　アニメーション「宇宙戦艦ヤマト」テレビ放映版を再編集した劇場版映画が公開。
- 10・1　山田洋次監督松竹作品「幸福の黄色いハンカチ」公開。
- 10・2　日本テレビでアニメーション「家なき子」放映開始。
- 10・31　日活が32億7200万円で撮影所を買い戻す。
- 11・19　篠田正浩監督表現社作品「はなれ瞽女おりん」公開。
- 11・30　世界初の自動焦点カメラ「コニカC35AF」発売。
- 12・25　チャップリンが死去（88歳）。

通信機器・ラジオ・テレビ・コンピュータ・ゲーム

- 1・10　留守のときメッセージを伝える「不在案内サービス」開始。
- 2・9　全米ネットでテレビ映画「ルーツ」が放映されて高視聴率を記録。
- 2・10　ミニプッシュホンの販売開始。
- 3・9　NETがモスクワ五輪独占放送権を27億円で獲得。
- 4・9　人民日報が初めてテレビ番組欄を掲載。
- 4・18　KDDが国際海洋衛星通信開始。
- 5・12　日本電子工業振興会による第1回マイクロコンピュータショウ開催。
- 6・10　シャープが世界で初めての厚さ5mmの電卓「エルシーメイト8130」発売。
- 6・24　TBSで山田太一原作による新しいホームドラマ「岸辺のアルバム」放送開始。
- 8・29　TBSが初の3時間テレビドラマ「海は甦える」放送。
- 10・2　テレビ朝日がABC制作テレビドラマ「ルーツ」放送。
- 11・4　全国独立UHF放送協議会が発足。
- 11・12　カシオがマイクロコンピュータを組み込んだ電卓「アラームコンピュータ」発売。
- 12・20　TBSでアメリカの刑事ドラマ「刑事スタスキー＆ハッチ」放送開始。

社会・文化・世相　1〜6月

- 1・4　東京品川駅近くの電話ボックスの放置コーラで青酸殺人事件。
- 3・3　新右翼野村秋介らが経団連を襲撃。
- 3・29　日本が領海200海里を宣言。
- 5・2　国立大学共通1次試験のための大学入試センターが発足。
- 6・8　文部省が「君が代」を国歌と認定。
- 6・9　愛知医大で不正入学事件発覚。
- 6・26　ニューヨークやシカゴなどの全米大都市でゲイ差別反対デモが行なわれる。

昭和52年

文芸・図書・出版

- 2・10　冨士田元彦「日本映画現代史‐昭和十年代」が花神社から刊行。
- 4・18　田村俊子賞の廃止が決定。
- 4・30　池田満寿夫「エーゲ海に捧ぐ」が角川書店から刊行。
- 5・25　臼井吉見「事故のてんまつ」が雑誌「展望」に発表され川端家が抗議。
- 6・1　毎日新聞社の「1億人の昭和史」の別冊として「昭和マンガ史」刊行。
- 6・28　山田和夫監修「映画論講座」全4巻別巻1の第1巻が合同出版から刊行。
- 7・29　三田誠広「僕って何」が河出書房新社から刊行。
- 8・29　永井龍男が「エーゲ海に捧ぐ」評価をめぐり芥川賞選考委員を辞退。
- 9・1　後藤明生、坂上弘、高井有一、古井由吉編集の季刊文芸誌「文体」創刊。
- 9・15　大岡昇平「事件」が新潮社から刊行。
- 9・30　島尾敏雄「死の棘」が新潮社から刊行。
- 10・27　レヴィ＝ストロースが来日して「民俗学の責任」講演。
- 11・10　国文学研究資料館主催の第1回国際日本文学研究集会開催。
- 11・30　田原克拓「日本映画の論理」が三一書房から刊行。

漫画・芸能・サブカルチャー

- 1・1　季刊「プチコミック」が小学館から創刊。
- 3・15　宝酒造から焼酎「純」720mlを580円で発売。
- 3・31　山口百恵・桜田淳子・森昌子の花の高三トリオが武道館で解散リサイタル。
- 4・24　日劇ミュージックホール閉館。
- 4・25　日劇ダンシングチーム最終公演閉幕。
- 5・5　東京晴海で「スーパーカー世界の名車コレクション」が開催。
- 5・15　隔月刊で「コロコロコミック」が小学館から創刊。
- 5・20　最後のオリエント急行がパリ駅を発車。
- 5・25　大阪大学アメリカ人講師が「女性らしくない」とジーパン女子学生の受講拒否。
- 6・15　全300巻の「手塚治虫漫画全集」刊行開始。
- 8・1　隔月刊で「コミック野郎」がリイド社から創刊。
- 8・16　ロックンロールの王様エルビス・プレスリーが死去（42歳）。
- 10・6　日本マクドナルドが東京杉並にドライブスルーの店を開店。
- 10・10　新宿の歌声喫茶「灯火」が閉店。
- 10・20　講談社から佐野洋子の絵本「100万回生きたねこ」刊行。
- 11・10　石子順「漫画名作館」が現代史出版会から刊行。
- 11・20　萩尾望都の漫画単行本「百億の昼と千億の夜」が秋田書店から刊行。
- 12・1　石上三登志「手塚治虫の奇妙な世界」が奇想天外社から刊行。

7～12月

- 7・9　アメリカより返還された戦争画の補修が完了して東京国立近代美術館で公開。
- 7・13　ニューヨークで午後9時34分から25時間以上の大停電。
- 7・22　鄧小平が復活して四人組は永久党籍剥奪。
- 9・28　パリ発の日本行き日航機が日本赤軍に乗っ取られる。
- 10・15　国立国際美術館が開館。
- 10・24　大阪で全国初の「サラ金被害者の会」が結成。
- 11・15　東京国立近代美術館工芸館が開館。
- 11・24　1ドル240円の円高新記録を更新するが翌月15日には238円とさらに高騰。
- 12・17　国鉄が超高速鉄道リニアモーターカーの走行実験で世界初の浮上走行に成功。

1978年

写真・映画・アニメーション

- 1・21 深作欣二監督東映作品「柳生一族の陰謀」公開。
- 2・11 市川崑監督東宝作品「女王蜂」公開。
- 2・25 アメリカのSF映画「未知との遭遇」公開。
- 3・25 東陽一監督ATG作品「サード」公開。
- 4・4 NHKでアニメーション「未来少年コナン」放映開始。
- 4・6 第1回日本アカデミー賞授賞式。
- 5・30 第31回カンヌ映画祭で大島渚監督「愛の亡霊」が監督賞受賞。
- 6・3 テレビ朝日でアニメーション「はいからさんが通る」放映開始。
- 7・15 蔵原惟繕監督東宝作品「キタキツネ物語」公開。
- 8・5 舛田利雄監督東映アニメーション映画「さらば宇宙戦艦ヤマト　愛の戦士たち」公開。
- 9・14 フジテレビで松本零士原作のアニメーション「銀河鉄道999」放映開始。
- 9・18 日活が社名を「株式会社にっかつ」に変更。
- 10・4 読売テレビでアニメーション「宇宙戦艦ヤマト」の新シリーズが放映開始。
- 10・7 佐藤純弥監督角川・東映作品「野生の証明」公開。
- 12・2 村川透監督東映作品「殺人遊戯」公開。
- 12・28 俳優田宮二郎が自宅で散弾銃自殺。

通信機器・ラジオ・テレビ・コンピュータ・ゲーム

- 1・12 TBSで「ザ・ベストテン」放送開始。
- 1・17 NHKの東京地方の一部でお昼のニュースの時間に一時電波ジャックされる。
- 2・25 東京タワーの電源故障で各局の映像が正午前に一時消える。
- 4・5 TBSナイター中継でわが国初のストロボアクションによる画面放送成功。
- 4・6 NHKで「歴史への招待」放送開始。
- 4・12 富士通がシーメンスと電算機業務提携することでIBMに対抗する。
- 5・1 電電公社がデジタルデータ伝送方式導入。
- 5・22 国際ビデオアート展開催。
- 7・18 光通信による双方向多重通信システムが完成。
- 8・1 郵便貯金のオンライン化が開始。
- 8・26 日本テレビが24時間チャリティー番組「愛は地球を救う」を放送。
- 9・1 電電公社が光ファイバー伝送方式試験に成功。
- 9・26 東芝、日本語ワードプロセッサ発売。
- 9・28 日本テレビで世界初の音声多重放送が開始。
- 10・6 日本テレビで「熱中時代」放送開始。
- 10・7 日本初のコンピュータ対人間のチェス対決「78東京オープン大会」開催。
- 12・31 TBS「オーケストラがやって来た」で学習院大音楽部のビオラ担当で浩宮出演。

社会・文化・世相

1〜6月

- 1・3 ベトナムとカンボジアの国境で紛争。
- 2・14 三重県鳥羽水族館のジュゴンが人工飼育271日生存の世界新記録達成。
- 3・15 東京教育大学が閉校。
- 3・16 イタリアでモロ元首相がゲリラ「赤い旅団」に誘拐される事件が起こる。
- 3・31 都電のワンマン化。
- 4・6 若者向けのファッション企業VANが倒産。
- 5・20 成田新東京国際空港が開港。

昭和53年

文芸・図書・出版

- 1・1　EQMMとの特約によるミステリーマガジン「EQ」が光文社から創刊。
- 1・5　城山三郎「黄金の日々」が新潮社から刊行。
- 1・13　野間宏や井上光晴らが編集委員となり差別と戦う文芸機関誌「革」創刊。
- 1・24　江藤淳の「戦後の文学は破産の危機」から本多秋五らと無条件降伏論争開始。
- 2・8　最初の本格的な戦後文学史として講談社から「現代の文学」別巻「戦後日本文学史・年表」刊行。

注23　「現代の文学」⇒

- 2・20　ガルブレイス「不確実性の時代」刊行。
- 4・5　ドナルド・リチー「小津安二郎の美学」が山本喜久男訳で刊行。
- 5・1　横浜に大佛次郎記念館開館。

- 7・1　徳間書店から「別冊テレビランド　アニメージュ」創刊。

注24　「アニメージュ」創刊号⇒

- 7・12　筑摩書房が会社更生法の適用申請し負債総額60億円の倒産。
- 8・15　藤沢周平「用心棒日月抄」が新潮社から刊行。
- 8・22　谷沢永一「牙ある蟻」が冬樹社から刊行。
- 9・10　吉行淳之介「夕暮まで」が新潮社から刊行。
- 9・18　100万冊の蔵書で「八重洲ブックセンター」が東京駅八重洲口に開店。
- 10・27　角川書店から「角川日本地名大辞典」刊行開始。
- 11・1　SF関係専門誌「SFビック」が創明社から創刊。

漫画・芸能・サブカルチャー

- 1・19　ワーゲンビートルが西ドイツ国内での生産を終了。
- 2・17　ボブ・ディランが来日。
- 3・14　バレンタインデーのお返しの日「ホワイトデー」登場。
- 3・18　東京原宿にブティック「竹の子」開店。
- 4・4　キャンディーズが後楽園球場で観客5万人の解散コンサート。
- 4・6　東京池袋に超高層ビル「サンシャイン60」が完成。
- 4・30　植村直己が単身犬ぞりで北極点到達に成功。
- 5・24　真打昇進問題で落語家協会分裂し三遊亭円生一門が脱退。

- 8・1　月刊漫画誌「少年ワールド」が潮出版社から創刊。
- 9・1　月刊少女漫画誌「ぶ〜け」が集英社から創刊。
- 9・15　月刊漫画誌「Peke」がみのり書房から創刊。
- 10・16　青木功がロンドンでの世界ゴルフマッチプレー選手権で日本男子海外初優勝。
- 10・28　「ラフォーレ原宿」オープン。
- 11・1　現代マンガ図書館が新宿に開館。
- 11・21　読売ジャイアンツが野球協約の盲点である空白の1日を利用し江川卓と契約。
- 12・31　ピンク・レディー「UFO」が第20回日本レコード大賞を受賞。

7〜12月

- 7・11　広域暴力団山口組の田岡一雄組長が京都で狙撃。
- 7・25　イギリスで試験管ベビー誕生。
- 8・12　日中平和友好条約が調印。
- 8・30　プロ野球巨人軍王選手が800号ホームラン達成。
- 9・30　京都の市電が全廃。
- 10・12　警察庁が初めてサラ金被害実態調査を発表。
- 10・17　靖国神社が東条英機や広田弘毅らA級戦犯14人を合祀。
- 11・18　新興宗教「人民寺院」信者914人がガイアナで集団自殺。
- 12・7　大平正芳内閣発足。
- 12・15　米中の両国が国交正常化を同時発表。
- 12・23　中国が4つの近代化発表。

1979年

写真・映画・アニメーション

- 2・3　アニメーション「タイムボカンシリーズ　ゼンダマン」放映開始。
- 3・3　村上龍監督東宝作品「限りなく透明に近いブルー」公開。
- 3・17　浦山桐郎監督東映動画アニメーション作品「龍の子太郎」公開。
- 4・2　テレビ朝日版アニメーション「ドラえもん」放送開始。
- 4・7　テレビ朝日で富野喜幸監督アニメーション「機動戦士ガンダム」放映開始。
- 4・21　今村昌平監督松竹作品「復讐するは我にあり」公開。
- 6・9　山本薩夫監督新日本映画作品「あゝ野麦峠」公開。
- 6・11　映画俳優ジョン・ウェイン死去（72歳）。
- 7・25　黒澤明監督の新作「影武者」の主役が勝新太郎から仲代達矢に変更。
- 10・10　日本テレビでアニメーション「ベルサイユのばら」放映開始。
- 10・27　降旗康男監督東映作品「日本の黒幕」公開。
- 12・1　柳町光男監督プロダクション郡浪作品「十九歳の地図」公開。
- 12・5　斎藤光正監督角川作品「戦国自衛隊」公開。
- 12・15　宮崎駿監督東京ムービー新社アニメーション映画「ルパン三世　カリオストロの城」公開。

通信機器・ラジオ・テレビ・コンピュータ・ゲーム

- 1・8　国際児童年でNHKが1分間のミニ番組「世界のこども」放送開始。
- 1・28　NHKが初の衛星生中継で南極大陸を放送。
- 2・15　テレビ朝日で杉良太郎主演「遠山の金さん」放送開始。
- 3・14　全国電話ダイヤル即時通話完了。
- 4・1　日本テレビが後楽園での巨人・阪神戦で投手のボールにスピードガンを初使用。
- 5・2　TBSのガルブレイス講演「不確実性の時代」が放送批評懇談会特別賞受賞。
- 5・9　日本電気がパーソナルコンピュータ「PC8001」を16万8000円で発売と発表。
- 6・12　通信放送衛星機構法公布。
- 7・1　ソニーから携帯ヘッドホンステレオ「ウォークマン」が発売。
- 7・31　松下電子工業が真空管生産終了国内の真空管生産終了。
- 8・13　通信・放送衛星機構が発足。
- 9・5　KDDが国際航空データ通信サービスを開始。
- 10・5　TBS系列で「仮面ライダー」（新）放送開始。
- 10・26　TBSで武田鉄矢主演「3年B組金八先生」放送開始。
- 12・1　KDDが国際電話料金を値下げする。
- 12・3　電電公社がコードレス電話と自動車電話サービスを開始。
- 12・20　電電公社がテレビ音声多重放送用の全国中継回線完成運用。

社会・文化・世相

1〜6月

- 1・13　国公立120大学で初の共通1次試験実施。
- 1・25　上越新幹線の大清水トンネルが貫通。
- 1・26　三菱銀行大阪北畠支店で猟銃人質事件。
- 2・1　イスラム教シーア派ホメイニが14年3カ月ぶりにイランに帰国。
- 3・28　米ペンシルベニア州スリーマイル島で原発事故。
- 4・30　大平首相訪米してカーター大統領と会談。
- 5・3　イギリスでヨーロッパ初の女性首相サッチャー政権発足。
- 5・12　本四連絡橋の第1号として尾道と今治ルートの一部である大三島橋完成。
- 5・16　田辺製薬が東京スモン訴訟の原告患者437人と和解書調印。

昭和54年

文芸・図書・出版

- 1・30　梅原猛「万葉を考える」が新潮社から刊行。
- 2・26　「週刊新潮」が「動労の違法スト批判特集」掲載で国労から告訴。
- 3・15　筒井康隆「大いなる助走」が文藝春秋社から刊行。
- 4・1　スキャンダル雑誌として裏情報記事を掲載した「噂の真相」が創刊。
- 4・30　「日本文芸家協会五十年史」完成。
- 5・1　季刊SF専門雑誌「SFアドベンチャー」が徳間書店から創刊。
- 5・16　野間宏や井上光晴らの同人季刊誌「使者」創刊。
- 5・28　中村雄二郎の岩波現代選書27「共通感覚論」が岩波書店から刊行。
- 6・21　岩波ジュニア新書刊行開始。
- 7・15　松本健一「第二の維新」が国文社から刊行。
- 8・1　光文社から月刊SF専門誌「SF宝石」創刊。
- 9・20　岩波新書で吉村公三郎「映像の演出」刊行。
- 10・19　安岡章太郎「放屁抄」が岩波書店から刊行。
- 11・20　読売文学賞を「反＝日本語論」で受賞した蓮實重彦が「表層批評宣言」刊行。
- 11・23　詩人中原中也の病床記録が発見。
- 12・10　斉藤次郎「子ども漫画の世界」が現代書館から刊行。

漫画・芸能・サブカルチャー

- 1・1　パリを出発してバルセロナを経てダカールまでの第1回ダカール・ラリー開催。
- 1・10　巖谷國士・清水勲他著「現代まんがシアター」が清山社から刊行。
- 2・1　サントリー文化財団設立。
- 3・23　国立劇場演芸場完成。
- 5・1　隔月刊漫画誌「カスタムコミック」が日本文芸社から創刊。
- 5・20　板橋区立美術館が都内初の区立美術館として開館。
- 5・23　講談社から生活情報誌「Hot-Dog PRESS」創刊。
- 6・7　隔週刊で若者向け漫画雑誌「ヤングジャンプ」が集英社から創刊。
- 6・18　文部省が法人松下政経塾を認可。
- 8・28　宝塚トップスター鳳蘭のサヨナラ公演が東京宝塚劇場で開催。
- 9・4　上野動物園でパンダのランラン死亡。
- 10・3　「新国劇」倒産。
- 10・11　西武鉄道時刻表が出版。
- 11・25　「劇団青俳」解散。
- 12・10　マザー・テレサがノーベル平和賞受賞。
- 12・31　7年ぶりに美空ひばりが紅白歌合戦に特別出場。

6～12月

- 6・3　世界初の「反原発デー」実施。
- 6・12　元号法公布。
- 7・11　東名高速道路の日本坂トンネルで大事故。
- 8・13　中国が産児制限政策を発表。
- 9・27　国際通信無線会議がジュネーブで開催。
- 10・26　朴大統領がKCIA部長に射殺される。
- 11・1　東洋工業とフォード社が資本提携。
- 12・12　国鉄がリニアモーターカー試験走行で時速504km達成。
- 12・29　ソ連軍がアフガニスタン政変に介入。

1980年

写真・映画・アニメーション

- 1・6 フジテレビで世界名作劇場アニメーション「トム・ソーヤの冒険」放映開始。
- 3・24 パロディー作品を巡るマッド・アマノと写真家白川義員との裁判で白川勝訴。
- 3・28 にっかつが18年ぶりに復配。
- 4・1 移動テント劇場で鈴木清順監督作品「ツィゴイネルワイゼン」公開。
- 4・26 黒澤明監督東宝＝黒澤プロ作品「影武者」公開。
- 4・29 サスペンス映画のヒッチコック監督が死去(80歳)。
- 5・23 黒澤明監督作品「影武者」が第33回カンヌ映画祭最優秀グランプリ受賞。
- 6・13 渡辺義雄を団長に中国訪問写真文化交流団が出発。
- 7・1 日本映画監督協会理事長が五所平之助から大島渚に交代。
- 8・2 舛田利雄監督東映作品「二百三高地」公開。
- 9・20 黒木和雄監督東宝作品「夕暮まで」公開。
- 10・1 日本テレビでアニメーション2作目の「鉄腕アトム」放映開始。
- 10・11 読売テレビでアニメーション「宇宙戦艦ヤマトⅢ」放映開始。
- 11・1 ダゲレオ出版から「イメージフォーラム」創刊。
- 11・2 映画「征服者」の俳優やスタッフがネバダ州核実験の放射能汚染で死亡と報道。

通信機器・ラジオ・テレビ・コンピュータ・ゲーム

- 1・11 政府が深夜のテレビ放送自粛を要請。
- 2・9 静岡放送で番組終了後に個人で鑑賞していた洋物ポルノを誤って10分間放送。
- 2・11 民法連理事会で4月番組改編から平日深夜放送を午前零時台終了の申し合わせ。
- 3・31 富士通のコンピュータ売り上げが日本IBMを抜きトップ。
- 4・7 NHKが「NHK特集―シルクロード」放送開始。
- 4・28 任天堂から「ゲーム＆ウォッチ」発売。
- 5・7 富士通から日本語電子タイプライター発売。
- 5・29 コードレスホン販売開始。
- 6・3 アメリカ政府のコンピュータ故障でソ連との核戦争警戒態勢に3分間入る。
- 8・1 市外電話コレクトコールのサービス開始。
- 9・8 KDDが国際コンピュータアクセスサービス開始。
- 9・10 日本電電公社が高性能の光ファイバー開発成功を発表。
- 9・15 アメリカNBC放送で日米合作「将軍」放映。
- 9・24 朝日新聞東京本社が築地へ移転し電算写植を開始。
- 10・17 TBS系列で「仮面ライダースーパー1」放送開始。
- 10・31 NHK受信契約数がカラー・白黒合わせて2900万台を突破。
- 11・20 中国の四人組裁判が開始されてテレビで中継放送。

社会・文化・世相　1～6月

- 1・11 ホンダ技研がオハイオ州に自動車工場設立を発表。
- 1・13 西ドイツで緑の党が結成。
- 1・21 デンマーク大使に日本初の女性大使として高橋展子が任用。
- 2・20 ネズミ講の元締め「天下一家の会」が破産宣告。
- 3・10 太陽神戸や東海など都市銀行6行による現金自動支払い機の共同利用が開始。
- 4・1 大塚製薬から「ポカリスエット」が発売。
- 4・25 銀座で自動車運転手がふろしき包みの1億円を拾う。
- 5・18 韓国光州市で反政府暴動デモ。
- 5・24 モスクワ五輪に日本不参加を表明。

昭和55年

文芸・図書・出版	漫画・芸能・サブカルチャー
3・3　財団法人日本聖書協会によって銀座に聖書図書館開館。	1・10　米沢嘉博が「戦後少女マンガ史」を新評社から刊行。
3・7　就職情報センターから女性のための求人誌「とらばーゆ」創刊。	1・29　パンダのホアンホアンが北京から上野動物園に到着。
3・21　岩波新書で倉田喜弘「明治大正の民衆娯楽」刊行。	2・16　ダイエーが小売業として日本初の売り上げ1兆円企業となる。
3・25　国会図書館編「国立国会図書館所蔵発禁図書目録-1945年以前」刊行。	2・21　舞踊家花柳幻舟が家元制度に反対して家元の花柳寿輔に切りつける。
4・3　冷泉家が平安末期からの秘蔵古文書等公開で定家「明月記」約50巻など発見。	4・10　月刊漫画誌「ポップコーン」が光文社から創刊。
4・10　サ・シネマ同人著広岡裕児訳「映画の文法」がじゃこめてい出版から刊行。	4・23　静岡県富士サファリパークが開園。
4・25　日本記号学会発足。	
6・25　G・コアン・セア「フィルモロジー」が小笠原隆夫・大須賀武共訳で刊行。	
7・1　大阪府豊中市に鳥越信のコレクションを収納した大阪国際児童文学館開館。	7・1　ジャスコが横浜市港北区にコンボストア「ミニストップ」第1号店を開店。
	7・15　牛丼の「吉野家」が倒産。
	7・25　ハンガリーで考案された立体パズル「ルービック・キューブ」が日本で発売。
10・1　新再販制度がスタート。	8・15　鳥山明の漫画単行本「Dr.スランプ」第1巻が集英社から刊行。
11・1　作品社から文芸雑誌「作品」創刊。	9・1　北見けんいち作やまざき十三画の漫画単行本「釣りバカ日誌」第1巻が刊行。
11・20　R・スコールズ他著「SF—その歴史とビジョン」がブリタニカから翻訳刊行。	10・15　山口百恵が引退。
12・10　フィリップ・アリエス「子供の誕生」が杉山光信と杉山恵美子の訳で刊行。	11・1　月刊女性漫画誌「BE in LOVE」が講談社から創刊。
12・25　向田邦子「思い出トランプ」が新潮社から刊行。	11・15　月刊漫画誌「ビッグコミック・スピリッツ」が小学館から創刊。

7～12月

7・1　神田に芳賀書店がアダルト本専門店として開店。	パウロⅡ世を公式訪問。
7・3　第1回日本文化デザイン会議開催。	11・29　川崎市で予備校生による金属バット両親殴殺事件。
7・17　鈴木善幸内閣発足。	12・8　元ビートルズのジョン・レノンがニューヨークの自宅近くで撃たれて死亡。
8・19　新宿の京王帝都バスで放火事件。	
9・22　ポーランド自主労組「連帯」が結成。	12・12　日本の自動車生産台数1000万台突破して世界一になる。
10・15　東大寺大仏殿落慶法要。	
10・17　エリザベス女王がローマ教皇ヨハネ・	

1981年

写真・映画・アニメーション

- 1・30　小栗康平監督木村プロ作品「泥の河」公開。
- 1・31　テレビ朝日でアニメーション「最強ロボダイオージャ」放映開始。
- 2・19　土本典昭監督青林舎作品「水俣の図 物語」公開。
- 3・14　テレビ版13話までの再構成と修正で劇場版アニメーション映画「機動戦士ガンダム」公開。
- 5・1　五所平之助監督が死去（79歳）。
- 5・23　松原信吾監督松竹作品「なんとなく、クリスタル」公開。
- 7・11　テレビ版31話前半までの劇場版アニメーション「機動戦士ガンダム　哀・戦士編」公開。
- 8・21　鈴木清順監督日本ヘラルド作品「陽炎座」公開。
- 10・3　毎日放送でアニメーション「じゃりン子チエ」放映開始。
- 10・9　毎日放送でアニメーション「ワンワン三銃士」放映開始。
- 10・17　フジテレビでアニメーション「ハニーハニのすてきな冒険」放映開始。
- 10・24　根岸吉太郎監督ＡＴＧ作品「遠雷」公開。
- 12・19　相米慎二監督角川作品「セーラー服と機関銃」公開。

通信機器・ラジオ・テレビ・コンピュータ・ゲーム

- 1・23　日本テレビと系列6社共同出資の映像ソフト制作販売会社バップ設立。
- 2・11　3段ロケットＮ―Ⅱ型1号機搭載技術試験衛星「きく」3号打ち上げ成功。
- 2・13　ＡＰ通信社が衛星によるニュース配信を開始。
- 4・1　ＮＨＫが放送番組ライブラリーを設置。
- 4・22　電電公社と富士通が世界最大最速コンピュータの試作品完成。
- 5・16　フジテレビで「オレたちひょうきん族」放送開始。
- 7・1　特殊法人放送大学学園設立。
- 8・1　アメリカで有線放送のミュージカルテレビジョンが放送開始。
- 8・5　日本電電公社が磁気カード式公衆電話とテレホンカードを発表。
- 10・1　東京12チャンネルが「テレビ東京」に、ラジオ関東が「ラジオ日本」に改名。
- 10・6　フジテレビで倉本聰脚本ドラマ「北の国から」放送開始。
- 10・9　パイオニアからレーザーディスクプレイヤー販売開始。
- 10・30　大手レコードメーカー各社が貸レコード店を著作権侵害で提訴。
- 11・19　ＩＢＭと日本電電公社が特許の無償交換と技術交流に関する覚書に調印。

社会・文化・世相

1〜6月

- 1・21　潜水調査船「しんかい2000」の進水式が行なわれる。
- 2・23　ローマ法王が初の来日。
- 3・3　国鉄が赤字ローカル線77路線の廃止を決定。
- 3・25　第1回びわこ現代彫刻展開催。
- 3・31　食糧管理法の改正で米穀通帳廃止が決定。
- 4・22　マザー・テレサが来日。
- 5・1　自動車の対米輸出自主規制が始まる。
- 6・6　国家公務員の60歳定年制が決まる。
- 6・15　パリ人肉事件。

昭和56年

文芸・図書・出版

- 1・20　田中康夫「なんとなく、クリスタル」が河出書房新社から刊行。
- 2・24　平凡社の経営危機が表面化する。
- 3・5　講談社から黒柳徹子「窓ぎわのトットちゃん」刊行。
- 3・19　三省堂書店本店が東京神保町に売場面積980坪で開店。
- 4・1　栗本慎一郎がカッパ・ブックス「パンツをはいたサル」刊行。
- 4・15　後に東京都知事になる青島幸男が「人間万事塞翁が丙午」を新潮社から刊行。
- 5・16　井上光晴が日本ペンクラブ会長に就任。
- 7・11　アメリカのテレビライター組合の収益配分要求のストが解決。
- 9・11　志賀直哉没後10年の「志賀直哉展」が池袋西武美術館で開催。
- 10・17　光文社から「週刊宝石」創刊。
- 10・20　岩波新書で作田啓一「個人主義の運命─近代小説と社会学」刊行。
- 10・24　冷泉家時雨亭文庫でこの年2回目の古文書調査で藤原定家の伝写本発見。
- 11・20　現代社会や文化に関する情報誌「ダ・カーポ」が隔週刊で平凡出版から創刊。
- 12・30　朝日ソノラマ編「アニメ文庫6 アニメ界に強くなる本」が刊行。

注25　朝日ソノラマアニメ文庫☞

漫画・芸能・サブカルチャー

- 1・1　女性向け月刊漫画誌「ビッグコミックフォアレディ」が小学館から創刊。
- 1・15　月刊漫画誌「100てんコミック」が双葉社から創刊。
- 2・5　神戸市にわが国初の新交通システム「ポートライナー」開業。
- 2・15　東京有楽町の日劇ミュージックホール閉館。
- 3・11　サントリーからビール「バドワイザー」輸入販売開始。
- 5・6　朝日麦酒から「バヤリースオレンジつぶつぶ」発売。
- 6・1　芳文社から4コマ漫画専門誌「まんがタイム」創刊。
- 7・7　太陽電池飛行機が英仏海峡横断飛行に成功。
- 8・22　日立から毛布が丸ごと洗える全自動洗濯機と自動2槽洗濯機が発売。
- 9・1　東京都台東区に佃光雄が日本玩具資料館を開館。
- 9・7　イラストレーター南伸坊の「さる業界の人々」が情報センター出版局から刊行。

注26　南伸坊「さる業界の人々」☞

- 11・10　ロリコン少女漫画誌「美少女まんがベスト集成」第1巻が徳間書店から刊行。
- 11・13　沖縄で新種のクイナ「ヤンバルクイナ」が発見

7～12月

- 7・3　ニューヨーク・タイムズが原因不明のガンが同性愛者から発見と報道。
- 8・11　気象静止衛星「ひまわり」2号の打上げに成功。
- 9・18　桂離宮が350年ぶりの解体修理で外装が完了。
- 10・6　エジプト・サダト大統領暗殺。
- 10・16　北炭夕張新鉱でガス爆発。
- 10・19　福井謙一教授がノーベル化学賞を受賞。
- 10・28　ロッキード裁判での榎本被告前夫人の「ハチのひと刺し」証言が話題になる。
- 12・13　ポーランドに戒厳令が敷かれて「連帯」幹部が逮捕

165

1982年

写真・映画・アニメーション

- 1・23　高畑勲監督・脚本オープロダクションアニメーション作品「セロ弾きのゴーシュ」公開。
- 1・25　テレビ朝日でアニメーション「あさりちゃん」放映開始。
- 3・13　劇場版アニメーション「機動戦士ガンダム　めぐりあい宇宙編」公開。
- 4・8　フジテレビでアニメーション「パタリロ！」放映開始。
- 4・9　柳町光男監督プロダクション群狼作品「さらば愛しき大地」公開。
- 4・17　大林宣彦監督ATG・松竹作品「転校生」公開。
- 6・25　根岸吉太郎監督にっかつ作品「キャバレー日記」公開。
- 7・9　キヤノンから完全自動カメラ「スナッピィ50」が発売。
- 8・10　「別冊新評」で「荒木経惟の世界」発行。
- 10・3　毎日放送でアニメーション「超時空要塞マクロス」放映開始。
- 10・9　深作欣二監督松竹作品「蒲田行進曲」公開。
- 11・18　山川直人監督ピーチ・フラッシュ作品「パン屋襲撃」公開。
- 12・17　村野鐵太郎監督岩手放送・鐵プロ・ヘラルド作品「遠野物語」公開。

通信機器・ラジオ・テレビ・コンピュータ・ゲーム

- 1・9　NHKで松本清張原作の土曜ドラマ「けものみち」放送開始。
- 1・20　国内メーカー4社とフィリップス社がカメラ一体型8ミリビデオ統一規格発表。
- 2・1　エフエム愛知開局。
- 2・10　転送電話が横浜管内でサービス開始。
- 3・1　大阪初のUHFテレビ局テレビ大阪が放送開始。
- 4・1　国際パケット通信サービス開始。
- 5・6　富士通から日本語ワープロ「マイ・オアシス」発売。
- 6・22　IBM産業スパイ事件発覚。
- 7・5　富士通がスーパーコンピュータ「FACOM・VP-100」と「200」を開発発表。
- 8・31　国内メーカー9社がCDプレーヤー一斉発表で発売は10月1日から。
- 9・28　電信電話局がポケベルのデュアルコールサービスを開始。
- 10・4　「笑っていいとも！」放送開始。
- 11・10　日本電電公社が高密度集積回路LSIを開発。
- 12・6　東京地裁がテレビゲーム機プログラムの著作権を認める。
- 12・16　「コンピューター・グラフィックス82」が東京で開催。
- 12・25　松下電器産業が多機能超小型コンピュータをIBMブランドでの供給決定。

社会・文化・世相

1〜6月

- 1・14　アメリカの自動車業界の不況でフォード社が初の無配に転落。
- 1・21　日米共同極東有事研究が始まる。
- 2・8　ホテルニュージャパン火災で大惨事。
- 3・29　校内暴力急増化し全国1528の中学と高校で警察に卒業式の警戒要請。
- 4・2　フォークランド諸島でアルゼンチンとイギリスとの武力紛争が勃発。
- 6・11　南硫黄島で絶滅と思われていた「オガサワラオオコウモリ」の生存が確認。
- 6・23　東北新幹線の大宮と盛岡間が開業。
- 6・24　長崎の被爆者山口仙二が国連軍縮特別総会で核廃絶訴え。

昭和57年

文芸・図書・出版

- 1・20　大江健三郎や小田実らが「核戦争の危機を訴える文学者の声明」発表。
- 3・21　コミックマーケット第20回が晴海の国際貿易センター南館で開催。
- 4・15　副島邦彦「手塚治虫まんが大研究」が講談社から刊行。
- 4・22　隔週刊の男性誌「スコラ」が講談社から創刊。
- 6・5　詩人で英文学者の西脇順三郎が死去（98歳）。
- 6・30　北島明弘責任編集「ＳＦムービー史」が芳賀書店から刊行。
- 7・1　マリ・クレール日本語版「marie claire japon」が中央公論社から創刊。
- 7・26　教科書問題で中国が正式に抗議。
- 8・17　米インディアナ大学で「源氏物語」の国際学会開催。
- 8・26　政府が教科書問題を政府の責任で是正すると発表。
- 10・1　角川書店から「ザ・テレビジョン」創刊。
- 10・20　北川透「詩神と宿命　小林秀雄論」が小沢書店から刊行。
- 10・30　小説原作の映画を紹介した水谷憲司「文学の映像詩」が永田書房から刊行。
- 12・10　前田愛「都市空間のなかの文学」が筑摩書房から刊行。

漫画・芸能・サブカルチャー

- 1・12　ワコールが「シェイプブラジャー」発表。
- 1・15　松竹歌劇団が東京浅草国際劇場で最終公演。
- 2・9　日航機が羽田空港着陸直前に機長の心神喪失で墜落し死傷者174名。
- 3・1　電電公社が1941年以来中止していた慶弔電報の取り扱い再開。
- 3・10　普通列車一日乗り放題券4枚セットの国鉄「青春18のびのびきっぷ」発売。
- 3・19　東京上野動物園で創立100周年の記念式典。
- 3・27　桂離宮の全面解体修理落成。
- 4・15　北条司の漫画単行本「キャッツアイ」第1巻が集英社から刊行。
- 5・1　高橋留美子の漫画単行本「めぞん一刻」第1巻が小学館から刊行。
- 7・1　ＳＦ漫画誌「ＷＩＮＧＳ」が新書館から創刊。
- 9・9　隔週刊の青年漫画誌「コミック・モーニング」が講談社から創刊。
- 9・14　元ハリウッド女優でモナコ公国のグレース王妃が自動車事故で死去。
- 11・6　東京下北沢に本多劇場が開場。
- 12・8　第一勧銀がパーソナル・コンピュータ利用の家計やローンの相談サービス開始。
- 12・20　大友克洋「ＡＫＩＲＡ」が「ヤングマガジン」に連載開始。

7〜12月

- 7・23　長崎の記録的集中豪雨で市街地が浸水被害。
- 7・26　ウィーンで123カ国参加の世界初の高齢者問題世界会議開催。
- 9・2　国鉄のリニアモーターカー実験で初の有人浮上走行に成功。
- 10・29　駒沢オリンピック公園で都老人クラブ主催の第1回ゲートボール大会が開催。
- 11・12　ポーランドで「連帯」ワレサ委員長が釈放。
- 11・15　上越新幹線の大宮と新潟間が開業。
- 11・27　中曽根康弘内閣成立。
- 12・9　営団地下鉄半蔵門線の半蔵門と渋谷間が開通。
- 12・23　電電公社がテレホンカード式公衆電話第1号を数寄屋橋に設置。

1983年

写真・映画・アニメーション

- 2・5　アニメーション「聖戦士ダンバイン」放映開始。
- 3・31　フジテレビでアニメーション「みゆき」放映開始。
- 4・1　テレビ東京でアニメーション「装甲騎兵ボトムズ」放映開始。
- 4・3　日本テレビでアニメーション「キン肉マン」放映開始。
- 5・19　今村昌平監督作品「楢山節考」がカンヌ映画祭でグランプリ受賞。
- 5・28　大島渚監督松竹・ヘラルド作品「戦場のメリークリスマス」公開。
- 6・16　寺山修司の「天井桟敷」が7月31日で解散決定。
- 7・11　日本テレビでアニメーション「キャッツアイ」放映開始。
- 7・16　大林宣彦監督角川・東映映画作品「時をかける少女」公開。
- 7・23　蔵原惟繕監督フジテレビ・東宝作品「南極物語」公開。
- 10・2　フジテレビでアニメーション「機甲創世記モスピーダ」放映開始。
- 10・20　日本テレビでアニメーション「伊賀のカバ丸」放映開始。
- 11・3　斎藤光正監督東宝作品「積木くずし」公開。
- 11・12　降旗康男監督東宝作品「居酒屋兆治」公開。

通信機器・ラジオ・テレビ・コンピュータ・ゲーム

- 1・1　松下グループが日本語プログラム言語を開発。
- 1・26　NHKと全民放がロス五輪組織委員会にテレビ放映権料43億円の支払い合意。
- 2・4　初の実用通信衛星「さくら2号a」打ち上げ。
- 2・11　TBSで鎌田敏夫脚本ドラマ「金曜日の妻たちへ」放送開始。
- 3・25　中小都市自動車電話方式が仙台と広島に登場。
- 4・4　NHKで連続テレビ小説「おしん」放送開始。
- 4・18　通産省がソフトウェア権の創設決定。
- 5・27　TBSで山田太一脚本ドラマ「ふぞろいの林檎たち」放送開始。
- 7・15　任天堂から「ファミリーコンピュータ」発売。
- 9・5　フジテレビの時代劇「銭形平次」が翌年3月で放送打ち切り決定。
- 11・10　小包包装用品を使ったゆうパックが開始。
- 11・18　松下電器が光ディスク特許紛争で米デバイシス社と和解。
- 11・20　アメリカABCで核戦争を描いたドラマ「ザ・デイ・アフター」放送。
- 12・1　NHKと在京民放テレビ5社で国際衛星共同利用機構設立。

社会・文化・世相

1〜6月

- 2・12　神奈川県警が横浜市内で起きた浮浪者連続殺傷事件で中学生を含む少年ら10人逮捕。
- 2・15　東京町田市の中学教師が生徒の威嚇に脅えて生徒を刺す。
- 3・13　東北大学医学部が日本初の体外受精に成功。
- 3・24　中国自動車道全通。
- 4・13　シカゴ市長選挙で初の黒人候補ハロルド・ワシントンが当選。
- 5・24　アメリカ政府がエイズを国家最優先の医療対策問題にする。
- 6・1　戸塚ヨットスクール校長が暴行傷害で逮捕。

昭和58年

文芸・図書・出版

- 2・24　没後50年を記念し東急日本橋店で宮沢賢治展開催。
- 3・1　文芸評論家小林秀雄が死去(80歳)。
- 4・1　冷泉家文書の定家筆「古今和歌集」や「後撰和歌集」など国宝指定。
- 4・17　山梨県長坂町に白樺美術館開館。
- 5・1　日本版「月刊ペントハウス」が講談社から創刊。
- 5・26　岩波文庫が創刊当時の表紙デザインからカバー表紙となる。
- 7・1　福武書店の文芸誌「海燕」7月号で「マンガはブンガク」の特集。
- 7・29　岩波書店から「20世紀思想家文庫9 メルロ＝ポンティ」刊行。
- 注27　「20世紀思想家文庫」☞
- 10・1　平凡出版がマガジンハウス社に社名変更。
- 11・3　マガジンハウス社から詩の雑誌「鳩よ！」創刊。
- 11・10　今村仁司「批評への意志」が冬樹社から刊行。
- 12・1　織田作之助誕生70周年記念で大阪文学振興会主催で織田作之助賞創設。
- 12・16　新潮社の写真週刊誌「FOCUS」が178万部突破。

漫画・芸能・サブカルチャー

- 1・4　室町時代の地獄絵壁画が京都の千本閻魔堂引接寺で発見。
- 2・1　新幹線定期券「フレックス」が発売開始。
- 4・1　月刊少女向け雑誌「キャロル」が講談社から創刊。
- 4・15　千葉県浦安市に「東京ディズニーランド」オープン。
- 5・1　月刊少年漫画誌「COMICOMI」が白泉社から創刊。
- 6・11　ホロビッツが日本で初のピアノコンサート開催。
- 6・15　吉田聡のマンガ「湘南暴走族」第1巻が少年画報社から刊行。
- 6・24　西友ストアが東京青山に無印良品の専門店開店。
- 9・17　ミス・アメリカに初めて黒人女性が選出。
- 11・11　劇団四季のミュージカル「キャッツ」の公演が新宿で開始。
- 12・8　警視庁により愛人バンク第1号「夕ぐれ族」が売春周旋容疑で摘発。
- 12・11　ローマ教皇がローマのルター派教会を訪問。
- 12・25　マヨルカ島に住んでいた画家ホアン・ミロが死去(90歳)。

7〜12月

- 7・18　厚生省がエイズの実態調査に研究班を設置。
- 8・21　フィリピンのアキノ元上院議員がマニラ空港に到着後すぐに暗殺。
- 9・1　大韓航空機がサハリン沖でソ連戦闘機により撃墜。
- 10・3　三宅島の雄山が噴火して約400戸焼失。
- 10・12　東京地裁でロッキード事件の田中角栄元首相に懲役4年追徴金5億円の実刑判決。
- 11・9　レーガンアメリカ大統領が来日。
- 11・13　サラ金規制2法施行で暴力的取立や誇大広告禁止。
- 12・17　ロンドンのハロッズ百貨店でIRAが爆弾テロ。

1984年

写真・映画・アニメーション

- 2・1　辻伸一監督虫プロアニメーション映画「綿の国星」公開。
- 2・4　テレビ朝日でアニメーション「重戦機エルガイム」放映開始。
- 3・11　宮崎駿監督・脚本アニメーション映画「風の谷のナウシカ」公開。
- 4・6　長谷川一夫が死去(76歳)。
- 4・9　日本テレビでアニメーション「ガラスの仮面」放映開始。
- 4・15　ＴＢＳでアニメーション「超時空騎団サザンクロス」放映開始。
- 6・23　篠田正浩監督ＹＯＵの会・ヘラルド作品「瀬戸内少年野球団」公開。
- 9・3　京橋の国立近代美術館フィルムセンターの火災で保存洋画フィルム330本焼失。
- 9・8　寺山修司監督ＡＴＧ作品「さらば箱舟」公開。
- 10・4　フジテレビでアニメーション「北斗の拳」放映開始。
- 10・10　和田誠監督角川・東映作品「麻雀放浪記」公開。
- 10・21　フランスの映画監督フランソワ・トリュフォーが死去(52歳)。
- 11・17　伊丹十三監督Ｎ・Ｃ・Ｐ・伊丹プロ作品「お葬式」公開。

通信機器・ラジオ・テレビ・コンピュータ・ゲーム

- 1・1　世界最大企業のＡＴＴが企業分割。
- 1・3　ＴＶスペシャル「仮面ライダーＺＸ10号誕生！　仮面ライダー全員集合‼」放送。
- 1・24　アップルコンピュータがマッキントッシュを発表。
- 2・23　電電公社他4社が1メガビット超ＬＳＩを世界で初開発。
- 3・3　ＮＨＫでラフカディオ・ハーンを描いたドラマ「日本の面影」放送開始。
- 4・2　ＮＨＫが犯罪報道で逮捕者の氏名に「容疑者」を付けることを定める。
- 5・12　ＮＨＫ衛星放送がＢＳ2の試験放送を開始。
- 6・1　電電公社が三鷹市に建設した高度情報通信システムＩＮＳを公開。
- 7・16　香港ＩＢＭが中国語対応小型コンピュータ発売。
- 7・26　大阪工業大学でプログラム2500件消去というわが国初のコンピュータ・ハック。
- 9・28　日本電電公社が高度情報システムのモデル実験を東京で実施。
- 10・6　ＴＢＳで教師もののドラマ「スクールウォーズ」放送開始。
- 11・16　世田谷の電話地下ケーブル火災で約9万回線不通。
- 12・18　関西電力が建設中の愛本発電所と制御所間に情報伝達光ファイバー初実用化。
- 12・21　民間衛星放送事業体である日本衛星放送株式会社が発足。

社会・文化・世相

1～6月

- 1・18　三井有明鉱山で火災発生し83人が死亡。
- 2・13　アメリカ特許商標局がスタンフォード大らの遺伝子組み換え技術の特許承認。
- 3・5　イラン・イラク戦争でイラクの化学兵器使用をアメリカ確認。
- 3・18　江崎グリコ社長が誘拐され21日後に解放。
- 4・1　岩手県に全国初の第3セクターとして三陸鉄道が開業。
- 5・10　グリコ製品に毒物混入と脅迫状が送られる。
- 5・18　国籍法と戸籍法の改正で父母のいずれかが日本人であれば日本国籍が認可。

昭和59年

文芸・図書・出版

- 1・26　「週刊文春」が'81年にロスでの三浦和義夫妻の銃撃事件を「疑惑の銃弾」と報道。
- 1・30　山口昌男「笑いと逸脱」が筑摩書房から刊行。
- 2・14　国会で少女雑誌の性記事が問題視されて雑誌の休・廃刊が相次ぐ。
- 3・21　岩波新書で池上嘉彦「記号論への招待」刊行。
- 5・10　東京会館で「野上弥生子100歳のお祝い」開催。
- 5・14　第47回国際ペン東京大会開催。
- 6・10　冬樹社から雑誌「GS」創刊。
- 6・25　フランスの哲学者ミシェル・フーコーが死去(57歳)。
- 7・15　吉本隆明「マス・イメージ論」が福武書店から刊行。
- 7・16　渡辺和博とタラコプロダクション作品「金魂巻」が主婦の友社から刊行。
- 9・30　R・M・バーサム「ノンフィクション映像史」が山谷哲夫・中野達司訳で刊行。
- 10・15　丸山圭三郎「文化のフェティシズム」が勁草書房から刊行。
- 11・15　市川浩「〈身〉の構造」青土社から刊行。
- 11・23　講談社から写真週刊誌「フライデー」が創刊。
- 12・15　文化庁の著作権審議会がデータベースは著作権法保護対象と中間報告。
- 12・25　「別冊宝島」44号で「わかりたいあなたのための現代思想・入門」刊行。

漫画・芸能・サブカルチャー

- 2・8　第14回冬季オリンピックがサラエボで開催。
- 2・12　冒険家植村直己がマッキンリーに単独登頂に成功したあと消息を断つ。
- 4・6　国立文楽劇場が開場。
- 4・15　「カラー講座めざせ!!まんが家」が少年サンデー編集部編で小学館から刊行。
- 5・1　東洋工業がマツダに社名変更。
- 6・1　中央公論社から藤子不二雄の全集「藤子不二雄ランド」全301巻が刊行開始。
- 9・18　アメリカのジョー・キッチンガーが気球による大西洋単独横断に成功。
- 10・6　有楽町マリオンが日劇と朝日新聞社東京本社跡地に完成。
- 10・13　神奈川県立日本近代文学館が開館。
- 10・23　ビデオなどの映像著作物の不法なコピーを防止するための「ビデオ著作権保護監視機構」設立。
- 10・25　オーストラリアからコアラ6頭が贈られる。
- 11・1　日本銀行が11年ぶりに新札発行。
- 12・19　トルコ人留学生が厚生省に訴えてトルコ風呂がソープランドと改称。

7〜12月

- 7・7　新潟市の病院で初のエイズ患者を発表。
- 7・28　第23回オリンピックがロスアンゼルスで開催。
- 8・1　イギリスと中国が香港の将来の地位に関する協定に調印。
- 8・24　「投資ジャーナル」摘発。
- 9・6　韓国全斗煥大統領が初来日。
- 9・7　秋田県農業試験場開発の新品種「あきたこまち」誕生。
- 9・14　長野県西部地震で死者不明者29人。
- 10・31　ガンジー首相暗殺。
- 11・3　渋谷に東京電力の電力館開館。
- 12・19　香港問題に関する中国・イギリス合意文書に両国の首相が調印。

1985年

写真・映画・アニメーション

- 1・6　フジテレビでハウス世界名作劇場アニメーション「小公女セーラ」放映開始。
- 3・2　名古屋テレビでアニメーション「機動戦士Ζガンダム」放映開始。
- 3・24　フジテレビでアニメーション「タッチ」放映開始。
- 4・5　アニメーション「超獣機神ダンクーガ」放映開始。
- 4・13　大林宣彦監督東宝作品「さびしんぼう」公開。
- 5・31　東京で40カ国参加第1回東京国際映画祭開幕。
- 6・1　黒澤明監督ヘラルドエース他作品「乱」公開。
- 6・9　第1回東京国際映画祭「ヤングシネマ'85」大賞に「台風クラブ」の相米慎二が受賞。
- 7・6　日本テレビでアニメーション「戦え！超ロボット生命体トランスフォーマー」放映開始。
- 7・15　日本テレビでアニメーション「ダーティペア」放映開始。
- 7・20　市川崑監督作品「ビルマの竪琴」公開。
- 8・31　相米慎二監督ATG作品「台風クラブ」公開。
- 9・14　根岸吉太郎監督東映作品「ひとひらの雪」公開。
- 10・12　アニメーション「ハイスクール！奇面組」放映開始。
- 11・9　森田芳光監督東映作品「それから」公開。

通信機器・ラジオ・テレビ・コンピュータ・ゲーム

- 1・21　ソニーからカメラ一体型の8ミリビデオが販売。
- 2・8　旭川と鹿児島間での日本縦貫光ファイバー伝送路完成。
- 2・20　ミノルタから世界初のAF1眼レフα-7000が発売。
- 3・18　アメリカのABC放送がCCC社に買収される。
- 4・1　電気通信事業法施行で通信事業に競争原理導入。
- 4・1　日本電信電話株式会社発足。
- 4・3　NHKで池波正太郎原作ドラマ「真田太平記」放送開始。
- 4・10　フジテレビでドラマ「スケバン刑事」放送開始。
- 8・10　キヤノンが50万円を切るワープロを発売。
- 9・13　任天堂からゲームソフト「スーパーマリオブラザーズ」発売。
- 9・18　車外利用自動車電話ショルダーホンのサービス開始。
- 9・25　文化庁著作権審議委員会がデータベースに著作権認定。
- 10・5　テレビ朝日「アフタヌーンショー」での中学生リンチ場面は放送後にやらせと判明。
- 11・29　NHKと日本テレビが文字放送初の免許でハイブリッド方式の文字多重放送開始。
- 12・3　フリーダイヤル「0120」のサービス開始。
- 12・20　文化庁が改正試案として有線放送事業者に著作権隣接権を認める。

社会・文化・世相

1～6月

- 1・9　両国国技館落成式。
- 3・6　韓国で金大中ら14人の政治活動規制解除。
- 3・10　着工から20年10カ月で青函トンネル本坑開通。
- 3・11　ゴルバチョフがソ連書記長就任。
- 3・22　厚生省エイズ患者第1号認定。
- 4・1　電電公社と専売公社の民営化で日本電信電話株式会社と日本たばこ産業株式会社発足。
- 5・5　警視庁が少年相談室や少年センターで「いじめ相談コーナー」開設。
- 5・17　男女雇用機会均等法成立。
- 6・8　淡路と鳴門を結ぶ「鳴門大橋」開通。
- 6・18　豊田商事の永野一男会長が報道陣環視の中で2人組の暴漢に刺殺。

昭和60年

文芸・図書・出版	漫画・芸能・サブカルチャー
1・26　佐々木健一「作品の哲学」が東京大学出版会から刊行。	1・1　雁屋哲作花咲アキラ画の漫画本「美味しんぼ」第1巻が小学館から刊行。
2・20　赤坂憲雄「異人論序説」が砂子屋書房から刊行。	2・13　風俗営業法改正施行で届け出の義務付けなどによりノーパン喫茶消滅。
3・7　読売新聞で一冊全集「ザ・作家シリーズ」の「ザ・賢二」の校訂・出版に関して研究者と出版社間の論争を紹介。	3・17　筑波研究学園都市で国際科学技術博覧会開催。
3・11　「まんが日本昔ばなし100話」全3巻が講談社から刊行。	3・20　原宿にファッションビル「ＣＯＸＹ188」開店。
3・30　作家野上弥生子が死去（99歳）。	3・28　画家マルク・シャガールが死去（97歳）。
6・8　日本ペンクラブ会長に遠藤周作が就任。	6・15　弘兼憲史の漫画単行本「課長島耕作」第1巻が講談社から刊行。
6・20　那須良輔「漫画家生活50年」が平凡社から刊行。	6・19　日本書籍出版協会が韓国の海賊版本について対応の要望書を文化庁に提出。
	7・1　石ノ森章太郎の漫画単行本「ＨＯＴＥＬ」第1巻が小学館から刊行。
8・31　夏目房之介「夏目房之介の漫画学マンガでマンガを読む」が大和書房から刊行。	8・1　人気女性漫画家たちの掲載作品による月刊「ＡＳＵＫＡ」が角川書店から創刊。
9・25　著作権保護審議会が情報検索システム「データベース」の著作権を認める報告書を提出。	8・11　アジア初の第1回アニメーションフェスティバルが広島で開催。
10・30　谷口勇訳Ｊ・クリステヴァ「テクストとしての小説」が国文社から刊行。	10・7　日本ビクターとシャープが特殊メガネによる立体映像のビデオディスクシステムを発表。
11・27　市ヶ谷の私学会館で「国家秘密法（案）に反対する出版人の会」発足集会。	10・29　奈良県明日香村の伝飛鳥板蓋宮付近から木簡1083点発掘。
12・6　翌年1月までで日本語版「リーダーズ・ダイジェスト」発行会社が営業停止発表。	11・5　日本のデザイナー31人のファッションショー「86春夏・東京コレクション」開催。
	12・24　車田正美「聖闘士星矢」が週刊少年ジャンプに連載開始。

7〜12月

8・7　グリコ森永事件を苦に前滋賀県警本部長が焼身自殺。	10・2　関越自動車道の関越トンネル完成。
8・12　羽田発大阪行き日航ジャンボ機が群馬県御巣鷹山に墜落。	11・2　プロ野球の阪神タイガースが初の日本一になる。
9・14　自動販売機のドリンク剤を飲んだ男性が死亡。	12・12　神奈川県警がニセブランド商品の密造販売業者集中取締まりで102人を検挙。
9・19　メキシコ南西部でM8.1の大地震。	

1986年

写真・映画・アニメーション

- 1・15　篠田正浩監督松竹作品「鑓の権三」公開。
- 2・1　滝田洋二郎監督Ｎ・Ｃ・Ｐ作品「コミック雑誌なんかいらない！」公開。
- 2・26　フジテレビでアニメーション「ドラゴンボール」放映開始。
- 3・1　テレビ朝日でアニメーション「機動戦士ガンダムＺＺ」放映開始。
- 3・26　フジテレビでアニメーション「めぞん一刻」放映開始。
- 5・18　林海象監督映像探偵社・シネセゾン作品「夢みるように眠りたい」公開。
- 6・7　高橋和男監督フジテレビジョン他作品「熱海殺人事件」公開。
- 7・1　富士写真フイルムからハーフサイズカメラ「写ルンです」が発売。
- 8・2　宮崎駿監督・脚本スタジオジブリアニメーション映画「天空の城ラピュタ」公開。
- 10・3　日本テレビでアニメーション「ハートカクテル」放映。
- 10・6　ミノルタカメラが独禁法違反訴訟でアメリカ37州の司法当局と購買者に総額約9億円を払い戻すことで和解。
- 10・11　アニメーション「聖闘士星矢」放映開始。
- 10・17　熊井啓監督製作委員会作品「海と毒薬」公開。
- 11・15　五社英雄監督東映作品「極道の妻たち」公開。

通信機器・ラジオ・テレビ・コンピュータ・ゲーム

- 1・1　コンピュータプログラムを著作物と認める改正著作権法が施行。
- 2・17　次世代半導体メモリー「4メガＤＲＡＭ」の開発成功。
- 3・28　東京地裁がコンピュータ・ソフトの著作権を認めて無許可レンタル禁止判決。
- 4・29　文化庁がコンピュータ創作物の著作権審議を開始。
- 5・6　航空機公衆電話サービス開始。
- 5・27　ファミコン用ゲームソフト「ドラゴンクエスト」発売。
- 6・26　ＮＴＴが初めての株主総会を行なう。
- 7・1　日本国際通信企画発足。
- 7・25　ＴＢＳで鎌田敏夫脚本のドラマ「男女七人夏物語」放送開始。
- 8・1　日本テレコムが東京と大阪間で光ファイバーのサービス開始。
- 10・5　日本テレビで横浜を舞台にトレンディー刑事ドラマ「あぶない刑事」放送開始。
- 10・10　東京でコンピュータ利用の電話案内システム導入。
- 11・27　伝言ダイヤル通話サービス開始。
- 11・28　大蔵省がＮＴＴ株式購入申し込み者数1068万人で競争率は6.47倍と発表。
- 11・29　ＮＨＫが文字放送の全国ネット放送開始。
- 12・3　ハイビジョン実験放送がＭＵＳＥ方式で開始。

社会・文化・世相

1〜6月

- 1・8　ニューヨーク株式が29年大恐慌以来の大暴落。
- 1・28　米スペースシャトルが空中爆発で乗員7人全員死亡。
- 2・1　中野区立中野富士見中2年男子生徒がいじめを苦に盛岡市で遺書を残し自殺。
- 4・11　ハレー彗星が地球に大接近。
- 4・26　ソ連、チェルノブイリ原子力発電所事故。
- 4・29　天皇在位60年記念式典挙行。
- 5・4　東京サミットでＧ７新設など東京経済宣言採択。
- 5・8　イギリスのチャールズ皇太子とダイアナ妃が来日。
- 6・19　ベトナムの二重体児ベト・ドクが日赤医療センターに入院、のち手術をうける。

昭和61年

文芸・図書・出版

- 1・1　東京都文化振興会から「季刊東京人」創刊。
- 3・3　受験生増加で市場拡大中の予備校を論じた「ザ・予備校」が第三書館から刊行。
- 3・5　講談社から「日本歴史文学館」全34巻刊行開始。
- 3・19　第1次教科書訴訟で国家賠償を求める家永三郎全面敗訴。
- 6・14　アルゼンチンの文学者ホルヘ・ルイス・ボルヘスが死去（86歳）。
- 6・30　野間宏や針生一郎ら文化人ら約400人がすべての原発停止を訴える声明。
- 8・18　国際児童図書評議会が東京青山の「こどもの城」で開催。
- 8・25　国際図書館連盟第52回大会が国立劇場で開催。
- 9・1　国立国会図書館の新館が開館。
- 11・4　写真週刊誌「タッチ」が小学館から創刊。
- 11・19　写真週刊誌「フラッシュ」が光文社から創刊。
- 12・9　ビートたけしが講談社のフライデー編集部に押しかけ抗議。
- 12・26　日本ペンクラブが国家秘密法反対を声明。

漫画・芸能・サブカルチャー

- 1・1　ホラー・オカルト少女漫画の月刊誌「ハロウィン」が朝日ソノラマから創刊。
- 1・27　85年度芸術選奨が決定して文部大臣賞をジャズの渡辺貞夫らが受賞。
- 2・6　トヨタスープラが発売。
- 4・8　アイドル歌手岡田有希子の飛び降り自殺で少年少女の後追い自殺現象起きる。
- 5・16　岩波文庫で清水勲編「ビゴー日本素描集」刊行。
- 6・16　歌舞伎の片岡孝夫や坂東玉三郎らがパリで公演。
- 7・1　少年向け月刊漫画誌「ニコニココミック」が世界文化社から創刊。
- 8・7　文化庁著作権審議会がカラオケに著作権を認め翌年4月からの使用料徴収答申。
- 8・18　アメリカの科学者72人が天地創造を科学的ではないとする意見を連邦最高裁に提出。
- 11・1　日本の6社でパソコン・ワープロ機の操作方法などの新規格を統一。
- 11・13　パチンコ業界団体が「パチンコ文化賞」を創設。
- 12・9　パリに国立オルセー美術館開館。

7〜12月

- 7・6　衆参同日選挙で自民党が衆議院300、参議院72議席獲得し歴史的大勝。
- 9・6　土井たか子が社会党委員長に就任、初の女性党首誕生。
- 9・11　新宿の伊勢丹デパートで男性メークアップコーナー誕生。
- 10・29　1株119万7000円でNTT株が一般に売出し。
- 10・31　国鉄で明治5年以来114年間続いた手荷物取扱い「チッキ」廃止。
- 11・10　天皇在位60周年記念の10万円金貨と1万円銀貨を発行。
- 11・21　伊豆大島の三原山が209年ぶりの大噴火で島民約1万300人に避難命令。

1987年

写真・映画・アニメーション

- 1・7　パリのポンピドーセンターで篠山紀信「シノラマTOKYO・1987年」開催。
- 1・11　フジテレビでハウス世界名作劇場アニメーション「愛の若草物語」放映開始。
- 2・7　伊丹十三監督東宝作品「マルサの女」公開。
- 4・6　日本テレビでアニメーション「きまぐれオレンジ★ロード」放映開始。
- 4・6　日本テレビでアニメーション「シティーハンター」放映開始。
- 4・25　神代辰巳監督ビックバーン・メリエス作品「ベッドタイムアイズ」公開。
- 6・13　五社英雄監督東映作品「吉原炎上」公開。
- 6・16　白川義員とマッド・アマノとの間のパロディ写真訴訟が和解成立。
- 7・7　87年国際写真賞を濱谷浩が受賞。
- 7・17　俳優石原裕次郎が肝臓ガンで死去（52歳）。
- 8・1　原一男監督疾走プロ作品「ゆきゆきて、神軍」公開。
- 10・8　テレビ東京でアニメーション「ミスター味っ子」放映開始。
- 10・9　NHKでアニメーション「アニメ三銃士」放映開始。
- 10・11　テレビ朝日でアニメーション「ビックリマン」放映開始。
- 10・13　テレビ東京でアニメーション「マンガ日本経済入門」放映開始。
- 11・20　ロスアンゼルス「ワックス・ミュージアム」に三船敏郎のロウ人形が展示。

通信機器・ラジオ・テレビ・コンピュータ・ゲーム

- 1・4　NHK大河ドラマ「独眼竜正宗」放送開始。
- 2・9　NTT株上場で初値がつかず2日後に160万円で取引。
- 3・23　任天堂のファミリーコンピュータの国内出荷台数が1000万台を突破。
- 4・6　フジテレビでドラマ「アナウンサーぷっつん物語」放送開始。
- 4・15　日本電気が光磁気記録方式で録画が繰り返し可能なビデオディスクの開発に成功と発表。
- 4・16　携帯電話サービス登場。
- 6・1　コンピュータ著作権紛争で富士通とIBMが和解。
- 6・11　マドンナが来日してTBSで「マドンナINジャパン」放送される。
- 7・1　フリーダイヤル「0120」が全国サービスに拡大。
- 7・4　NHKが衛星放送24時間試験放送開始。
- 7・31　国際ファクシミリ通信サービス開始。
- 9・4　新電電三社が関東と関西を結ぶ市街サービス開始。
- 10・4　TBS系列から「仮面ライダーBLACK」放送開始。
- 10・31　日本テレビで「マイケル・ジャクソン ジャパンツアー87」放送。
- 11・2　衛星放送受信世帯が100万を突破。
- 11・18　ソニーが米最大のレコード会社CBSレコードを約20億ドルで買収。
- 11・25　ハイビジョン推進協議会がこの日を「ハイビジョンの日」に。

社会・文化・世相

1〜6月

- 1・17　神戸の女性がエイズで死亡して厚生省が「エイズ元年」宣言。
- 3・25　日本医師会生命倫理懇談会が脳死を個体死と認定。
- 4・1　国鉄の民営化で新会社JR7社が発足。
- 5・3　西宮市の朝日新聞阪神支局に覆面の男が侵入散弾銃2発発射し小尻知博記者死亡。
- 5・10　帝銀事件の犯人として死刑を宣告後も冤罪を主張してきた平沢貞通獄死。
- 6・22　近畿運輸局が京都のタクシー会社「MK」が申請の割引きクーポン券発行認可。
- 6・25　大阪の若手弁護士グループが「霊感商法110番」開設。

昭和62年

文芸・図書・出版

- 1・22　新潮社でわが国初の「カセットブック」を発売。
- 1・27　センチュリーハイアットでの講談社主催「少女まんが家新年会」に300人参加。
- 1・31　横浜開港資料館で明治5年発行の新聞「日新真事誌」の創刊号発見。
- 2・20　米沢嘉博編「マンガ批評宣言」が亜紀書房から刊行。
- 3・10　講談社「ヤングレディ」休刊。
- 4・10　南博＋社会心理研究所「昭和文化1925～1945」が勁草書房から刊行。
- 5・12　文藝春秋社の写真週刊誌「Emma」の最終号が出る。

- 9・10　村上春樹「ノルウェイの森」上・下巻が講談社から同時刊行。
- 9・21　小松左京・堺屋太一・立花隆の編で「20世紀全記録」が講談社から刊行。
- 10・1　熊本市にわが国初の新聞博物館が開館。
- 11・16　ロトマン著「映画の記号論」が大石雅彦訳で平凡社から刊行。
- 12・1　「朝鮮銀行史」が東洋経済新報社から刊行。
- 12・3　フランスで出版された故藤田嗣治の伝記・研究書の著作権裁判で日本での輸入・販売が差し止め。

漫画・芸能・サブカルチャー

- 1・21　漫画原作者梶原一騎が死去(50歳)。
- 2・22　ポップアートの画家アンディ・ウォーホル死去(58)。
- 3・17　アサヒビールから「スーパードライ」発売。
- 3・30　ゴッホ「ひまわり」を約53億円で安田火災が落札。
- 4・10　隔週刊で青年向け漫画誌「ヤングサンデー」が小学館から創刊。
- 5・20　文藝春秋漫画賞に安藤しげき「ヤッちゃんの勝ち!!」とわたせせいぞう「乱世のフィリップ」。
- 6・18　ロスアンゼルスのカジノ営業権が日本人に初めて認可。

- 9・7　劇団「新国劇」が解散。
- 10・12　パリのエスパース・ジャポンで日本の一コママンガ原画展が開催。
- 10・22　グーテンベルク聖書を丸善が7億8千万円で落札。
- 10・25　8万8625名が応募の第1回全日本国民的美少女コンテストをテレビ朝日で放送。
- 11・18　京都で「世界歴史都市会議」が開催。
- 12・7　村上知彦・高取英・米沢嘉博「マンガ伝―巨人の星から美味しんぼまで」が平凡社から刊行。
- 12・11　「機動戦士ガンダム」登場のロボット偽人形が出回って業者5人逮捕。

7～12月

- 7・1　JR東日本が目白と原宿駅とを終日禁煙駅にする。
- 7・18　北朝鮮への日本人観光旅行が解禁。
- 9・23　日本で今世紀最後の金環食が沖縄で観測。
- 10・8　マサチューセッツ工科大学利根川進教授がノーベル医学・生理学賞を受賞。
- 11・2　初の文化世論調査の結果発表。
- 11・9　文部省調査で発がん性アスベスト建材使用の公立小中高校が全国1337校判明。
- 11・29　大韓航空858便が消息不明になり韓国政府が工作員金賢姫による犯行と発表。
- 12・4　旧日本軍出身者森繁弘統幕議長の退官で自衛隊から旧軍出身者がいなくなる。

1988年

写真・映画・アニメーション

- 1・10　フジテレビでハウス世界名作劇場アニメーション「小公子セディ」放映開始。
- 1・30　実相寺昭雄監督東宝作品「帝都物語」公開。
- 3・3　テレビ朝日でアニメーション「つるピカハゲ丸くん」放映開始。
- 3・12　完全新作ストーリーで劇場版アニメーション「機動戦士ガンダム逆襲のシャア」公開。
- 4・15　日本テレビでアニメーション「魔神英雄伝ワタル」放映開始。
- 4・16　宮崎駿監督・脚本スタジオジブリアニメーション映画「となりのトトロ」と高畑勲監督・脚本スタジオジブリアニメーション映画「火垂るの墓」公開。
- 6・11　日ソ合作アニメーション映画「小さなペンギン・DDの冒険」公開。
- 7・16　大友克洋原作監督脚本でアニメーション映画「AKIRA」公開。
- 8・6　那須博之監督東映作品「ビー・バップ・ハイスクール高校与太郎音頭」公開。
- 9・15　大林宣彦監督松竹作品「異人たちの夏」公開。
- 10・3　日本テレビでアニメーション「それいけ!アンパンマン」放映開始。
- 10・9　フジテレビでアニメーション「新シリーズ　ひみつのアッコちゃん」放映開始。
- 10・23　TBS系列で「仮面ライダーBLACK RX」放映開始。
- 12・24　栗山富夫監督松竹作品「釣りバカ日誌」公開。

通信機器・ラジオ・テレビ・コンピュータ・ゲーム

- 1・11　ソニーがVHS家庭用VTR販売開始。
- 2・8　東京都の電話局番の一部が3桁から4桁に。
- 2・10　ファミコン用ソフト「ドラゴンクエストⅢ」発売。
- 2・12　ビデオマガジン「インフェルメンタル」が日本編集版ビデオ作品を募集。
- 3・7　松下と東芝と日立がそれぞれ16メガビットDRAM開発と発表。
- 4・4　「NHKニュース・トゥデー」放送開始。
- 4・19　東京と大阪と名古屋でISDNサービス開始。
- 5・5　日本テレビが世界最高頂チョモランマから中継放送。
- 5・6　放送法一部改正公布で放送普及基本計画の策定などを規定。
- 7・7　フジテレビでトレンディードラマ「抱きしめたい!」放送開始。
- 8・1　FM東京が初のFM音声多重放送開始。
- 8・3　電話回線を利用したオフトーク通信のサービスが開始。
- 9・5　日本テレビ午後6時のニュースでリクルートコスモス社長室長の贈賄工作放送。
- 10・13　フジテレビでニューヨーク長期ロケのドラマ「ニューヨーク恋物語」放送開始。
- 10・15　国際ビジネス郵便・電子郵便料金が値下げ。
- 11・1　川崎にわが国初本格的ビデオ・ライブラリー公共施設市民ミュージアム開館。
- 11・21　議員証言法改正案が成立し国会での証人喚問時の撮影を禁止。

社会・文化・世相

1〜6月

- 1・1　東京の地下鉄が全面禁煙。
- 1・5　六本木のディスコで鉄鋼製照明器具が落下し3人死亡14人重軽傷。
- 3・13　「青函トンネル」開業。
- 4・7　世界保健機構の提唱で第1回世界禁煙デー実施。
- 4・10　9年間の工期で「瀬戸大橋」開通。
- 4・11　坂本龍一が「ラスト・エンペラー」音楽担当で日本人初のアカデミー作曲賞受賞。
- 6・18　リクルート疑惑発覚。

昭和63年

文芸・図書・出版

- 1・30　吉本ばななが「キッチン」を福武書店から刊行。
- 1・31　初めての日本語教育能力検定試験が実施。
- 3・17　4大婦人雑誌の1つ「婦人倶楽部」がこの日の4月号で廃刊。
- 3・22　岩波新書で木村泉「ワープロ徹底入門」刊行。
- 4・22　第1回電子出版システム展が池袋サンシャイン文化会館で開催されてCD―ROMの「電子美術館」発表。
- 5・17　朝日新聞から「アエラ」創刊。

- 9・20　岩波新書で石田晴久「パソコン入門」刊行。
- 10・9　芦屋市立谷崎潤一郎記念館が開館。
- 10・14　月2回の発行で「ASAHIパソコン」が朝日新聞社から創刊。
- 10・15　伊藤俊治「20世紀写真史」が筑摩書房から刊行。
- 10・17　社団法人日本複写権センターの設立発起人会が市ヶ谷の私学会館で開催。
- 10・24　TBSブリタニカでわが国初の電子百科事典販売。
- 10・27　マガジンハウスの「平凡パンチ」休刊。

漫画・芸能・サブカルチャー

- 1・18　朝日新聞の記事に東京論ブームで日本都市センターの新聞資料室が脚光浴びると紹介。
- 3・17　東京後楽園にわが国初の屋根付球場「東京ドーム」が完成。
- 3・30　森伸之が女子高制服図鑑「日本全国たのしい制服教室」を弓立社から刊行。
- 4・13　河合塾とNTTが協力して衛星を使った予備校授業を全国の教室に配信。
- 5・9　円高とアジア新興工業国の生産輸出により、1月と2月の統計でおもちゃの輸入額が輸出額を上回ったと発表。
- 5・12　国際交流基金が招いた英仏漫画家の歓迎の宴が朝日新聞本社で開催。
- 6・13　鈴木由美子の漫画単行本「白鳥麗子でございます！」第1巻が講談社から刊行。
- 7・4　NTTの駒込局で6月に生まれた上野動物園の赤ちゃんパンダの声をテレホンサービス開始。
- 8・24　ファミコンの海賊版ゲームソフトを複製機を使って製作していた千葉県の業者が摘発。
- 9・24　パリのエスパース・ジャポン社で日本の漫画展が「マネー」「武器」「世界ニュース」の3つのテーマで開催。
- 11・7　サンリオが黒人人形サンボの日本発売を中止。
- 11・25　藤島康介の漫画「ああっ女神さま」が「月刊アフタヌーン」で連載開始。
- 12・19　「週刊少年ジャンプ」が500万部突破。

7〜12月

- 7・22　ワシントンポスト紙が「ちびくろサンボ」を黒人差別と批判。
- 9・17　第24回オリンピック大会がソウルで開催。
- 9・22　昭和天皇吐血で一般記帳受付開始。
- 10・15　東京で「夫婦別姓の法制化を実現する会」がシンポジウム開催。
- 11・10　自民党が消費税など税制改革関連6法案を単独で強行採決。
- 11・13　脳死判定や臓器移植などの倫理問題を討議する日本生命倫理学会設立。
- 11・26　大相撲で千代の富士が53連勝する。
- 12・15　アメリカへの旅行渡航に必要だった査証(ビザ)が不要になる。

179

1989年

写真・映画・アニメーション

- 1・6　山口県立美術館で「11人の1965〜75 日本の写真は変えられたか」写真展が開催。
  - 注28　11人の写真家☞
- 1・8　フジテレビのアニメーション「サザエさん」が放送1000回を記録。
- 1・14　テレビ朝日でアニメーション「おぼっちゃまくん」放映開始。
- 2・4　鴻上尚史監督フジテレビ作品「ジュリエット・ゲーム」公開。
- 4・6　テレビ東京でアニメーション「天空戦記シュラト」放映開始。
- 4・26　フジテレビでアニメーション「ドラゴンボールZ」放映開始。
- 5・13　今村昌平監督今村プロ作品「黒い雨」公開。
- 7・29　宮崎駿監督脚本スタジオジブリアニメーション映画「魔女の宅急便」公開。
- 9・27　ソニーがアメリカの大手映画配給会社コロンビア社を34億ドルで買収。
- 10・7　リドリー・スコット監督ユニバーサル作品「ブラック・レイン」公開。
- 10・10　第1回山形国際ドキュメンタリー映画祭開催。
- 10・16　よみうりテレビでアニメーション「YAWARA！」放映開始。
- 10・17　TBSでアニメーション「かりあげクン」放映開始。
- 12・16　いとうせいこう原作の市川準監督アルゴ・プロジェクト作品「ノーライフキング」公開。

通信機器・ラジオ・テレビ・コンピュータ・ゲーム

- 1・6　NHKがハイビジョンによる1日60分の定時放送開始。
- 2・13　京都テレビで全国初の「スギ花粉予報」開始。
- 2・16　日立が世界初の超伝導コンピュータを開発。
- 3・6　前NTT会長真藤恒、リクルート事件で逮捕。
- 3・25　シリーズ初の本格OVAとして「機動戦士ガンダム0080」全6巻が発売。
- 4・1　日本国際通信が専用回線サービスを開始。
- 4・17　国内電話加入数5000万台を突破。
- 4・21　任天堂から携帯用ゲーム機「ゲームボーイ」発売。
- 6・1　KDDがISDNサービス開始。
- 6・26　東芝が20万円を切る世界最軽量の16ビットパソコンを発売。
- 7・10　情報課金回収代行サービスダイヤルQ営業開始。
- 9・11　NHKクリアビジョン放送開始。
- 10・1　日本国際通信が国際電話サービス開始。
- 10・2　TBSで「筑紫哲也のニュース23」放送開始。
- 12・1　フジテレビ開局30周年記念ドラマ「さよなら李香蘭」2日連続で放送。

社会・文化・世相

1〜6月

- 1・8　昭和天皇崩御で新元号「平成」施行。
- 1・12　厚生省が輸入血液製剤でエイズに感染した血友病患者の救済制度開始。
- 2・17　エイズ予防法が施行。
- 2・22　佐賀県吉野ヶ里遺跡で弥生後期の大集落発見。
- 3・4　東京地裁がリクルート事件で江副浩正前リクルート社会長ら4人を起訴。
- 3・30　女子高生監禁殺人コンクリート詰め遺棄事件で東京綾瀬の少年4人を逮捕。
- 4・1　消費税スタート。
- 4・11　神奈川県川崎市の竹やぶで約1億3000万円入りのバッグ発見。
- 5・18　中国の天安門広場で民主化を要求して100万人超す群衆デモ。
- 6・4　ポーランド上下院選挙で「連帯」圧勝。

昭和64／平成元年

文芸・図書・出版

- 1・20　岩波新書で佐藤忠男「映画で世界を愛せるか」刊行。
- 2・21　88年度芸術選奨で文部大臣賞に宮崎駿監督らを新人賞に吉本ばななならを選出。
- 3・4　タイム社とワーナー社が合併。
- 5・16　4月20日付沖縄サンゴ記事で朝日新聞社員がサンゴを傷つけての撮影認める。
- 5・30　大塚英志が光文社カッパ・サイエンスで「少女民俗学」刊行。
- 6・6　「サンデー毎日」が宇野首相の女性スキャンダルを報道。
- 7・20　岩波新書で廣澤榮「私の昭和映画史」刊行。
- 8・21　岩波新書で亀井文夫「たたかう映画－ドキュメンタリーの昭和史」刊行。
- 9・20　岩波新書で桑原史成「報道写真家」刊行。
- 11・23　日本橋高島屋で創業80周年記念「講談社大博覧会」開催。
- 12・18　G・レヴィンスキー「ヌードの歴史」が伊藤俊治・笠原美智子訳で刊行。
- 12・24　「別冊宝島」104号として「おたくの本」がＪＩＣＣ出版局から刊行。
- 12・25　「ユリイカ」臨時増刊号「総特集　ヌーベルバーグ30年」が青土社から刊行。

漫画・芸能・サブカルチャー

- 2・9　手塚治虫が胃がんのため死去（60歳）。
- 2・23　竹内オサム・村上知彦編「マンガ批評大系Ｉ」（全4巻・別巻1）が平凡社から刊行開始。
- 3・10　石ノ森章太郎「漫画超進化論」が河出書房新社から刊行。
- 3・11　埼玉県入間市の幼稚園女児誘拐殺人事件で「今田勇子」の名で犯行声明。
- 3・25　新宿伊勢丹で改造プラモデル「ミニ四駆動車」レース大会開催。
- 5・6　新田たつおの漫画単行本「静かなるドン」第1巻が実業之日本社から刊行。
- 5・18　第35回文春漫画賞を堀田かつひこ「オバタリアン」受賞。
- 6・24　歌手美空ひばり死去、翌月国民栄誉賞。
- 7・16　指揮者カラヤン死去（81歳）。
- 9・3　東急Bunkamuraが完成。
- 10・25　宝塚歌劇団創立75周年記念ＮＹ公演。
- 11・25　刀水書房から詳細な年表と索引の「漫画家小辞典」が付録された清水勲「『漫画少年』と赤本マンガ－戦後マンガの誕生」刊行。
- 11・30　文部省が高校の新学習指導要領の移行措置を告示して90年度からの「日の丸」と「君が代」を義務化。
- 12・12　田河水泡が死去（90歳）。

7～12月

- 7・13　伊東市近海で大規模な海底噴火。
- 8・9　海部俊樹内閣発足。
- 8・14　環境庁「第1次酸性雨対策調査」で日本全土での大量の酸性雨が明らかになる。
- 9・2　埼玉と東京での一連の幼女連続誘拐殺人事件で宮崎勤容疑者が起訴。
- 9・27　横浜ベイブリッジ完成。
- 10・14　田中角栄元首相が政界引退を表明。
- 11・3　横浜市磯子区の坂本弁護士一家3人が行方不明。
- 11・9　ベルリンの壁崩壊。
- 12・21　神戸で16チームが参加して第1回大学女子サッカー大会開催。
- 12・22　ルーマニアのチャウシェスク政権崩壊、25日に大統領夫妻が処刑。

1990年

写真・映画・アニメーション

- 1・7　フジテレビでさくらももこ原作のアニメーション「ちびまる子ちゃん」放映開始。
- 1・9　日本テレビでアニメーション「つる姫じゃ〜っ」放映開始。
- 2・14　第1回ゆうばり国際冒険ファンタスティック映画祭が開催。
- 3・3　「表現としての写真150年の歴史」展が西武池袋セゾン美術館で開催。
- 4・7　滝田洋二郎監督フジテレビ・東映作品「病院へ行こう」公開。
- 4・13　NHKでアニメーション「ふしぎの海のナディア」放映開始。
- 4・28　小栗康平監督松竹作品「死の棘」公開。
- 5・25　黒澤明監督黒澤プロ作品「夢」公開。

- 8・11　篠田正浩監督製作委員会作品「少年時代」公開。
- 9・15　11年間無意識のままだった写真家土門拳が死去(80歳)。
- 10・12　TBSでアニメーション「三丁目の夕陽」放映開始。
- 10・20　市川準監督松竹作品「つぐみ」公開。
- 11・3　中原俊監督N・C・P作品「桜の園」公開。
- 11・26　アメリカの大手映画娯楽企業MCAビクターが松下電器産業によって買収。
- 12・4　NHK・民放衛星テレビ・JSB共催「100万人の映画ファン投票」の結果、邦画は「七人の侍」洋画は「ローマの休日」が1位。

通信機器・ラジオ・テレビ・コンピュータ・ゲーム

- 1・12　TBSでジェットコースタードラマ「想い出にかわるまで」放送開始。
- 2・11　ファミコン用ゲームソフト「ドラゴンクエストⅣ」が全国一斉発売。
- 2・18　NHKや日本テレビなど複数局で衆議院総選挙開票速報で判定ミス続出。
- 2・24　NHKとTBSの代表取材により大喪の礼を中継。
- 4・7　日本テレビで歌手やタレントのカラオケ番組「夜も一生けんめい」放送開始。
- 6・7　日立が世界初の64MビットのDRAMの試作に成功。

- 7・30　日立が世界最大の35Gバイトの大型磁気ディスク装置開発を発表。
- 8・28　放送衛星3号aが打ち上げ成功で「ゆり3号a」と命名。
- 10・6　セガから「ゲームギア」発売。
- 10・11　TBSでドラマ「渡る世間は鬼ばかり」放送開始。
- 11・21　任天堂が「スーパーファミコン」発売。
- 11・26　日立製作所が世界最高速学習能力を持つ「汎用ニューロコンピュータ」開発。
- 11・30　日本初の衛星民放テレビ日本衛星放送WOWOWが試験放送開始。
- 12・1　NTTが電話番号の問い合わせ104番サービスを有料化。

社会・文化・世相

1〜6月

- 1・8　職安の愛称が「ハローワーク」となる。
- 1・13　共通1次試験から大学入試センター試験となり実施。
- 1・18　本島等長崎市長が「天皇に戦争責任はある」と議会発言で右翼団体が銃撃。
- 2・2　松下電器産業からファジー家電第1号として全自動洗濯機発売。
- 2・28　衆議院総選挙で自民党が安定多数を獲得して第2次海部内閣発足。
- 3・9　第2回アジア冬季競技大会が札幌で開催。
- 3・18　スーパーの長崎屋尼崎店で火災発生し客と店員15名死亡。
- 6・29　礼宮親王と川嶋紀子ご成婚で新宮家の宮号「秋篠宮」。

平成2年

文芸・図書・出版

- 1・5　エコーズの辻仁成が小説「ピアニシモ」刊行で作家デビュー。
- 1・26　筒井康隆「文学部唯野教授」が岩波書店から刊行。
- 1・31　アメリカ初の日刊スポーツ紙ナショナルが発行。
- 3・5　タイで識学サミットが開催。
- 4・30　大下栄治「小説東映　映画三国志」が徳間書店から刊行。
- 6・20　岩波新書で筒井康隆「短篇小説講義」刊行。
- 7・15　ハヤカワ文庫で早川書房編集部編「SFハンドブック」刊行。
- 7・30　志賀信夫「昭和テレビ放送史〔上〕」が早川書房から刊行。
- 8・9　差別のために絶版が相ついだちびくろサンボの本について「『ちびくろサンボ』の絶版を考える」が径書房から刊行。
- 8・30　松江市で小泉八雲来日100年記念の催し。
- 9・7　中国政府が著作権法を翌年6月から施行と告示。
- 10・25　大江健三郎「静かな生活」が講談社から刊行。

漫画・芸能・サブカルチャー

- 1・10　講談寄席の上野本牧亭が閉館。
- 2・14　民間企業の文化活動支援団体「企業メセナ」発足。
- 2・19　木内一雅原作の漫画「代紋TAKE2」が「週刊ヤングマガジン」に連載開始。
- 3・21　水戸市に市制百年を記念した水戸芸術館が開館。
- 4・1　大阪市で国際花と緑の博覧会が開催。
- 4・6　大英博物館に日本美術ギャラリーが常設。
- 5・22　千葉県我孫子市に「鳥の博物館」開館。
- 7・5　チャイコフスキー国際音楽コンクールで諏訪内晶子が日本人として初優勝。
- 7・20　国立近代美術館で「手塚治虫展」開催。
- 8・7　レコード針の製造販売会社ナガオカが解散。
- 9・14　本田技研工業が2シーターのスポーツカーNSXの国内発売を開始。
- 9・29　ニューヨークで世界子供サミット開催。
- 10・1　新聞によるクーポン広告解禁。
- 12・9　「少年ジャンプ」新春号が600万部突破。

7〜12月

- 7・6　兵庫県立神戸高塚高校で閉まりかけた校門に頭を挟まれて女子高生圧死。
- 7・9　第1回「TOKYO禁煙コンテスト」スタート。
- 8・21　森重文京都大数理解析研究所教授がフィールズ賞を受賞。
- 9・15　ソ連でソルジェニーツィンらの市民権が回復。
- 10・1　東証日経平均株価が一時2万円割れを起こす。
- 10・3　東西ドイツ統一。
- 11・12　即位の礼が行なわれる。
- 11・17　長崎雲仙の普賢岳が噴火。
- 12・2　TBS秋山豊寛記者がソ連宇宙船「ソユーズTM11」で日本人初の宇宙特派員。

1991年

写真・映画・アニメーション

- 3・16　総監督富野喜幸サンライズ・松竹アニメーション映画「機動戦士ガンダムF91」公開。
- 4・8　テレビ東京でアニメーション「機甲警察メタルジャック」放映開始。
- 4・14　TBSでアニメーション「少年アシベ」放映開始。
- 5・11　大林宣彦監督ギャラック・プレミアム松竹作品「ふたり」公開。
- 5・25　黒澤明監督黒澤プロ他作品「八月の狂詩曲」公開。
- 6・29　金田龍監督スタッフ東京・東宝アニメーション映画「電影少女VIDEO GIRL AI」公開。
- 7・6　薬師寺光幸監督角川・松竹作品「幕末純情伝」公開。
- 7・20　高畑勲監督・脚本スタジオジブリアニメーション映画「おもひでぽろぽろ」公開。
- 10・12　山田洋次監督松竹作品「息子」公開。
- 10・17　TBSでアニメーション「DRAGON QUEST―ダイの大冒険―」放映開始。
- 10・18　テレビ東京でアニメーション「横山光輝三国志」放映開始。
- 11・13　篠山紀信による宮沢りえのヌード写真集「Santa Fe」が朝日出版社から発売。

通信機器・ラジオ・テレビ・コンピュータ・ゲーム

- 1・1　銀行のテレビCMが解禁。
- 1・7　フジテレビでドラマ「東京ラブストーリー」放送開始。
- 2・4　船舶用モールス信号、廃止決定。
- 3・22　NHK「テレビは戦争をどう伝えたか」放送。
- 4・1　日本衛星放送WOWOWが本放送開始。
- 4・8　テレビ東京で「コンビニエンス物語」放送開始。
- 5・13　ロシア共和国でテレビロシアが放送開始。
- 5・23　OVA「機動戦士ガンダム0083」全12巻がバンダイビジュアルより発売。
- 7・1　フジテレビでドラマ「101回目のプロポーズ」放送開始。
- 9・27　ハイビジョン推進協議会発足。
- 10・19　フジテレビ「たけし・逸見の平成教育委員会」放送開始。
- 10・25　横浜市にテレビ番組収集保存無料公開の放送ライブラリー開館。
- 11・25　ハイビジョン試験放送開始。
- 12・16　日本テレビ「木曜スペシャル　やっぱりコント55号」で15年ぶりにコンビ復活。

社会・文化・世相

- 1・17　多国籍軍によるイラク攻撃で湾岸戦争勃発。
- 1・30　第1回日朝国交正常化交渉が平壌で実現。
- 2・23　皇太子徳仁親王の立太子の礼が行なわれる。
- 3・19　JR東日本で横浜と成田空港間に「成田エクスプレス」が開業。
- 4・1　スパイクタイヤ粉じん防止法により

1～6月

573の市町村で使用規制。
- 4・6　出雲市で病歴や体質データIC照合の「総合福祉カードシステム」スタート。
- 4・16　ソ連のゴルバチョフ大統領来日。
- 5・14　信楽高原鉄道で電車が正面衝突し42人が死亡。
- 6・4　長崎雲仙の普賢岳で最大級の火砕流が相次いで発生し33人死亡。

平成3年

文芸・図書・出版

- 1・30　哲学者鷲田小彌太のアイロニカルな大学論「大学教授になる方法」が青弓社から刊行。
- 2・22　「有害」コミック販売で東京都内の書店3店摘発。
- 2・26　アメリカで先住民向けの雑誌「ネイティブ・ネーションズ」創刊。
- 3・15　「Japan Chronik　日本全史」全1巻が講談社から刊行。
- 4・22　第40回国際新聞編集者協会総会が京都で開催。
- 5・2　著作権法の一部が改正公布されて、隣接著作権保護期間が50年となる。
- 7・12　小説「悪魔の詩」の翻訳者五十嵐一筑波大学助教授が同大構内で刺殺体で発見。
- 7・25　佐藤忠男編「ATG映画を読む」がフィルムアート社から刊行。
- 8・20　相田洋著NHK「電子立国　日本の自叙伝上」が日本放送出版協会から刊行。
- 9・3　東急文化村主催第1回Bunkamuraドゥマゴ文学賞に山田宏一「トリュフォーある映画的人生」。
- 9・30　日本複写権センターが設立。
- 10・16　講談社版「少年少女古典文学館」全26巻が刊行。
- 12・26　集英社「週刊明星」が最終号となる。

漫画・芸能・サブカルチャー

- 2・22　芸術選奨の新人賞を演歌の坂本冬美が受賞。
- 4・3　江東区有明コロシアムが日本初の開閉屋根システムを持つ施設としてオープン。
- 4・15　冨樫義博の漫画単行本「幽★遊★白書」第1巻が集英社から刊行。
- 5・11　大相撲横綱千代の富士が体力気力の限界と引退。
- 5・15　ジュリアナ東京が開店。
- 5・20　岩波新書で清水勲「漫画の歴史」が刊行。
- 6・22　青木雄二が漫画単行本「ナニワ金融道」第1巻を講談社から刊行。
- 6・23　自動車耐久レース第59回ル・マン24時間でマツダ車が日本車として初優勝。
- 7・1　東京23区で粗大ゴミ収集の有料化。
- 9・30　朝日新聞連載のサトウサンペイ「フジ三太郎」(65・4・1連載開始)が終了。
- 10・14　ソ連KGBの解体が決定。
- 10・25　リサイクル法が施行。
- 11・9　イヴ・モンタン死去(70歳)。
- 12・20　アメリカのおもちゃ量販チェーン店トイザらス1号店が茨城県稲敷郡阿見町に開店。

7～12月

- 7・1　ワルシャワ条約機構の完全解体。
- 7・10　エリツィンがロシア共和国大統領に就任。
- 8・5　本田技研工業の創業者本田宗一郎死去(84歳)。
- 9・27　台風19号により青森のリンゴ生産が1年分相当の被害。
- 11・5　宮沢喜一内閣発足。
- 12・6　韓国の元従軍慰安婦が補償求め提訴。
- 12・8　ソ連邦の消滅宣言。
- 12・22　新潟県湯沢町の町営湯沢温泉ロープウエイに世界一の大型ゴンドラ導入。
- 12・26　法務省が外国人登録の指紋押捺について永住資格者には廃止の方針を決定。

1992年

写真・映画・アニメーション

- 1・18　篠山紀信写真集「ＴＯＫＹＯ　ＮＵＤＥ」を警視庁が猥褻の疑いで口頭警告。
- 1・21　岩波新書多木浩二「ヌード写真」刊行。
- 3・7　テレビ朝日で竹内直子原作アニメーション「美少女戦士セーラームーン」放映開始。
- 3・14　全米監督協会賞が黒澤明監督に贈られる。
- 4・13　テレビ朝日でアニメーション「クレヨンしんちゃん」放映開始。
- 5・16　伊丹十三監督ＩＴＡＭＩ　ＦＩＬＭ・東宝作品「ミンボーの女」公開。
- 5・22　「ミンボーの女」が原因で伊丹十三監督が暴力団員に襲撃され負傷。
- 7・18　宮崎駿監督原作・脚本スタジオジブリアニメーション映画「紅の豚」公開。
- 8・29　今西隆司監督バンダイ・松竹アニメーション映画「機動戦士ガンダム００８３ジオンの残光」公開。
- 10・10　フジテレビでアニメーション「幽★遊★白書」放映開始。
- 10・15　テレビ東京でアニメーション「風の中の少女　金髪のジェニー」放映開始。
- 10・31　大林宣彦監督ギャラック・プレミアム・東映作品「青春デンデケデケデケ」公開。
- 11・30　ジョルジュ・サドゥール「世界映画全史」が村山匡一郎と出口丈人訳で刊行。
- 注29　「世界映画全史」
- 12・21　マドンナの写真集「ＳＥＸ」が世界発売。

通信機器・ラジオ・テレビ・コンピュータ・ゲーム

- 1・9　フジテレビでドラマ「愛という名のもとに」放送開始。
- 2・20　オリジナルビデオ作品「真・仮面ライダー序章」発売。
- 2・27　テレビ制作最大手「東通」が倒産。
- 4・18　ＮＨＫラジオで大阪弁での９時間にわたる全国放送を行なう。
- 5・1　通信衛星テレビ「スターチャンネル」放送開始。
- 5・11　北方領土ビザなし渡航を通信衛星でテレビ中継。
- 5・28　日本レコードレンタル商業組合が発売１年以内の洋盤をレンタル対象から除外。
- 6・1　アメリカのテレビドラマ「ビバリーヒルズ高校白書」放送開始。
- 7・3　ＴＢＳドラマ「ずっとあなたが好きだった」のマザコンオタク冬彦さんが社会現象に。
- 9・7　スーパーファミコン用ソフト「ドラゴンクエストⅤ」発売。
- 10・1　通信衛星テレビ「ジャパンスポーツチャンネル」本放送開始。
- 11・1　日本民間放送連盟が民放番組向上策の一環として放送番組調査会設置。
- 11・18　佐川急便事件の証人喚問を静止画と音声のみで中継。
- 11・26　第１回アジアテレビ映像祭が岡山県立美術館ホールで開催。
- 12・1　通信衛星テレビ「ミュージックチャンネル」本放送開始。

社会・文化・世相

1～6月

- 1・17　朝鮮人従軍慰安婦問題で訪韓中の宮沢喜一首相が公式謝罪。
- 1・26　大相撲初場所で前頭二枚目貴花田が史上最年少の19歳５カ月で優勝。
- 2・13　佐川急便事件で政・官・財の癒着が明るみに出る。
- 2・20　日本民間放送連盟が皇太子妃候補者報道を宮内庁の要請を受けて自粛。
- 3・1　暴力団対策法施行。
- 3・14　東京と新大阪間を２時間30分で結ぶ東海道新幹線「のぞみ」登場。
- 4・17　日本歌手協会名誉会長の藤山一郎に国民栄誉賞が贈られる。
- 4・25　ロック歌手尾崎豊が自宅前の路上で泥酔状態で発見され搬送先の病院で死亡。
- 6・15　国連緊急援助派遣法改正案が成立。

平成4年

文芸・図書・出版

- 1・21 岩波新書で渡辺光一「テレビ国際報道」刊行。
- 1・25 上野千鶴子・小倉千加子・富岡多恵子の「男流文学論」が筑摩書房から刊行。
- 3・13 コミック表現の自由を守る会が石ノ森章太郎を代表に結成。
- 4・15 朝日新聞社が「朝日ジャーナル」5月29日号をもっての休刊を発表。
- 4・20 岩波新書で長倉洋海「フォト・ジャーナリストの眼」刊行。
- 5・4 作家の胡桃沢耕史がファンと称する女性に自宅で刺され負傷。
- 5・10 柾木恭介「六〇年代映画の風景」が土曜美術社から刊行。
- 7・20 岩波新書で水木しげる「カラー版 妖怪画談」刊行。
- 7・31 日刊紙「東京タイムズ」休刊。
- 10・20 岩波新書で渡辺浩「映画キャメラマンの世界」刊行。
- 11・9 雑誌「宝島」259号でヘア・ヌード初登場。
- 11・16 デヴィッド・ボードウェル「小津安二郎映画の詩学」が杉山照夫訳で刊行。
- 11・17 日書連が「書店経営白書」を発表し、正味引き下げ運動展開。
- 11・25 川端康雄訳ウィリアム・モリス著「理想の書物」が晶文社から刊行。
- 12・18 東京サザエさん学会編「磯野家の謎」刊行により検証本ブームが起こる。

漫画・芸能・サブカルチャー

- 1・22 小林よしのり「ゴーマニズム宣言」が「週刊ＳＰＡ！」に連載開始。
- 2・16 カネボウが落ちにくい口紅「テスティモ」発売。
- 3・13 渋谷区神宮前通りに日本初の子ども専用百貨店「キッズフォーム・パオ」開店。
- 3・17 カゴメからニンジン100％に果汁を加えたジュースを発売。
- 3・25 佐世保市にハウステンボス、オープン。
- 4・1 酒税法の改正により清酒の等級が完全廃止。
- 5・11 臼井儀人の漫画単行本「クレヨンしんちゃん」第1巻が双葉社から刊行。
- 5・24 マンガ家山田花子が高層マンションから投身自殺。
- 8・12 高知県で高校まんがサークル日本一を決める「まんが甲子園」開催。
- 10・12 コロンブスのアメリカ大陸到着500年
- 10・28 集英社から神尾葉子の漫画単行本「花より男子」が刊行。
- 10・31 ヨハネ・パウロ2世が、地動説を唱え破門となったガリレオ・ガリレイの破門を359年4カ月9日ぶりに解く。
- 11・6 取次各社が小売書店に成年コミックコーナーの設置要請。
- 11・11 大洋漁業が社名をマルハに変更。
- 11・16 清水勲編「続ビゴー日本素描集」(岩波文庫)刊行。

7～12月

- 7・1 ミニ新幹線の第1号山形新幹線開業。
- 7・25 第25回オリンピック大会がバルセロナで開催。
- 8・1 ＪＲ山手線の29全駅で終日禁煙スタート。
- 8・25 ソウルのオリンピックスタジアムで統一教会の2万825組の合同結婚式挙行。
- 9・12 国公立学校が第2土曜を休日とする「学校五日制」開始。
- 9・17 ＰＫＯ派遣の第1陣として自衛隊がカンボジアへ向かう。
- 10・17 高校生服部剛丈がルイジアナ州でハロウィンの訪問先を間違え射殺される。
- 12・1 気圧の単位がミリバールからヘクトパスカルに変更。

1993年

写真・映画・アニメーション

- 1・30　テレビ朝日でアニメーション「勇者特急マイトガイン」放映開始。
- 3・6　テレビ朝日でアニメーション「美少女戦士セーラームーンR」放映開始。
- 3・20　相米慎二監督読売テレビ作品「お引っ越し」公開。
- 4・2　テレビ朝日でアニメーション「機動戦士Vガンダム」放映開始。
- 4・17　劇場版東映作品「仮面ライダーZO」公開。
- 4・17　黒澤明監督大映＝電通他作品「まあだだよ」公開。
- 5・29　伊丹十三監督ITAMI FILM・東宝作品「大病人」公開。
- 6・5　北野武監督バンダイ・松竹作品「ソナチネ」公開。
- 7・1　株式会社にっかつが負債総額497億円で事実上の倒産となる。
- 7・17　世田谷美術館で荒木経惟・桑原甲子雄「ラブユー　トウキョウ」展。
- 7・30　映画関係者の権利保護の著作権法改正をめざす「映画問題対策協議会」が設置。
- 10・16　テレビ朝日でアニメーション「SLAM DUNK」放映開始。
- 11・6　崔洋一監督シネ・カノン作品「月はどっちに出ている」公開。
- 12・18　清水恵蔵監督徳間書店アニメーション映画「銀河英雄伝説　新たなる戦への序曲」公開。

通信機器・ラジオ・テレビ・コンピュータ・ゲーム

- 1・8　TBSで教師と生徒の禁断の愛を描いたドラマ「高校教師」放送開始。
- 1・19　IBMが米国産業史上最大の赤字に陥る。
- 2・3　NHKで前年放送の「禁断の王国ムスタン」でやらせ発覚。
- 2・16　東芝が32型高品位テレビ「32HDI」を発売。
- 4・12　フジテレビからドラマ「ひとつ屋根の下」放送開始。
- 5・21　電波監理審議会が「BS—4の利用」について答申。
- 6・9　皇太子結婚報道でNHKが30.6%の視聴率。
- 7・3　日本テレビで恋愛ドラマ「ポケベルが鳴らなくて」放送開始。
- 7・9　TBSでストーカー恋愛ドラマ「誰にも言えない」放送開始。
- 9・6　人気司会者逸見政孝がテレビで癌を告白。
- 10・11　フジテレビで柴門ふみの漫画が原作のドラマ「あすなろ白書」放送開始。
- 10・25　椿貞良テレビ朝日報道局長の「非自民政権が生まれるように報道せよ」が問題化。
- 12・7　郵政省がCATV設置条件に関する規制緩和を通達。

社会・文化・世相

1〜6月

- 1・5　フランスからプルトニウム船「あかつき丸」が東海港に入港し陸揚げ。
- 1・6　皇太子妃に外務省北米二課勤務小和田雅子が内定。
- 1・8　永住外国人の指紋押捺廃止。
- 1・20　ビル・クリントンがアメリカ第42代大統領に就任。
- 3・13　佐川急便事件で金丸信前自民党副総裁逮捕。
- 4・19　クリントン・アメリカ大統領の円高容認発言で円相場が急騰。
- 5・15　日本最初のプロ・サッカーリーグ「Jリーグ」発足。
- 6・9　皇太子の結婚の儀が行なわれる。
- 6・18　衆院本会議で内閣不信任案が賛成多数で可決されて宮沢喜一首相が衆議院解

平成5年

文芸・図書・出版

- 1・20　岩波新書で大越孝敬「光ファイバー通信」刊行。
- 1・20　岩波新書で浜野保樹「小津安二郎」刊行。
- 1・22　安部公房が死去(68歳)。
- 2・22　岩波新書で高橋三雄「パソコン・ソフト入門」刊行。
- 3・12　雑誌「主婦と生活」休刊。
- 3・30　最高裁が高村光太郎の「智恵子抄」に関する編集著作権は認めないとの判決。
- 4・6　東京サザエさん学会編「磯野家の謎 おかわり」刊行。
- 5・20　岩波新書で岡村黎明「テレビの明日」刊行。
- 7・30　井上光郎「写真事件帖―明治・大正・昭和」が朝日ソノラマから刊行。
- 8・28　角川書店社長角川春樹がコカイン使用で逮捕。
- 9・2　角川書店の取締役会で角川社長の退任が決議されて大洞国光専務が社長に昇格。
- 9・9　曽野綾子が角川書店の経営姿勢に抗議して同書店から著書の版権引き上げ。
- 10・20　岩波新書で森英恵「ファッション」刊行。
- 11・24　講談社からゲーム情報誌「覇王」創刊。

漫画・芸能・サブカルチャー

- 1・27　曙が外国人として初めての横綱になる。
- 2・17　漫画さとうふみや原作金成陽三郎の漫画単行本「金田一少年の事件簿」刊行。
- 3・28　東京墨田区両国に「江戸東京博物館」開館。
- 4・1　神戸に「日本ソムリエスクール」開校。
- 4・25　丸善ライブラリーで吉弘幸介「マンガの現代史」刊行。
- 4・30　代々木第1体育館で初のK-1グランプリ開催。
- 5・27　寺山修司没後10周年公演「ザ・寺山」開催。
- 6・1　鳥越信編「絵本の歴史をつくった20人」が創元社から刊行。
- 6・20　ビジネス誌「フォーブス」で西武鉄道堤義明が個人資産92億ドルで世界一。
- 7・14　横浜ランドマークタワーが高さ日本一で落成。
- 8・26　地ビールの生産販売を容認。
- 10・1　高橋しんの漫画単行本「いいひと。」が小学館から刊行。
- 10・25　筑摩書房から「つげ義春全集」全8巻別巻1の刊行開始。
- 11・11　日本靴下協会がこの日を靴下の日と制定。
- 12・13　日刊マンガ・コミック・ペーパー「日刊アスカ」創刊。

7～12月

- 散。
- 7・5　東京でサミットが開催。
- 7・12　北海道南西沖地震による奥尻島の津波で183人が死亡。
- 8・9　細川護熙内閣が発足し自民党は結党以来初の野党になる。
- 9・21　プロ野球でフリーエージェント制の導入が決定。
- 10・11　ロシアのエリツィン大統領が来日して北方領土問題の継続交渉を表明。
- 10・26　JR東日本が上場。
- 11・18　異常気象での農作物被害でコメ緊急輸入が決定しタイ米が横浜港入荷。

1994年

写真・映画・アニメーション

- 1・10　東映がやくざ映画路線からの撤退決定。
- 2・26　スピルバーグ監督作品「シンドラーのリスト」公開。
- 3・8　台湾で日本映画輸入全面解禁となる。
- 3・19　テレビ朝日でアニメーション「美少女戦士セーラームーンS」放映開始。
- 4・1　テレビ朝日でアニメーション「機動武闘伝Gガンダム」放映開始。
- 4・9　相米慎二監督読売テレビ・日本ヘラルド作品「夏の庭　The Friends」公開。
- 4・16　雨宮慶太監督東映・バンダイ劇場版オリジナル作品「仮面ライダーJ」公開。
- 4・23　和田誠監督サントリー・松竹作品「怖がる人々」公開。
- 7・9　橋本光夫監督東映・集英社アニメーション映画「Dr.スランプアラレちゃん　んちゃ!!わくわくハートの夏休み」公開。
- 7・16　高畑勲監督原作・脚本スタジオジブリアニメーション作品天然色漫画映画「平成狸合戦ぽんぽこ」公開。
- 8・1　新潮社刊「芸術新潮」8月号の特集が「ファッション写真の大冒険」。
- 9・23　原一男監督疾走プロ作品「全身小説家」公開。
- 10・2　毎日放送でアニメーション「マクロス7」放映開始。
- 10・29　渡辺孝好監督サントリー・テレビ朝日・東宝作品「居酒屋ゆうれい」公開。
- 11・30　飯沢耕太郎「荒木!」白水社から刊行。

通信機器・ラジオ・テレビ・コンピュータ・ゲーム

- 1・10　フジテレビで野島伸司脚本ドラマ「この世の果て」放送開始。
- 2・13　関東エリアに限られていた放送大学が全国ネットに拡大。
- 2・16　NECが64メガビットフラッシュメモリーの開発に成功。
- 3・20　松下電器が3DOリアル発売。
- 4・13　フジテレビでミステリードラマ「警部補・古畑任三郎」放送開始。
- 4・19　テレビ東京で「開運!なんでも鑑定団」放送開始。
- 5・1　地上460メートルの東洋一高いテレビ塔が上海に完成。
- 5・27　コナミからゲームソフト「ときめきメモリアル」発売。
- 7・8　TBSでドラマ「人間・失格　たとえばぼくが死んだら」放送開始。
- 10・3　NHKで連続テレビ小説「春よ、来い」放送開始。
- 10・17　フジテレビ「HEY! HEY! HEY! MUSIC CHAMP」放送開始で低迷の音楽番組復活。
- 11・1　ニールセン・ジャパンがテレビ業界の支持なく機械式個人視聴率調査開始。
- 11・22　セガから「セガ・サターン」発売。
- 12・3　ソニーから「プレイステーション」発売。
- 12・25　衆議院選挙制度改革に伴い政見放送の新実施規定が施行。

社会・文化・世相

1～6月

- 1・16　Jリーグのヴェルディ川崎が鹿島アントラーズを破り初代王者。
- 2・4　純国産ロケット「H―1号」機が種子島宇宙センターからの打ち上げに成功。
- 2・15　東京昭島市で父が子に「悪魔」と命名して出生届を出すが同市は拒否。
- 4・26　中華航空のエアバスが名古屋空港で着陸に失敗炎上し264人が死亡。
- 6・7　スウェーデンで同性愛者の結婚許可法案が可決。
- 6・17　O・J・シンプソンが前妻殺人容疑で逮捕。
- 6・27　長野県松本市の住宅地で住民多数が有毒ガス中毒。
- 6・29　羽田孜内閣総辞職で社会党村山富市が首相に選出。

平成6年

文芸・図書・出版

- 2・1　講談社から「講談社選書　メチエ」第1回8冊で創刊。
- 注30　講談社選書　メチエ☞
- 2・15　清水勲・湯本豪一が「漫画と小説のはざまで　現代漫画の父岡本一平」刊行。
- 3・22　岩波新書で永六輔「大往生」刊行。
- 3・31　モダニズム研究会著「モダニズム研究」が思潮社から刊行。
- 4・11　東京大学教養学部「基礎演習」のテキスト「知の技法」が東京大学出版会から刊行。
- 5・6　リクルートから「ダ・ヴィンチ」創刊。
- 6・15　記事「JR東日本に巣くう妖怪」でキヨスクでの「週刊文春」販売拒否。
- 6・20　四方田犬彦「漫画原論」が筑摩書房から刊行。
- 7・20　JR東日本に対し日本雑誌協会は販売拒否を速やかに中止するよう声明発表。
- 9・5　東海大出版会から「芸術経営学講座1美術編2音楽編3演劇編4映像編」刊行。
- 10・13　大江健三郎がノーベル文学賞受賞。
- 11・7　角川書店の教科書に転載された小説の表現をめぐり対立していた筒井康隆とてんかん協会が意見一致のない決着として作品を教科書から削除。
- 11・10　文藝春秋社がJR東日本との騒動で「週刊文春」誌上で「お詫び」を告知。
- 11・28　日本ペンクラブが日の丸・君が代を強制する学習指導要領の再検討を求める。

漫画・芸能・サブカルチャー

- 1・7　イギリスのBBC2で海外ドキュメンタリー番組「MANGA！」放送。
- 4・20　雑誌「GON！」創刊準備号がミリオン出版から刊行。
- 4・25　宝塚市立手塚治虫記念館が開館。
- 4・29　岡山県川上町に全国初の公営漫画図書館「吉備川上ふれあいまんが美術館」開館。
- 5・1　F1レーサーのアイルトン・セナがサンマリノグランプリで事故死（34歳）。
- 5・6　イギリスとフランスを結ぶユーロトンネル50㎞が開通。
- 5・30　元「ジャンプ」編集長西村繁男が「さらばわが青春の『少年ジャンプ』」刊行。
- 6・21　円高で初めて1ドル100円を切る。
- 7・8　日本女性初の宇宙飛行士向井千秋がスペースシャトル「コロンビア」で宇宙へ。
- 7・15　青山剛昌の漫画単行本「名探偵コナン」が小学館から刊行。
- 8・28　国際同性愛者連合日本支部主催の第1回レズ・ゲイパレードが東京で行なわれる。
- 8・31　東京芝浦のディスコ「ジュリアナ東京」が閉店。
- 9・24　劇団四季が初の韓国公演を行なう。
- 11・7　城南信用金庫が日本初の懸賞金付定期預金を募集して預金者が殺到。
- 11・26　芝のNEC本社で国際物語学会第1回大会が開催。
- 12　「週刊少年ジャンプ」95新年3・4合併号で歴代最高の653万部を記録。

7～12月

- 7・8　朝鮮民主主義人民共和国のキム・イルソン主席が死去（92歳）。
- 7・15　上越新幹線にオール2階建ての「Max」導入。
- 9・4　日本で最初の海上24時間営業の空港として関西国際空港開港。
- 9・20　プロ野球オリックスのイチロー選手が史上初の年間200本安打達成。
- 10・27　血友病患者の遺族21人が東京地裁に提訴。
- 11・2　年金改革法が成立して厚生年金満額支給開始年齢を段階的に65歳に。
- 12・10　新進党の発足で初代党首に海部俊樹元首相。

1995年

写真・映画・アニメーション

- 2・24 フランキー堺企画篠田正浩監督西友・TSUTAYA・松竹作品「写楽Sharaku」公開。
- 3・4 米谷良知監督シンエイ動画・東宝アニメーション映画「2112年 ドラえもん誕生」公開。
- 3・11 金子修介監督作品平成版ガメラ第1作映画「ガメラ 大怪獣空中決戦」公開。
- 4・7 テレビ朝日でアニメーション「新機動戦記ガンダムW」放映開始。
- 4・20 テレビ東京でアニメーション「ぼのぼの」放映開始。
- 5・27 神山征二郎監督東宝作品「ひめゆりの塔」公開。
- 6・3 出目昌伸監督東映作品「きけ、わだつみの声」公開。
- 7・8 平山秀幸監督東宝作品「学校の怪談 GAKKOU NO KWAIDAN」公開。
- 7・15 近藤喜文監督スタジオジブリアニメーション映画「耳をすませば」公開。
- 8・12 岩井俊二監督フジテレビ・ヘラルド作品「打ち上げ花火、下から見るか？横から見るか？」公開（TV版は93・8・26）。
- 10・14 アニメーション「新世紀エヴァンゲリオン」放映開始。
- 11・18 押井守監督アニメーション映画「GHOST IN THE SHELL／攻殻機動隊」公開。
- 12・9 トニー・オウ監督芸神集団作品「南京の基督」公開。
- 12・23 大友克洋製作総指揮のオムニバスアニメーション映画「Memories」公開。

通信機器・ラジオ・テレビ・コンピュータ・ゲーム

- 1・8 NHKの大河ドラマ「八代将軍吉宗」放送開始。
- 1・12 埼玉県志木市の全市民分の住民台帳のコピーが流出し業者に渡る。
- 3・24 郵政省がマスメディア集中排除原則の一部「放送局の開設の根本基準」緩和。
- 4・12 日本テレビでドラマ「星の金貨」放送開始。
- 6・19 日本たばこ協会が土日のテレビラジオCMを10月から全面廃止と発表。
- 6・30 家庭用テレビゲーム「アクアノートの休日」発売。
- 7・1 簡易型携帯電話PHSのサービスが首都圏と札幌で開始。
- 7・7 TBSでドラマ「愛していると言ってくれ」放送開始。
- 7・21 任天堂から「バーチャルボーイ」発売。
- 7・31 ディズニーがABCを総額190億ドルで買収。
- 8・24 マイクロソフト社ソフト「ウィンドウズ95」英語版発売。
- 9・20 AT&Tが会社の三分割を発表。
- 10・16 多言語FM放送「関西インターメディア」が開局。
- 11・1 東京メトロポリタンテレビジョン開局。
- 11・23 マイクロソフト社ソフト「ウィンドウズ95」日本語版発売。

社会・文化・世相

1〜6月

- 1・17 阪神淡路大震災で死者6431人と負傷者約3万6000人の大惨事。
- 3・20 地下鉄日比谷線と丸ノ内線車内に放置のサリンによる地下鉄サリン事件発生。
- 4・9 東京都知事選と大阪府知事選でそれぞれ無党派の青島幸男と横山ノック当選。
- 4・23 青山のオウム真理教東京総本部前で教団の村井秀夫が自称右翼に刺され死亡。
- 5・11 日本産トキの雄「ミドリ」が急死して雌の「キン」1羽となる。
- 6・5 介護休業法成立。
- 6・22 羽田発函館行きの全日空機がハイジャックされたまま函館空港に着陸。
- 6・25 ソウルのデパート「三豊百貨店」が半壊して死者500人以上。

平成7年

文芸・図書・出版

- 1・20　岩波新書で川村湊「戦後文学を問う」刊行。
- 1・23　「アサヒグラフ」緊急増刊「関西大地震」発売。
- 1・30　月刊誌「マルコ・ポーロ」2月号ホロコースト記事の捏造発覚で廃刊決定。
- 2・12　ニューヨーク・タイムズで出生数が年間400万人を超える第2次ベビーブームを報じる。
- 3・20　佐藤忠男「日本映画史」全4巻の第1巻が岩波書店から刊行。
- 3・25　「ディズニーはじめて百科」全1巻が講談社から刊行。
- 6・30　池田香代子訳ヨースタイン・ゴルデル「ソフィーの世界」がNHK出版から刊行。
- 9・21　朝日新聞から雑誌本体・CD-ROM・ネット上のホームページという3つのメディアが一体となった「DooRs」創刊。
- 11・30　岩波新書で村井純「インターネット」刊行。
- 12・11　野口悠紀雄が「『超』勉強法」を講談社から刊行。
- 12・12　朝日新聞に公立図書館に漫画が置かれているとの記事掲載。66.5％が条件付き導入と図書館流通センターの調査報告も。
- 12・20　岩波新書で脇英世「Windows入門―新しい知的ツール」刊行。
- 12・25　柳生すみまろ「映画100年のテクノロジー」がジャストシステムから刊行。
- 12・27　阿部嘉典『「映画を愛した二人」黒澤明三船敏郎』が報知新聞社から刊行。

漫画・芸能・サブカルチャー

- 1・31　アメリカ国立スミソニアン航空宇宙博物館での「原爆展」が中止。
- 3・19　東京都現代美術館開館。
- 3・25　相模原市におもちゃの博物館「アンティークトイワールドミュージアム」開館。
- 4・1　加工食品の賞味期限の表示が義務化。
- 4・19　円高で1ドルが79.75円を記録。
- 4・26　青島都知事が議会の意向に反して都市博を中止にすることを決断。
- 5・2　大リーグドジャースに入団した野茂英雄投手が対ジャイアンツ戦でデビュー。
- 7・22　映画生誕100年博覧会が川崎市市民ミュージアムで開催。
- 7・23　インターネットを利用した世界博「インターネット1996ワールドエキスポジション」が来年1年間開催されると報道。
- 9・28　吉野家が韓国で牛丼チェーン展開を発表。
- 10・10　映画のテーマパーク鎌倉シネワールドが松竹大船撮影所にオープン。
- 11・1　新橋と有明間で無人システムの新交通「ゆりかもめ」開業。
- 11・6　しげの秀一の漫画単行本「頭文字D」が講談社から刊行。
- 11・30　いしかわじゅん「漫画の時間」が晶文社から刊行。

7～12月

- 7・23　参院選が行なわれて自民党ほか与党三党が過半数の議席を確保。
- 8・23　ユニバーシアード福岡大会開幕。
- 9・4　沖縄で女子小学生をアメリカ軍兵士3人が暴行。
- 9・6　フランスが南太平洋ムルロア環礁で地下核実験を再開。
- 9・15　アトランタ五輪組織委員会が96年夏五輪期間中全会場を禁煙にすると発表。
- 11・1　有効期間が10年間に延長された新しいパスポートの発給開始。
- 11・9　大リーグの新人王にドジャースの野茂英雄投手が選出。
- 11・26　大相撲九州場所で横綱貴乃花と大関若乃花が初の兄弟優勝争いで若乃花優勝。

1996年

写真・映画・アニメーション

- 1・20　「荒木経惟写真全集」全20巻が平凡社から刊行開始。
- 1・27　周防正行監督大映作品「Shall we ダンス？」公開。
- 2・3　小栗康平監督群馬県人口200万人記念制作委員会・ＳＰＡＣＥ作品「眠る男」公開。
- 3・2　映画評論家水野晴郎による初監督作品「シベリア超特急」公開。
- 3・9　森田芳光監督東宝作品「(ハル)」公開。
- 3・23　市川準監督カルチュア・パブリッシャーズ作品「トキワ荘の青春」公開。
- 4・5　テレビ朝日でアニメーション「機動新世紀ガンダムＸ」放映開始。
- 6・15　伊丹十三監督伊丹プロ作品「スーパーの女」公開。
- 7・15　朝日新聞社による「朝日美術館」全22巻第5号「写真と絵画」刊行。
- 8・4　映画「男はつらいよ」シリーズ48作品に出演した俳優渥美清が死去(68歳)。
- 8・8　俳優渥美清が国民栄誉賞を受賞。
- 9・8　テレビ朝日でアニメーション「花より男子」放映開始。
- 9・14　岩井俊二監督日本ヘラルド映画作品「スワロウテイル」公開。
- 9・30　集英社から広末涼子写真集「Ｈ」と「Ｒ」発売。
- 10・2　テレビ東京でアニメーション「超者ライディーン」放映開始。

通信機器・ラジオ・テレビ・コンピュータ・ゲーム

- 1・1　米ヤフーとソフトバンクの合併でヤフー株式会社設立。
- 1・25　ＯＶＡ「機動戦士ガンダム第08ＭＳ小隊」がバンダイビジュアルから販売開始。
- 2・6　スクウェアが100％出資の株式会社デジキューブが設立。
- 2・27　任天堂からゲームボーイ用ソフト「ポケットモンスター　赤／緑」発売。
- 3・11　ＮＨＫで中国残留孤児の半生を描いた「大地の子」放送開始。
- 4・9　ＴＢＳがオウム批判の坂本弁護士インタビューを放送前に教団幹部への視聴機会提供が発覚。
- 4・15　フジテレビでドラマ「ロングバケーション」放送開始。
- 6・23　任天堂「ＮＩＮＴＥＮＤＯ64」が発売。
- 8・27　ＮＨＫＢＳ2で「ＢＳマンガ夜話」放送開始。
- 10・1　デジタル多チャンネル放送「パーフェクトＴＶ！」放送開始。
- 11・1　松下電器と東芝からデジタルビデオディスクプレーヤー発売開始。
- 11・5　デジキューブがゲームソフトのコンビニでの店頭販売サービス開始。
- 11・23　バンダイがペットを育てる携帯ゲーム「たまごっち」発売。
- 12・21　世界知的所有権機関がインターネットに著作権を適用。

社会・文化・世相

1～6月

- 1・11　橋本龍太郎内閣が発足し2年5カ月ぶりに自民党政権復活。
- 1・19　日本社会党は社会民主党と改称。
- 1・24　都が「動く歩道」建設のためホームレス強制排除で段ボールの家100軒撤去。
- 2・16　薬害エイズ問題で菅直人厚生大臣が厚生省の責任を認め謝罪。
- 4・1　石川県富来町に立体映像で海中をリアルに再現した「魚のいない水族館」開館。
- 4・17　クリントン・アメリカ大統領が来日。
- 5・10　住専処理に6850億円の財政投融資を含めて投入する予算案が衆院本会議で可決され成立。
- 5・31　2002年のサッカー・ワールドカップが日韓共催で行なうことに決定。
- 6・18　住専処理法など金融6法成立。

平成8年

文芸・図書・出版

- 1・22　岩波新書で中山信弘「マルチメディアと著作権」刊行。
- 2・12　作家司馬遼太郎死去(72歳)。
- 2・20　岩波新書で古瀬幸弘と廣瀬克也の共著「インターネットが変える社会」刊行。
- 3・23　角川書店刊「野性時代」休刊。
- 3・26　「思想の科学」休刊。
- 4・10　白井佳夫「黒白映像日本映画礼讃」が文藝春秋社から刊行。
- 4・22　岩波新書で松井茂記「情報公開法」刊行。
- 4・23　女性向け隔週誌「微笑」休刊。
- 5・10　沖光正「〔鉄腕アトム〕大事典」が晶文社から刊行。
- 6・20　旺文社がニューズ・コーポレーションとソフトバンクの合併会社に買収される。
- 7・15　「朝日美術館テーマ編2」として「写真と絵画」が朝日新聞社から刊行。
- 7・27　辻真先「TVアニメ青春記」が実業之日本社から刊行。
- 9・5　川本三郎「荷風と東京『断腸亭日乗』私註」が都市出版から刊行。
- 9・25　狐狸庵先生こと芥川賞作家遠藤周作死去(73歳)。
- 10・20　相田洋著NHKスペシャル「新・電子立国1ソフトウエア帝国の誕生」刊行。
- 12・18　イ・ヨンスク「国語という思想」が岩波書店から刊行。
- 12・20　川本三郎「君美わしく―戦後映画女優讃」が文藝春秋社から刊行。

漫画・芸能・サブカルチャー

- 1・7　芸術家岡本太郎が死去(84歳)。
- 2・14　将棋の羽生善治6冠が谷川王将を破り「王将位」を奪取し史上初の7冠。
- 4・1　景品規制が緩和されて懸賞上限額が100万円から1000万円に引き上げ。
- 4・7　岡田斗司夫が東京大学教養学部で「オタク文化論ゼミ」開講。
- 4・15　安野モヨコの漫画単行本「ハッピーマニア」第1巻が祥伝社から刊行。
- 5・9　鹿児島県阿久根市に全国初の24時間営業の大型スーパーが認可。
- 5・24　岡田斗司夫「オタク学入門」が太田出版から刊行。
- 6・14　松竹歌劇団SKDが解散発表。
- 7・31　宮崎駿「出発点　1979～1996」が徳間書店から刊行。
- 8・2　スターバックスコーヒーの日本1号店として銀座松屋通り店が開店。
- 8・27　大泉実成「消えたマンガ家」が太田出版から刊行。
- 9・23　「ドラえもん」の作者藤子・F・不二雄が死去(62歳)。
- 10・30　ヤマハ発動機とブリヂストンサイクルがチェーンを使わない自転車を開発。
- 11・13　「週刊少年サンデー」で高橋留美子「犬夜叉」の連載が開始。

7～12月

- 7・21　近代五輪100周年の第26回オリンピック大会がアトランタで開催。
- 8・28　英皇太子とダイアナ妃が離婚。
- 8・29　東京地裁が薬害エイズ問題で安部英前帝京大学副学長を逮捕。
- 10・20　小選挙区比例代表並立制での初の総選挙で自民党が239議席を獲得。
- 12・18　ペルー日本大使館で発生したゲリラ事件で大使を含む約600人が人質。

1997年

写真・映画・アニメーション

- 3・15 摩砂雪監督東映アニメーション作品「新世紀エヴァンゲリオン劇場版シト新生 DEATH編」・鶴巻和哉監督同「REBIRTH編」公開。
- 4・1 テレビ東京でアニメーション「ポケットモンスター」放映開始。
- 4・2 テレビ東京でアニメーション「少女革命ウテナ」放映開始。
- 4・7 よみうりテレビでアニメーション「金田一少年の事件簿」放映開始。
- 5・10 森田芳光監督角川・東映作品「失楽園」公開。
- 5・18 今村昌平監督作品「うなぎ」が第50回カンヌ映画祭でパルムドール賞受賞。
- 6・20 俳優勝新太郎死去(66歳)。
- 7・12 宮崎駿監督・脚本スタジオジブリアニメーション映画「もののけ姫」公開。
- 7・19 映画「新世紀エヴァンゲリオン劇場版 Air／まごころを、君に」公開。
- 9・2 モントリオール世界映画祭で「東京夜曲」の市川準監督が最優秀監督賞受賞。
- 9・6 北野武監督作品「HANA-BI」がベネチア映画祭でグランプリ受賞。
- 11・8 三谷幸喜初監督フジテレビ・東宝作品「ラヂオの時間」公開。
- 12・13 堤幸彦監督日本テレビ・東宝作品「金田一少年の事件簿 上海人魚伝説」公開。
- 12・20 伊丹十三監督自殺(64歳)。

通信機器・ラジオ・テレビ・コンピュータ・ゲーム

- 1・7 フジテレビでドラマ「踊る大捜査線」放送開始。
- 1・25 OVA「新機動戦記ガンダムW」がバンダイビジュアルから販売開始。
- 1・31 プレイステーション用ゲームソフト「IQ～インテリジェントキューブ」発売。
- 2・14 京都芸術短大が初のインターネット入試導入。
- 2・27 NECがプラズマディスプレイパネルの42型壁掛けテレビを発表。
- 4・2 松本零士のSF漫画「ワルキューレ」がインターネットで連載開始。
- 5・23 プレイステーション用ゲームソフト「がんばれ森川君2号」発売。
- 7・1 福岡県がポルノネット画像自主規制を求めた改正県青少年健全育成条例を施行。
- 8・26 タレントの乱一世が番組のCM前に「トイレに行かれるなら今のうちに」と失言。
- 9・27 読売テレビで渡辺淳一原作ドラマ「失楽園」放送開始。
- 10・4 「ゲームボーイ」の開発者横井軍平が交通事故死。
- 10・13 フジテレビでシンプルな恋愛ドラマ「ラブジェネレーション」放送開始。
- 10・14 郵政省が電話料金の自由化認可。
- 11・26 「PostPet」が97年度マルチメディアグランプリ通産大臣賞受賞。
- 12・19 ソニーの創設者井深大死去(89歳)。

社会・文化・世相　1～7月

- 1・2 ロシアのタンカー船ナホトカ号が島根県沖で沈没し大量の重油が流出。
- 1・20 防衛庁に情報本部設置。
- 3・6 野村証券による総会屋への利益供与が発覚。
- 3・30 国内最大の炭鉱三井三池炭鉱が124年の歴史を閉じる。
- 3・31 塩専売法が廃止。
- 4・1 消費税5％がスタート。
- 4・22 ペルー日本大使館人質事件が特殊部隊の強行突入により終結し人質1名が犠牲。
- 5・27 神戸市須磨区市立友が丘中学校校門で小学6年生の男子児童の頭部が見つかる。
- 6・17 臓器移植法成立。
- 6・28 神戸市で起きた児童連続通り魔事件で兵庫県警が同市内の中学3年生を逮捕。
- 7・1 香港が中国に返還されて特別行政区となる。

平成9年

文芸・図書・出版

- 1・23　CD-ROM百科事典「マイペディア97」がデジタル平凡社から発売。
- 1・31　柳美里「家族シネマ」が講談社から刊行。
- 2・1　阿部博行「土門拳　生涯とその時代」が法政大学出版局から刊行。
- 2・19　作家埴谷雄高死去(87歳)。
- 2・21　渡辺淳一「失楽園」上・下巻が講談社から刊行。
- 3・20　岩波新書で手塚治虫「ぼくのマンガ人生」刊行。
- 4・30　浅田次郎の短編集「鉄道員」が集英社から刊行。
- 6・16　作家住井すゑ死去(95歳)。
- 7・9　写真週刊誌「フォーカス」に神戸小学生殺害事件での逮捕者中学3年生の顔写真を掲載したために人権侵害で法務省が回収勧告。
- 7・10　小沢健志「幕末・明治の写真」がちくま学芸文庫から刊行。
- 7・15　青林堂社員全員が退職したために雑誌「ガロ」休刊。
- 8・14　日本民間放送連盟編「放送ハンドブック(新版)」が東洋経済新報社から刊行。
- 11・5　「オルタカルチャー日本版」(メディアワークス主婦の友")刊行。
- 12・22　岩波新書で高橋三雄「パソコンソフト実践活用術」刊行。
- 12・30　作家星新一死去(71歳)。

漫画・芸能・サブカルチャー

- 1・10　イベント施設東京国際フォーラムがオープン。
- 3・3　リカちゃん人形30歳お祝い会が開催。
- 3・22　山陽新幹線の新大阪と博多間を時速300kmで「のぞみ」運転開始。
- 4・3　山梨でリニアの走行試験開始。
- 4・5　大正12年竣工、東京駅前、「丸ビル」閉館。
- 4・13　マスターズゴルフでタイガー・ウッズが史上最年少優勝。
- 5・1　広島市南区に公立初の「広島市まんが図書館」開館。
- 5・15　高橋留美子の漫画単行本「犬夜叉」第1巻が小学館から刊行。
- 7・26　富士天神山スキー場で「フジロックフェスティバル」開催。
- 8・25　日清食品が低カロリーカップめんを発売。
- 10・1　長野新幹線が開業、東京と長野間を最速1時間19分で結ぶ。
- 10・10　新国立劇場開場。
- 10・11　東京ドームで総合格闘技大会「PRIDE.1」開催。
- 11・4　この日発売の「少年ジャンプ」が407万部の発行で23年間発売部数1位の座を「少年マガジン」発行415万部に抜かれる。
- 11・16　サッカー・ワールドカップアジア予選で日本がイランを破り初出場。
- 12・12　宝塚歌劇団に65年ぶりに5番目の「宙」組が新設誕生。

7〜12月

- 7・29　松山市の同僚ホステス殺害で指名手配の福田和子容疑者を時効21日前に逮捕。
- 8・29　最高裁が家永教科書訴訟で検定箇所の違法を認めて国に賠償命令を言い渡す。
- 8・31　ダイアナ元英皇太子妃がパリのトンネル内で交通事故死。
- 9・14　70歳以上の高齢者が総人口の1割を超す。
- 11・17　北海道拓殖銀行の経営が破綻。
- 11・22　山一證券の2000億円を超す海外債務が表面化して自主再建断念。
- 11・24　四大証券の一つである山一證券が破綻。
- 12・1　東京都23区で冷蔵庫フロンの回収開始。
- 12・16　TVアニメーション「ポケットモンスター」を観ていた子供たち約750人が痙攣で病院に。
- 12・18　韓国大統領選挙で金大中候補当選。

1998年

写真・映画・アニメーション

- 1・30　中田秀雄監督「リング」「らせん」製作委員会・東宝作品「リング」公開。
- 2・14　大林宣彦監督テレビ朝日作品「三毛猫ホームズの推理〈ディレクターズカット〉」（テレビ放送96・9）公開。
- 2・20　「ユリイカ」2月臨時増刊号で総特集「北野武そして／あるいはビートたけし」刊行。
- 3・14　岩井俊二監督ロックウェルアイズ作品「四月物語」公開。
- 4・1　テレビ東京でアニメーション「ロードス島戦記　英雄騎士伝」放映開始。
- 4・4　テレビ朝日でアニメーション「遊☆戯☆王」放映開始。
- 4・7　NHK衛星でアニメーション「カードキャプターさくら」放映開始。
- 8・1　青木康直監督松竹アニメーション映画「新機動戦記ガンダムW」加藤充子監督同「機動戦士ガンダム第08MS小隊」公開。
- 9・3　東京都写真美術館で「ウジェーヌ・アンジュ回顧展」開催。
- 9・6　黒澤明監督死去（88歳）。
- 9・11　AP通信社創立150年の記念写真展「APがとらえた歴史の瞬間」が富士フォトサロンで開催。
- 9・22　銀座並木通りの名画座「並木座」閉館。
- 10・5　NHK教育テレビでアニメーション「おじゃる丸」放映開始。
- 11・11　映画評論家淀川長治死去（89歳）。
- 12・10　岩波映画製作所が倒産。

通信機器・ラジオ・テレビ・コンピュータ・ゲーム

- 1・9　TBSで野島伸司脚本の知的障害者を描いたドラマ「聖者の行進」放送開始。
- 2・1　NTTでのナンバーディスプレイサービスが全国規模で開始。
- 2・2　郵便番号が7桁となる。
- 3・19　民放連が地上デジタル放送特別委員会を設置。
- 4・1　テレビとラジオでのタバコCM中止。
- 4・15　フジテレビでOLコミカルドラマ「ショムニ」放送開始。
- 5・1　パーフェクTVとJスカイBが合併してスカイパーフェクTVが設立。
- 7・7　フジテレビで同名マンガ原作元暴走族熱血教師学園ドラマ「GTO」放送開始。
- 7・25　「ウィンドウズ98」日本語版が発売。
- 9・15　マイクロソフトの株が時価世界一となり評価額は約35兆円。
- 9・29　NHKでアメリカのドラマ「アリーmyラブ」放送開始。
- 10・8　フジテレビで野沢尚脚本のミステリーサスペンス「眠れる森」放送開始。
- 10・23　WOWOWでアニメ「COWBOY BEBOP」放映開始。
- 11・27　セガからゲーム機「ドリームキャスト」発売。
- 12・28　「オールナイトニッポン・浜崎あゆみはバカじゃない?!」放送。

社会・文化・世相

1～6月

- 1・9　大和古墳群から「三角縁神獣鏡」が出土。
- 1・22　ホワイトハウス実習生モニカ・ルインスキーがセクハラで大統領を訴える。
- 1・28　栃木県黒磯市立北中学で1年男子生徒が英語科女性教師をナイフで刺殺。
- 2・7　第18回冬季オリンピックが長野で開催。
- 2・19　日興証券からの不正利益供与で国会に逮捕許諾請求の新井将敬代議士自殺。
- 2・25　金大中が韓国大統領就任。
- 3・19　非営利団体NPOを支援するための特定非営利活動促進法が衆院本会議で成立。
- 4・1　改正外国為替法が施行されて日本版ビッグバン始まる。
- 5・6　運輸省が全国26地域で自動車ナンバー4ケタ以下での「希望ナンバー制」導入。
- 6・22　金融監督庁が発足。

平成10年

文芸・図書・出版

- 1・20　森英俊編「世界ミステリー作家事典(本格派篇)」が国書刊行会から刊行。
- 3・20　岩波新書で高橋睦郎「読みなおし日本文学史─歌の漂白─」刊行。
- 4・9　四方田犬彦「映画史への招待」が岩波書店から刊行。
- 4・15　五木寛之「大河の一滴」が幻冬舎から刊行。
- 5・18　雑誌で初の時限再版を開始して「週刊ポスト」(5・8発売)の値引き販売が行なわれる。
- 6・15　ローザックのミステリー「フリッカー、あるいは映画の魔」が田中靖訳で刊行。
- 7・30　岩波新書で村井純「インターネット─次世代への扉─」刊行。
- 8・31　川本三郎「日本映画を歩く」がJTBから刊行。
- 9・1　北海道の朝刊紙「北海タイムス」が倒産。
- 9・15　松尾芭蕉「奥の細道」を印刷した版木が発見。
- 10・20　障害は不便だけど不幸ではないと「五体不満足」を乙武洋匡が講談社から刊行。
- 10・30　宮部みゆき「クロスファイア上」同「下」が光文社のカッパ・ノベルスから刊行。

漫画・芸能・サブカルチャー

- 1・28　漫画家石ノ森章太郎が心不全のため死去(60歳)。
- 1・30　モーニング娘。がシングル「モーニングコーヒー」でメジャーデビュー。
- 2・13　厚生省、保育所で働く「保母」という名称を「保育士」に改称決定。
- 4・7　明治製菓からポリフェノール入りのチェコレート発売。
- 4・8　浜崎あゆみ「Poker Face」でavex traxからデビュー。
- 5・25　大相撲大関若乃花が横綱に昇進して史上初貴乃花との兄弟横綱誕生。
- 6・5　公立の中高一貫教育を認める改正学校教育法成立。
- 8・10　「手塚治虫全史」が秋田書店から刊行。
- 9・9　テレビ番組再録のキネ旬ムック「マンガ夜話VOL.1松本大洋『花男』」が刊行。
- 9・19　羽田と福岡の間に低価格を競争力としたスカイマークエアラインズ就航。
- 10・9　地球温暖化対策推進法公布。
- 11・2　100人のマンガ家について書かれた「別冊宝島」409号「ザ・マンガ家」刊行。
- 12・1　「美術手帖」12月号で「特集マンガ・二次元の総合芸術」掲載。

7〜12月

- 7・25　和歌山県で夏祭りに出されたカレーに毒物混入で4人が死亡。
- 7・30　参院選で自民党大敗し橋本龍太郎内閣退陣して小渕恵三内閣発足。
- 8・31　北朝鮮のミサイル「デポドン」が日本列島上空を越え三陸沖に着弾。
- 10・20　韓国が日本の大衆文化の段階的開放案を発表。
- 10・23　日本長期信用銀行が債務超過のために国有化。
- 11・16　戦後最悪の不況で政府は貸し渋り対策や地域振興券などの緊急経済対策決定。
- 12・25　11月の完全失業率が4.4%となり1953年の調査以来最悪に。

1999年

写真・映画・アニメーション

- 1・15　新藤兼人監督近代映画協会作品「生きたい」公開。
- 3・21　第71回アカデミー賞短篇記録映画賞を伊比恵子監督が受賞。
- 4・3　テレビ東京でアニメーション「神八剣伝」放映開始。
- 5・1　森田芳光監督光和インターナショナル作品「〈39〉刑法三十九条」公開。
- 5・30　俳優三木のり平語り下し「のり平のパーッといきましょう」が小学館から刊行。
- 6・6　カンヌに「菊次郎の夏」出品の北野武に仏政府が芸術文化勲章シュバリエ授与。
- 7・17　高畑勲監督脚本スタジオジブリアニメーション映画「ホーホケキョとなりの山田くん」公開。
- 8・14　桜井弘明監督アキハバラ電脳組製作委員会・東映アニメーション映画「アキハバラ電脳組2011年の夏休み」公開。
- 9・7　モントリオール映画祭で「鉄道員(ぽっぽや)」主演高倉健が主演男優賞受賞。
- 10・15　テレビ朝日でアニメーション作品ドラえもん誕生30年記念「空想動物サファリパークで大冒険」放送。
- 11・10　アニメーション映画「ポケットモンスター」の全米公開で興行収入1位記録。
- 12・11　大河原孝夫監督東宝作品「ゴジラ2000　MILLENNIUM」公開。

通信機器・ラジオ・テレビ・コンピュータ・ゲーム

- 1・7　フジテレビで鈴木光司原作ホラードラマ「リング」放送開始。
- 1・10　TBSで人気漫画原作の「サラリーマン金太郎」放送開始。
- 2・1　「ニュースステーション」が所沢の野菜が高濃度ダイオキシン汚染と誤報道。
- 2・11　PS用ゲームソフト「ファイナルファンタジーⅧ」発売。
- 2・22　ドコモ携帯電話がインターネット接続のiモードサービス開始。
- 3・11　プレイステーション版「ファイナルファンタジーコレクション」発売。
- 5・7　情報公開法が成立して2001年施行されることになる。
- 5・30　西村博之が掲示板「2ちゃんねる」を開設。
- 8・12　捜査機関に電話などの傍受を認める通信傍受法成立。
- 8・13　「不正アクセス行為の禁止等に関する法律」公布。
- 9・9　ゲーム機「ドリームキャスト」の北米発売開始。
- 11・1　道路交通法の改正で自動車運転中の携帯電話の使用禁止。
- 12・9　プレイステーション用ゲームソフト「ビブリオン」発売。

社会・文化・世相

1～6月

- 1・1　ECの使用通貨ユーロ発足。
- 1・29　個人消費の拡大と地域振興を目的とした「地域振興券」交付スタート。
- 2・28　臓器移植法施行後初の臓器移植が行なわれる。
- 3・12　政府が大手銀行15行に総額7兆4592億円の公的資金注入。
- 3・27　大手自動車メーカーの日産自動車が経営不振のためルノーと資本提携。
- 4・6　アンデス山脈のインカ文明遺跡で500年以上前の少女と少年のミイラ発見される。
- 4・11　東京都知事選で無所属立候補の石原慎太郎当選。
- 5・24　新しい日米防衛協力のための指針関連法成立。

平成11年

文芸・図書・出版

- 1・20 岩波新書で大野晋「日本語練習帳」刊行。
- 3・16 大阪に売り場面積日本一の書店ジュンク堂大阪本店開店。
- 3・19 岩波新書で佐々木良一「インターネットセキュリティー入門」刊行。
- 4・26 吉本ばなな「ハードボイルド／ハードラック」刊行。
- 4・30 藤枝晃雄・谷川渥編「芸術理論の現在」が東信堂から刊行。
- 5・18 「ワイアード日本版」の編集長小林弘人を編集長に雑誌「サイゾー」創刊。
- 6・22 「石に泳ぐ魚」モデル女性がプライバシー侵害名誉毀損提訴した裁判で作家柳美里敗訴。
- 7・19 岩波新書で阿久悠「愛すべき名歌たち―私的歌謡曲史―」刊行。
- 7・21 文芸評論家江藤淳が自殺(66歳)。
- 8・5 夏目房之介「マンガの力　成熟する戦後マンガ」が晶文社から刊行。
- 9・7 亀井秀雄「『小説』論」が岩波書店から刊行。
- 10・8 四方田犬彦「映画監督溝口健二」が新曜社から刊行。
- 10・12 作家三浦綾子死去(77歳)。
- 11・15 ネットアイドルMICHIKOの写真集「michiko webバナナ伝説」発売。
- 12・8 松岡佑子訳J・K・ローリング「ハリー・ポッターと賢者の石」が静山社から刊行。

漫画・芸能・サブカルチャー

- 1・14 ジャズピアニストの秋吉敏子が「国際ジャズ名声の殿堂」入り。
- 1・31 東急百貨店日本橋店が336年の歴史に幕を降ろして閉店。
- 3・1 東京五反田のコンビニam/pmの店内にさくら銀行の現金自動預け払い機設置。
- 3・3 CD「だんご3兄弟」が発売大ヒット。
- 3・18 横浜みなとみらい21地区に高さ112.5mの大観覧車営業開始。
- 4・10 千葉県岬町に「麻雀博物館」開館。
- 4・15 テレビ東京開局35周年記念番組「永遠のアトム手塚治虫物語」放送。
- 6・1 ソニーからペットロボット「AIBO」発売。
- 6・14 漫画家谷岡ヤスジ死去(56歳)。
- 7・16 JR東日本の新型寝台特急「カシオペア」が上野と札幌間で運行開始。
- 9・22 歌手淡谷のり子が死去(92歳)。
- 10・12 世界の人口が60億人を超える。
- 11・4 東京池袋の東武百貨店に日本初の小中学生専用の化粧品コーナー登場。
- 12・1 吉崎観音の漫画単行本「ケロロ軍曹」第1巻が角川書店から刊行。

7～12月

- 8・9 国旗を日章旗とし国歌を君が代とする国旗国歌法が成立。
- 8・12 組織犯罪対策法が成立。
- 8・20 第一勧業銀行・富士銀行・日本興業銀行が統合を発表。
- 9・30 核燃料加工会社JOCの東海事業所で日本初の臨界事故が発生して数十人被曝うち2人死亡。
- 10・5 自民党・公明党・自由党が政策合意し三党連立による第2次小渕内閣発足。
- 10・11 アメリカの短銃メーカーコルト社が市民向け短銃の製造販売を停止。
- 10・26 桶川ストーカー殺人事件が発生。
- 11・1 児童買春ポルノ禁止法施行。
- 12・31 ロシア大統領エリツィンが辞任。

2000年

写真・映画・アニメーション

- 2・25　フィルムコミションを作るための「FC（フィルムコミッション）設立研究会」が東京に創設。
- 3・4　堤幸彦監督TBS・角川・東宝作品「ケイゾク／映画～Beautiful Dreamer～」公開。
- 4・8　TBSでアニメーション「サクラ大戦TV」放映開始。
- 4・19　テレビ東京でアニメーション「ラブひな」放映開始。
- 4・29　飯田譲治監督松竹作品「アナザヘヴン」公開。
- 6・10　金子修介監督TBS作品「クロスファイア」公開。
- 6・30　1936年に開所した松竹大船撮影所閉所。
- 8・5　篠原哲雄監督「死者の学園祭」製作委員会・東宝作品「死者の学園祭」公開。
- 8・19　若松節朗監督フジテレビ・東宝作品「ホワイトアウト」公開。
- 9・9　犬童一心監督吉本興業・テレビ東京作品「金髪の草原」公開。
- 10・3　日本テレビでアニメーション「はじめの一歩」放映開始。
- 10・7　TBSでアニメーション「真・女神転生デビチル」放映開始。
- 10・22　フジテレビでアニメーション「学校の怪談」放映開始。
- 12・16　深作欣二監督バトルロワイヤル製作委員会作品「バトルロワイヤル」公開。

通信機器・ラジオ・テレビ・コンピュータ・ゲーム

- 1・10　AOLがタイム・ワーナー社の買収を発表。
- 1・16　TBSで北川悦吏子脚本純愛ドラマ「ビューティフルライフ」放送開始。
- 1・30　TBS系列で「仮面ライダークウガ」放送開始。
- 2・17　「ウィンドウズ2000」が日欧米同時発売。
- 3・4　「プレイステーション2」が発売。
- 3・22　国立国会図書館がインターネット蔵書220万冊無料検索サービス開始。
- 3・31　携帯電話加入数が家庭などにある固定電話の数を抜き5101万台に。
- 4・10　日本テレビでラブサスペンスドラマ「永遠の仔」放送開始。
- 4・14　TBSでドラマ「池袋ウエストゲートパーク」放送開始。
- 7・7　スクウェアが「ファイナルファンタジーIX」発売。
- 8・20　ソニーからハードディスクを記憶装置とするビデオレコーダーが発売。
- 8・26　「ドラゴンクエストVII―エデンの戦士たち」発売。
- 9・23　「ウィンドウズMe」日本語版発売。
- 10・9　フジテレビでコミカル恋愛ドラマ「やまとなでしこ」放送開始。
- 10・12　日本初のインターネット専業銀行ジャパンネット銀行開業。
- 11・1　J-PHONEでカメラ付き携帯電話が発売されて以後カメラ付きが主流となる。
- 12・1　BSデジタル放送の本放送が開始。

社会・文化・世相

1～6月

- 1・10　小渕恵三首相が東南アジアを歴訪。
- 2・6　大阪府知事に日本初の女性知事として太田房江が当選。
- 2・13　グリコ森永事件の全事件が時効となる。
- 3・11　徳島自動車道全線開通。
- 3・21　電気事業法の改正で電力会社以外の一般企業にも電気販売が認可。
- 3・26　ロシア大統領にプーチン就任。
- 4・1　介護保険制度開始。
- 5・3　九州で17歳少年による西鉄バス乗っとり事件が発生。
- 5・24　ストーカー規制法公布。
- 6・16　皇太后死去（97歳）。

平成12年

文芸・図書・出版

- 2・22　日本文芸家協会がシンポジウム「活字のたそがれか？ネットワーク時代の言論と公共性」を開く。
- 3・22　集英社新書で四方田犬彦「日本映画100年史」刊行。
- 4・15　木村義之・小出美河子編「隠語大辞典」が皓星社から刊行。
- 4・20　岩波新書で矢野直明「インターネット術語集」刊行。
- 5・5　上野に子供の本専門の図書館として国際子ども図書館が開館。
- 5・15　巽孝之「日本ＳＦ論争史」が勁草書房から刊行。
- 8・18　岩波新書で菅谷明子「メディア・リテラシー――世界の現場から――」刊行。
- 10・7　凸版印刷創立百周年記念事業の一環で文京区に印刷博物館開館。
- 10・12　横浜市中区に日本新聞博物館が開館。
- 11・26　豊田有恒「日本ＳＦアニメ創世記虫プロ、そしてＴＢＳ漫画ルーム」がＴＢＳブリタニカから刊行。
- 11・27　森村泰昌「空想主義的芸術家宣言」が岩波書店から刊行。
- 12・10　「週刊ＴＶガイド」全表紙とテレビ歴史の本「テレビ50年 in TVガイド」が東京ニュース通信社から刊行。
- 12・20　松島利行「日活ロマンポルノ全史」が講談社から刊行。

漫画・芸能・サブカルチャー

- 2・5　新宿ジョイシネマで日本初のＤＬＰプロジェクターによるデジタル上映が行なわれる。
- 3・1　ＪＣＢカードで石原裕次郎のメモリアルカードを発行。
- 3・6　パイオニアのアメリカ現地法人がＮＡＴＯ向けの詐欺商談で損失10数億円と発表。
- 4・1　京都精華大学芸術学部に日本初のマンガ学科が開設。
- 5・20　矢沢あいの漫画単行本「ＮＡＮＡ」第1巻が集英社から刊行。
- 6・1　大規模小売店舗立地法施行で大手スーパーの休業日数が自由化。
- 7・12　そごうデパートが倒産。
- 7・13　御殿場に国内最大アウトレットモール御殿場プレミアム・アウトレットが開業。
- 10・24　旭化成がレーヨンの生産を停止する。
- 11・4　宮城県上高森遺跡で石器発掘捏造発覚。
- 12・13　単行本118巻全463話の紹介「オフィシャル・ブックＴＨＥゴルゴ学」刊行。
- 12・20　店頭販売しない「手塚治虫漫画大全集ＤＶＤ-ＲＯＭ」の予約受付開始。

7～12月

- 7・1　金融監督庁に大蔵省金融企画局を統合して金融庁が発足。
- 7・22　法務省が全国50カ所に「女性の人権ホットライン」開設。
- 7・23　タイガー・ウッズが全英オープン選手権で初優勝。
- 10・10　白川英樹筑波大名誉教授がノーベル化学賞受賞。
- 10・14　関東の私鉄や地下鉄20社で使えるプリペイドカード登場。
- 10・15　田中康夫が長野県知事就任。
- 11・24　ストーカー規制法施行。
- 12・8　改正少年法が公布されて刑罰対象年齢が14歳となる。
- 12・12　アメリカ大統領にブッシュが当選。

注記

1901
●1 タイプライターの実用化
アメリカで、ショールが発明したタイプライターが、実用的な商品としてレミントン社より発売されたのは1874年のことだった。

1904
●2 三越呉服店
三越の誕生は、1673(延宝元)年に、三井高利が江戸本町1丁目に越後屋呉服店の開店を起点とする。当時としては新しい「店前現銀売り」商法で評判になる。1678(延宝6)年に駿河町に移転して両替商として展開する。明治期に三井は銀行や物産そして鉱山などに企業展開し、目覚ましく発展したが、呉服店は1872(明治5)年に三井から離れて、三井の「三」と越後屋の「越」から三越家を興し、三越得右衛門らの経営する店となる。1893(明治26)年に、三越得右衛門は三井に復姓して、越後屋は合名会社三井呉服店となり、三井グループの一員として近代化が検討されることとなった。慶応義塾出身で三井銀行大阪支店長の高橋義雄が、三井呉服店の理事に就任。1898(明治31)年、高橋は当時三井銀行本店副支配人で、同じく慶応義塾出身の日比翁助を三井呉服店副支配人に就任させて改革の計画を進めるが、三井理事会は利益の少ない越後屋呉服店を三井の事業から独立させてしまう。そして1904(明治37)年12月6日、資本金50万円で株式会社三越呉服店を設立させる。店章を丸に越に改め、従業員持株制を構築し、「デパートメントストア宣言」をした。

1926
●3 改造社版「現代日本文学全集」
第1回配本 大正15年12月3日 第6巻 尾崎紅葉集
1―明治開化期文学集 2―坪内逍遥集 3―森鷗外集 4―徳富蘇峰集 5―三宅雪嶺集 6―尾崎紅葉集 7―広津柳浪・川上眉山・斎藤緑雨集 8―幸田露伴集 9―樋口一葉・北村透谷集 10―二葉亭四迷・嵯峨の屋御室集 11―正岡子規集 12―徳富蘆花集 13―高山樗牛・姉崎嘲風・笹川臨風集 14―泉鏡花集 15―国木田独歩集 16―島崎藤村集 17―田山花袋集 18―徳田秋声集 19―夏目漱石集 20―上田敏・厨川白村・阿部次郎集 21―正宗白鳥集 22―永井荷風集 23―岩野泡鳴・上司小剣・小川未明集 24―谷崎潤一郎集 25―志賀直哉集 26―武者小路実篤集 27―有島武郎・有島生馬集 28―島村抱月・生田長江・中沢臨川・片上伸・吉江弧雁集 29―里見弴・佐藤春夫集 30―芥川龍之介集 31―菊池寛集 32―近松秋江・久米正雄集 33―少年文学集 34―歴史・家庭小説集 35―現代戯曲名作集 36―紀行随筆集 37―現代日本詩集・現代日本漢詩集 38―現代短歌集・現代俳句集 39―社会文学集 40―伊藤左千夫・長塚節・高浜虚子集 41―長谷川如是閑・内田魯庵・武林夢想庵集 42―鈴木三重吉・森田草平集 43―岡本綺堂・長田幹彦集 44―久保田万太郎・長与善郎・室生犀星集 45―石川啄木集 46―山本有三・倉田百三集 47―吉田絃二郎・藤森成吉集 48―広津和郎・葛西善蔵・宇野浩二集 49―戦争文学集 50―新興文学集 51―新聞文学集 52―宗教文学集 53―小杉天外・山田美妙集 54―巌谷小波・江見水蔭・石橋思案・菊池幽芳集 55―小栗風葉・柳川春葉・佐藤紅緑集 56―田村俊子・野上弥生子・中条百合子集 57―小泉八雲・ラーファエル・ケーベル・野口米次郎集 58―新村出・柳田國男・吉村冬吉・斎藤茂吉集 59―賀川豊彦集 60―大仏次郎集 61―新興芸術派文学集 62―プロレタリア文学集 別巻―現代文学大年表(附社会略年表)

1929
●4 傾向映画
「マルクスを信奉する学生たちが、暮夜ひそかにプロレタリア解放を主張する国禁の『無産者新聞』を抱いて、果敢な街頭闘争に走り去る姿が見られるようになった。文学や、演劇や美術等の芸術分野にも、それは鋭く反映し、実践され、やがて映画作家の心の中にも浸潤した。傾向映画の名で、時代劇の中に、階級闘争をテーマにした作品が、逸早く作られたのと同様に、その時代相の中に生まれたのが、あの内田吐夢の『生ける人形』である。」(田中純一郎「日本映画発達史Ⅱ 無声からトーキーへ」中公文庫 1976年1月 中央公論社)

●5 東京行進曲
西条八十作詞 東京行進曲 一 昔恋しい銀座の柳 仇な年増を誰が知ろ ジャズで踊ってリキュルで更けて 明けりゃダンサーのなみだ雨 二 恋の丸ビルあの窓あたり 泣いて文かく人もある ラッシュアワーに拾ったバラを せめてあの娘の思い出に 三 広い東京恋故せまい いきな浅草忍び逢い あなたは地下鉄わたしはバスよ 恋のストップまゝならぬ 四 シネマ見ましょかお茶飲みましょか いっそ小田急で逃げましょか 変る新宿あの武蔵野の 月もデパートの屋根に出る

●6 平凡社版「令女文学全集」
1―加藤武雄 2―福田正夫 3―長田幹彦 4―吉屋信子 5―南部修太郎 6―北川千代 7―生田春月 8―岩下小葉 9―片岡鉄兵 10―横山美智子 11―加藤まさを 12―西条八十 13―三上於菟吉・長谷川時雨

1931
●7 日本のトーキー映画
「日本にトーキーが渡ってきたのは1929年(昭和4年)の5月であるから、アメリカにくらべて3年ほどおくれていた。1930年(昭和5年)ごろには日本に輸入される外国映画はほとんど100パーセントにトーキー化されて、アメリカやヨーロッパのミュージカルやレビュー映画、音楽映画、戦争映画などは、日本の観衆を完全にとりこにした。日本映画もどうしてもトーキーにならなければならなかった。1931年(昭和6年)になって、まず松竹が「マダムと女房」(五所平之助監督)を、作った。つづいて日活が「春と娘」(田坂具隆監督)、「旅は青空」(稲垣浩監督)を、松竹もまた「嵐の中の処女」(島津保次郎監督)、「忠臣蔵」(衣笠貞之助監督)を発表した。すべて1932年(昭和7年)の作品であった。日本映画もこうしてようやく本格的なトーキー時代をむかえた。」(岩崎昶「映画論講座-2 山田和夫監修 映画の歴史」所収 岩崎昶「日本映画史」合同出版 1977年6月より)

1933
●8「力と女の世の中」
1932年3月に完成した作品で翌33年の4月15日に浅草帝国館で公開された。
京都の自宅に政岡映画美術研究所を開いた政岡憲三(1898～1988年)は、最初の漫画映画作品「難船ス物語 第一篇・猿ヶ島」(1930)、その続編「難船ス物語 第二篇・海賊船(海の冒険)」(1931)の製作発表を経て、1932年に松竹と提携して、この日本初のトーキー漫画映画「力と女の世の中」を製作発表したのである。内容は、「浮気する恐妻家のサラリーマンの姿を描いたナンセンスもので、主人公の声を喜劇俳優の古川録波が演じた」(大塚康生監修展覧会カタログ「日本漫画映画の全貌 その誕生から「千と千尋の神隠し」そして…。」 2004年7月15日 発行「日本漫画映画の全貌展」実行委員会)

1940
●9 テレビドラマ「夕餉前」
日本最初のテレビドラマ「夕餉前」は、脚本伊馬鵜平による放送時間12分で登場人物3人というちいさなホームドラマだった。NHKの実験放送によって放送されたドラマは、母(原泉子)と兄(野々村潔)と妹(関志保子)という、父親のいない3人家族の夕食前の写真(母親が持っていた写真が見合い写真だと兄妹がそれぞれ誤解する)を巡る喜劇である。この作品は当然ながら生放送で、世田谷砧のスタジオから放送された。その後もテレビ放送の実験とドラマ制作は試みられたが、すぐに第2次世界大戦激化のために中断されることになった。

1953
●10 同光社版「時代小説名作全集」
第1回配本 昭和28年8月1日 吉川英治
1―吉川英治 2―吉川英治 3―吉川英治 4―長谷川伸 5―土師清二 6―川口松太郎 7―川口松太郎 8―村上元三 9―林不忘 10―林不忘 11―林不忘 12―直木三十五 13―岡本綺堂 14―三上於菟吉 15―三上於菟吉 16―佐々木味津三 17―佐々木味津三 18―山手樹一郎 19―山手樹一郎 20―子母沢寛 21―野村胡堂 22―野村胡堂 23―野村胡堂 24―角田喜久雄 25―大仏次郎

1954
●11「現代映画講座」
第3巻シナリオ篇が1954年5月30日に刊行。
1―製作・歴史篇 2―技術篇 3―シナリオ篇 4―監督篇 5―演技篇 6―鑑賞篇

●12 三一書房版「日本プロレタリア長篇小説集」
1954年12月25日 第2巻 細田民樹、第5巻 加賀耿二が刊行。
1―片岡鉄兵 2―細田民樹 3―貴司山治 4―徳永直 5―加賀耿二 6―橋本英吉 7―山田清三郎 8―本庄陸男

1956
●13 河出書房版「探偵小説名作全集」
1―江戸川乱歩集 2―小酒井不木・甲賀三郎集 3―大下宇陀児集 4―横溝正史集 5―角田喜久雄集 6―浜尾四郎集 7―小栗虫太郎 8―木々高太郎集 9―坂口安吾・蒼井雄集 10―高木彬光集 11―短編集

1957
●14 曙出版
1947年の創立で、赤本マンガから資本マンガの出版、そして一般漫画誌や実用書の出版などの多様なジャンルでの出版活動を展開。1980年代以降、漫画中心から実用書中心に移り、やがて2006年に実質的経営は創業家から他社に吸収された。

1960
●15 東都書房版「日本推理小説体系」
第1回配本4月10日 2巻江戸川乱歩集
1―明治大正集 2―江戸川乱歩集 3―甲賀三郎・角田喜久雄集 4―大下宇陀児・浜尾四郎集 5―小栗虫太郎・木々高太郎集 6―昭和前期集 7―横溝正史集 8―島田一男・高木彬光集 9―昭和後期集 10―坂口安吾・加田怜太郎

注記

集 11―松本清張集 12―有馬頼義・新田次郎・菊村到集 13―鮎川哲也・日影丈吉・土屋隆夫集 14―多岐川恭・仁木悦子・佐野洋集 15―水上勉・樹下太郎・笹沢左保集 16―現代十人集

●16 講談社版「日本現代文学全集」

第1回配本 昭和35年10月5日 43巻 谷崎潤一郎集(一) 1―明治初期文学集 2―福沢諭吉・中江兆民・岡倉天心・徳富蘇峰・三宅雪嶺集 3―政治小説集 4―坪内逍遥・二葉亭四迷集 5―尾崎紅葉集 6―幸田露伴集 7―森鷗外集 8―斎藤緑雨・石橋忍月・高山樗牛・内田魯庵集 9―北村透谷集 附文学界派 10―樋口一葉集 附明治女流文学 11―山田美妙・広津柳浪・川上眉山・小栗風葉集 12―泉鏡花集 13―明治思想家集 14―内村鑑三集 附キリスト教文学 15―外国人文学集 16―正岡子規集 17―徳富蘆花集 18―国木田独歩集 19―島崎藤村集(一) 20―島崎藤村集(二) 21―田山花袋集 22―土井晩翠・薄田泣菫・蒲原有明・伊良子清白・横瀬夜雨集 23―夏目漱石集(一) 24―夏目漱石集(二) 25―高浜虚子・河東碧梧桐集 26―伊藤左千夫・長塚節集 27―島村抱月・長谷川天渓・片上伸・相馬御風集 28―徳田秋声集 29―岩野泡鳴集 30―正宗白鳥集 31―小杉天外・木下尚江・上司小剣集 32―社会主義文学集 33―永井荷風集 34―岡本綺堂・小山内薫・真山青果集 35―上田敏・寺田寅彦・木下杢太郎集 36―柳田國男集 37―与謝野寛・与謝野晶子・窪田空穂・吉井勇・若山牧水集 38―北原白秋・三木露風・日夏耿之介集 39―石川啄木集 40―高村光太郎・宮沢賢治集 41―鈴木三重吉・森田草平・内田百閒・中勘助集 42―小川未明・田村俊子・水上滝太郎集 43―谷崎潤一郎集(一) 44―谷崎潤一郎集(二) 45―近松秋江・葛西善蔵集 46―生田長江・阿部次郎・倉田百三集 47―武者小路実篤集 48―有島武郎集 49―志賀直哉集 50―里見弴・長与善郎集 51―斎藤茂吉集 52―島木赤彦・古泉千樫・中村憲吉・木下利玄・会津八一集 53―折口信夫集 54―千家元麿・山村暮鳥・佐藤惣之助・富士幸次郎・堀口大学集 55―山本有三集 56―芥川龍之介集 57―菊池寛・久米正雄集 58―広津和郎・宇野浩二集 59―佐藤春夫集 60―萩原朔太郎集 61―室生犀星集 62―豊島与志雄・岸田国士・芹沢光治良集 63―野上弥生子・宮本百合子集 64―滝井孝作・尾崎一雄・網野菊集 65―横光利一集 66―川端康成集 67―新感覚派文学集 附新感覚派評論 68―青野季吉・小林秀雄集 69―プロレタリア文学集 70―中野重治・小林多喜二集 71―宇野千代・岡本かの子集 72―尾崎士郎・坪田譲治集 73―葉山嘉樹・徳永直・黒島伝治集 74―牧野信一・嘉村礒多・北条民雄集 75―井伏鱒二・永井龍男集 76―堀辰雄集 77―金子光晴・西脇順三郎・三好達治・草野心平・中原中也集 78―林芙美子・平林たい子集 79―村山知義・三好十郎・真船豊・久保栄集 80―武田麟太郎・島木健作集 81―阿部知二・中山義秀集 82―梶井基次郎・田畑修一郎・中島敦集 83―佐多稲子・壺井栄集 84―上林暁・外村繁・川崎長太郎集 85―伊藤整・高見順集 86―石坂洋次郎・石川達三集 87―丹羽文雄・火野葦平集 88―太宰治集 89―伊藤永之介・本庄陸男・森山啓・橋本英吉集 90―石川淳・坂口安吾集 91―神西清・丸岡明・由起しげ子集 92―河上徹太郎・亀井勝一郎・中村光夫・山本健吉・吉田健一集 93―中島健蔵・桑原武夫・中野好夫・竹山道雄・高橋義孝・竹内好集 94―北原武夫・井上友一郎・田村泰次郎集 95―織田作之助・田中英光・原民喜集 96―円地文子・幸田文集 97―平野謙・本多秋五・荒正人・佐々木基一・小田切秀雄集 98―椎名麟三・梅崎春生集 99―野間宏・堀田善衛集 100―大岡昇平・三島由紀夫集 101―武田泰淳・中村真一郎集 102―井上靖・田宮虎彦集 103―田中千禾夫・福田恆存・木下順二・安部公房集 104―唐木順三・臼井吉見・花田清輝・寺田透・加藤周一集 105―現代名作選(一) 106―現代名作選(二) 107―現代文芸評論集 108―現代詩歌集 別巻1―日本現代文学史(一) 別巻2―日本現代文学史(二) 附日本現代文学年表

1962

●17 集英社版「新日本文学全集」

編集：荒正人・江藤淳・瀬沼茂樹・十返肇・平野謙 1―阿川弘之・庄野潤三 2―鮎川哲也・仁木悦子 3―有馬頼義 4―有吉佐和子 5―石原慎太郎 6―井上靖 7―梅崎春生 8―江崎誠致・城山三郎 9―遠藤周作・小島信夫 10―大岡昇平 11―開高健・大江健三郎 12―きだみのる・深沢七郎 13―金達寿・西野辰吉 14―源氏鶏太 15―五味康祐 16―澤野久雄・菊村到 17―椎名麟三 18―柴田錬三郎 19―杉浦明平・井上光晴 20―曽野綾子 21―高木彬光・島田一男 22―多岐川恭・佐野洋 23―武田泰淳 24―田宮虎彦 25―中村真一郎 26―南條範夫・新田次郎 27―野間宏 28―長谷川四郎・島尾敏雄 29―福永武彦・安部公房 30―堀田善衛 31―松本清張 32―三浦朱門・北杜夫 33―三島由紀夫 34―水上勉・藤原審爾 35―安岡章太郎 36―山崎豊子 37―由起しげ子・大原富枝 38―吉行淳之介

1965

●18 講談社版「われらの文学」

編集委員：大江健三郎・江藤淳 1―野間宏 2―武田泰淳 3―椎名麟三・梅崎春生 4―大岡昇平 5―三島由紀夫 6―井上靖 7―安部公房 8―島尾敏

雄 9―堀田善衞・深沢七郎 10―福永武彦・遠藤周作 11―小島信夫 12―安岡章太郎 13―庄野潤三 14―吉行淳之介 15―阿川弘之・有吉佐和子 16―曽野綾子・北杜夫 17―石原慎太郎 18―大江健三郎 19―開高健 20―井上光晴 21―高橋和巳・倉橋由美子・柴田翔 22―江藤淳・吉本隆明

1966
●19 文芸春秋社版「現代日本文学館」
小林秀雄単独編集で発刊されるが、実際には大岡昇平と中村光夫が参画。中野重治と小林多喜二を同じ巻にしようとしたが、中野から断られるということもあった。文芸春秋と関係の深い文学者たちの全集という色彩が濃い。
1―森鷗外 2―二葉亭四迷・国木田独歩 3―幸田露伴・泉鏡花 4―夏目漱石（一） 5―夏目漱石（二） 6―夏目漱石（三） 7―田山花袋・岩野泡鳴 8―徳田秋声 9―永井荷風 10―島崎藤村（一） 11―島崎藤村（二） 12―正宗白鳥 13―志賀直哉 14―武者小路実篤 15―有島武郎・里見弴 16―谷崎潤一郎（一） 17―谷崎潤一郎（二） 18―谷崎潤一郎（三） 19―菊池寛・山本有三 20―芥川龍之介 21―佐藤春夫・室生犀星 22―宇野浩二・久保田万太郎 23―横光利一24―川端康成 25―滝井孝作・牧野信一・尾崎一雄 26―葉山嘉樹・小林多喜二 27―梶井基次郎・中島敦・坂口安吾 28―林房雄・島木健作 29―井伏鱒二 30―堀辰雄・林芙美子 31―石川淳 32―獅子文六・吉川英治 33―中山義秀・永井龍男 34―舟橋聖一 35―大仏次郎・石坂洋次郎 36―太宰治 37―丹羽文雄 38―石川達三 39―高見順・伊藤整 40―円地文子・幸田文 41―大岡昇平 42―三島由紀夫 43―井上靖

1969
●20 「現代漫画」
筑摩書房より全15巻で刊行。
1―横山隆一集 2―横山泰三集 3―荻原賢次集 4―加藤芳郎集 5―水木しげる集 6―手塚治虫集 7―小島功集 8―サトウサンペイ集 9―白土三平集 10―園山俊二集 11―東海林さだお集 12―つげ義春集 13―石森章太郎集 14―漫画戦後史（政治篇） 15―漫画戦後史（社会風俗篇）が全巻の内容である。

1971
●21 講談社版「大衆文学大系」
1―尾崎紅葉・徳冨蘆花・小栗風葉・泉鏡花集（1971年5月20日） 2―小杉天外・菊池幽芳・黒岩涙香・押川春浪集 3―村井弦斎・村上浪六・塚原渋柿園・碧瑠璃園・大倉桃郎集 4―中里介山集 5―前田曙山・本山荻舟・平山蘆江集 6―行友季風・本田美禅集 7―岡本綺堂・菊池寛・久米正雄集 8―矢田挿雲・松田竹の嶋人集 9―白井喬二・直木三十五集 10―田中貢太郎・正木不如丘集 11―長谷川伸・土師清二集 12―国枝史郎・佐々木味津三・三上於菟吉集 13―下村悦夫・邦枝完二・木村毅集 14―吉川英治集 15―吉川英治集 16―大仏次郎・村松梢風集 17―佐藤紅緑・中村武羅夫・加藤武雄集 18―林不忘・牧逸馬・谷譲次集 19―野村胡堂・子母沢寛・川口松太郎集 20―長田幹彦・吉屋信子・小島政二郎・竹田敏彦集 21―江戸川乱歩・甲賀三郎・大下宇陀児集 22―佐々木邦・獅子文六集 23―群司次郎正・片岡鉄兵・浜本浩・北村小松・藤沢桓夫集 24―夢野久作・久生十蘭・橘外男集 25―横溝正史・海野十三・小栗虫太郎・木々高太郎集 26―鷲尾雨工・海音寺潮五郎・山本周五郎集 27―角田喜久雄・山手樹一郎・村雨退二郎集 28―富田常雄・山岡荘八・村上元三集 29―短編集上 30―短編集下 別巻1―通史・資料編

1972
●22 講談社版「現代推理小説体系」
1―江戸川乱歩 2―甲賀三郎・大下宇陀児・夢野久作・浜尾四郎 3―小栗虫太郎・木々高太郎・久生十蘭 4―横溝正史 5―角田喜久雄・坂口安吾・岡田鯱彦 6―高木彬光 7―香山滋・島田一男・山田風太郎・大坪砂男 8―短編名作集 9―松本清張 10―鮎川哲也・土屋隆夫・戸板康二 11―有馬頼義・新田次郎・菊村到・水上勉 12―多岐川恭・佐野洋・結城昌治 13―笹沢左保・樹下太郎・陳舜臣 14―黒岩重吾・梶山季之・邦枝史郎 15―仁木悦子・新章文子・戸川昌子 16―南條範夫・三好徹・生島治郎 17―都筑道夫・海渡英祐・森村誠一 18―現代作品集 別巻1―中井英夫 別巻2―資料編・評論・事典・年表など。

1978
●23 「現代の文学」
別巻として「戦後日本文学史・年表」は松原新一・磯田光一・秋山駿共著で刊行。全巻は、編集委員安部公房・江藤淳・大江健三郎・小島信夫・高橋和巳・野間宏・安岡章太郎の7氏。
1―野間宏 2―武田泰淳 3―埴谷雄高・椎名麟三 4―花田清輝 5―梅崎春生 6―大岡昇平 7―福永武彦 8―木下順二・中村真一郎 9―杉浦明平・深沢七郎 10―藤枝静男・秋元松代 11―三島由紀夫 12―井上靖 13―安部公房 14―堀田善衛 15―島尾敏雄 16―小島信夫 17―安岡章太郎 18―庄野潤三 19―吉行淳之介 20―遠藤周作 21―阿川弘之・三浦朱門 22―長谷川四郎・開高健 23―瀬戸内晴美・曽野綾子 24―井上光晴 25―吉本隆明 26―石原慎太郎 27―江藤淳 28―大江健三郎 29―小田実 30―北杜夫・三浦哲郎 31―高橋和巳 32―倉橋由美子 33―

207

注記

河野多恵子・大庭みな子　34―柴田翔・丸谷才一・柏原兵三・田久保英夫　35―古山高麗雄・清岡卓行・阿部昭・坂上弘　36―古井由吉・李恢成・丸山健二・高井有一　37―黒井千次・清水邦夫・小川国夫・後藤明生　38―戦後(1945～1960)　39―戦後(1961～1970)　別巻―戦後日本文学史・年表、の構成。

●24「アニメージュ」創刊号
目次：●特製ポスター・ARRIVEDERCI YAMATO　●アニメばんざい！「アニメージュ」発刊記念コメント大集　●緊急取材報告第一弾!! さらば宇宙戦艦ヤマト　●テレビアニメーションワールド　●宇宙海賊キャプテンハーロック-はてしなき男の旅路　●幻想のSFロマン大作・黄金の戦士／聖悠紀　●アンコールアニメ！太陽の子・ホルスの大冒険　●声優24時-神谷明　●スタジオ訪問・東京ムービー　●スポットライト-水木一郎　●アニメ人物マップ-ギャグアニメの神様笹川ひろし　●ファンプラザ　●アンケート、あなたの声を聞かせてください。　●「アニメージュ」発刊特別企画・三大募集　●アニメージュ8月号予告　定価580円

1981

●25 朝日ソノラマアニメ文庫
最初期発刊ラインナップは、1―TVアニメ史ロボットアニメ編　2―面白シナリオ術　辻真先著　3―星空のゆめ　潘恵子　4―TVアニメ史 名作アニメ編　5―TVアニメ メルヘン&少女編　6―アニメ界に強くなる本　7―太陽の王子ホルスの大冒険　8―ヒーロー・ヒロイン大研究　など。

●26 南伸坊「さる業界の人々」
この本で紹介されている「さる業界」とは、ビニ本業界のことである。書き出しに「80年代秋から吹き荒れた「ビニ本台風」、81年春に吹きまくった「ノーパンの花嵐」、レーセーに思い起こしてみると、なかなか、フシギ的な流行」とある。この言が、この時期の風俗現象を示している。ビニ本とは、「取次店を通さないエロ本で、中味を立ち見されないようにビニールで真空パックしてある」とややおおげさに表現されているが写真集風グラビアエロ本のこと、ノーパン喫茶とは「喫茶店の女子従業員の方が、下着をつけていない」で働いているお店である。70年代半ばに流行するカップル専用の同伴喫茶の次に登場する風俗系喫茶店のことである。

1983

●27 岩波書店「20世紀思想家文庫」
岩波書店から出版された講座もので「20世紀とは、どんな時代だったのか」というキャッチコピーで、思想家や芸術家の思想と行動を評伝的かつ概説的にまとめたもの。全17巻の内容は、
1―トーマス・マン(辻邦生)　2―チョムスキー(田中克彦)　3―エイゼンシュテイン(篠田正浩)　4―ハイデガー(木田元)　5―ピカソ(飯田善国)　6―ヴィトゲンシュタイン(滝浦静雄)　7―ケインズ(西部邁)　8―西田幾多郎(中村雄二郎)　9―メルロ＝ポンティ(廣松渉・港道隆)　10―ル・コルビュジェ(八束はじめ)　11―ウィーナー(鎮目恭夫)　12―宮沢賢治(見田宗介)　13―デュシャン(宇佐美圭司)　14―ハイゼンベルク(村上陽一郎)　15―毛沢東(小田実)　16―花田清輝(高橋英夫)　17―和辻哲郎(坂部恵)

1989

●28 11人の写真家
深瀬昌久、柳沢信、中平卓馬、荒木経惟、牛腸茂雄、東松照明、森山大道、内藤正敏、須田一政、田村彰英、高梨豊。

1992

●29「世界映画全史」全12巻
1―映画の発明-諸器械の発明　1832-1895　プラトーからリュミエールへ　2―映画の発明-初期の見世物　1895-1897　3―映画の先駆者たち-メリエスの時代　1897-1902　4―映画の先駆者たち-パテの時代　1903-1909　5―無声映画芸術への道-フランス映画の行方[1]　1909-1914　6―無声映画芸術への道-フランス映画の行方[2]1909-1914　7―無声映画芸術の開花-アメリカ映画の世界制覇[1]1914-1920　8―無声映画芸術の開花-アメリカ映画の世界制覇[2]1914-1920　9―無声映画芸術の成熟-第一次世界大戦後のヨーロッパ映画[1]1919-1929　10―無声映画芸術の成熟-第一次世界大戦後のヨーロッパ映画[2]1919-1929　11―無声映画芸術の成熟-ハリウッドの確立　1919-1929　12―無声映画芸術の成熟-トーキーの蹉音　1919-1929

1994

●30 講談社選書 メチエ
第1回配本「近代の構造」今村仁司「大英帝国のパトロンたち」小林章夫「関ヶ原合戦」笠谷和比古「賭博・暴力・社交」池上俊一「風景の生産・風景の解放」佐藤健二「プラントハンター」白幡洋三郎「可能性としての『戦後』」桜井哲夫「フロイト」A・ストー・訳鈴木晶

索引

あ

アーサー・ミラー(56漫)
アームストロング(69通)
相沢三郎(35社)
アイゼンハワー(53社、57社)
相田洋(91文、96文)
アイルトン・セナ(94漫)
アインシュタイン(22社、55社)
青木功(78漫)
青木康直(98写)
青木雄二(91漫)
青島幸男(68社、81文、95社、
　青島都知事　95漫)
青野季吉(35通)
青山和子(64漫)
青山光二(41文)
青山剛昌(94漫)
青山杉作(44漫)
青山虎之助(45文)
赤木圭一郎(61写)
赤城正蔵(14文)
赤坂憲雄(85文)
アガサ・クリスティー(76文)
赤瀬川原平(71文)
赤塚不二夫(47漫、56漫、66写、71写)
阿川弘之(65文)
秋田雨雀(31文、48漫)
アキノ元上院議員(83社)
明仁(33社)
秋山庄太郎(58写)
秋山敏輔(18写)
秋山豊寛(90社)
秋吉敏子(99漫)
芥川比呂志(63漫)
芥川龍之介(17文、18文、27文)
阿久悠(99文)
麻生豊(23漫)
浅田次郎(97文)
浅沼稲次郎(60社)
浅沼篳吉(02写、06写、18写)
旭太郎(40漫、41漫)
浅見淵(38文)
芦田均(48社)
足塚不二雄(藤子不二雄)(54漫)

梓みちよ(63通)
渥美清(96写)
アナトール・ジョホセ(28写)
安部磯雄(01社)
安部公房(62文、64文、73漫、93文)
阿部次郎(17文、22文)
阿部知二(30文)
阿部博行(97文)
阿部豊(26写)
阿部嘉典(95文)
天野辰夫(33社)
天野天佑(40文)
雨宮慶太(94写)
アミン(71社)
アムンゼン(11社、28社)
荒井一壽(33漫)
荒木経惟(82写、93写、96写)
嵐寛寿郎(27写)
荒畑寒村(14文)
アラビアのロレンス(17社)
有島武郎(03文、10文、18文、20文、
　22社、23文)
有田八郎(61文)
有馬頼義(65写)
有吉佐和子(67文、72文)
淡谷のり子(99漫)
アンディ・ウォーホル(87漫)
安藤しげき(87漫)
安藤昇(76写)
アントニオーニ(67写)
アンドレ・ジイド(51文)
アンドレ・ミシュラン(13文)
アンナ・ジャービス(07漫)
アンネ・フランク(44文)
安野モヨコ(96漫)
アンリ・マティス(54漫)

い

飯沢耕太郎(94写)
飯田湖北(18写)
飯田譲治(00写)
いいだもも(63文)
飯野吉三郎(25漫)
家城巳代治(44写)
家永三郎(65文、67文)

五十嵐一(91文)
いがらしゆみこ(75漫)
生田長江(09文、15文、16文)
池上嘉彦(84文)
池田亀太郎(08漫)
池田香代子(95文)
池田亀鑑(53文)
池田菊苗(08漫)
池田大作(76文)
池田勇人(50漫、60社、61通、61社)
池田満寿夫(77文)
池田理代子(74漫)
池波正太郎(68文、72通、85通)
石井一郎(46社)
石井桃子(47写、57写、65文)
石井輝男(65写)
石垣綾子(55文)
石上三登志(77漫)
石川倉次(01文)
石川三四郎(08社)
石川淳(42文)
いしかわじゅん(95漫)
石川啄木(05文、10文)
石川達三(35文、38文、56写、57文、
　75文)
石子順(77漫)
石坂洋次郎(57文)
石田英一郎(56文)
石田雄(54文)
石原純(36文)
石原慎太郎(55文、56文、60文、99社)
石原裕次郎(56写、87写)
石本喜久治(31漫)
石森章太郎(47漫、66写、68文、85漫)
石ノ森章太郎(89漫、98漫)
石森延男(63文)
石山賢吉(13文)
泉鏡花(07文、13漫、73文)
イ・スンマン(48社)
磯田光一(68文)
伊丹十三(84写、87写、92写、
　93写、96写、97写)
伊丹万作(32写、38写)
市川崑(36写、65写、76写、78写、85写)
市川左団次・二世(28漫)

索引

市川準(89写、90写、96写、97写)
市川浩(84文)
一条さゆり(72写)
イチロー(94社)
五木寛之(67文、98文)
逸見次郎(12漫)
伊東絹子(53漫)
伊東静雄(35文)
伊藤整(31文、32文、48文、50文、53文、57文、58文、62文)
いとうせいこう(89写)
伊藤大輔(27写、42写)
伊藤俊治(88文、89文)
伊藤博文(05社、09写、09社、63社)
糸川英夫(57社)
稲垣浩(58写)
稲田三之助(33通)
井上端(65写)
井上円了(04社)
井上準之助(19社、29通)
井上毅(66文)
井上哲次郎(12文)
井上ひさし(68文、72文)
井上秀子(34社)
井上光郎(93文)
井上光貞(56文)
井上光晴(73文、78文、79文、81文)
井上靖(57文、68文)
猪野謙二(65文)
犬養毅(32社)
犬塚稔(27写)
犬童一心(00写)
伊庭孝(34通)
伊比恵子(99写)
井深大(97通)
伊福部隆輝(33漫)
井伏鱒二(37文、52文、57文、66文)
イブ・モンタン(91漫)
今井正(44写、49写、50写、53写、56写、59写、69写)
今井清一(55文)
今岡慶三郎(15写)
今西隆司(92写)
今村昌平(63写、79写、83写、89写、97写)

今村仁司(83文)
井元水明(30漫)
イ・ヨンスク(96文)
入江しげる(52漫)
色川大吉(70文)
岩井俊二(95写、96写、98写)
巌金四郎(43漫)
岩上順一(42文)
岩城準太郎(27文)
岩崎小彌太(19社)
岩崎昶(31文、32文、56写、71文)
岩瀬亮(33写)
岩田一男(67文)
岩田豊雄(42文)
岩藤思雪(09写)
岩野泡鳴(08文、15文、20文)
巌谷国士(79漫)
巌谷小波(05漫)
イングリッド・バーグマン(50写)

う

宇井純(70漫)
ウィリアム二世ドイツ皇帝(04通)
ウィリアム・ハースト(51文)
ウィリアム・フォークナー(50文)
ウイリアム・モリス(92文)
上田敏(01文、05文)
上野千鶴子(92文)
上野彦馬(04写、34写)
上原専禄(54文)
上原勇作(12社)
植村正久(04社)
植村直己(70社、78漫、84漫)
宇垣一成(31社)
うしおそうじ(55漫)
臼井儀人(92漫)
臼井吉見(77文)
臼坂礼次郎(70写)
歌川小雨(34漫)
内田吐夢(32写、34写、38写、39写、40写、41写、)
内田百閒(33文)
うちのすみお(52漫)
内村鑑三(03文)
内山駒之助(07漫)

宇津井健(63通)
宇野首相(89文)
宇野浩二(27文)
宇野重吉(47漫)
梅崎春生(65文)
梅原猛(79文)
梅屋庄吉(06写)
浦山桐郎(62写、79写)
瓜生忠夫(51文、56写)

え

エイゼンシュテイン(48写)
永六輔(94文)
江川卓(78漫)
江口朴郎(54文)
エコーズ(90文)
江崎利一(21漫、22漫)
エジソン(04通、13写、)
江副浩正(89社)
エッフェル(08通)
江藤淳(56文、58文、70文、78文、99文)
エドガー・ドガ(17漫)
江戸川乱歩(26文、27通、56写)
榎本健一(29漫、30漫、70漫)
榎本被告(ロッキード事件 81社)
海老原博幸(63漫)
エフレム・ジンバリスト(30通)
エリザベス女王(75社、80社)
江利チエミ(55通)
エリツィン大統領(91社、93社、99社)
エルビス・プレスリー(56通、77漫)
エンゲルス(22文)
円地文子(57文)
遠藤周作(59文、66文、85文、96文)

お

相賀武夫(22文)
大石雅彦(87文)
大泉実成(96漫)
大内兵衛(38社)
大江健三郎(64文、65文、70文、82文、90文、94文)
大江ヨシマサ(57漫)
大岡昇平(58文、71文、77文)
大川周明(31社、34社、39文)

210

大河原孝夫(99写)
オーギュスト・ロダン(17漫)
大久保清(71社)
大久保素公(14漫)
大倉喜八郎(11漫)
オークリー・ケリー(23漫)
大河内伝次郎(27写、46写)
大越孝敬(93文)
大下栄治(90文)
大下藤次郎(05文)
大島渚(60写、71社、71文、78写、80写、83写)
大城のぼる(34漫、40漫、41漫、50漫)
大杉栄(12文、14文、15文、16社、23文)
オーソン・ウェルズ(66写)
太田二郎(50漫)
大竹省二(64写)
大竹新助(59写)
大武丈夫(09写)
大谷竹次郎(02漫)
大塚英志(89文)
大塚久雄(38文、47文、48文、55文)
大塚康生(68写)
大槻文彦(32文)
大友克洋(82漫、88写、95写)
オオトモヨシヤス(54漫)
鳳蘭(79漫)
大西巨人(61文、68文)
大野寛夫(64写)
大橋鎮子(48文)
大林宣彦(82写、83写、85写、88写、91写、92写、98写)
大原孫三郎(19社)
大平正芳(78社、大平首相 79社)
大宅壮一(30文、57通、70文、71文)
岡けんぢ(34漫)
岡倉天心(01社)
岡崎義恵(35文)
岡田信一郎(26漫)
岡田斗司夫(96漫)
岡田晟(52漫)
岡田有希子(86漫)
岡田嘉子(25写、38写、72写)
岡野他家夫(59文)

岡村黎明(93文)
岡本一平(14漫、15漫、21漫、22漫、24漫、48漫、94文)
岡本喜八(68写)
岡本太郎(96漫)
岡義武(55文)
小川一真(05写、10写、15写)
小川菊松(12文)
小川徹(63文)
小川春之助(13漫)
小川未明(10文)
沖光正(96文)
奥野健男(70文)
奥山玲子(75写)
小倉千加子(92文)
小倉朗(57通)
小栗康平(81写、90写、96写)
桶谷秀昭(68文)
尾崎紅葉(03文)
尾崎士郎(33文)
尾崎秀樹(69文)
尾崎行雄(09社、21社)
尾崎豊(92社)
長田新(51文)
小山内薫(10漫、12写、24漫、25通、27写)
大仏次郎(27文、61文、67文)
小沢栄太郎(44漫)
小沢健志(97文)
小澤征爾(59漫、73漫)
押井守(95写)
オスワルト(14文)
小田切秀雄(48文)
織田小星(樺島勝一)(23漫)
織田作之助(83文)
小田実(82文)
小田基義(55写)
オックス(68漫)
小津安二郎(27写、28写、29写、30写、31写、32写、33写、34写、35写、36写、37写、41写、42写、47写、48写、49写、50写、51写、52写、53写、56写、57写、58写、59写、60写、61写、62写、63写、92写、93文)
乙武洋匡(98文)

尾上松之助(09写、12写、13写、14写、19写)
小野田寛郎(74社)
小野十三郎(39文)
小野秀雄(22文)
小渕恵三(98社、00社)
小和田雅子(93社)

か

カーター(22社)
カーター大統領(79社)
カーネギー(01社、02通)
カール・ブッセ(18文)
海音寺潮五郎(69通)
開高健(58文、70文、73文)
貝谷八百子(48漫)
貝塚ひろし(67漫)
海部俊樹(94社)
帰山教正(17文、19写)
ガガーリン(61社)
賀川草一(35漫)
賀川豊彦(09社、20文)
かぐや姫(75漫)
カゴ直利(53漫)
笠原美智子(89文)
梶山力(38文)
鹿地亘(30写)
梶原一騎(87漫)
片岡孝夫(86漫)
片岡知恵蔵(32写)
片岡鉄平(27漫)
片岡仁左衛門(07写)
片岡芳太郎(43写)
片岡良一(39文)
片山潜(01社、02社、06社、11社、22文、33社)
片山哲(47社)
勝新太郎(79写、97写)
克美茂(76漫)
勝本清一郎(30文、50文、65文)
桂太郎(01社)
加藤一夫(19文)
加藤謙一(47漫)
加藤周一(47文、75文)
加藤武雄(26文)

加東てい象(39漫)
加藤弘之(07文)
加藤道子(43漫)
加藤充子(98写)
加藤芳郎(54漫)
角川春樹(93文)
金井木一路(31写)
金沢庄三郎(25文)
金丸重嶺(58写)
金丸信(93社)
金子修介(95写、00写)
金子重正(42漫)
金子文子(26社)
金子光晴(23文、37文)
金子洋文(21文、28文)
金田龍(91写)
樺山愛輔(14通)
ガボン(05社)
鎌田敏夫(83通、86通)
神尾葉子(92漫)
神島二郎(61文)
神近市子(70写)
上村一夫(72漫)
神谷伝兵衛(12漫)
神谷美恵子(66文)
神山茂夫(47文)
亀井勝一郎(34文)
亀井秀雄(99文)
亀井文夫(41写、89文)
唐木順三(32文、43文、55文、64文)
唐十郎(67漫、76写)
柄谷行人(68文、72文)
カラヤン(89漫)
雁屋哲(85漫)
ガリレオ・ガリレイ(92漫)
カルティエ・ブレッソン(57写)
ガルブレイス(78文、79通)
カレン(76社)
河合栄治郎(34文)
河浦謙一(04写)
川上音次郎(01漫、03漫)
川上貞奴(04写、08漫、09写)
川上徹太郎(34文)
河上肇(17文)
川喜多長政(28写)

川口浩(33文)
川口長八(33写)
川口松太郎(35文)
河島赤陽(33漫)
川嶋紀子(90社)
川島武宣(49文)
川島芳子(48漫)
川島雄三(52写)
川尻東次(29漫)
川瀬美子(33写)
河竹黙阿弥(01漫)
川端康成(26写、27文、29文、45文、57写、61通、62文、65写、68文、72文、92文)
川本三郎(96文、98文)
神吉晴夫(70文)
ガンジー(84社)
カンディンスキー(11漫)
菅直人(96社)
菅野スガ(09文)
樺美智子(60社)
蒲原有明(08文)

き

木内一雅(90漫)
菊池寛(20文、20漫、23文、40通)
菊池幽芳(17写、23写)
岸田国士(40文)
岸信介(57社)
北一輝(21文、23文、37社)
北川悦吏子(00通)
北川鉄夫(40文)
北川透(82文)
北川冬彦(41写)
北里柴三郎(16社)
北沢楽天(02漫、05漫)
北島明弘(82文)
紀田順一郎(76文)
木田松二郎(49漫)
北の湖(74社)
北野武(93写、97写、98写、99写)
北原白秋(08文、09文、20社)
北見けんいち(80漫)
北村喜八(34通)
北村秀雄(37通)

北村秀敏(68写)
北杜夫(60文)
北山清太郎(17写)
城戸四郎(35写)
衣笠貞之助(26写、47写、54写、55写)
杵屋六四朗(02漫)
木下恵介(43写、49写、51写、54写)
木下順二(73文)
木下尚江(04文、04社)
木下杢太郎(08文)
キム・イルソン(金日成　48社、72社)
金芝河(70文)
金大中(97社、98社)
木村伊兵衛(48写、48文、50文、56写、59写、74写、75写)
木村毅(26文、28文)
木村栄(02社)
木村義之(00文)
清野謙次(42文)
キング牧師(68社)
金田一京助(31文、36文)
金石範(67文)

く

クーリッジ(23通)
久我美子(46写)
九鬼周造(30文、41文)
草野心平(38文)
具志堅用高(76漫)
国木田独歩(01文、05文、08文)
久野収(56文)
窪川鶴次郎(39文、50文)
久保良英(17漫)
熊井啓(72写、86写)
神代辰巳(74写、87写)
隈部大蔵(76文)
久米正雄(18文、38文、45文)
クライド・トンボー(30社)
くらかねよしゆき(47文)
倉金章介(49漫、53漫)
倉田百三(17文、21文)
倉田善弘(80文)
蔵原惟人(25社、31文、32文)
蔵原惟繕(62写、78写)
倉本聰(81通)

グラモフォン(02通)
栗島すみ子(21写)
クリスタ・ウインスローエ(33文)
クリスチャン・ディオール(53漫)
クリステヴァ
　(J.クリステヴァ 85文)
グリフィス(15写、22写)
栗本慎一郎(81文)
栗本六郎(32漫)
厨川白村(12文、22文)
栗山富夫(88写)
クリント・イーストウッド(72写)
クリントン大統領(93社、96社)
車田正美(85漫)
胡桃沢耕史(92文)
クレイジーキャッツ(55漫、62写)
グレース王妃(82漫)
黒岩重吾(60文)
黒岩周六(04漫)
黒岩涙香(01文)
クロード・モネ(26漫)
黒木和雄(69写、80写)
黒澤明(45写、46写、48写、49写、50写、
　51写、52写、54写、55写、57写、58写、
　60写、61写、62写、63写、65写、69写、
　70写、71写、73写、75写、76写、
　79写、80写、85写、90写、91写、92写、
　93写、95文、98写)
黒澤貞次郎(01通)
黒島伝治(28文)
黒田清輝(01漫、13社、15写)
黒田辰男(31文)
黒田チカ(16漫)
黒田米子(37通)
黒柳徹子(76通、81文)
桑田正三郎(04写)
桑田良太郎(45写)
桑野桃華(12写)
桑原甲子雄(93写)
桑原武夫(43文、50文)
桑原史成(89文)

け

ゲーリー・クーパー(61写)
ケネディ(J.F.ケネディ 60社、61社、

　63通、63社)
源氏鶏太(51文、52写)

こ

コアン・セア(G.コアン・セア　80文)
小泉文夫(58文)
小泉八雲(04文)
小出美河子(00文)
幸内純一(17写)
ゴーゴリ(46漫)
鴻上尚史(89写)
江青(76社)
幸田露伴(37社、57社)
幸徳秋水(03文、04文、07文、09文、
　10社)
神山征二郎(95写)
ゴーリキー(14文)
古在由重(37文)
小崎政房(48写)
越路吹雪(50社、51漫)
児島明子(59漫)
小島信夫(65文)
五社英雄(86写、87写)
五所平之助(26写、31写、80写、81写)
小杉天外(03文)
小杉放庵(29通)
ゴダード(R.ゴダード　26社)
ゴダール(67写、68写)
ゴッホ(87漫)
後藤新平(20社、24通)
後藤宙外(08文)
五島勉(74文)
後藤明生(77文)
コナン・ドイル(30社、31通)
小西甚一(55漫)
近衛篤麿(01社)
近衛文麿(21社、34文、36通、37社)
小幡俊治(48写)
小林一三(32漫)
小林多喜二(31文、33文)
小林恒夫(56写)
小林則子(75漫)
小林英夫(28写)
小林秀雄(82写、83文)
小林弘人(99文)

小林正樹(59写)
小林弥六(16写)
小林よしのり(92漫)
小松清(35文)
小松崎茂(48文、53漫)
小松左京(73文、87文)
五味川純平(56文、62通)
小宮豊隆(38文)
狐狸庵先生(96文)
ゴルバチョフ(85社、91社)
コルン(06写・通)
今東光(61文、68社)
近藤喜文(95写)
今日出海(76通)

さ

西岸良平(74漫)
西郷信綱(54文)
西条八十(29通)
斎藤耕一(73写)
さいとうたかを(68漫)
斉藤次郎(79文)
齋藤武市(60写、64写、67写)
斉藤秀雄(48漫)
斎藤光正(79写、83写)
斎藤茂吉(13文)
柴門ふみ(93通)
崔洋一(93写)
佐伯清(66写)
佐伯彰一(69文)
佐伯祐三(73漫)
三枝博音(34文)
酒井七馬(47漫)
堺利彦(02社、04文、04社、06社、
　10漫、22文)
酒井安治郎(12文)
堺屋太一(75文、87文)
坂上弘(77文)
坂口安吾(43文)
坂口三千代(68通)
坂田三吉(17漫)
阪本牙城(35漫)
坂本九(63漫)
坂本冬美(91漫)
坂本弁護士(オウム批判　96通)

索引

坂本龍一(88社)
坂本竜馬(28社)
作田啓一(81文)
桜井忠温(06文)
桜井弘明(99写)
桜田淳子(77漫)
さくらももこ(90漫)
佐々木明(74文)
佐々木基一(71文)
佐々木健一(85文)
佐々木孝丸(29文)
佐佐木信綱(10文、24文)
佐々木味津三(29文)
佐佐木康(45写)
佐々木良一(99文)
佐々紅華(17漫)
佐多稲子(57文)
サダト大統領(81社)
サッチャー(79社)
佐藤愛子(69文)
佐藤栄作(65社、72通、74社)
佐藤紅緑(18写)
サトウサンペイ(65漫、91漫)
佐藤純弥(78写)
佐藤忠男(89文、91文、95文)
佐藤春夫(26文)
さとうふみや(93漫)
佐藤義亮(04文)
里見弴(27通)
佐野学(23文、33社)
佐野洋子(77漫)
ザ・フォーク・クルセダース(67漫)
サミュエル・ベケット(69文)
ザ・モンキーズ(68漫)
サルトル(66文)
ザ・ローリング・ストーンズ(72漫)
沢田正二郎(17漫)
沢田教一(66写、70写)
沢田美喜(48漫)
沢柳政太郎(13社)
サンテグジュベリ(44文)
三遊亭円生(78漫)

し

椎名麟三(48文)

ジェーコブ・シック(23漫)
ジェームス・ディーン(55写、57写)
シェパード(28漫)
ジェロニモ(09社)
志賀直哉(10文、27文、47文、68文、71文、81文)
志賀信夫(90文)
志賀義雄(64社)
しげの秀(95漫)
重森弘滝(67写)
獅子文六(42写、51写)
仕立屋銀次(09社、30漫)
実相寺昭雄(88写)
篠沢勇作(07文)
篠田太郎(34文)
篠田正浩(65写、69写、77写、84写、86写、90写、95写)
篠原哲雄(00写)
篠山紀信(68写、87写、91写、92写)
柴田翔(64文)
司馬遼太郎(62文、68通、96文)
渋沢栄一(06漫、13社)
澁澤龍彦(60文)
渋谷天外(48漫)
渋谷実(51写、52写)
島尾敏雄(64文、77文)
島木健作(37文)
島耕二(41写、53写、58写)
島崎藤村(01文、04文、06文、08文、10文、12文、18文、20文、21文、32文、35文、43文、47文、73文)
島田三郎(14社)
島田清次郎(19文)
島津保次郎(24写、37写)
嶋中鵬二(61文)
島村抱月(06文、09文)
清水幾太郎(49文、54文、66文)
清水勲(79漫、86漫、89漫、91漫、92漫、94文)
清水恵蔵(93漫)
清水崑(49漫、57写)
清水宏(24写)
下岡蓮杖(28写)
下田歌子(20社)
下村湖人(41写)

下村寅太郎(41文)
下中弥三郎(14文)
下山定則(49社)
シモンズ(15漫)
釈迦(56漫)
謝花凡太郎(35漫、37漫、38漫、39漫、40漫、43漫)
ジャック・ロンドン(16文)
シャネル(71漫)
シャルル・ドゴール(58社)
シャロン・テート(69写)
ジャン・コクトー(48写)
周恩来(54社)
ジョイス(31文)
蒋介石(26社、27社、28社、37社、43社)
松旭斎天一(05漫)
松旭斎天勝(11漫)
承賢(50社)
ジョージ5世(30通)
ジョージ・イーストマン(20写、28写)
庄司薫(69文)
ジョージ・ギャラップ(35通)
ジョージ・スティーヴンス(53写)
ジョージ・モルガン(03漫)
正田美智子(58社)
聖徳太子(50漫)
庄野潤三(64文)
ジョー・キッチンガー(84漫)
正力松太郎(24社)
昭和天皇(28通、28社、45社、46社、59漫、88社、89社)
ショーン・コネリー(66写)
ジョセフ・フォン・スタンバーク(31写)
ショックレー
　(W・B・ショックレー 48通)
ジョルジュ・サドゥール(92写)
ジョン・ウェイン(79写)
ジョンソン大統領(68社)
ジョン・マクレディ(23漫)
ジョン・レノン(80社)
白井晟一(69漫)
白井松次郎(02漫)
白井佳夫(96写)
白川英樹(00社)

白川義員(71写、80写、87写)
城山三郎(73文、78文)
シルビア・クリステル(74写)
新藤兼人(61写、99写)
進藤純孝(69文)
真藤恒(89通)
シンプソン
　(O・J・シンプソン　94社)
新村出(39文、55文)
新村猛(35文)
親鸞(23社)

す

末川博(30文)
末弘ヒロ子(08写)
周防正行(96写)
菅谷明子(00文)
スコールズ(R・スコールズ　80文)
杉浦茂(42漫)
杉浦明平(58文、65文)
杉浦六右衛門(21写)
杉江敏男(61写)
杉本京太(15漫)
杉本良吉(38写)
杉山恵美子(80文)
杉山平一(75文)
杉山平助(34文、42文)
杉山光信(80文)
杉良太郎(79通)
鈴木梅太郎(21漫)
鈴木謙作(23写)
鈴木光司(99通)
鈴木重吉(30文)
鈴木清順(64写、66写、80写、81写)
鈴木善一(33社)
鈴木善幸(80社)
薄田泣菫(01文、19文、28文)
鈴木文治(11社、12社)
鈴木三重吉(18文、19文)
鈴木由美子(88漫)
スターリン(46文、52文、53社、56社)
スティーグリッツ(02写、05写)
ストラビンスキー(13漫、59漫)
春原政久(52写)
住井すゑ(69写、97文)

諏訪内晶子(90漫)

せ

瀬尾光世(33写、45写)
関鑑子(55漫)
関根金次郎(17漫)
瀬戸内晴美(66文)
千田是也(44漫、66文)

そ

相馬愛蔵(01漫)
相米慎二(81写、85写、93写、94写)
ソシュール(28文)
曽野綾子(63文、93文)
ソルジェニーツィン(70文)
ゾルゲ(41漫)
孫文(05社)

た

ダイアナ妃(86社、96社、97社)
タイガー・ウッズ(97漫、00社)
大工原章(63写、67写、68写)
大正天皇(26漫、26漫、26社、27社)
大鵬(71漫)
タウト(33漫)
田岡一雄(78社)
田岡嶺雲(09文、12文)
高井有一(77文)
高木市之助(67文)
高木彬光(60文)
高倉健(99写)
高倉テル(40文)
高坂正顕(37文)
高須芳次郎(33文、34文)
高田賢三(70漫)
高田保馬(19文、43文)
高取英(87漫)
高野岩三郎(46通)
高野悦子(71文)
高野辰之(26文、28文)
貴乃花(75社)
貴乃花(二代目)(92社、95社、98漫)
高橋和男(86写)
高橋和巳(62文、66文)
高橋是清(31社)

高橋しん(93漫)
高橋新吉(52文)
高橋鐵(51文)
高橋展子(80社)
高橋三雄(93文、97文)
高橋留美子(82漫、96漫、97漫)
高畑勲(68写、82写、88写、91写、94写、99写)
高畠素之(20文)
高峰譲吉(09社)
高峰秀子(55写)
高見山大五郎(72漫)
高群逸枝(38文)
高村光太郎(06文、14文、41文、50文、93文)
高柳健次郎(26通、28通)
田川紀久雄(50漫)
田河水泡(32漫、33漫、33通、89漫)
田川辰一(15社)
滝川幸辰(33文)
滝口修造(38文)
滝沢修(47漫)
滝沢英輔(54写)
滝田洋二郎(86写、90写)
武井昭夫(56文、60文)
武石浩玻(13社)
竹内オサム(89漫)
竹内好(44文、52文、60社、64文)
武田泰淳(43文、58文)
武田鉄矢(79通)
武田将美(47漫)
武田麟太郎(34文)
武智鉄二(65写)
竹久夢二(05文、07漫)
竹山道雄(56文)
タゴール(13社、24社)
太宰治(36文、44文、45文、48文、62文)
田坂具隆(37写、38写、41写、45写)
多田道太郎(62文)
橘孝三郎(32文、34社)
立花隆(74文、75文、87文)
立原正秋(66文)
巽孝之(00文)
立野信之(31文)

田中栄三(18写)
田中角栄(72文、72社、76社、83社、89社)
田中邦衛(73漫)
田中重雄(44写)
田中正造(01社)
田中清吉(68写)
田中千代(50漫)
田中登(75写)
田中松太郎(16写)
田中美知太郎(47文)
田中康夫(81文、00社)
田中靖(98文)
田中喜次(33写)
田辺元(33文)
谷岡ヤスジ(99漫)
谷川王将(96漫)
谷川渥(99文)
谷川俊太郎(52文)
谷川義雄(71文)
谷口勇(85文)
谷口千吉(47写)
谷崎潤一郎(20写、24文、28文、30文、34文、39文、49文、88文)
谷沢永一(62文、78文)
田沼武能(57写)
田端佐竹(13漫)
田原克拓(77写)
ダ・ビンチ(52文)
田部井淳子(75漫)
田宮二郎(78写)
田村俊子(77文)
田村隆一(56文)
田山花袋(02文、08文、09文、16文、17文、20文、23文)
団琢磨(17社、32社)

ち

筑紫哲也(89通)
千葉亀雄(29文)
ちばてつや(59漫、70写)
千葉泰樹(55写)
チャーチル(43社、55社)
チャーリー・パーカー(55漫)
チャールズ・カフリン(26通)

チャールズ皇太子(86社)
チャールズ・ティファニー(02漫)
チャウシェスク(89社)
チャップリン(16写、19写、21写、32写、52写、72写、75写、77写)
チェーホフ(04漫)
張作霖(28社)
全斗煥(チャンドゥファン 84社)
千代の富士(88社)
陳舜臣(67文)

つ

ツイギー(67漫)
ツヴォリキン(V・K・ツヴォリキン 23通、29写、33通)
ツェッペリン伯(08漫)
つかこうへい(75文)
つげ義春(56漫、58漫、93漫)
辻伸一(84写)
辻仁成(90文)
辻清明(54文)
辻真先(96文)
辻吉郎(15写)
津田左右吉(40文)
土本典昭(81写)
筒井康隆(75文、76文、79文、90文、94文)
都築政昭(76文)
堤幸彦(97写、00写)
角田喜久雄(56文)
椿貞良(93通)
円谷英二(70写)
円谷幸吉(68漫)
坪井正五郎(12社)
坪内逍遥(06文、07漫、31写)
坪田譲治(36文)
妻木松吉(29社)
都留重人(71文)
鶴見俊輔(56写、60社)
鶴巻和哉(97写)

て

ディートリッヒ(51写)
ディズニー(ウォルト・ディズニー 28漫、37写、60漫、66写)

ディック・ミネ(40漫)
デュマ(01文)
デヴィッド・ボードウェル(92文)
出口丈人(92写)
勅使河原蒼風(28漫)
勅使河原宏(64写)
手塚治虫(46漫、47漫、48漫、51漫、52漫、54漫、67漫、67漫、73漫、77漫、89漫、90漫、97漫、98漫、99漫、00漫)
出目昌伸(95写)
寺内正毅(16社)
寺田透(49文)
寺山修司(73写、74写、75漫、83写、84写、93漫)
テレシコワ(63社)
テレフンケン(06通)

と

土井たか子(86社)
峠三吉(51文)
東郷平八郎(03社)
東條卯作(29写、48写)
東条英機(44社、45社、48社、78社)
桃中軒雲右衛門(07漫、11通)
東野英治郎(44漫)
トーベヤンソン(69写)
トーマス・マン(55文)
東松照明(62写)
遠山茂樹(55文)
冨樫義博(91漫)
戸川幸夫(65漫)
徳川頼貞(34漫)
徳川夢声(50通)
徳川慶喜(13社)
徳田球一(50社)
徳田秋声(15文、20文)
徳富蘇峰(16文、18文、29文)
徳冨蘆花(09文、11文)
時枝誠記(41文、54文)
ドゴール(65社)
戸坂潤(29文、35文、36文)
戸塚やすし(51漫)
ととぎしげを(33漫)
ドナルド・キーン(76文)

トニー・オウ(95写)
利根川進(87社)
登張竹風(12文)
ド・フォレスト(23写、25写)
富岡多恵子(92文)
富田愛次郎(30漫)
富田常雄(52写)
冨永健一(65文)
富野喜幸(79写、91写)
ドムナック
　(J・M・ドムナック　68文)
朝永三十郎(05文、16文)
朝永振一郎(65社)
土門拳(48写、60写、90写、97文)
豊島与志雄(20文、27文)
豊田有恒(00文)
豊田佐吉(07社、25社)
豊田四郎(37写、57写)
豊田正子(37文)
鳥越信(80文、93漫)
ドリフターズ(69通、71通)
鳥山明(80漫)
トルストイ(14写、18写)
トロツキー(28社)

な

内藤湖南(24文)
ナイルス(15社)
直木三十五(30文)
長井勝一(64漫)
永井荷風(02文、03文、08文、17文、
　31文、37文、48文)
永井豪(72写)
中井正一(35文)
永井龍男(77文)
中内功(51漫)
中江兆民(01文)
長尾郁子(11漫)
長岡半太郎(06社、37社)
長岡弘芳(73文)
中上健次(76文)
中川信夫(41写)
中川李枝子(63文)
仲木貞一(26写、27写)
長倉洋海(92文)

中里介山(13文)
中沢臨川(15文)
中島菊夫(36漫)
長嶋茂雄(74漫)
中島知久平(17漫)
中曽根通産大臣(72社)
中曽根康弘(82社)
仲代達也(73漫、79写)
永田鉄山(35社)
中田秀雄(98写)
永田広志(46文)
永田雅一(34写)
永積安明(54文)
永野一男(85社)
中野重治(42写、46文)
長野重一(59写)
中野正剛(33文、36社、43文)
中野孝夫(33写)
中野達司(84文)
中野好夫(55文)
中原俊(90写)
中原淳一(46文)
中原中也(34文、79文)
永久博郎(33写)
中平康(56写、64写)
中村歌扇(08写)
中村幸吉(28写)
中村真一郎(58文)
中村武志(66社)
中村汀女(44文)
中村哲(54文)
中村治之(47漫)
中村光夫(54文、57文、68文、74文)
中村武羅夫(30文)
中村雄二郎(79文)
中山伊知郎(55文、61通)
中山岩太(36写)
中山信弘(96文)
永山則夫(69社)
中山マサ(60社)
長与善郎(59文)
那須博之(88写)
那須良輔(85文)
ナセル(52社、56社)
夏木陽介(65通)

ナット・キング・コール(65漫)
夏目漱石(06文、07文、08文、09文、
　10文、11文、12文、14文、15文、16文、
　17文、27文、36通、73通)
夏目房之介(85文、99文)
名取洋之助(48文、59写)
楢崎勤(33文)
成瀬巳喜男(38写、43写、49写、55写)
徳仁親王(91社)
南江治郎(59文)
ナンシー梅木(58写)
難波大助(23社)

に

新居格(30漫、35写)
新関健之助(43漫、44漫)
新関青花(37漫、40漫)
ニエプス(J・ニエプス　63写)
ニクソン(72社、73社、74社)
西尾正左衛門(15漫)
西尾実(29文)
西河克己(63写、76写)
西川辰美(46漫)
西田幾多郎(11文、15文、31文、33文、
　40文、45文、47文)
西谷啓治(40文)
西田税(37社)
西村伊作(21社)
西村伊三郎(19漫)
西村繁男(94漫)
西村昭五(71写)
西村博之(99通)
西脇順三郎(29文、82文)
西脇英夫(76文)
新田次郎(74文)
新田たつお(89漫)
丹羽保次郎(29通)

ぬ

ね

ネール(54社)
根岸吉太郎(81写、82写、85写)

索引

の

ノーブル(E・J・ノーブル　43通)
野上弥生子(64文、84文、85文)
乃木希典(04社)
野口雨情(21文)
野口晴康(67写)
野口英世(11社)
野口悠紀雄(95文)
野坂昭如(67文、72文、74文)
野沢尚(98通)
野島伸司(98通)
野田高悟(48写)
野間清治(10文、30文)
野間宏(78文、79文、86文)
野村秋介(77社)
野村芳亭(23写)
野村万蔵(63漫)
野村芳太郎(73写、74写)
野茂英雄(95漫、95社)
野呂栄太郎(34社)

は

バーサム(R・M・バーサム　84文)
バートランド・ラッセル(21文)
バーナード・ショウ(33社)
バーナード博士(67社)
バーンスティン(69漫)
芳賀たかし(42漫)
芳賀矢一(07文)
萩尾望都(77漫)
萩本欽一(71通)
朴大統領(64社、79社)
萩原恭次郎(25文)
萩原朔太郎(17文、23文、25文、28文、38文)
橋川文三(60文)
橋田壽賀子(64漫)
橋本欣五郎(31社)
橋本光夫(94写)
橋本龍太郎(96社、98社)
橋幸夫(62漫)
バスター・キートン(66写)
蓮實重彦(79文)
長谷川一夫(27写、37写、42漫、46写、74漫、84写)
長谷川和彦(76写)
長谷川三郎(37漫)
長谷川伸(38漫)
長谷川如是閑(33写)
長谷川町子(46漫、51漫、66漫)
長谷川邦夫(57漫、58漫)
羽田孜(94社)
秦豊吉(26写)
波多野精一(18文、43文)
服部之総(33文)
服部剛丈(92社)
鳩山一郎(33社)
花咲アキラ(85漫)
花田清輝(46文、62文)
ハナ肇(55漫)
花房柳外(02漫)
花森安治(48文)
花柳幻舟(80漫)
花柳寿輔(80漫)
羽仁五郎(29文)
羽仁進(61写)
羽仁もと子(08文、21社)
埴谷雄高(97文)
馬場のぼる(48漫)
羽生善治(96漫)
パブロ・ピカソ(01漫、73漫)
浜口雄幸(29社、30社)
濱口陽三(37漫)
浜崎あゆみ(98通、98漫)
浜野保樹(93文)
浜谷浩(87写)
林海象(86写)
林忠彦(57写)
林達夫(30文)
林長二郎(37写)
林不忘(27文)
原一男(87写、94写)
原研吉(39写)
原敬(18社、21社)
原田誠一(34写)
原民喜(51文)
原田三夫(24文)
原田実(16文)
はらやすお(52漫)

針生一郎(61文、86文)
春木猛(73社)
ハロルド・ロイド(71写)
ハロルド・ワシントン(83社)
坂東玉三郎(86漫)
阪東妻三郎(43写、48文、53写)
坂東三津五郎(75漫)

ひ

ビートルズ(64漫、65漫、66漫、70漫)
ビートたけし(86文、98写)
東山千栄子(44漫)
東陽一(71写、78写)
久松潜一(36文)
ヒッチコック(63写、80写)
ヒトラー(33社、34社、39通、42文、45社)
火野葦平(38通)
日野原節三(48社)
ヒューズ(25通)
平岩弓枝(67通)
平沢貞通(87社)
平塚明子(08文)
平塚らいてう(11文、71文)
平野謙(63文、72文)
平野義太郎(36社、42文、45文)
平林初之輔(26写、29写、29文)
平山秀雄(95写)
広岡裕児(80文)
弘兼憲史(85漫)
廣澤榮(89文)
広末保(54文)
広末涼子(96写)
廣瀬克哉(96文)
広田弘毅(36社、78社)
広津和郎(53文)
広中平祐(70漫)
裕仁(01社、16社、21社)
ピンク・レディー(78漫)

ふ

ファイサル国王(75社)
フィッツジェラルド(40文)
フィリップ・アリエス(80文)
フーコー(74文)

フェルディナンド・ポルシェ（51漫）
深作欣二（73写、74写、78写、82写、00写）
深沢七郎（60文）
福井久蔵（07文）
福井謙一（81社）
福沢諭吉（01文、01社）
副島邦彦（82文）
福島清（10写）
福武直（49文）
福田和子（97社）
福田恆存（47文）
福田英子（04文）
福永武彦（60文）
福本和夫（26文）
藤井林右衛門（10漫）
藤枝晃雄（99文）
藤岡作太郎（05文）
藤岡勝二（07文）
藤木高嶺（67文）
藤子不二雄（73写、84漫）
藤子・F・不二雄（54漫、96漫）
藤子不二雄A（54漫）
藤沢浅二郎（08漫、11写）
藤沢周平（78文）
藤島宇策（70漫）
藤島康介（88漫）
藤田嗣治（87文）
藤田敏八（71写、74写）
冨士田元彦（77文）
藤村操（03漫）
藤山一郎（92社）
藤山寛美（48漫）
藤原彰（55文）
藤原釜足（40漫）
藤原惟繕（73写、、83写）
藤原定家（81文）
藤原義江（23漫）
二葉亭四迷（04文、06文、07文）
ブッシュ（00社）
舟木俊一（33写）
ブニュエル（28写）
フランキー堺（95写）
フランコ（73社）
フランシス・F・コッポラ（72写）

フランソワ・トリュフォー（84写）
フランソワ・モーリヤック（52文）
古井由吉（77文）
ブルー・コメッツ（67漫）
プルースト（13文）
ブルース・リー（73写）
古川緑波（33漫）
古沢憲吾（62写、63写）
古沢日出夫（65写）
フルシチョフ（53社、56社）
古瀬幸弘（96文）
フルトベングラー（54文）
降旗康男（79写、83写）
プレハーノフ（29文）
ブレヒト（28漫）

へ

ベアード（26通、28通）
ベーブ・ルース（34漫）
ベト・ドク（86社）
ヘミングウェイ（61文）
ベルトルト・ブレヒト（56文）
ヘレン・ケラー（37社）
ベレンコ中尉（76社）

ほ

ホアン・ミロ（83漫）
ボーボワール（66文）
ポール・コルニュ（07漫）
北条司（82漫）
星新一（97文）
細井和喜蔵（25文）
細川護熙（93社）
細田民樹（30文）
細山喜代松（14写）
堀田かつひこ（89漫）
ボブ・デュラン（65漫、78漫）
ホメイニ（79社）
ポランスキー（69写）
堀井新治郎（10文）
堀内敬三（35通）
堀江謙一（62漫、74漫）
堀口大学（19文、31文）
ポリヤーンスキイ（31文）
ホルヘ・ルイス・ボルヘス（86文）

ホロビッツ（83漫）
本因坊秀栄（04漫）
本多猪四郎（54写、56写、57写、59写、61写、63写、64写、65写、66写、67写、69写）
本多勝一（67文）
本多秋五（58文、78文）
本田宗一郎（91社）

ま

マーク・レスター（76写）
マーロン・ブランド（73写）
マイケル・ジャクソン（87通）
前川国男（74漫）
前田愛（82文）
牧野省三（12写、13写、14写、16写）
牧田らく（16漫）
牧野大誓（30漫）
牧野富太郎（57文）
マキノ正博（38写、48写）
マキノ雅弘（67写）
牧美也子（57漫）
マザー・テレサ（79漫、81社）
政岡憲三（33写、37写、40写、42写、43写、45写）
正岡子規（01文、02文）
柾木恭介（92文）
征木統三（40写）
正宗敦夫（25文）
正宗白鳥（32文、36文、59文）
摩砂雪（97写）
舛田利雄（60写、78写、80写）
増村保造（60写、65写、66写）
マタ・ハリ（17社）
松井茂記（96文）
松井須磨子（11漫、13漫、14漫、15漫、19漫）
松尾芭蕉（98文）
松岡洋右（33通）
松岡佑子（99文）
マッカーサー（45社、50社、51社）
マッキンレー米大統領（01社）
マックス・エルンスト（76漫）
松島利行（00文）
松田幾之助（02文）

索引

松田定次(49写)
松谷みよ子(60文、71漫)
マッド・アマノ(71写、80写、87写)
松原信吾(81写)
松平直之(16写)
松本健一(79文)
松本幸四郎(61漫)
松本清張(61文、65写、68文、73文、82通)
松本大洋(98漫)
松本俊夫(67文、71写、72文、76写)
松本学(38漫)
松本零士(78写、97通)
マドンナ(87通、92写)
眞鍋良一(42文)
マニイ(C・E・マニイ 58文)
マリネッティ(09文)
マリリン・モンロー(54写、56漫、59写)
丸岡修(73社)
丸木利陽(14写、15写、16写)
マルク・シャガール(85漫)
マルクス(22文)
マルコムX(65社)
マルコーニ(01通、03通)
マルセル・カルネ(45写)
丸谷才一(74文)
丸山薫(32文)
丸山圭三郎(84文)
丸山健二(67文)
丸山真男(52文、54文、56文)

み

美内みすず(76漫)
三浦綾子(64文、99文)
三浦和義(84文)
三浦環(14漫)
三浦哲郎(61文)
三木清(26文、32文、41文)
三木武夫(74社、75社)
三木のり平(99写)
ミシェル・フーコー(84文)
三島海雲(17漫、19漫)
三島由紀夫(44文、49文、59文、61文、69文、70文)

水木しげる(92文)
水谷憲司(82文)
水野晴郎(96写)
三隅研次(72写)
溝口健二(23写、25写、30写、36写、52写、56写)
美空ひばり(48漫、49漫、57漫、78漫、79漫、89漫)
三谷幸喜(97写)
三田誠広(77文)
三田村鳶魚(27文)
MICHIKO(99文)
ミッチェル(M・ミッチェル 36文)
光永星郎(01文)
光村利藻(04写)
翠川秋子(25通)
水上滝太郎(22文)
水上勉(72文)
水口薇陽(23写)
南伸坊(81漫)
南博(49文、74写、87文)
美濃部達吉(35社)
美濃部亮吉(67社、69社)
三船敏郎(46写、61写、87写、95写)
御船千鶴子(10漫)
三益愛子(59漫)
三宅一生(74漫)
宮崎勤(89社)
宮崎滔天(02文、06文)
宮崎駿(79写、84写、86写、88写、89写、92写、96写、97写)
宮沢喜一(91社、92社、93社)
宮沢賢治(24文)
宮沢りえ(91写)
宮下万三(39写)
宮武外骨(55写)
宮田輝(74通)
宮部みゆき(98文)
宮本委員長(75通)
宮本百合子(19文)
宮本和吉(18写)
三好達治(30文、52文)
三輪彰(58写)
三輪秀彦(58写)

む

向井千秋(94漫)
椋鳩十(71漫)
向田邦子(80文)
ムサエド王子(75社)
武者小路実篤(10文、18文、27写)
無着成恭(51文)
ムッソリーニ(22社、25社、43社)
棟方志功(76写)
村井弦斎(03文)
村井純(95文、98文)
村井秀夫(95社)
村上知彦(87漫、89漫)
村上春樹(87文)
村上龍(76文、79文)
村川透(78写)
村越吉展(63社)
村田実(21写、25写、32写)
村野鐵太郎(82写)
村松剛(63文)
村山匡一郎(92文)
村山富市(94社)
村山知義(23漫、34漫)
村山三男(57写)
室生犀星(18文、31写、56文、57文)

め

明治天皇(12社)
メーテルリンク(20漫)
メイヤーズ(13漫)
メリエス(09写)
メルロ・ポンティ(83文)

も

毛沢東(31社、49社、52社、76社)
モーニング娘(98漫)
モウルトン(32写)
本島等(90社)
モニカ・ルインスキー(98社)
森鴎外(13社、19社)
森川信英(67写)
森崎東(71写)
森繁弘(87社)

220

森下辰之助(10社)
森下洋子(74漫)
森田草平(08文、09文)
森田芳光(85写、96写、97写、99写)
森伸之(88漫)
森英恵(93文)
森英俊(98文)
森昌子(77漫)
森雅之(47漫、55写)
森光子(61漫)
森村泰昌(2000文)
森本厚吉(03文)
森谷司郎(77写)
森康二(69写、71写、72写)
森山啓(35文)
森山大道(74写、89写)
モロ元首相(78社)

や

薬師寺光幸(91写)
八木秀次(26通)
矢崎弾(37文)
矢沢あい(00漫)
保井コノ(27社)
安岡章太郎(68文、79文)
安河内治一郎(1924写)
安田善次郎(25社)
保田与重郎(35文)
矢内原忠雄(32文、37文)
柳沢信(89写)
柳田泉(35文、65文)
柳田国男(10文、13文、33文、39文、47文、75漫)
柳宗悦(14文、22文)
柳町光男(79写、82写)
矢野直明(00文)
矢部良策(25文)
山川健次郎(11漫)
山川直人(82写)
山川均(24文)
山岸涼子(72漫、86漫)
山口二矢(60社)
山口仙二(82写)
山口淑子(41漫)
山口昌男(75文、84文)

山口百恵(73漫、77漫)
山口良忠(47漫)
山崎晃嗣(49社)
やまざき十三(80漫)
山崎豊子(65文、66写、67通)
山路愛山(03文、09文)
山田猪三郎(10社)
山田五十鈴(36写、42漫)
山田応水(39写)
山田和夫(77文)
山田宏一(91文)
山田耕筰(09漫、15漫、41漫)
山田太一(76通、77写、83通)
山田花子(92漫)
山谷哲夫(84文)
山田洋次(63写、64写、69写、70写、77写、91写、97写)
山田吉彦(30文)
山中貞雄(35写)
山中峯太郎(32文)
山野千枝子(23漫)
山本五十六(43写)
山本嘉次郎(36写)
山本鼎(19漫、20社)
やまもと寛斎(74漫)
山本喜久男(78写)
山本健吉(43文)
山本薩夫(50写、70写、76写、79写)
山本実彦(19文)
山本周五郎(54文)
山本忠興(34通)
山本達雄(18写)
山本富士子(50漫)
山本鈴美香(73漫)
山元護久(68写)
山本有三(33文、37写、37文、74文)

ゆ

ユージン・スミス(73写)
柳美里(97文、99文)
湯川秀樹(49社)
行友李風(19漫)
湯本豪一(94文)
ユリ・ゲラー(74通)

よ

ヨースタイン・ゴルデル(95文)
横井軍平(97通)
横井庄一(72社)
横溝正史(27通)
横光利一(30文、37文、41社)
横山大観(43漫、76漫)
横山泰三(50漫)
横山ノック(95社)
横山美智子(43写)
横山光輝(91写)
横山隆一(36漫、42写、42漫、44写)
与謝野晶子(01文、21社)
与謝野鉄幹(21社)
吉岡攻(74写)
吉岡弥生(06社)
吉川英治(35文、39通、50文)
吉川幸次郎(52文)
吉崎観音(99漫)
吉住小三郎(02漫)
吉田熊次(04文)
吉田健一(61漫、70文)
吉田聡(83漫)
吉田茂(46社、47通、48社、49社、52社、53社、67社)
吉田精一(55文)
吉田拓郎(75漫)
芳谷圭児(57漫)
芳谷まさる(43漫)
吉田博(01漫)
吉永小百合(62漫)
吉野作造(18文、24文、27文)
吉野二郎(12写、14写)
吉弘幸介(93漫)
よし藤(88漫)
吉村公三郎(42写、47写、56写、74写、79文)
吉村冬彦(32写)
吉本三平(36漫)
吉本隆明(56文、60文、84文)
吉本吉兵衛(12漫)
吉本ばなな(88文、99文)
吉行淳之介(64写、78文)
淀川長治(60漫、98写)

221

索引

米沢嘉博(80漫、87文、87漫)
米谷良知(95写)
ヨハネ・パウロⅡ世(80社、92漫)
四方田犬彦(94文、98文、99文、00文)

ら

ライト兄弟(01社)
ラスプーチン(16社)
ラディゲ(31文)
ラフカディオ・ハーン(84通)

り

力道山(51漫、57漫、63漫)
李香蘭(41漫、89通)
リチャード・ドリルー(30社)
リップマン(06写)
李殿下(09写)
リドリー・スコット(89写)
笠信太郎(39文)
リュミエール兄弟(07写)

る

ルイ・マル(58写)
(セオドア・)ルーズベルト大統領(03通)
(フランクリン・)ルーズベルト大統領(33通、33社、43社)
ルー・テーズ(57漫)
ルオー(53漫)
ルキノ・ビスコンティ(76写)
ルネ・クレマン(53写)
ルノワール(19漫)

れ

レヴィ・ストロース(77文)
レーガン大統領(83社)
レジナルド・フェッセンデン(06通)
レルヒ少佐(11社)

ろ

蠟山政道(36文)
ローザック(98文)
ロースト(06写)
ローマ教皇(83漫)
ローリング(J・K・ローリング 99文)
ロトマン(87文)
ロバート・キャパ(54写)
ロバート・パウエル(08漫)
ロバート・ピアリー(09漫)
ロベルト・コッホ(05漫)
ロベルト・ロッセリーニ(50写)
ロマン・ロラン(15文、32社)

わ

若乃花(初代 75社)
若乃花(二代目 95社、98漫)
若松節朗(00写)
和久井みね(06社)
鷲田小弥太(91文)
和田維四郎(04文)
和田矩衛(54文)
渡辺一夫(33写)
渡辺一民(74文)
渡辺和博(84文)
渡辺加三(41漫)
渡辺光一(92文)
渡辺邦男(40写、57写)
渡辺貞夫(86漫)
渡辺淳一(69文、73文、97通)
渡邊孝好(94写)
渡辺浩(92文)
渡辺義雄(59写、71写、80写)
和田寿郎(68社)
和田誠(84写、94写)
渡部昇一(76文)
和辻哲郎(19文、21文、35文、52文)

2001年　平成13年

メディアおよびポップカルチャー

- 1・10　彩流社から江藤茂博「「時をかける少女」たち──小説から映像への変奏」刊行。
- 1・15　漫画「鋼の錬金術師」が「月刊少年ガンガン」に連載開始。
- 1・31　セガが家庭用下無機Dreamcastの撤退を発表。
- 2・26　朝日新聞夕刊に「映像の著作権を学ぶ　5日から実務研究講座」の記事。
- 3・21　任天堂からゲームボーイアドバンスが発売。
- 3・29　朝日新聞夕刊に「中古ソフト　販売容認　大阪高裁も　東京に続くメーカー側敗訴」の記事。
- 4・1　情報公開法施行。

- 9・14　任天堂からニンテンドーゲームキューブが発売される。
- 10・1　NTTドコモが「FOMA」サービス開始。
- 10・19　朝日新聞朝刊に「美少女ゲーム「海賊版で損害」71社、販売業者を提訴」の記事。
- 10・25　ウィンドウズXP発売。
- 11・20　講談社新書から東浩紀「動物化するポストモダン　オタクから見た日本社会」刊行。
- 11・30　朝日新聞夕刊に「海外文化　中国　海賊版ソフトが社会問題に」の記事。
- 12・13　デジタルカメラニコンCOOLPIX5000発売。
- 12・25　J‐フォンのカメラ内蔵携帯端末が99年11月の発売以来累計稼働台数が300万台突破。

社会・文化・世相

- 1・6　中央省庁が1府12省庁に再編。
- 2・11　国際研究チーム等がヒト遺伝子の解読データを公表。
- 2・19　宮崎市のリゾート施設シーガイアが倒産。
- 3・12　タリバーンによるバーミヤンの古代仏教遺跡の大仏破壊が確認される。
- 4・3　「新しい歴史教科書をつくる会」の歴史教科書が検定合格。
- 4・26　小泉純一郎内閣成立。
- 5・1　さいたま市誕生。
- 6・8　大阪教育大付属池田小学校に男が乱入し児童が8人死亡。

- 7・1　中国共産党が企業家入党を容認。
- 8・20　富士通が約1万6000人削減のリストラを発表。
- 9・11　アメリカで同時多発テロが発生。
- 10・8　小泉純一郎首相訪中。
- 10・23　IRAが武装解除を開始。
- 10・29　テロ対策特別措置法成立。
- 11・1　東京証券取引所が株式会社として出発。
- 11・18　東日本旅客鉄道が東京近郊区間でICカード「Suica(スイカ)」導入。
- 12・1　皇太子・雅子さまに女児誕生。

2002年　　　　　　　　　　　　　　　平成14年

付録

メディアおよびポップカルチャー	社会・文化・世相

2・2　新海誠がアニメーション作品「ほしのこえ」を発表。	1・1　ユーロ通貨流通。
	1・4　文化庁長官に河合隼雄起用を発表。
	1・23　雪印食品の牛肉偽装発覚。
2・19　日立、LG、松下、パイオニア、フィリップス、サムスン、シャープ、ソニー、トムソンの各社が次世代光ディスクとしてブルーレイディスクの規格を策定したと発表。	2・8　ソルトレイク冬季オリンピック開幕。
2・22　マイクロソフト社からゲーム機Ｘｂｏｘが発売。	3・3　スイスが国際連合に加盟する。
3・20　河出書房新社から阿部嘉昭「実践サブカルチャー講義」刊行。	4・1　ペイオフ解禁。
5・10　朝日新聞朝刊に「「あゆ」のＣＤ２００円　プレステソフト７５円　海外海賊版撲滅へ提言　文化庁」の記事。	5・21　京都議定書批准承認。
5・29　日本マンガ学会「マンガ研究Vol.1」刊行。	6・23　岡山県新見市で初めての電子投票が行なわれる。
7・8　朝日新聞朝刊に「海賊版退治に業界スクラム　音楽ＣＤやアニメ　共同で海外調査、訴訟援助も」の記事。	7・21　米大手通信社ワールドコム破綻。
7・30　曽利文彦監督による松本大洋原作漫画の映画化作品「ピンポン」公開。	8・5　住基ネット稼働はじまる。
8・16　同人ゲーム「ひぐらしのなく頃に」がダウンロード販売開始。	
8・25　朝日新聞朝刊に「罰金１６３億円　海賊版ＣＤ製造米地裁陪審が命令」の記事。	9・22　北京で日中国交正常化30年式典。
10・1　SKY PerfecTV！でアニメ「攻殻機動隊STAND ALONE COMPLEX」放映開始。	10・15　北朝鮮に拉致されていた曽我ひとみさんら5名が帰国。
10・5　サンライズ製作「機動戦士ガンダムＳＥＥＤ」がＴＢＳ系で放送開始。	11・21　7カ国の加盟によりＮＡＴＯが26カ国に。
11・1　中公叢書でスーザン・J・ネピア「現代日本のアニメ──「ＡＫＩＲＡ」から「千と千尋の神隠し」まで」が神山京子訳で刊行。	
11・18　太田出版からあさのまさひこ編オタク叢書10「海洋堂クロニクル」刊行。	12・1　東北新幹線の盛岡と八戸間が開通営業。

225

2003年　　　　　　　　　　　　　　　　　平成15年

メディアおよびポップカルチャー	社会・文化・世相

メディアおよびポップカルチャー

1・25　朝日新聞朝刊に「海賊版の対策　重点施策提言　文化審著作権分科会」の記事。
2・27　幻冬舎から森川嘉一郎「趣都の誕生　萌える都市アキハバラ」刊行。
3・1　村上隆のデザインによるルイ・ヴィトンの鞄が発売。
3・23　第75回アカデミー賞（長編アニメーション賞）を「千と千尋の神隠し」が受賞。
3・26　朝日新聞社・日本写真家協会主催シンポジウム「写真撮影・掲載・表現はどこまで許されているのか」開催。
4・1　ゲームソフト会社エニックスがスクウェアと合併。
4・1　ピンク・レディーが22年ぶりに再結成すると発表。
5・23　個人情報保護関連五法案衆議院本会議で成立。
6・5　東芝が日本初の地上デジタルテレビ発売。
6・10　角川スニーカー文庫で谷川流のライトノベル「涼宮ハルヒの憂鬱」刊行。
7・21　青木小明CD「秋葉のいもうと」発売。
8・13　朝日新聞朝刊に「中国海賊版ディスク2600万枚処分」の記事。
8・29　18禁パソコンゲーム「私立アキハバラ学園」発売。
9・3　オリンパスデジタル一眼レフカメラ「E-1」（10月上旬発売）の予約開始。
10・14　双葉社「漫画アクション」休刊。
10・29　毎日新聞朝刊大阪版に鶴橋の偽ブランドショップの記事が掲載される。
11・4　朝日新聞の記事で「女子高生の間で数年前から流行」している携帯電話メールで「絵文字感覚」の遊び文字」が紹介。
11・21　英単語集「萌える英単語　もえたん」刊行。
11・26　株式会社デジキューブ破産。
12・1　地上デジタル放送開始。
12・19　岩波新書で岡本薫「著作権の考え方」刊行。
12・28　秋葉原に秋葉原電気街振興会などの企画で「無線LAN通り」を設置。

社会・文化・世相

1・4　インドネシアの社会保健省が味の素に回収命令。
2・1　スペースシャトルが空中分解し7人死亡。
2・15　朝日新聞朝刊に「海賊版9000万点　昨年中国処分」の記事。
2・26　テーマパークのハウステンボスが倒産。
4・1　日本郵政公社が発足。
4・2　経済産業者がインターネット上のオークションにガイドライン策定。
4・25　六本木ヒルズオープン。
5・31　アウン・サン・スー・チーさんをミャンマーの軍政が拘束。
6・6　有事関連三法が成立。
7・26　イラクにおける人道復興支援活動及び安全確保支援活動の実施に関する特別措置法成立。
8・29　フランス保健相が猛暑による死者が1万1435人と発表。
10・10　日本産最後のトキ「キン」が佐渡トキ保護センターで死ぬ。
11・21　法科大学院66校が認可される。
12・13　アメリカ軍がフセイン元イラク大統領を拘束。
12・26　自衛隊のイラク派遣。

2004年　　　　　　　　　　　　　　　　平成16年

メディアおよびポップカルチャー

- 1・28　若草書房から叶精二「日本のアニメーションを築いた人々」刊行。
- 2・13　NTTが切手サイズの1ギガメモリー開発に成功。
- 2・20　講談社新書から大塚英志「「おたく」の精神史——1980年代論」刊行。
- 3・6　押井守監督アニメーション映画「イノセンス」公開。
- 4・1　レンタルビデオ大手「TSUTAYA」の会員証が全国共通化開始。
- 4・5　BSデジタルおよび地上デジタル放送はデジタルデータに対してコピーワンス制限を設定。
- 4・14　朝日新聞朝刊に「海賊版のディスク1億2000万枚摘発　昨年、中国」の記事。
- 4・23　ヤフージャパンのサイトでパソコン2787円という表示ミスにより注文が1億台以上殺到。
- 5・10　フィルム交換ソフト「Winny」開発の東大助手逮捕。
- 5・28　朝日新聞朝刊に「偽物流入防止に新法　政府「知財立国」推進へ計画」の記事。
- 5・29　中島哲也監督映画「下妻物語」公開。
- 7・1　「STUDIOVOICE」vol.343　7月号で特集「アニメを見る方法」。
- 7・7　朝日新聞朝刊に「DVD・音楽CD　海賊版の防止に統一日本マーク　海外商標登録が容易に」の記事。
- 10・19　情報通信審議会はNTTの固定電話に必要な加入権料を引き下げることを答申。
- 10・28　NTT出版から夏目房之介「マンガ学への挑戦　進化する批評地図」刊行。
- 11・25　光文社から小林雅一「音楽・ゲーム・アニメ　コンテンツ消滅」刊行。
- 11・27　プレイステーション2版「ドラゴンクエストVIII　空と海と大地と呪われし姫君」発売。
- 12・1　青土社「ユリイカ」12月号　特集「宮崎駿とスタジオジブリ」刊行。この年ゴジラ生誕50年、渋谷109開業25年。
- 12・7　IBMがパソコン事業を中国のレノボグループに売却を発表。
- 12・9　朝日新聞朝刊に「アジアの街角1600　コタ④(ジャカルタ)「CD海賊版9割」」の記事。

社会・文化・世相

- 1・1　小泉首相が靖国神社参拝。
- 1・24　ベトナムで鳥インフルエンザにより6人死亡とWHOが発表。
- 2・11　吉野家が牛丼販売休止。
- 2・27　オウム真理教元代表松本智津夫被告に死刑判決。
- 3・26　テレビ朝日「ニュースステーション」放送終了。
- 4・7　朝日新聞朝刊に「亜州海賊版現地で監視　経産省・ジェトロ　専門家、中国に派遣「被害2兆円超」秋から実態調査」の記事。
- 4・15　漫画家横山光輝さん火事で死亡。
- 5・21　裁判員制度法が成立。
- 6・1　長崎県佐世保市の小学六年生女子児童が同級生の女子児童をカッターナイフで切りつけ死亡させる。
- 8・13　第28回オリンピックアテネ大会開幕。
- 8・26　諫早湾干拓工事差し止め決定。
- 9・13　ソニーがMGM買収。
- 10・4　チンギス・ハーンの霊廟が発見。
- 10・23　新潟県中越地震発生。
- 11・3　ブッシュ米大統領再選。
- 12・24　スマトラ沖地震発生。
- 12・31　台北で高さ世界一のビル完成。

付録

2005年　　　　　　　　　　　　　　平成17年

メディアおよびポップカルチャー

- 1・25　2004年7月以降のNHK不祥事発覚で海老沢勝二会長ら三人が引責辞任。
- 2・1　青土社から「ユリイカ」2月号特集「ギャグまんがが大行進」刊行。
- 2・15　You Tube設立。
- 2・22　JTBから「もえるるぶ東京案内　史上最濃！やくにたつ萌え系ガイドブック」刊行。
- 3・31　講談社から堀田純司「萌え萌えジャパン」刊行。
- 4・1　個人情報保護法施行。
- 4・29　MacOSX v10.4 Tigerが発売。
- 4・30　ソフトバンククリエイティブから「アキバのディープな歩き方」刊行。
- 6・4　村上正典監督映画「電車男」公開。
- 6・12　ネットランナー7月号の付録として「にゅーあきばα」が創刊されて秋葉原で無料配布。
- 6・24　筑摩書房から竹内オサム「マンガ表現学入門」刊行。
- 7・9　メイド喫茶所属アイドルユニット「完全メイド宣言」が初のシングル「メイディングストーーリ」リリース。
- 7・27　綜合図書から「萌え系ショップガイドもえぷー」刊行。
- 8・4　Apple社のiTunes Music Storeが日本で営業開始。
- 8・10　青土社から「ユリイカ」8月臨時増刊号「総特集オタクVSサブカル！」刊行。
- 9・12　平凡社新書で津堅信之「アニメーション学入門」刊行。
- 9・16　「ヨドバシAKIBA」開店。
- 9・22　アスペクトから「アキバまにあっぷ」刊行。
- 9・23　秋葉原専用フリーマガジン「AkihabaraX」創刊。
- 10・27　東洋経済社から野村総合研究所「オタク市場の研究」刊行。
- 11・1　青土社から「ユリイカ」11月号「特集文化系女子カタログ」刊行。
- 12・1　Webドラマ「めいどinあきはばら」の配信がはじまる。
- 12・31　読売新聞朝刊に「海賊版DVD　宅配で人気「反米」イランで米映画浸透？」の記事。

社会・文化・世相

- 1・1　自動車リサイクル法施行。
- 1・29　中華人民共和国と中華民国を結ぶ航路開設。
- 2・7　陸軍中野学校の教科書8種を卒業生が保管していたことが報じられる。
- 2・15　大学入試センターで小論文を2秒で自動採点するシステムが試作された。
- 4・20　三菱東京とUFJが合併契約を締結し、10月に統合。
- 4・25　JR福知山線で脱線事故。
- 6・1　中央省庁で「クールビズ」開始。
- 7・7　ロンドンで同時爆弾テロ。
- 8・9　ハリケーン「カトリーナ」がニューオーリンズ市の80％を水没させる。
- 8・24　つくばエクスプレス開通。
- 9・12　香港ディズニーランドが開業。
- 10・14　郵政民営化関連法案成立。
- 10・15　九州国立博物館が開館。
- 11・17　耐震強度偽装事件発覚。
- 12・8　みずほ証券、株の大量誤発注で450億円の損失。

2006年　　　　　　　　　　　　　平成18年

メディアおよびポップカルチャー	社会・文化・世相

- 1・12　ニコンがフィルムカメラ部門から撤退を発表。
- 2・10　朝日新聞朝刊に「中国へ邦楽正規ＣＤの波　消えよ海賊版」の記事。
- 2・14　人気漫画をネット上に無断掲載で東京都内のマンガ喫茶店経営者らが逮捕。
- 2・14　水曜社から「ローカルヒーロー大図鑑」が刊行。
- 3・16　原書房から杉浦由美子「オタク女子研究　腐女子思想体系」刊行。
- 3・17　ソフトバンクがボーダフォン日本法人を買収。
- 4・1　コニカミノルタのカメラ事業はソニーに委譲継承。
- 4・3　朝日新聞朝刊に「日本アニメ海賊版　欧州で初摘発」の記事。
- 4・25　現代書館から竹内オサム・小山昌宏編著「アニメへの変容」刊行。
- 6・16　朝日新聞朝刊に「映画海賊版サイト横行」の記事。
- 6・19　石田衣良の小説「アキハバラ＠ＤＥＥＰ」（04年11月25日文芸春秋）を原作として同名テレビドラマがＴＢＳで放送開始。
- 7・15　筒井康隆原作「時をかける少女」を細田守監督がアニメーション映画化公開。
- 7・22　パナソニックからLUMIX一眼レフカメラDMC-L1発売。
- 8・9　太田出版からパトリック・マシアス「オタク・イン・USA愛と誤解のAnime輸入史」刊行。
- 8・11　70回目のコミケが3日間開催され、計3万5千サークルが出展し、のべ43万人が来場。
- 8・14　日経ＢＰから堀渕清治「萌えるアメリカ　英国人はいかにしてMANGAを読むようになったか」刊行。
- 9・2　石田衣良の小説を原作とした源孝志監督映画「アキハバラ＠ＤＥＥＰ」が公開。
- 10・24　同じ番号のまま携帯電話会社を乗り換えることができるサービスを開始する。
- 11・1　朝日新聞社から「アエラコミック　ニッポンのマンガ　手塚治虫文化賞10周年記念」刊行。
- 11・11　ＢＤプレイヤーを兼ねたゲーム機プレイステーション3を発売。
- 11・15　コミケの生みの親である評論家米沢嘉博が死去。
- 11・20　小学館から「現代漫画博物館1945-2005」刊行。
- 12・2　任天堂Ｗｉｉ発売。

- 1・10　韓国のソウル大学黄教授の論文捏造事件に対する調査結果報告。
- 1・23　ライブドアの堀江貴文社長逮捕。
- 2・4　イスラムの預言者ムハンマドの風刺漫画が欧州のメディアに掲載されてイスラム諸国が抗議。
- 2・11　安藤忠雄設計の表参道ヒルズがオープン。
- 4・14　日本の竹島周辺の海洋調査に韓国が抗議。
- 5・17　シリーズ第6巻「ハリー・ポッターと謎のプリンス」日本語版刊行。
- 6・15　マイクロソフト社ビル・ゲイツ会長が経営からの引退を発表。
- 6・20　阪急ホールディングスが阪神のＴＯＢが成立。
- 8・6　長野県知事選挙で田中康夫を破り村井仁が当選。
- 8・24　ＩＡＵが冥王星を惑星から格下げ発表。
- 9・15　上場2日目の「ミクシィ」株が295万円の初値。
- 9・18　吉野家が2年7カ月ぶりに牛丼を販売再開。
- 9・26　安倍晋三内閣発足。
- 10・11　ニューヨークマンハッタンで小型機がビルに激突。
- 10・31　朝日新聞朝刊に「映画の盗撮許さん　自民有志、懲役含む法案検討」の記事。
- 11・14　日本経済新聞朝刊に「ネット競売　海賊版商品の出品禁止　著作権法を政府改正へ　被害者の告訴不要」の記事。
- 12・7　アメリカの先住民セミノール族が「ハードロックカフェ」関連事業を買収すると発表。

付録

2007年　　平成19年

メディアおよびポップカルチャー

- 1・29　中野サンプラザで「東京サブカルサミット」開催。
- 1・30　ウィンドウズVista発売。
- 2・28　メディアファクトリーから米沢嘉博「売れるマンガ、記憶に残るマンガ」刊行。
- 3・27　Googleが携帯電話専用検索エンジン提供開始。
- 3・30　青土社から東浩紀他「コンテンツの思想」刊行。
- 4・1　ヤフーがネット研究所設立。
- 4・10　アメリカ政府が中国の知的財産権侵害についてWTOに提訴。
- 5・24　ランダムハウス講談社からローランド・ケルツ「ジャパナメリカ　日本発ポップカルチャー革命」が永田医訳で刊行。
- 6・1　青土社から「ユリイカ」6月臨時増刊号「特集・腐女子マンガ体系」刊行。
- 6・30　秋葉原でコスプレなどの人たちを含むオタクによる「アキハバラ解放デモ」。

- 7・1　改正著作権法成立。

- 9・20　シャープとパイオニアがデジタル分野を核に資本・業務提携。

- 10・14　朝日新聞朝刊に「ポルトガル語海賊版DVD販売容疑3人逮捕」の記事。

- 12・1　青土社から「ユリイカ」12月臨時増刊号「特集・BL（ボーイズラブ）スタディーズ」刊行。
- 12・28　朝日新聞朝刊に「ニュースがわからん！　ネット上の音楽・映像、コピーOK？　海賊版ダウンロード将来違法に」の記事。
- 12・31　マイクロマガジン社から永山薫・昼間たかし編著「2007-2008　マンガ論争勃発」刊行。

社会・文化・世相

- 1・1　ブルガリアとルーマニアがEUに加盟。
- 1・21　宮崎県知事に東国原英夫が当選。
- 3・27　コメディアン植木等が死去。
- 3・30　六本木で防衛庁跡地に東京ミッドタウンが開業。
- 4・16　バージニア工科大学で乱射事件。
- 4・17　伊藤一長長崎市長が短銃で撃たれて死亡。
- 4・19　民放連理事会は関西テレビを番組捏造問題で除名処分決定。
- 5・8　中国政府が輸出したペットフードなどの製品の原材料にメラミン混入を認める。
- 5・15　ニコラ・サルコジがフランス大統領に就任。

- 8・16　ペルー沖でM7.9の地震が発生。
- 9・12　安倍内閣総理大臣が突然の辞意表明。

- 10・12　建築家黒川記章が死去。
- 10・26　英会話学校NOVAが経営破たん。

- 11・19　「ミシュランガイド東京」の発刊記者会見開催。

- 12・24　ネパール政府が王制廃止と共和制導入を発表。

2008年　平成20年

メディアおよびポップカルチャー

- 1・20　秋葉原の路上で海賊版コンピューターソフトを販売していた男女5人が現行犯逮捕。
- 1・31　日経BPから遠藤誉「中国動漫新人類 日本のアニメと漫画が中国を動かす」刊行。
- 2・19　東芝がHD DVDからの事実上の撤退を表明。
- 3・1　JTBパブリッシングから「もえるるぶCOOL JAPANオタクニッポンガイド」刊行。
- 3・30　98年6月13日にオープンしたセガのゲーム「サクラ大戦」のアンテナショップ「大正浪漫堂＆Sakura Cafe」(池袋)が閉店。
- 5・30　PHP研究所から岡田斗司夫と森永卓郎の対談「オタクに未来はあるのか」刊行。
- 6・8　秋葉原で通り魔無差別殺傷事件が起こり、7人が死亡。
- 7・19　宮崎駿監督「崖の上のポニョ」公開。
- 9・13　滝田洋二郎監督「おくりびと」公開。
- 10・1　「シルク・ドゥ・ソレイユ　シアター東京」開業。
- 10・4　加藤久仁監督アニメーション「つみきのいえ」公開。
- 10・30　秋葉原の九十九電機が経営破綻。
- 11・30　NTTドコモmovaのサービス新規受付終了。
- 12・31　新宿コマ劇場閉鎖。

社会・文化・世相

- 1・7　2008年ゴールデン・グローブ賞表彰式は全米脚本家組合のストで中止。
- 2・1　マイクロソフト社がヤフーに対して企業買収を提案。
- 2・10　韓国南大門で放火による国宝の楼閣全焼。
- 2・22　ロス市警が三浦ロス疑惑事件元容疑者をサイパンで逮捕。
- 3・20　赤坂サカス、オープン。
- 3・22　台湾総統選で国民党の馬英九が当選。
- 4・23　Twitter日本語版が始まる。
- 5・2　雑誌「主婦の友」(主婦の友社)6月号で休刊。
- 6・17　連続幼女誘拐殺人事件の宮崎勤死刑囚の刑執行。
- 7・8　東京ディズニーランドホテル開業。
- 8・8　北京オリンピック開幕。
- 9・16　リーマン・ショック。日本法人リーマン・ブラザース証券が民事再生法申請。
- 10・1　松下電器産業が社名を「パナソニック株式会社」に変更。
- 10・29　エキスポランド経営破綻。
- 11・4　小室哲哉、詐欺容疑で逮捕。
- 11・26　阪急西宮ガーデンズがスタジアム跡地に開業。

2009年　平成21年

メディアおよびポップカルチャー

- 1・5　ＳＦアニメ「宇宙(そら)をかける少女」がテレビ東京系列で放映開始。
- 2・22　映画「おくりびと」とアニメ「つみきのいえ」が、第81回アカデミー賞で、最優秀外国語映画賞と短編アニメ賞をそれぞれ受賞。
- 3・13　寝台特急「はやぶさ」「富士」が最後の運行。
- 4・2　テレビアニメ「けいおん!」第一期放送開始。
- 4・29　オンラインゲームの体験プレイを中心とした「秋葉原PCゲームフェスタ」開幕。
- 5・1　秋葉原無差別殺傷事件を扱った片田珠美「無差別殺人の精神分析」(新潮社)刊。
- 5・22　斎藤理恵「筆談ホステス」が光文社より刊行、ベストセラーになる。
- 5・29　村上春樹「1Q84」BOOK1、BOOK2が新潮社より刊行、2週間で合計100万部突破。

- 7・8　AKB48の第一回総選挙で前田敦子が選出。
- 7・24　喫茶店「古炉奈」が業種を変えて「欧風ギルドレストラン」として開店。
- 8・1　細田守監督アニメーション映画「サマーウォーズ」公開。
- 10・22　「ウィンドウズ7」一般発売開始。
- 10・28　ファミレス「すかいらーく」が最後の営業を終える。
- 10・31　集英社「ウルトラジャンプ」創刊10周年記念「ウルジャンまつりin アキバ2009」開催。
- 12・20　ヨドバシAkiba に映画「トランスフォーマー/リベンジ」の公開宣伝のために劇中ロボットの巨大フィギュア展示。

社会・文化・世相

- 1・28　ＩＭＦがサブプライムローン問題による世界の金融機関が約196兆円の損失と試算を発表。
- 2・25　文科省が小中高生の携帯電話の利用実態を発表。
- 3・10　日経平均株価がバブル崩壊後の最安値7054円98銭に更新。
- 5・21　裁判員制度施行。
- 5・31　横浜開港150周年式典。
- 6・25　マイケル・ジャクソン死去。
- 7・31　宇宙飛行士若田光一がスペースシャトル・エンデバーで地球帰還。
- 8・8　歌手でタレントの酒井法子が覚せい剤取締法違反容疑で逮捕される。
- 8・30　第45回衆議院選挙で民主党圧勝。
- 9・1　消費者庁発足。
- 9・16　民主鳩山政権誕生。
- 10・30　日本航空再建のための対策本部を政府内に設置。
- 10・30　社会人類学者レヴィ=ストロースが100歳で死去。
- 11・4　トヨタ自動車がF-1撤退を表明。
- 11・10　俳優森繁久彌が老衰のため死去
- 11・13　アメリカ大統領バラク・オバマ来日。
- 11・26　東京為替市場ドル安円高で、1ドル86円29銭まで上昇。
- 12・10　オバマ米大統領のノーベル平和賞授賞式。

2010年　平成22年

メディアおよびポップカルチャー

- 1・23　サイト「7丁目のキセキ」では23日現在63店舗の秋葉原メイド系飲食店を紹介している。
- 1・27　サンフランシスコで最初のiPadが発売されて電子書籍元年と呼ばれる。
- 2・1　一般社団法人日本電子書籍出版社協会設立。
- 2・10　2009年にインターネット広告費が新聞広告費を超えたと電通が発表。
- 3・9　北野武がフランス芸術文化勲章コマンドゥール章受章。
- 3・13　筒井康隆原作谷口正晃監督映画「時をかける少女」公開。
- 3・31　秋葉原ダイビルの明治大学秋葉原サテライトキャンパスが撤退。
- 4・18　東野圭吾原作テレビドラマ「新参者」TBS系列で放送開始。
- 5・28　日本でSoftBankからiPad発売。
- 6・21　三宅理一著「秋葉原は今」が芸実新聞社より刊行。
- 7・17　スタジオジブリ制作米山宏昌監督「借りぐらしのアリエッティ」公開。
- 10・23　ウィンドウズXPを掲載したパソコンの販売終了。
- 11・3　秋葉原駅開業100周年記念のイベント開催。
- 11・19　アキハバラデパートの跡地に「アトレ秋葉原1」がオープン。
- 11・28　不正商品対策協議会のキャンペーン「許さない! 偽ブランド・海賊版・違法ダウンロード ほんと? ホント! フェアin秋葉原」開催。
- 12・2　暮沢剛巳「キャラクター文化入門」がNTT出版より刊行。
- 12・25　2回目の「秋葉原PCゲームフェスタ」が開幕。

社会・文化・世相

- 1・1　奈良で平城遷都1300年祭開幕。
- 1・19　日航が会社更生法申請。
- 3・1　大丸と松坂屋が合併。
- 3・30　文科省ゆとり教育を見直した教科書検定結果を発表。
- 4・27　改正刑事訴訟法が成立即日施行で、殺人の時効が廃止。
- 5・1　上海万博開幕。
- 6・8　鳩山内閣辞職菅直人内閣発足。
- 6・13　小惑星探査機「はやぶさ」地球帰還。
- 7・27　ヤフーがグーグルと検索サービスで提携発表。
- 8・18　高齢者ドライバー向けに四つ葉のクローバーマーク採用。
- 9・7　尖閣諸島中国船衝突事件が起こる。
- 9・16　近畿日本鉄道創業100年。
- 10・21　東京モノレール羽田線に国際線ビル駅、京急空港線に国際線ターミナル駅開業。
- 11・18　アウン・サン・スー・チーさん自宅軟禁から解放。
- 12・4　東北新幹線新青森駅開業。

2011年　　　　　　　　　　　　　　平成23年

メディアおよびポップカルチャー	社会・文化・世相
1・3　アーノルド・シュワルツェネッガーがカリフォルニア州知事を退任。 1・23　秋葉原で歩行者天国が再開。	1・26　九州霧島山の新燃岳が189年ぶりにマグマを噴火した。 2・11　エジプト、アラブの春。
2・26　「ニンテンドー3DS」日本で発売。	3・11　東日本大震災(M9.0)巨大津波発生、福島第一原子力発電所爆発。
3・18　東京スカイツリー建設で634mの高さに到達。 3・24　秋葉原連続殺傷事件の被告に東京地裁が死刑判決。	4・29　英国ウィリアム王子の結婚式がウェストミンスター寺院で行なわれる。 5・2　米軍、ウサマ・ビン・ラディンを殺害。 5・12　東京都立川市で6億400万円の強盗致傷事件が起こる。 6・24　小笠原諸島がユネスコの世界遺産に登録される。平泉を中心とした「平泉－仏国土(浄土)を表す建築・庭園及び考古学的遺跡群－」がユネスコの世界遺産に登録される。
6・1　NHK教育テレビがEテレに変更。 6・8　任天堂が「Wii U」発売。	
7・16　宮崎吾郎監督アニメーション映画「コクリコ坂から」公開。 7・21　「日本国際切手展2011」が横浜市で開催。 7・22　仙台市に「仙台アンパンマンミュージアム&モール」がオープン。 7・24　地上アナログ放送終了。 8・27　第2回目の「TOKYO IDOL FESTIVAL」が開催。 9・3　「藤子・F・不二雄ミュージアム」が川崎市にオープン。 9・8　「ドコモ　タブレット」発売開始。 9・17　初音ミク「千本桜」公開。 10・5　スティーブ・ジョブズ死去。 10・12　日本テレビ系で「家政婦のミタ」放送開始。 10・14　auよりiPhoneを発売開始。 11・2　第3回の東京ラーメンショー開催されて5日間で28万人が来場。 12・17　「PlayStation Vista」日本で発売。	7・18　2011年FIFA女子ワールドカップドイツ大会決戦でサッカー日本代表が初優勝。 8・9　負債総額4330億8300万円で安愚楽牧場が民事再生法適用申請。 8・26　菅直人総理が辞任を発表 9・2　野田佳彦第95代内閣総理大臣就任。 10・11　いじめを苦に男子中学生が自殺した大津市中二いじめ自殺事件が起こる。 10・20　リビアでカダフィ大佐処刑。 11・8　オリンパス粉飾決済発覚。 11・21　オウム真理教事件の全公判終了。 12・17　朝鮮民主主義人民共和国最高指導者金正日総書記が死去。 12・31　オウム事件で手配中の平田信が丸の内警察署に出頭。

2012年　平成24年

メディアおよびポップカルチャー

- 1・10　フジテレビで連続ドラマ版「ストロベリーナイト」が放送開始。
- 2・10　パナソニックがVHS方式家庭用レコーダーの生産中止。
- 2・28　富士重工のスバル・サンバーが生産終了、軽自動車市場から撤退。
- 2・29　墨田区に高さ634メートルの東京スカイツリー竣工。
- 3・1　コナミデジタルエンタテイメントがハドソンを吸収合併。
- 3・5　電通に社内横断「オタク層の視点でマーケティングするプロジェクトチーム」として「オタクがラブなもの研究所」が発足。
- 3・16　寝台特急「日本海」と急行「北国」が最後の運行となる。
- 4・6　NHK Eテレから小学生向け情報教育番組「メディアのめ」放送開始。
- 6・11　NTTドコモがタワーレコードを子会社化。
- 6・25　ビックカメラがコジマを子会社化。
- 7・1　食品衛生法により、生食用牛肝臓の提供が禁止される。
- 7・3　サイバー犯罪条約に日本が批准。
- 7・21　細田守監督アニメーション映画「おおかみこどもの雨と雪」公開。
- 10・18　テレビ朝日で「Doctor-X 外科医・大門未知子」（第1期）が放送開始。
- 10・25　アマゾンが日本向けkindleストアを開設。
- 10・26　マイクロソフト社より「Microsoft Windows 8」発売。
- 12・8　任天堂がゲーム機「Wii U」を国内発売。

社会・文化・世相

- 2・14　野田首相が平野達男復興担当大臣を新設の東日本大震災総括担当大臣に兼務で任命。
- 2・23　福島県の東日本大震災二次避難所が閉鎖。
- 2・24　AIJ投資顧問による虚偽で企業年金資産2000億円の大半が消失していると新聞に報じられる。
- 3・1　全日空系のピーチ・アビエーションが初就航。
- 3・16　戦後思想の代表的存在吉本隆明死去。
- 4・11　金正恩が朝鮮労働党の第一書記に就任。
- 5・7　ウラジーミル・プーチンが第4代ロシア連邦大統領に就任。
- 6・20　原子力規制委員会設置法成立。
- 7・3　日本航空系のジェットスター・ジャパンが初就航。
- 7・27　第30回夏季オリンピックがロンドンで開催。
- 9・3　世界基督統一神霊協会の創始者文鮮明死去。
- 10・1　日本郵便株式会社設立。
- 11・15　第18期中央委員会第1回総会で、習近平が中央委員会総書記に選出される。
- 12・10　京都大学山中伸哉教授がノーベル生理学・医学賞を受賞。
- 12・26　自民党総裁安倍晋三が内閣総理大臣に再就任。

2013年　平成25年

メディアおよびポップカルチャー

- 1・6　NHK大河ドラマ「八重の桜」が放送開始。
- 2・19　実業之日本社「漫画サンデー」この日発売の通巻2795号で休刊。
- 3・23　各地10種の交通系ICカードの相互利用開始。
- 3・27　東京メトロや都営地下鉄線のほぼインターネット接続が可能となる。
- 4・19　インターネット選挙運動が解禁。
- 5・31　東京スカイツリーからのテレビ本放送開始。
- 6・22　「攻殻機動隊ARISE（Ghost Pain）」公開。

- 7・7　TBS系日曜劇場で池井戸潤原作テレビドラマ「半沢直樹」が放送開始。
- 7・10　ソフトバンクがスプリント・ネクステル買収。
- 7・11　RPGのゲームソフト「妖怪ウオッチ」がレベルファイブより発売される。
- 8・1　厚生労働省がインターネット依存症の中・高生を調査し、病的使用が8％を超えることが報告された。
- 8・25　2ちゃんねる個人情報流出事件。
- 9・11　NTTドコモがiPhoneを取り扱うことを発表。
- 10・1　KADOKAWAが角川書店他の角川グループ傘下の出版社を吸収合併。
- 10・15　JR九州が豪華寝台列車「ななつ星 in 九州」運行開始。
- 12・27　KADOKAWAより坪田信貴「学年ビリのギャルが1年で偏差値40上げて慶応大学に現役合格した話」刊行。

社会・文化・世相

- 2・15　ロシアチェリャビンスク州に隕石落下。
- 3・16　東急東横線と東武東上線・西武池袋線が相互直通運転開始。
- 4・16　長嶋茂雄と松井秀喜に国民栄誉賞授与決定。
- 5・24　共通番号（マイナンバー）制度関連法成立。
- 6・22　富士山が世界遺産に登録。

- 8・15　京都福知山市の由良川河川敷での花火大会で露店が爆発。
- 8・28　福島第一原子力発電所の放射性物質を含んだ汚染水漏れで評価尺度レベル3。
- 11・2　アントニオ猪木参議院議員が国会会期中に無届で北朝鮮訪問。
- 11・30　日本傷痍軍人会解散。
- 12・6　特定秘密保護法成立。
- 12・17　富山県神通川流域のイタイイタイ病被害者団体が三井金属との間で全面解決の合意書調印。
- 12・19　京都の王将フードサービス本社前で大東隆行社長が射殺される。
- 12・21　東京都交通局が都路線バスの「終夜バス」試験運行。

2014年　　　　　　　　　　　　　　　　　　　　　平成26年

メディアおよびポップカルチャー

- 1・8　テレビ東京系でテレビアニメーション「妖怪ウオッチ」放映開始。
- 1・21　国会図書館が図書館向けデジタル資料送信サービスを開始。
- 2・5　作曲家佐村河内守のゴーストライター新垣隆の存在が公表。
- 2・19　2ちゃんねるの管理がジム・ワトキンスに移る。
- 2・22　ソニーから「プレイステーション4」国内発売。
- 2・28　ダイヤルQ2サービス終了。
- 3・14　ディズニーのアニメーション映画「アナと雪の女王」日本公開。
- 3・31　1982年開始のフジテレビ系番組「森田一義アワー笑っていいとも」終了。
- 4・9　ウィンドウズXPのサポート終了。
- 5・25　AKB48握手会傷害事件。
- 6・18　参議院で改正児童買春・ポルノ禁止法可決。
- 7・23　日本航空で機内インターネットサービスを一部で開始。
- 7・25　ハリウッド映画「GODZILLA」(監督ギャレス・エドワーズ)公開。
- 9・4　マイクロソフトから「Xbox one」国内発売。
- 10・25　竹内オサム監修「マンガ・アニメ文献目録」が日外アソシエーツより刊行。
- 11・6　サイバーセキュリティ基本法成立。
- 11・10　俳優高倉健死去。
- 12・20　東京駅開業100周年記念Suica限定当駅発売で希望者殺到混乱販売中止。

社会・文化・世相

- 1・29　理化学研究所がSTAP細胞発表したが、6月4日に論文撤回が報道される。
- 2・9　東京都知事選挙で舛添要一が当選。
- 3・7　高さ300メートルの近鉄・阿倍野橋ターミナルビル「あべのハルカス」完成。
- 3・9　若田光一が国際宇宙ステーションの船長就任。
- 4・1　消費税が5%から8%に引き上げられた。
- 4・23　米国オバマ大統領が3度目の来日。
- 6・21　ユネスコが富岡製糸場と絹産業遺跡群の世界文化遺産登録を決定する。
- 6・29　イスラム過激派組織ISILがイスラム国家樹立を宣言。
- 7・26　佐世保女子高生殺害事件が起こる。
- 8・5　朝日新聞＝慰安婦強制連行の記事取り消し。
- 9・3　第二次安倍晋三改造内閣発足。
- 9・27　御嶽山火山噴火で登山者ら50名以上が死亡。
- 10・7　ノーベル物理学賞で、青色ダイオード開発の赤崎勇、天野浩、中村修二が決定。
- 11・16　沖縄県知事に翁長雄志。
- 11・18　消費税10%を2017年4月まで延期と安倍晋三首相が表明。
- 11・21　衆議院解散。
- 12・24　第188回特別国会召集、第三次安倍晋三内閣発足。

2015年　平成27年

メディアおよびポップカルチャー

- 1・9　内閣にサイバーセキュリティ戦略本部が設置される。
- 1・31　渋谷区にある青山劇場と青山円形劇場が閉館。
- 3・1　鳥取空港が漫画「名探偵コナン」により「鳥取砂丘コナン空港」に名称変更。
- 3・3　ポール・アレンが沈没した戦艦武蔵の発見映像をTwitterに掲載した。
- 3・7　テレビ東京系「出没!アド街ック天国」放送1000回記念。
- 4・24　Apple Watchが発売される。
- 5・1　SIMのロックを解除することが義務化。
- 5・26　この日発売のパソコン雑誌「週刊アスキー」6月9日号で活字版は休刊となる。
- 7・24　日本経済新聞社が英国経済紙ファイナンシャル・タイムズ・グループを買収。
- 7・29　マイクロソフト社から「ウィンドウズ10」の無償ダウンロード開始。
- 10・2　日本テレビ系列で「ルパン三世」の新シリーズが30年ぶりに放送開始。
- 10・6　テレビ東京系列でstudioぴえろ制作「おそ松さん」が放送開始。
- 10・31　CoCo壱番屋の運営会社をハウス食品が連結子会社化することを発表。
- 11・10　ソニーがビデオテープレコーダのベータマックスなどに使うカセットテープの2016年3月末の生産終了予定を発表。
- 12・31　ケーブルテレビ局などで実施の地上デジタル放送アナログ変換送信が終了。

社会・文化・世相

- 1・7　パリで同時多発テロ事件。
- 1・20　イスラム過激派組織による日本人拘束事件が起こる。
- 1・28　スカイマークが民事再生法の手続き申請を行なう。
- 3・13　トワイライトエクスプレスがこの日の到着で運行終了。
- 6・17　選挙権年齢を18歳以上に引き下げた公職選挙法改正案が参議院で可決。
- 6・26　最高裁の判決によりアメリカ合衆国全州で同性婚合法化。
- 7・5　「明治日本の産業革命遺産　製鉄・製鋼、造船、石炭産業」が世界遺産に登録決定。
- 9・19　参院本会議で安全保障関連法案が可決。
- 10・1　スポーツ庁、防衛装備庁が設置。
- 10・5　大村智のノーベル生理学・医学賞受賞が発表。
- 10・6　梶田隆章のノーベル物理学賞受賞が発表。
- 10・15　ファミリーマートとサークルKサンクスの経営統合が発表。
- 11・4　日本郵政・かんぽ生命・ゆうちょ銀行の3社が東証一部に上場。
- 11・5　渋谷区が同性カップルを「パートナーシップ証明書」で全国初公認。
- 11・22　大阪府知事・大阪市長ダブル選挙でいずれも大阪維新の会の候補者が勝つ。

2016年　平成28年

付録

メディアおよびポップカルチャー

- 1・13　CoCo壱番屋の破棄処分ビーフカツが産廃業者により転売発覚。
- 2・25　シャープが台湾の鴻海精密工業からの支援を決定する。
- 3・31　船橋オートレース場廃止。
- 4・6　欅坂46がデビュー。
- 6・14　JTBの個人情報約800万人が流出。
- 6・20　スーパーコンピュータ世界ランキングで中国純正「神威太湖之光」がトップ
- 7・6　「ポケモンGO」の国内販売開始。
- 7・29　映画「シン・ゴジラ」公開。
- 8・1　NHKが「4K8K」の実験放送開始。
- 8・8　天皇のビデオメッセージが放送される。
- 8・24　中川大地「現代ゲーム全史」が早川書房より刊行。
- 8・26　新海誠監督アニメーション映画「君の名は。」公開。
- 9・16　Apple Payが導入できるiPhone 7、iPhone 7Plusが発売。
- 9・17　山田尚子監督アニメーション映画「聲の形」公開。
- 9・30　「こち亀」連載40周年記念絵巻奉納式を神田明神で行なう。同時に連載終了発表。
- 12・14　総合型リゾート推進法案修正案が参議院本会議で可決。
- 12・25　「ヤマハリゾート嬬恋」閉園。
- 12・31　アイドルグループSMAPが解散。

社会・文化・世相

- 1・1　共通番号制度(マイナンバー)の運用が始まる。
- 1・15　軽井沢バス転落事故でスキーツアーの客ら15人が犠牲になる。
- 1・16　台湾初の女性総裁として蔡英文が総選挙に当選、5月20日就任。
- 1・28　国産初ステルス実験機「X-2」公開。
- 1・29　日本銀行マイナス金利導入。
- 2・2　清原和博、覚醒剤所持容疑で逮捕。
- 2・16　川崎老人ホーム連続殺人事件で元職員を逮捕。
- 3・26　新函館北斗駅開業による北海道新幹線営業開始。
- 4・14　熊本地震発生。
- 5・27　米オバマ大統領、広島訪問。
- 6・15　東京都知事舛添要一の21日付の辞任を都議会全会一致で承認。
- 6・23　イギリスEU離脱(国民投票)。
- 7・17　国立西洋美術館が世界文化遺産登録決定。
- 7・26　相模原知的障害者施設「津久井やまゆり園」殺傷事件で元従業員が19人刺殺。
- 7・31　東京都知事選挙で小池百合子当選。
- 8・8　天皇「退位」表明(宮内省)。
- 9・4　中国杭州市でG20開催。
- 11・8　博多駅前で道路陥没事故が発生。
- 11・9　トランプ米大統領選勝利=「アメリカ・ファースト」。
- 12・13　沖縄でオスプレイが墜落事故。
- 12・22　糸魚川市で大規模の火事が発生。

239

2017年　平成29年

メディアおよびポップカルチャー

- 1・25　日本出身としては19年ぶりに稀勢の里寛が横綱に決定する。
- 3・3　任天堂より「Nintendo Switch」発売。
- 4・1　名古屋市にテーマパーク「レゴランド・ジャパン」開園。
- 4・20　銀座に複合商業施設「GINZA SIX」がオープン。
- 4・21　ビル・コンドン監督ディズニー実写映画「美女と野獣」公開。
- 5・12　日立製作所で身代金要求型ウィルス「ランサムウェア」による被害発生。
- 6・1　中国インターネット安全法施行。
- 7・8　米林宏昌監督アニメーション映画「メアリと魔女の花」公開。
- 7・14　福田雄一監督実写映画「銀魂」公開。
- 7・28　月川翔監督映画「君の膵臓を食べたい」公開。
- 9・20　ジョージ秋山「浮浪雲」が1973年からの「ビッグコミックオリジナル」連載終了。
- 10・1　ネット上の掲示板2チャンネルが5チャネルに変更となる。
- 10・6　電通の違法残業事件の判決で、有罪判決。
- 11・10　一般社団法人日本マーケット・リサーチ協会がインターネット調査品質ガイドライン公開。
- 11・16　メルカリで現金を出品し出資法違反により全国で4人逮捕。
- 12・1　シャープが国内初の8Kテレビを発売。
- 12・31　北九州市八幡東区のテーマパーク「スペースワールド」閉園。

社会・文化・世相

- 1・17　米国第45代大統領にドナルド・トランプが就任。
- 1・21　今治に加計学園が獣医学部を2018年4月に開設することが報道される。安倍首相をめぐる「森友・加計」問題。
- 2・13　金正男がマレーシアの空港で殺害される。
- 4・10　浅田真央がブログで引退発表。
- 6・2　厚生労働省が2016年に生まれた子供が97万人と発表。
- 6・9　天皇退位の特例法案が参議院を通過。
- 6・15　改正組織犯罪処罰法が成立。
- 6・22　十一代目市川海老蔵の妻で、フリー・アナウンサーの小林麻耶死去。
- 6・24　幕張メッセでの欅坂46握手会で、発煙筒投げ込みとナイフ所持で男を逮捕。
- 8・3　第三次安倍第三次改造内閣発足。
- 9・13　日本年金機構のシステム不備等で10万人超えに約598億円の公的年金支給漏れ発覚。
- 9・20　安室奈美恵が引退発表。
- 9・24　上野動物園で生まれたジャイアントパンダの雌の赤ちゃんの名前が香香(シャンシャン)と発表。
- 10・1　ラスベガス無差別乱射事件で犯人が数千発発砲58名死亡。
- 10・5　カズオ・イシグロのノーベル文学賞受賞が発表される。
- 10・22　自民(安倍)総選挙で圧勝。
- 10・31　座間市アパート9遺体事件で、27歳の男が逮捕。

2018年　　平成30年

メディアおよびポップカルチャー

- 1・21　有安杏果がももいろクローバーZ卒業。
- 1・31　神田孝治・遠藤英樹・松本健太郎編「ポケモンGOからの問と」が新曜社より刊行。
- 1・31　パスネット、スルッとKANSAIのサービス終了。
- 2・1　棋士藤井聡太四段が中学生初の五段昇段。
- 2・28　2020年東京オリンピックのマスコット決定。
- 3・5　文化庁文化審議会が音楽教室での著作権料徴収承認の答申。
- 3・6　月刊コロコロコミックがチンギスハンの肖像に落書きの漫画で発売中止。
- 3・13　宇野常寛「若い読者のためのサブカルチャー論講義」が朝日新聞出版より刊行。
- 3・26　絵本作家角野栄子に国際アンデルセン賞。
- 3・31　ソフトバンク・ウィルコム沖縄がPHSの新規契約受付終了。
- 4・15　東京ディズニーリゾート35周年記念イベント開催。
- 5・9　＋メッセージの名称でRCSのサービス開始。
- 7・18　欧州委員会がEU競争法違反でグーグルに制裁金43億4000万ユーロ。
- 7・20　参議院本会議で総合型リゾート実施法が成立。
- 7・22　2020年東京オリンピック・パラリンピックのマスコットキャラクター名称発表。
- 8・20　ジャパンビバレッジ東京の支店長が有給・降格のクイズ形式メールを社員に送付発覚。
- 9・8　大坂なおみ選手がテニス全米オープン女子シングルで優勝し表彰式での言葉が話題。
- 9・16　安室奈美恵引退。
- 9・17　ZOZOTOWN社長前澤友作が2023年月旅行計画発表。
- 10・4　トヨタとソフトバンクが運転技術に関する共同出資新会社設立を発表。
- 10・20　松永伸司「ビデオゲームの美学」が慶應大学出版会より刊行。
- 10・31　日本の放送局免許は失効し翌日再免許発効。

社会・文化・世相

- 1・10　箱根ホテル小涌園が開業59年の営業終了。
- 3・5　中国国家主席の任期撤廃。
- 3・23　名古屋高等裁判所が名古屋大学女子学生にいる殺人事件で被告人の控訴を棄却し、無期懲役。
- 3・29　東京ミッドタウン日比谷開業。
- 4・1　小学校で道徳教科が始まる。
- 4・19　キューバのカストロ議長退任。
- 5・6　日本大学アメリカンフットボール選手が対関西学院大学定期戦で危険なタックルによる負傷を負わせる。
- 6・9　新大阪行のぞみ265号車内で殺人事件。
- 6・12　シンガポールでトランプ米大統領と金正恩朝鮮労働党委員長、初の米朝首脳会談。
- 6・28　西日本豪雨災害のちの平成30年7月豪雨で死者260人を超える。
- 7・6　オウム真理教事件死刑囚7人の刑執行。7月26日残り全員の執行。
- 9・4　大型台風での高潮及びタンカー事故で関西国際空港閉鎖。
- 9・8　第1回公認心理師国家資格試験実施。
- 9・20　自民党総裁選で安倍晋三が3選。
- 10・2　サウジアラビア記者がイスタンブールで殺害。
- 10・11　豊洲市場開場。
- 10・20　トランプ大統領がINF全廃条約の破棄表明。
- 11・19　日産自動車会長カルロス・ゴーン会長逮捕。
- 11・24　パリの博覧会国際事務局総会で2025年の万博が大阪開催決定。
- 11・29　なまはげなどの伝統行事が世界無形文化遺産登録決定。
- 12・4　山手線新駅が高輪ゲートウェイ駅に決定。
- 12・6　中国ファーウェイCEOがカナダで拘束。
- 12・26　日本、国際捕鯨委員会から脱退。
- 12・31　アメリカがユネスコ脱退。

付録

241

2019年　　　　　　　　　　　　　平成31年/令和元年

メディアおよびポップカルチャー　　　社会・文化・世相

1・8　NGT48のメンバー暴行事件が被害者のツイッターで報告される。

1・27　アイドルグループ嵐が2020年末での活動休止を発表。

3・16　埼玉県飯能にムーミンバレーパーク開業。

3・21　セブンイレブンジャパンの直営10店舗で時間短縮営業実験開始。

4・6　G7先進7カ国外相会合で対サイバー攻撃連携一致。

4・9　2024年度紙幣に、1万円札澁澤栄一、5000円札津田梅子、1000円札北里柴三郎と発表。

4・14　日中ハイレベル経済対話で知財保護を日本要求。

4・14　新たな在留資格特定技能試験が始まる。

4・15　ファイル共有ソフトによる著作権侵害18億円のアニメ無料配信容疑で男性逮捕。

4・30　NTTドコモがiモード新規受付を9月末終了発表。

5・1　令和元年。

1・7　国際観光旅客税徴収開始。

2・1　日本とEUとのEPA発効。

3・5　日産前会長カルロス・ゴーン被告10億円で保釈。

3・21　マリナーズのイチロー選手が現役引退表明。

4・1　新元号令和発表。

4・9　航空自衛隊の最新鋭ステルス戦闘機F35Aが、青森県沖に墜落。

4・15　パリノートルダム大聖堂で火災。

4・18　18年ぶりに公立夜間中学が埼玉と千葉に新設されて日本語教授。

4・24　強制不妊撤廃法成立。

4・27　マクロン仏蘭西大統領がエリート養成校ENAの廃止を表明。

4・30　平成天皇退位。

21世紀項目索引　数字は当該年

あ行

青木小明　03
赤崎勇　14
「秋葉のいもうと」　03
「アキハバラ＠ＤＥＥＰ」　06
秋葉原通り魔無差別殺傷事件　08
浅田真央　16
あさのまさひこ　02
東浩紀　01、07
新しい歴史教科書をつくる会　01
「あぶさん」　14
阿部嘉昭　02
安倍晋三　06、07、12、14、16、18
あべのハルカス　14
天野浩　14
安室奈美恵　16、18
アメリカ同時多発テロ　01
嵐　19
有安杏果　18
アレン, ポール　15
安全保障関連法案　15
安藤忠雄　06
アントニオ猪木　13
池井戸潤　13
石田衣良　06
イスラム国　14
イスラム過激派組織　15
「１Ｑ８４」　09
イチロー　19
「イノセンス」　04
ウィリアム王子　11
Windows 10　15
植木等　07
宇野常寛　18
ＡＫＢ48　09、14
江藤茂博　01
ＮＧＴ48　19
海老沢勝二　05
Ｆ３５Ａステルス戦闘機　19
遠藤誉　08
遠藤英樹　18
オウム真理教事件　11

オウム真理教事件死刑囚　18
「おおかみこどもの雨と雪」　12
大坂なおみ　18
大塚英志　04
大村智　15
岡田斗司夫　08
岡本薫　03
「おくりびと」　09
押井守　04
オスプレイ　16
「おそ松さん」　15
翁長雄志　14
オバマ, バラク　09、14、16
表参道ヒルズ　06

か行

改正著作権法　07
梶田隆章　15
カズオ・イシグロ　16
カストロ（キューバ）　18
「家政婦のミタ」　11
「風立ちぬ」　13
片田珠美　09
角野栄子　18
叶精二　04
神山京子　02
菅直人　10、11
神田孝治・　18
稀勢の里寛　16
北野武　10
「機動戦士ガンダムＳＥＥＤ」　02
「君の膵臓を食べたい」　16
「君の名は。」　16
金正日　11
金正恩　12、18
金正男　16
「銀魂」　16
熊本地震　16
黒川記章　07
「けいおん！」　09
ゲイツ, ビル　06
欅坂46　16
ケルツ, ローランド　07

243

小池百合子　16
小泉純一郎　01、04
「攻殻機動隊STAND ALONE COMPLEX」　02
「攻殻機動隊ARISE（Ghost Pain）」　13
「聲の形」　16
ゴーン,カルロス　18、19
国際捕鯨委員会　18
「コクリコ坂から」　11
個人情報保護法　03、05
「こち亀」　16
小林雅一
小山昌宏　06
コンドン,ビル　16

さ行

蔡英文　16
さいたま市　01
斎藤理恵　09
サイバーセキュリティ基本法　14
酒井法子　09
「サクラ大戦」　08
「サマーウォーズ」　09
佐村河内守　14
サルコジ,ニコラ　07
ジャクソン,マイケル　09
「下妻物語」　04
習近平　12
「主婦の友」　08
シュワルツェネッガー,アーノルド　11
情報公開法　01
ジョージ秋山　16
ジョブズ,スティーブ　11
「私立アキハバラ学園」　03
「シン・ゴジラ」　16
新海誠　02、16
Suica（スイカ）　01
杉浦由美子　06
「涼宮ハルヒの憂鬱」03
STAP細胞　14
スペースシャトル　03
SMAP　16
尖閣諸島中国船衝突事件　10
仙台アンパンマンミュージアム＆モール　11
「千と千尋の神隠し」　03
曽我ひとみ　02
「宇宙（そら）をかける少女」　09

曽利文彦　そりふみひこ　02

た行

高倉健　14
高輪ゲートウェイ駅　18
竹内オサム　05、06、14
田中康夫　06
谷川流　03
谷口正晃　10
地上デジタル放送　03
津堅信之　05
月川翔　16
津久井やまゆり園　16
筒井康隆　06、10
坪田信貴　13
「つみきのいえ」　09
テロ対策特別措置法　01
「電車男」　05
天皇（平成）　16、19
東京スカイツリー　13
東京ミッドタウン　07
東京ミッドタウン日比谷　18
東北新幹線新青森駅　10
「時をかける少女」　06、10
「Doctor-X 外科医・大門未知子」　12
特定秘密保護法　13
豊洲市場　18
「ドラゴンクエストⅧ　空と海と大地と呪われし姫君」　04
トランプ,ドナルド　16、18

な行

中川大地　16
長嶋茂雄　13
中島哲也　04
永田医　07
中村修二　14
永山薫　07
夏目房之介　04
新垣隆　14
新潟中越地震　04
西野カナ　10
日本郵政公社　03
任天堂wii　06
ニンテンドー3DS　11
ネピア,スーザン・J　02

ノートルダム大聖堂　19
野田佳彦　11、12
ＮＯＶＡ英会話学校　07

は行

初音ミク　11
鳩山由紀夫　09
はやぶさ　10
パリ同時多発テロ　15
「半沢直樹」　13
東国原英夫　07
東日本大震災　11
東野圭吾　10
「美女と野獣」　16
平田信　11
昼間たかし　07
「ピンポン」　02
ファーウェイ　18
プーチン,ウラジーミル　12
福島第一原子力発電所　11
福田雄一　16
藤井聡太　18
藤子・F・不二雄ミュージアム　11
フセイン　03
プレイステーション4　14
文鮮明　12
ポケモンGO　16
「ほしのこえ」　02
細田守　06、09、12
北海道新幹線　16
堀田純司　05
堀江貴文　06
堀渕清治　06

ま行

馬英九　08
前澤友作　18
前田敦子　09
マシアス,パトリック　06
舛添要一　14、16
松井秀喜　13
松永伸司　18
松本大洋　02
松本健太郎　18
松本智津夫　04
「漫画アクション」　03

「漫画サンデー」　13
三浦(和義)ロス疑惑事件元容疑者　08
ミクシィ　06
「ミシュランガイド東京」　07
水島新司　14
源孝志　06
三宅理一　10
宮崎勤　08
宮崎駿　08、13
宮崎吾郎　11
村井仁　06
村上隆　03
村上春樹　09
村上正典　05
「メアリと魔女の花」　16
ももいろクローバーZ　18
森川嘉一郎　03
森繁久彌　09
「森友・加計」問題　16
森永卓郎　08

や・ら・わ行

山田尚子　16
山中伸哉　12
有事関連三法　03
You Tube　05
妖怪ウオッチ　13
「妖怪ウオッチ」テレビアニメーション　14
吉本隆明　12
米沢嘉博　06、07
米林宏昌　16、10
４Ｋ８Ｋ　16
リーマン・ショック　08
「ルパン三世」　15
令和(新元号)　19
レヴィ＝ストロース　09
六本木ヒルズ　03
若田光一　09、14
渡辺淳一　08
笑っていいとも　14

20世紀メディア年表　基本データ及び主要参考文献

[基本データ]
各社新聞のマイクロフィルム版および縮刷版
各年度版の「朝日年鑑」「読売年鑑」および各種雑誌アンソロジー
雑誌各誌復刻版(特別協力柏書房)
各社史
各官公庁・企業ホームページ
日本映画データベース　http://www.jmdb.ne.jp

[主要参考文献目録]
現代日本文学全集別巻「現代日本文学大年表」改造社　1931年12月
筈見恒夫「新版映画五十年史」鱒書房　1947年10月
吉田精一編「現代日本文学年表」(現代日本文学全集別巻2)筑摩書房　1958年9月
大門一樹「物価の百年」早川書房　1968年2月(再版)
岩波書店編集部編「近代日本総合年表」岩波書店　1968年11月
文部省編「学制百年史　年表」帝国地方行政学会　1972年10月
にっぽん実話読物増刊「カストリ雑誌復刻版」日本出版社　1975年9月
田中純一郎中公文庫版「日本映画発達史Ⅰ～Ⅴ」中央公論社　1975年12月～76年4月
社団法人日本写真協会編「日本写真史年表1778～1975.9」講談社　1976年7月
「一億人の昭和史　11不許可写真史」毎日新聞社　1977年1月
日本放送協会編「放送五十年史　資料編」日本放送出版協会　1977年3月
「昭和日本史11 昭和の大衆文化」暁教育図書出版　1977年3月
「別冊　一億人の昭和史　昭和マンガ史」毎日新聞社　1977年6月
「一億人の昭和史　15 昭和史写真年表」毎日新聞社　1977年9月
日本近代文学館編「日本近代文学大事典　全六巻」講談社　1977年11月～78年3月
「別冊　一億人の昭和史　昭和日本映画史」毎日新聞社　1977年12月
現代の文学別巻「戦後日本文学史・年表」講談社　1978年2月
伊奈信男「写真昭和五十年史」朝日新聞社　1978年4月
加納一朗「推理・SF映画史」すばる書房　1978年10月
日本映画テレビプロデューサー協会・岩波ホール編「映画で見る日本文学史」岩波ホール　1979年2月
資生堂宣伝史編集室編「資生堂宣伝史　歴史・現代・花椿抄」資生堂　1979年7月
東京百年史編集委員会編「東京百年史　別巻・年表索引」ぎょうせい　1980年2月
相沢正夫「ニッポン第1号記録100年史」講談社　1981年7月
別冊新評「戦後日本芸能史」新評社　1981年10月
年表の会編「近代文学年表」双文社出版　1984年4月
徳間書店社史編集委員会編「徳間書店の30年」徳間書店　1984年9月
作品社編集部編「読本　犯罪の昭和史　戦前」作品社　1984年10月
別冊宝島46「東京できごと史1945～1985」JICC出版局　1985年4月
秋山邦晴ほか著「文化の仕掛人　現代文化の磁場と透視図」青土社　1985年10月
上野友夫「推理SFドラマ六〇年」六興出版　1986年2月
大塚正基「雑誌・創刊号蔵書目録」大塚文庫　1986年7月
NHKドキュメント昭和取材班編「ドキュメント昭和 4 トーキーは世界をめざす」角川書店　1986年9月
南博・社会心理研究所「昭和文化」勁草書房　1987年4月
講談社編「20世紀全記録(クロニック)」講談社　1987年9月
小木新造・陣内秀信・竹内誠・芳賀徹・前田愛・宮田登・吉原健一郎編「江戸東京学事典」三省堂　1987年12月
乾直明「ザッツTVグラフティ　外国テレビ映画35年のすべて」フィルムアート社　1988年9月
升本喜年「松竹映画の栄光と崩壊—大船の時代」平凡社　1988年4月
「昭和二万日の全記録　10 テレビ時代の幕開け」講談社　1990年2月
世相風俗観察会編「現代風俗データベース1986→1987」河出書房新社　1990年4月
志賀信夫「昭和テレビ放送史上・下」早川書房1990年7月
西林忠俊編「日本人とてれふぉん」NTT出版　1990年9月
佐藤忠男編「ATG映画を読む」フィルムアート社　1991年7月
岩崎爾郎責任編集「20世紀フォトドキュメント　第3巻 生活と風俗」ぎょうせい　1991年9月
郵政省郵務局郵便事業史編纂室編「郵便創業120年の歴史」ぎょうせい　1991年12月
大久保利謙・入江徳郎・草柳大蔵監修「グラフィックカラー昭和史 3 大衆と文化(戦前)」研秀出版　1991年　発行月未記入
大久保利謙・入江徳郎・草柳大蔵監修「グラフィックカラー昭和史 12 大衆と文化(戦後)」研秀出版　1991年　発行月未記入
加太こうじ責任編集「20世紀フォトドキュメント　第9巻 芸術」ぎょうせい　1992年1月
井上章一「美人コンテスト百年史」新潮社　1992年3月
鹿子木昭介責任編集「20世紀フォトドキュメント　第8巻　通信」ぎょうせい　1992年7月
アクロス編集室編「ポップ・コミュニケーション全書」PARCO出版局　1992年7月

飯沢耕太郎「日本写真史を歩く」新潮社　1992年10月
大濱徹也・吉原健一郎編「江戸東京年表」小学館　1993年3月
吉弘幸介「マンガの現代史」丸善　1993年4月
井上光郎「写真事件史—明治・大正・昭和—」朝日ソノラマ　1993年7月
田中友幸/有川貞昌・中野昭慶・川北紘一・冠木新市「ゴジラ映画40年史 ゴジラ・デイズ」集英社　1993年11月
「TVガイド　テレビドラマ全史　1953—1994」東京ニュース社　1994年5月
文芸春秋編「文藝春秋七十年」文芸春秋　1994年12月
竹内オサム「戦後マンガ50年史」筑摩書房　1995年3月
佐藤忠男「日本映画史1」〜同「4」岩波書店　1995年3月〜9月
筈見有弘・須賀隆・小林弘利「映画で見る20世紀　1900〜2001」朝日ソノラマ　1995年4月
鎗田清太郎「角川源義の時代」角川書店　1995年10月
岩佐陽一「70年代カルト図鑑」文春ネスコ　1996年2月
川本三郎「君うるわしく—戦後日本映画女優賛」文芸春秋　1996年3月
日本映画史研究会編「日本映画作品事典　戦前篇」・同「戦後篇」科学書院　1996年5月〜98年6月
朝日美術館「テーマ編2 写真と絵画」朝日新聞社　1996年7月
神田文人編「昭和・平成現代史年表」小学館　1997年6月
社団法人日本民間放送連盟編「放送ハンドブック」東洋経済新報社　1997年8月
「20世紀年表」毎日新聞社　1997年9月
アイドル文化評議会編「アイドル系譜学」メディアワークス　1998年9月
能村庸一「実録テレビ時代劇史」東京新聞出版局　1999年1月
清水勲「図説漫画の歴史」河出書房新社　1999年7月
「週刊 YEAR BOOK 日録20世紀 スペシャル　17 懐かしのオモチャ・絵本・遊び」講談社　1999年9月
歴史学研究会編「日本史年表　増補版」第9刷　岩波書店　1999年12月
下川耿史・家庭総合研究会編「明治・大正家庭史年表　増補　1868→1925」河出書房新社　2000年3月
松島利行「日活ロマンポルノ全史」講談社　2000年12月
平松恵一郎編「テレビ50年」東京ニュース通信社　2000年12月
日本放送協会「20世紀放送史」日本放送協会　2001年3月
講談社社史編集委員会編「クロニック講談社の90年」講談社　2001年4月
神田文人・小林英夫編「決定版20世紀年表」小学館　2001年6月
にんげん史研究会編「今日の出来事100年　雑学366日」展望社　2001年12月

西澤實「ラジオドラマの黄金時代」河出書房新社　2002年3月
読売新聞西部本社編「梅屋庄吉と孫文」海鳥社　2002年10月
平井隆一「松本清張書誌」近代文芸社　2002年12月
佐野とよふさ「仮面ライダーなんでだろう？ マニア白書」コスミック　2003年8月
別冊映画秘宝VOL2「アイドル映画30年史」洋泉社　2003年11月
中谷彪・伊藤良高編「歴史の中の教育　教育史年表」教育開発研究所　2003年12月
引田惣彌「全記録　テレビ視聴率50年戦争」講談社　2004年4月
「宝塚歌劇90年史　すみれ花歳月を重ねて」宝塚歌劇団　2004年4月
山口康男編「日本のアニメ全史」テン・ブックス　2004年5月
週刊テレビジョン別冊「連ドラ10年史」角川書店　2004年6月
大塚康生監修「日本漫画映画の全貌」日本漫画映画の全貌展実行委員会　2004年7月
松本零士・日高敏編著「漫画大博物館」小学館　2004年12月
ステラムック「放送80年史　それはラジオからはじまった」NHKサービスセンター　2005年3月
上野昂志「戦後60年」作品社　2005年8月
ユリイカ8月臨時増刊号「総特集オタクVSサブカル！」青土社　2005年8月
DVD昭和ニッポン「別冊 昭和ニッポン総年表・総索引」講談社　2005年9月
下川耿史・家庭総合研究会編「昭和・平成家庭史年表　増補　1929→2000」河出書房新社　2005年10月
貸本マンガ史研究会編・著「貸本マンガ」ポプラ社　2006年3月
竹内オサム・米沢嘉博・ヤマダトモコ編「現代漫画博物館　1945—2005」小学館　2006年11月
文芸春秋編「文藝春秋の八十五年」文芸春秋　2006年12月
岩波文庫編集部「岩波文庫の80年」岩波書店　2007年2月
ノリタケカンパニーリミテッド監修「ノリタケデザイン100年の歴史」朝日新聞社　2007年6月
「別冊宝島1438号　新装大版1980年大百科」宝島社　2007年6月
マイケル宮内「テレビ放送事故＆ハプニング」廣済堂出版　2007年7月
「三丁目の夕日の時代　東京タワー篇」小学館　2007年10月
「週刊　昭和タイムズ」　デアゴスティーニ・ジャパン　2007年10月〜

編著者………江藤茂博（えとう・しげひろ）
二松學舍大学文学部教授／学長。映像・文芸・メディア専攻。
主な著書編書「映像批評の方法」（1996）、「『時をかける少女』たち」（2001、以上彩流社）、「宝塚歌劇団スタディーズ」（2007）、「オタク文化と蔓延する『ニセモノ』ビジネス」（2008）、「横溝正史研究1〜」（共編、2009〜、戎光祥出版）、「生きる力がわく論語の授業」（共編、2013、朝日新聞出版）、「フードビジネスと地域」（共編、2018、ナカニシヤ出版）、「文学部のリアル、東アジアの人文学」（2019、新典社）他多数。

装丁……………長久雅行
ＤＴＰ組版……勝澤節子
編集協力………植野郁子、田中はるか

※本書は2009年2月、双文社出版から刊行したものに21世紀年表を増補したものである。詳しくは「はじめに」の追記参照のこと。

増補 20世紀メディア年表＋21世紀

発行日●2019年9月30日　初版

編著者
江藤茂博
発行者
杉山尚次
発行所
株式会社 言視舎
東京都千代田区富士見2-2-2　〒102-0071
電話 03-3234-5997　FAX 03-3234-5957
https://www.s-pn.jp/

印刷・製本
中央精版印刷㈱

Ⓒ 2019, Printed in Japan
ISBN978-4-86565-159-1 C0036